JN303142

法律学的対話におけるドイツと日本

法律学的対話におけるドイツと日本

——ベルリン自由大学・日本大学共同シンポジウム——

編集代表

永田　誠

フィーリプ・クーニヒ

信山社

はしがき

　2005年の春から2006年の春にかけて「日本におけるドイツ年」が行われ、日本において、経済、文化、学問の分野において実に1500もの催し、展示、その他の企画が行われ、ドイツの姿が紹介された。ドイツと日本は、これらの分野において、19世紀後半以来、友好的な、特別に緊密な関係を続けてきていることは周知の通りであるが、それにもかかわらず、「日本におけるドイツ年」の提唱者は、まさに21世紀を迎えた現代において、ドイツの姿をあらためて日本で紹介し、両国の間に長期にわたって培われてきた良好な関係に新風を吹き込み、特に比較的若い年代の人達に、ドイツと日本の多様な対話を継続発展させる起爆剤を与えることができるのではないかという考えを、高度に政治的な次元において実現しようとしたものであろう。

　この考えは、ドイツと日本との間における法律学の領域における学術的協働についても当てはまる。その協働は、19世紀から20世紀の初頭に起源を有していたものであるが、両国の優れた学者たちの緊密な共同作業によって強固なものとなり、それは日本の法発展におけるドイツの立法と法解釈学の痕跡のなかにも認められるところである。前世紀における第二次世界大戦後も、両国間の緊密な学術交流は続けられ、特に、比較的若い法学研究者が、大学卒業後の勉強のために、日本から頻繁にドイツ連邦共和国に足を運んでいた。最近は、法律学における日独交流関係における個々人の優れた業績もさることながら、その枠を超えて、日本において法律学の勉強を終えた若者達が着眼を他の分野へと移している傾向も認められるが、これは、世界経済における重点の変化と、グローバリゼーションの波に対応するものである。

　大学における勉強の場所、そもそも教育を受ける場所、特に大学卒業後の学問の場所は、その人の個人的な経歴を超えて更なる発展をもたらす。なぜなら、学問上の経歴の総計が、学問上の文化を形成するからである。そのような場所は、また、学問の研究対象をはるかに超えて重要であるばかりでな

はしがき

く、知的対話をするための要素でもあり、その前提条件でもある。このことは全ての学問について当てはまるが、とりわけ、法律学の分野においては顕著である。それは、法が、言葉と密接に結びつき、かつ精神的な特性と伝統によって条件付けられているということと関係する。

したがって、ドイツと日本の緊密な学術交流が、全体として後退していると考えられる状況にあって、それを盛り返し、かつ発展させてゆく可能性を探ることが是非とも必要である。「日本におけるドイツ年」は、日本大学とベルリン自由大学とに、それに寄与することを試みるための歓迎すべき動機を与えてくれた。日本大学の法学部とベルリン自由大学の法学部とは、相互的な関係を構築してきており、約20年この方、教授や若手の研究者が相互の研究、講演活動を行ってきた。若干の出版物はそのことを証明しているし、他の出版物も、それぞれ他国での経験に影響を受け、脚注などで読み取れるよりはるかにその影響が大きいことを物語っている。

以上が、わたくしどもが共同企画した「日本におけるドイツ年2005／2006—日本大学・ベルリン自由大学共同シンポジウム」の背景である。このシンポジウムは、2006年2月26日から3日間、日本大学（経済学部7号館2階講堂）で行われ、5つの開催ブロックにおいて、2の基礎領域としての法哲学、法史学、それに加えて、典型的な主要法領域である公法、民事法、刑事法の3の部分科目が取り上げられ、各セクションにおける、全部で20の相互に関連付けられた講演が、両学部の教員によって交互に行われ、各部セクションの講演の後では、一般参加者も含めて密度の高いディスカッションがなされた。日本大学および他大学の教員・助手・大学院生・学生がきわめて多数シンポジウムに参加した。文部科学省は、法科大学形成支援の一環として、「法科大学院における PSIM プロジェクト」メンバーの法律家に財政的な援助を行ったため、これら法律家もかなりの数参加した。

本書は、この講演とディスカッションとのドキュメントであり、上述の学術交流に活力を与えるという目的に寄与し、かつ、ドイツと日本との間の法律学の分野における「双方向」における学術交流を促進することに寄与しようとするものである。そして、将来これに参加しようとする全ての人々に刺

はしがき

激を与えることを欲するものである。

　両大学の関係各方面、シンポジウム開催について財政的かつ事務的な援助を惜しまなかった日本大学、さらには在東京のドイツ連邦共和国大使館、ドイツ学術交流協会に対して深甚の謝意を表する。

　出版を二つ返事で引き受けて、きわめて短期間に出版にこぎつけてもらった信山社に対してもお礼を申し述べる。

　本書のドイツ語版 Deutschland und Japan im rechtswissenschaftlichen Dialog － Ein Symposion der Nihon Universität und der Freien Universität Berlin －は、2006年中にカール・ハイマン出版社から刊行される。

　2006年10月

日本大学大学院法務研究科教授　永田　誠
ベルリン自由大学教授　フィーリプ・クーニヒ

目　次

はしがき .... 永田　誠　フィーリプ・クーニヒ

開会の辞
　　　　　　　　　　　　　　　永田誠／フィーリプ・クーニヒ／
　　　　　　　　　　　　　　　ヘンリク・シュミーゲロー／ペーア・ゲーバウアー／
　　　　　　　　　　　　　　　小嶋勝衛／ディーター・レンツェン／沼野輝彦

第Ⅰ部　法哲学部門

1　ケルゼン、シュミット、ナチス
　　　　　　　　………フーベルト・ロットロイトナー〈長尾龍一訳〉…*11*

2　カール・シュミットの非常事態論と主権論
　　　—ケルゼン風批判—………………………………長尾龍一…*39*

3　主権の諸問題 ………マティーアス・マールマン〈松島雪江訳〉…*51*

4　ヘーゲルにおける市民社会と国家
　　　—主権概念の一理解として—………………………松島雪江…*69*

　ディスカッション（要約）………………………………………*77*

第Ⅱ部　法史学部門

5　ローマ契約法の基礎………コージマ・メラー〈佐々木有司訳〉…*83*

6　ローマ契約法から現代ヨーロッパ契約法への発展の流れ
　　　………………ズザンネ・ヘーンヒェン〈佐々木有司訳〉…*109*

7 独仏法を媒介とするローマ法の日本民法への影響
　　—債務法の分野において— ………………………………山田卓生…*131*

　ディスカッション（要約）………………………………………………*143*

第Ⅲ部　公　法　部　門

8 ドイツ公法における比例適合性原理
　　　　　………フィーリプ・クーニヒ〈小林宏晨・槇裕輔訳〉…*151*

9 ニュルンベルクと東京における平和に対する犯罪とその帰結
　　　　　アンドレーアス・フォン・アルノー〈小林宏晨・天野聖悦訳〉…*171*

10 平和に対する犯罪：ニュルンベルク裁判及び
　　東京裁判とその帰結 ……………………………………小林宏晨…*189*

　ディスカッション（要約）………………………………………………*211*

第Ⅳ部　私　法　部　門

11 通常の消滅時効期間—特に主観的要素と客観的要素の結合について
　　　　クリスティアン・アルムブリュスター〈永田誠・山下良訳〉…*219*

12 日本における消滅時効法
　　—その生い立ちと客観的、主観的要素— …………………永田　誠…*231*

13 瑕疵担保請求権の消滅時効
　　　　　………………………デートレフ・レーネン〈永田誠訳〉…*247*

目　次

14　瑕疵担保責任における消滅時効ないし除斥期間
　　　　　　　　……………………………………益井公司…263

15　消滅時効の停止と新たな期間の進行—民法203条以下—
　　　　　　　　…マルティーン・ホイプライン〈永田誠・山下良訳〉…275

16　消滅時効法における訴訟法上の問題点 ……………遠藤　功…289

　　ディスカッション（要約）……………………………………307

第Ⅴ部　刑事法部門

17　詐欺罪について—解釈論と政策論の側面からの考察—
　　　　　　　　……………………クラウス・ゲッペルト〈杉山和之訳〉…313

18　日本刑法246条（詐欺）の解釈について……………設楽裕文…345

19　電子計算機使用詐欺およびインターネット詐欺等の現状
　　　　—詐欺をめぐる今日の日本の状況と問題点—………南部　篤…353

20　詐欺罪について—あらたな刑事規制の必要性— ……岡西賢治…365

　　ディスカッション（要約）……………………………………373

　　資料　ドイツ刑法典関連条文抄訳 ……………………………379
　　著者略歴

法律学的対話におけるドイツと日本

**Deutschland und Japan
im rechtswissenschaftlichen Dialog**
― Ein Symposion der Nihon Universität
und der Freien Universität Berlin ―

ベルリン自由大学・日本大学共同シンポジウム
法律学的対話におけるドイツと日本

開会の辞

　永田誠　これから日本におけるドイツ年2005／2006記念、日本大学とベルリン自由大学との共同シンポジウム「法律学的対話におけるドイツと日本」の開会を宣言いたします。まず、このドイツ年の企画、立案者でありますドイツ連邦共和国大使ヘンリク・シュミーゲロー博士にお言葉を頂戴いたしく存じます。

　ペーア・ゲーバウアー（在日ドイツ連邦共和国大使一等書記官）　総長閣下、法学部長先生、クーニヒ教授、永田教授、ご臨席の皆様。まずはじめに、日曜日、しかもこのように天気の悪い日曜日に、ご自宅で休養されず、ここにご出席の方々に心からお礼を申し上げます。

　本日、このようにたくさんの方が今日のシンポジウムに参集なさったことは、とりもなおさず非常に大きな法学的な情熱を物語るものであります。このことに対してドイツ大使館の名において深甚なる歓迎の意を表するものであります。これから行われる3日間のシンポジウムが緊張に満ちた講演、活発なディスカッションで覆われることを祈念します。シュミーゲロードイツ連邦共和国大使は金曜日に公務でドイツに赴かなければならず、今日出席できないことを非常に残念に思っております。大使からの心からの挨拶を申し述べます。二、三感謝の言葉を述べさせていただきたいのですが、私の感謝は特にこの催し物の実現について、尽大な人的な努力を惜しまなかった人々の代表者として、永田教授及びクーニヒ教授に向けられます。また、ドイツから遠路を惜しまずに、ここ東京へのシンポジウムに参加していらっしゃる優れた多くのドイツの法律家の方々に対しても心からの感謝をささげます。

　今日の催し物は、皆様ご存じのように、日本におけるドイツ年の一環を担

開会の辞

うものであります。このドイツ年は、日本においてわれわれの国を広範囲にわたって代表し現代的なドイツ像を介し、独日関係を幅広く形成することを目的とするものであります。最初は、プロジェクトが数百件あるだけでも大成功であると思われておりましたが、去年の4月にドイツ連邦共和国大統領によって、このドイツ年の幕が切って落とされるや、1500もの企画が実行に移され、われわれの予想した数をはるかに超えるものとなりました。私は法律家として、文化、経済および自然科学におけるプロジェクトのみならず非常に高度な法律学の一連のシンポジウムがドイツ年の姿を特徴づけていることを特にうれしく思うものであります。昨年の9月にドイツ連邦共和国法務省と日本の法務大臣が共済した「法におけるグローバル化」なる大きなシンポジウムを皮切りに、行政法におけるシンポジウム、会社法の変遷に関するシンポジウム、私法の現代化に関するシンポジウム、ならびに国家的企業の民営化に関するシンポジウムがここ東京で、この2週間の間に立て続けに行われましたが、今日のこの催し物はいわばドイツ年における司法の柱石のさらなる偉大なるクライマックスであります。今日始まる「日本とドイツの間の法律学的対話」は1回限りの大胆不敵な企てを意味するわけではなく、両大学の長期にわたって成立している学術的な協働関係を言い表すものでもあります。この意味においてただ単にこれからの3日間だけでなく、将来においても実り豊かな法律学的対話が継続されることを望むものであります。皆様はこの協働によって私たちが在東京のドイツ大使館として、さらにはドイツ政府として、これからも行われるであろう日本におけるドイツ年、あるいはさらにはドイツにおける日本年に期待するところのものを達成してくださるでありましょう。この意味において「頑張って下さい！」。

ご静聴ありがとうございました。

フィーリプ・クーニヒ 総長閣下、学部長先生、ゲーバウアー博士、ならびに御臨席の皆様、ベルリン自由大学総長ディーター・レンツェン博士のご挨拶を代読させていただきます。

「日本大学総長閣下、御臨席の皆様、

東京において2006年2月26日から28日にかけて開催される日本大学とベル

開会の辞

リン自由大学の法律学的シンポジウムに御臨席の皆様、

　私は『法律学的対話における日本とドイツ』なる日本大学とベルリン自由大学の共同の本シンポジウムの開催が極めて周到な準備のもとに進められつつある、という状況を注意深く見守って参りました。このシンポジウムは、日本におけるドイツ年2005／2006のクライマックスをなすもので、ベルリン自由大学が、長い間の提携大学である名門日本大学とともに、この重要な貢献をなすことを殊の外嬉しく思うものです。それだけに、私が2月26日の東京でのシンポジウムに自ら参加できないことが、残念でなりません。実は、来日することは前もって決めてあったのですが、折りしもドイツの大学間の優秀校選抜コンテストの重要な日程が連日続いており、日本行きを諦めざるを得なくなってしまいましたことを、是非ともご理解いただく存じます。」

　　皆様、ここで少しく、総長の代読を中断して、「選抜コンテスト」について一言説明をさせていただきます。この大学間の競争は、ドイツでは、極めて重要な意味をもっております。これは、ドイツの全ての大学のもとでの競争であり、今第一段階が終わったところですが、10の大学が生き残りました。そのうち6校が南ドイツの大学であり、その他が4校ですが、東ドイツ唯一の大学が、ベルリン自由大学でした。これは言ってみれば競争の第一の段階で、これからフィナーレを迎えるわけです。オリンピック競技を考えてみても、スケート競技で日本からの魅力的な若い女性が金メダルを獲得したことを皆さんはお喜びでしょう。大学においても、そのような競争が行われているわけであります。今、最終段階に達していて、できれば金メダルが欲しいと望んでおります。このようなわけでベルリン自由大学の総長はドイツに留まって、この仕事を完遂しなければならなくなり、シンポジウムの行事に参加することが残念ながらできなってしまったのでした。また、総長の挨拶の代読に戻ります。

「すでに30年この方、日本大学とベルリン自由大学との間には緊密なかつ良好な関係が成立しています。それは、両大学の学生および研究者の実り

豊かな交流の中に認められますが、とりわけ、法学部がその中心的な役割を担っております。これから行われる法律学における共同の会議は、非常に緊密な協働作業の更なるマイルストーンであります。私はこれから数日間にわたって行われる法律学の専門的対話が将来の共同作業に対する新しい刺激を呼び起こすことを信じるものであります。この機会に、ベルリン自由大学との協働を長期にわたって支えて下さったホスト側の方々に心からのお礼を申し述べたく存じます。また、日本大学および日本大学法科大学院がこの会議の準備と実施に向けて、取ってくださったイニシアティブにお礼を申し述べます。ここに参列の全ての皆様に、この会議が滞りなく成功裏に終わることを望み、両大学の法律家の間だけでなく他の専門分野においても更なる提携関係が発展するであろうことを確信するものであります。」

これで、ベルリン自由大学総長の挨拶は終わりです。

　　ここで私からも簡単に個人的なコメントを付け加えたいと思います。ただいま総長は将来の協働関係についての新たなる刺激、と言われました。この席には私以外にもゲッペルト教授、ロットロイトナー教授、レーネン教授など、かつての法学部長経験者がおりますが、かつての学部長として、個々の分野においてだけでなく、幅広い法律の分野においての対話が特に重要であると強調したいと思うのです。この数日間を新しいアイディアの発展のために使おうではありませんか。このシンポジウムはゲーバウアー一等書記官がいみじくも言われたようにクライマックスであります。私はこれに次のことを付け加えたいと思います。すなわちこれはひとつの始まりであって、決して終わりではない。われわれは今後のさらに緊密な共同作業を考えていくべきである、ということであります。これはとりもなおさず、比較的若い研究者を仲間に引き込むことによって可能になるものであり、従って助手や学生諸君も仲間に引き込みたいと思っております。このようにして、ドイツと日本の間の法律学的対話の長期にわたる良き伝統につなげていきたいと思うものであります。

開会の辞

永田 ただいまクーニヒ教授から大学間の選抜競争についてお話がありましたが、そしてベルリン自由大学が最も優れた10校のうちに選ばれたとのことですが、それに対して心からの御祝福を述べさせていただきます。次に、ホームグラウンドであります、日本大学総長、理事長小嶋勝衛先生にお言葉を頂戴いたします。

小嶋勝衛 本日は早朝からお集まりいただき、誠にありがとうございます。ベルリン自由大学からお出でくださった先生方、関係者の皆様、ようこそお出でくださいました。心から歓迎いたします。

さて、ベルリン自由大学と日本大学は1976年6月3日、まだドイツは統一されていなかった頃、いわゆる西ドイツと呼ばれていた時期に、学術交流協定を締結しました。それは、「日本大学とベルリン自由大学は、学問的協力を深め研究及び教育の分野におけるわれわれ両大学間の永続的関係を作り出す趣旨を以って、ここに姉妹関係を設定する」という文章で始まっております。

この趣旨は、法学部同士の交流にも十分に生かされてきており、特に1999年以降は、毎年ベルリン自由大学から教授をお1人招聘し、また日本大学からも、研究者がベルリンの地を踏んでおります。

日本におけるドイツ年の企画が2003年3月に駐日ドイツ大使ヘンリク・シュミーゲロー博士によって発表されたとき、このような法律家同士の緊密な関係が、期せずして、共同の法律学的シンポジウムを行おうということになりました。

そして、本日、このような形で、日本大学とベルリン自由大学との仲間が結集して、「法律学的対話における日本とドイツ」というテーマで、共同のシンポジウムを開催することになりました。まことに喜ばしいことであります。

明治の初期、日本の憲法はプロイセンの影響を強く受け、また民法なども、ドイツ民法の影響を強く受けていると伺っております。

2006年を迎えた今日、「法律学的対話における日本とドイツ」というシンポジウムが開かれることは、まことに意義深いものといえましょう。

開会の辞

　本日の報告者は、ベルリン自由大学から10名、わが日本大学から10名と、いずれも、日独の法律の関係に詳しい先生方ばかりであります。
　このシンポジウムを企画・実行された実行委員会・関係者の皆様のご苦労に敬意を表します。
　ここにご参加の皆様のご協力も得て、本シンポジウムが成功裏に終わることを祈念しつつ、ご挨拶を終わらせていただきます。

　永田　小嶋総長先生、ありがとうございました。最後に日本大学の法学部、これからシンポジウムを行うパートナーでありますが、その法学部の部長で、同時に日本大学の副総長も兼務していらっしゃる沼野輝彦先生にお言葉をお願いいたします。

　沼野輝彦　日本におけるドイツ年の記念行事の一環として、日本大学法学部において「法律的対話における日本とドイツ」というテーマのもと、かくも盛大にシンポジウムが開催されますことは、法学部にとり大変誇りに思うところであります。
　日本大学は、1989年、日本法律学校として発足した歴史を持ちますが、その当初から、ドイツとは大変に深い関係を有しておりました。
　当時は法典編纂事業が緒に就こうという時期で、法律の教育は、私立の教育機関、つまり法律学校にゆだねられていた観があり、いくつかの法律学校が、相次いで開校されました。明治22年のわが日本法律学校もその一つですが、のちに明治大学となった明治法律学校、のちに法政大学の基礎となった東京法学校、のちに中央大学になった英吉利法律学校がその例です。これらの法律学校は、それぞれ教育の主流を成す外国法を有しており、例えば明治法律学校や東京法学校はフランス法を、英吉利法学校は文字通りイギリス法を教育していたわけですが、わが日本法律学校は、その教育の基本をわが国古来の伝統的な法律におくとともに、創立に関与した宮崎道三郎博士、斯波淳六郎、末岡精一博士、穂積八束博士等、いずれもベルリン大学やハイデルベルク大学でドイツ法を学んだ法律学者でありました。ドイツに渡り、かの地でドイツ法を学んだこのような新進気鋭の法律学者の薫陶の下に、多くの若者が集まり、わが日本大学の教育が開始されたのです。以来117年、日本

大学法学部は、数多くの優秀な法律家を世に送りだし、わが国の司法界をリードしてきました。それも、発足におけるこのような礎があったからでありましょう。ベルリン自由大学との関係は1976年の学術交流協定に端を発しますが、学生の交流に限定しても、2002年から毎年2名の交換留学生を派遣し、同大学からもこれに見合う数の留学生が本学で勉学するなど、本大学とドイツとの関係は連綿として途切れるところがありません。開校以来の歴史を振り返るとき、本日のシンポジウムの開催は、先ほどベルリン自由大学のディーター・レンツェン博士のお言葉にもございましたように、まさにひとつのマイル・ストーンとして記念すべき行事と思うところでございますし、また感無量の気持ちも抱くところであります。

　駐日ドイツ大使閣下、ベルリン自由大学総長に敬意を表するとともに、ご多忙の中御出席くださいました日本大学総長小嶋勝衛先生、あるいは遠路ドイツからこのシンポジウムに参加するべくご来日くださったフィーリプ・クーニヒ教授をはじめとするベルリン自由大学の諸先生方、そしてまた、このセミナーを準備するについて大変なご苦労をなさった、日本大学法科大学院永田誠教授をはじめとする多くの先生方に対して、この場をかりて心からお礼を申し述べたいと存じます。このシンポジウムが、ひとつのマイル・ストーンとして実りの多いものとなりますように心から祈念して開会のご挨拶に代えさせていただきます。

　ご静聴ありがとうございました。

　永田　ありがとうございました　（記念品贈呈）。

　これで開会式を滞りなく終了いたしました。

第Ⅰ部　法哲学部門

1 ケルゼン、シュミット、ナチス

フーベルト・ロットロイトナー

　通常ハンス・ケルゼン（1881-1973）とカール・シュミット（1888-1975）は、ワイマール期国法学という土俵における好敵手として論じられる。彼らは、主権論・民主制論・「政治神学」、更に「憲法の守り手は誰か」という問題について、対極的立場を唱えて対決したのであった[1]。この対決は1933年に終り、その後は両者の接触はない。以下私は両者のナチスとの関係を論じようとするのであるから、両者の大論争については触れようがない。もっとも、両者の個人的関係における絶縁（それは1945年以後も続いた）ということも、なかなか示唆に富む事象であるが。

　両者について論ずべきことには、個人的・伝記的次元と学問的・理論的次元とがあるが、両次元を切断することはできない。前者の次元も常に両者の学者・理論家としての役割と結びついているからである。もっとも我々は両者の私的で内輪の話に立ち入ろうとは思わない。第一知りうることも多くない。確かに1947年から1950年にかけてのシュミットの「私的」手記と称されている Glossarium なるものが存在するが、これとて後の刊行を念頭に置いて執筆したものである。著作が同時に自己表現の手段であるようなところでは、公私の区別、「人間」と「科学者」の区別は意味を失う。

　両者はかつて、ベルリンで、即ちベルリン商科大学で、同僚になりそうになった。1926年、ケルゼンは同大学から招聘されたが受けず[2]、1930・1931年の冬学期にケルン大学に移った[3]。他方シュミットは、1928年フーゴー・プロイス（Hugo Preuß, 1860-1925）の後任として、ベルリン商科大学教授となった。両者が初めて「同僚」となったのはケルンにおいてで、1932年、シュミットが同大学の招聘を受けてからの短期間がそれである[4]。その招聘にはケルゼンも関与しており、1932年11月、ケルゼンは法学部長の資格で、

友好的な招聘状を送った。シュミットは12月にはシュティーア＝ゾムロ (Fritz Stier-Somlo, 1873-1932) の後任として公法学担当教授に任命された。ケルゼンは、1933年4月13日、いわゆる「職業公務員復職法」を根拠として、人種的理由により教員資格を剥奪された。同僚たちは1933年4月18日、撤回の嘆願書をプロイセン文部省に提出した。署名したのは6名で、シュミットだけは加わらなかった5)。シュミットは1933年5月1日ナチ党に入党し、同月の論説や演説において、新政府の措置を支持した。そこでも既に「国民的本性」対「本性的違和者」の対置という反ユダヤ主義的言説が見られる6)。ケルゼンの方は、1934年元日付けで罷免されたが、その時既に（1933年9月から）ジュネーヴの国際高等研究所（Institut Universitaire des Hautes Etudes Internationales）に就職していた7)。また1936年10月から1938年年初まで、プラハ・ドイツ人大学教授でもあった。彼は1940年5月ジュネーヴを離れ、ハーヴァード大学で講義を行なった（彼は1933年に同大学の名誉教授号を授与されていた）。1942年初頭、彼はバークレーで（ロースクールではなく政治学部の）客員教授となった。1945年に64歳で正教授となる。

　シュミットがケルンで講義をもったのは1933年夏学期のみで、同年10月1日にはベルリンの「ヴィルヘルム皇帝大学」よりの招聘を受けて就任した8)。しかし1933年の3・4月、即ちナチ党入党以前に既に、彼はドイツ・ライヒの連邦的構造を廃止する「ラントのライヒへの統合に関する第二次立法」（1933年4月7日）9) の起草に関与している。新政権下での彼の出世は目覚しいもので、1933年7月にはプロイセン枢密顧問官となり、10月にベルリン大学教授に就任すると、ナチドイツ法律家団（BNSDJ=Bund Nationalsozialistischer Deutscher Juristen）の大学教員団団長に就任した（BNSDJ はやがて「ナチ法防衛団」（NSRB=Nationalsozialistischer Rechtswahrerbund）と改称）。更に1934年年初より『ドイツ法律新聞』（Deutsche Juristen-Zeitung）編集長、「ドイツ法アカデミー」憲法・行政法部会議長ともなる。しかし1936年末SS（= Schutzstaffel）機関誌『黒軍団』（Das Schwarze Korps）の攻撃を受け、最後に挙げた三つの学問政策上の地位を喪失した。もっとも枢密顧問官と大学教授のポストは保持できた。「シュミットがナチに仕えたのは1933年から

1 ケルゼン、シュミット、ナチス［フーベルト・ロットロイトナー］

1936年までの『たった3年』だ、その後は内的亡命に引き籠った」とか言う者がある。シュミット自身も「そこで悪魔祓いが済んだ」と言ったという[10]。ところがどっこい、1936年末に攻撃を受けたことは、小悪魔シュミットが悪魔仲間からいびられて、一層大きな悪事ににじり寄ったことを意味するに過ぎない。即ちその後ナチ迎合言論を控えるどころか、その戦争政策・圏域政策の正当化に乗り出した。1937年以後、シュミットは、ナチ体制の行動の法的正当化という1933年4月に始めた活動を、国際法の領域でいよいよ強力に推進したのである。

シュミットは、学界において一般的だった日和見主義（裁いたり讃えたり(Richter und Dichter)）を実践したのみならず、ベルント・リュータース(Bernd Rüthers, 1930-)の言葉を借りれば破天荒の「世界観的忠誠告白の過剰サーヴィス」をした[11]。1933年4月1日の論説[12]において、彼は基本的人権や憲法的保障の廃止を正当化し、ドイツ革命やヒトラー(Adolf Hitler, 1889-1945)独裁の正統性を国民の同意（1933年3月7日の選挙）によって基礎づける国家論上の概念を提供して[13]、「このナチス国家は疑いもなく模範的な、地上のあらゆる国家に優越した法治国家である」と述べた[14]。論文「法実務に対する新指針」(1933年)[15]や著書『三つの法思考』(1934年)[16]において、彼は旧法を迂回しつつ新法によって事件を処理するための遣り方を教示しようとした。いわゆる「具体的秩序思想」がそれである。彼の提灯持ち言説の骨頂をなすのが悪名高い論説「総統は法を護る：アドルフ・ヒトラーの議会演説」[17]で、それは1934年6月30日から7月2日にかけての「レーム(Ernst Röhm, 1887-1934)殺害事件」を事後的に正当化しようとした「国家緊急避難措置法」(1934年7月3日)とヒトラーの議会演説（1934年7月13日)[18]を弁護しようとしたものである。彼はその中で次のように言っている。

　総統権は最高の裁判権でもある。総統(Führer)は危機の瞬間に、その権利に基づいて直接法を創造し、法の最悪の濫用から法を護ったのだ。真の指導者(Führer)は常にまた裁判官であった。総統権から裁判権が派生する。総統の行為は実はほんものの司法だったのだ。それは裁判に服するのではない、それ自体が最高の裁判なのだ[19]。

シュミットは、1935年9月のニュールンベルク人種法を、その直後に『ドイツ法律家新聞』(Deutsche Juristen-Zeitung) に寄稿した論説で、「自由の憲法」として正当化した[20]。1936年10月3～4日、彼は「ドイツ法学におけるユダヤ人」という集会を組織し、反ユダヤ主義を唱道したが、それ以前のこの時期から彼は公然と反ユダヤ主義を唱えていたのである。その集会において彼は、「実証主義的規範主義」を「ユダヤ精神」の典型的表現であると唱え、その総括演説においてケルゼンに言及して次のように言う。

著者の性格はその引用の仕方で分かる。ユダヤ人ケルゼンのウィーン学派は、当然極まることのように、仲間内だけで引用しあう。他の見解を無視するその無神経さ、破廉恥さは、我々ドイツ人には全く理解できないところである[21]。

この集会でケルゼンは、ユダヤ人著者を誹謗する遣り方で、「ケルゼン＝コーン」と指称された[22]（因みに、ちょうどその頃は、ケルゼンがプラハ・ドイツ人大学に着任した時期で、ナチ学生集団のいやがらせに遭っていた時期であった）。シュミットは法学図書館からユダヤ人の著書を「粛清」することを唱え、彼らの著書を引用する時は、「ユダヤ人」という形容詞を付すよう求めた。そしてこの提案通りに実施されたのである。

国法学者シュミットは、刑事訴訟法の領域でも目立ちたがった。1936年9月、「ナチ法防衛団」(NSRB) を代表して、司法大臣に、上訴の禁止、判決は「総統の名」において発せらるべきこと、死刑判決は最高司法官としての総統が認可すべきこと、総統の「法権剥奪刑」(Ächtung) 宣告権などを含む改革案を提出した[23]。即ち彼は政府のとった政策を事後的に正当化する域を越えて、現実の法政策上の闘争に足を踏み入れたのである。恐らくこの行動が、競争関係にあった権力エリート層が彼を失脚させようとしたことの一契機をなしたのではないかと思われる[24]。——シュミットは失脚後、しばらくホッブズ (Thomas Hobbes, 1588-1679) 研究に向った後、国際法を論じ始めた[25]。彼は既に1939年初めには、国際法的「圏域 (Großraum) 論」を展開している。

これらのシュミットの作品は、（ひょっとしてホッブズ論は例外かも知れない

1 ケルゼン、シュミット、ナチス [フーベルト・ロットロイトナー]

が)、ナチスの実態を美化により隠蔽するもので、法理論的に無価値であり、ナチ分析にも役立たない。このことはまさしく、1945年以後においても引用する価値のある作品であるかのように言われている『三つの法思考』において明らかである。シュミットは、三つの法思考のうち、規範主義・決断主義と対立する「具体的法思考」をナチ法思想に適するものとしている。しかしこの「具体的法思考」は、決断主義と実体的・具体的・民族的（völkisch）「思考」の混淆物のように見えるが、実は「総統原理」（Führerprinzip）が他に圧倒的に優越している。彼は同じ1934年に、ヒトラーを「最高の司法官」に仕立て上げた。――1935年から1945年までのシュミットの著作について、顧みて何らかの意義を見出しうるとすれば、それはいかにそれらが何でも正当化し得たか、いかにして何でも正当化しうるような理屈を発見したか、についての関心からのみである[26]。彼がしなかったことといえば、ホロコーストの正当化だけであろう。

シュミットはかつてライヴァルであったケルゼンについて、1933年後はその規範主義について触れるのみであった[27]。前述した『三つの法思考』(1934年)において、彼は「ケルゼンによって指導されたいわゆるウィーン学派は、1919年より1932年の間、抽象的規範主義の独占的支配権を格別の『純粋さ』をもって主張した」と言っている。1919年より1932年までという時間的限定をつけたのは、その期間が純粋法学の生存期間で、1933年には命脈が尽きたという趣旨であろう（翌1934年『純粋法学』がウィーンで公刊されているのだが）。それ以後もケルゼンは、反ユダヤ主義的脈絡の中で時折言及された。例えば悪名高い1936年10月の集会における前掲の発言がそれであり、1939年の『国際法的圏域秩序と空間違和的諸勢力に対する干渉禁止』にも「ケルゼンとその弟子たち」という言及があるが、それは「ユダヤ人の精神」攻撃の脈絡においてである[28]。―― 1945年以後にも、その遺著『グロッサリウム』(Glossarium: Aufzeichnungen der Jahre 1947-1951)[29] には、敵対的・アフォリズム的にケルゼンの名が出てくる。『一弟子との文通』(1995年)[30] には、1954年にケルゼンがチューリッヒで行なった講演のニュースに接して、「可哀そうに、スイスの学生たちは、とっくに払いのけた純粋法学

の純粋な臭気を吸わされて、拍手を余儀なくされている」と論評している。更に1972年のインタヴューの中で、シュミットはケルゼンに言及している。

　1933年3月24日の授権法とともに、実定法学者としての私は全く新しい局面に遭遇した。私が知りたいのは、確信的法実証主義者であるハンス・ケルゼンが私の立場に立ったら、どう行動したかということである。この賽が投げられた瞬間以後、彼は「実定法学者にとっては何も問題はない」と言い続けてきたことを、私は知っている。だから彼はきっとその通りにしたであろう。彼の考えでは、法学者にとっての法は数学者にとっての数のような科学的研究対象であり、当時現実に起ったことなど論議の対象外なのである。そんなことを論じ始めれば、実定法学などは成り立たないというのだ。彼に「民主主義が民主主義的方法によって脅かされた時、実力をもって防衛すべきか」と問うた人々に対し、彼は「それは法学者が解答し得るような法学的問題ではなく、貴方の問題だ」と答えるのが常であった[31]。

　私は他方、1933年以後のケルゼンの著作の中で、たった一箇所シュミットへの言及を発見した[32]。ドイツ人にとって「黙殺」は最も深い軽蔑の形態である。ところでケルゼンは、ナチ時代の国家と法について、何と言っているだろうか？私は唯一発見したのは、亡命者ケルゼンが身を寄せたジュネーヴの研究所の紀要に寄稿した仏文の小論「政党独裁」のみである。これは各国で各国語に訳されており、私が利用しているのは1936年刊の英語版である[33]。これは民主制と専制制、ソ連やファシスト・イタリア、ドイツの政党独裁を政治学的に分析したもので、法理論的分析はたった二つの点に附随的に言及しているに過ぎない。その第一は、政党と国家の結合は単に事実的なものか、それとも憲法上保障され得るものか、という点で、その第二は、権力の移転が合法的に行なわれたのか否かという点であるが、ケルゼンは後者の問題は大して重要でないとしている。曰く、

　　それ故、その政党が革命によって独裁権を獲得したのか合法的にかという問題は、大して重要ではない。前者なら［例えばロシアの場合のように］、既存の憲法が廃止され、新たな主権の所在を反映した新憲法が発布

1 ケルゼン、シュミット、ナチス [フーベルト・ロットロイトナー]

される。後者なら、君主や大統領が、その政党の指導者を政権に受け入れ、こうして政権を掌握した政党が独裁権を振るう。後者の場合には、既存の憲法は、重要な変更を受けつつも効力を保持し続け、法秩序の連続性は維持される。しかし何れにせよ、実際には、政党の独裁によって、その前の民主制や立憲君主制から完全に絶縁してしまうのである[34]。

何れにしても明らかなことは、ケルゼンの理論によれば、ナチス支配にも効力ある法をもった国家が存在しているということである。それに対し、彼の同僚フランツ・ノイマン（Franz Neumann, 1900-1954）は、亡命中に労働法学から政治学に転向し、ナチ体制を包括的に分析した書物『ビヒモス』[35]を著したが、同書において彼は、ナチ体制を「非国家」(non-state) であると断定している。しかしケルゼンによれば、ナチ体制が国家でなくなったのは、ようやく1945年5月の無条件降伏によってである。彼は1944年から1948年にかけて、ドイツの地位や「国家官僚」の処罰について論じている。

1945年以後もケルゼンはナチスの法については、殆んど触れていない。法理論についても、社会主義や共産主義、ボルシェヴィズムの法理論については随分論じているのに[36]、ナチスの法理論については一言も発していないのである。私は以下でナチスの法についての、ケルゼンの発言と、彼が発言したかも知れないことについて、それが何かを論じて見たい。

既に1925年の著書『一般国家学』において、ケルゼンは専制政治下における法について次のように論じている。

「専制政治には専制者の恣意が支配するのみで法秩序がない」と主張するのは全く無意味である。……専制国家においても人間行動を規制する何らかの秩序は存在する。……この秩序が法秩序に他ならない。それが法でないと考えるのは、自然法論的素朴さ、ないし誇張に他ならない。……論者のいう恣意の支配とは、専制支配者が、いかなる決断にも法的効力を賦与し得る法的可能性、下級機関の行為を無制約に決定し得る法的可能性、そして既存の規範を随時一般的にないし個別的に廃止ないし変更する法的可能性を意味するに過ぎない。そういう状態は好ましくないと感じられるにせよ、それが法状態であることは否定できない。しかしそれには長所も

第Ⅰ部　法哲学部門

ないわけではなく、そのことは近代法治国において独裁の必要がしばしば唱えられることにも示されている37)。

『法と国家の一般理論』(1945年)では、これに対応する箇所が省かれているが、前述の論文におけると同様、近年のソ連・イタリア・ドイツの「政党独裁」の展開について叙述している。しかしその叙述は国家類型論の一般論にとどまっていて、ナチ「法秩序」の性格づけの論議には立ち入っていない38)。

私は、ケルゼン伝研究の過程で、(彼が1933年から1940年まで身を寄せた)ジュネーヴの国際高等研究所において、この問題について極めて啓発的な事実を偶然発見した。それは「M. N. 氏」が、1936年２月、デュッセルドルフからジュネーヴの研究所のケルゼンに宛てて出した書簡と、それへのケルゼンの返信の文案(とおぼしきもの)である。その書簡を引用しよう。

　拝啓
　私は1931年夏学期に、先生のケルン大学法学部での講義「法哲学入門」を法学生として聴講させて戴いた者です。一緒に聴講した者の中には、ご講義を「浮世離れしている」と評した者もおりましたが、私はその厳密さと一貫性に感銘を受け、就職してからの仕事にもその影響が及んでいます。私は高等国家試験に合格した後、1935年末に内務省に入省、外国旅行許可を審査する部局で働いています。いわゆる「ニュルンベルク諸法」の一つ「ライヒ国民法」とその附則によって、ユダヤ人の外国旅行申請者は、ドイツ国に属する者ではあるものの、完全なドイツ国民としては扱われなくなりました。ナチ立法者は、最初から、ユダヤ人を非ユダヤ国民とは別扱いするように定めたのです。最初のうちは、この不平等は、ユダヤ人が特定の職業に集中し過ぎている、ということを理由としていましたが、現在はそんな理由で正当化し得るものを遥かに越えた差別扱いがなされています。こういう差別は、先生の法理論から見て正当化されるものでしょうか。
　職場の親しい同僚の間で、この件に関連して、繰り返し正義の問題を議

1　ケルゼン、シュミット、ナチス［フーベルト・ロットロイトナー］

論しました。先生は正義について、随分懐疑的なことを仰いましたね。最初に議論したのは、新政府の政敵を収容する「保護拘束収容所」（強制収用所のこと）についてでした。私たちは、それが1933年2月末の（議会放火事件の後に制定された）「国民と国家を保護するための大統領の非常命令」によって正当化される、ということで意見の一致を見ました。激論となったのは、1934年7月におけるレームとその一派の殺害を事後的に正当化した法律に関してでした。本当にそれが「国家緊急事態」であったならば、そんな法律は必要ないでしょう。ところがシュミット教授は、印象的な論文において、この殺戮とそれを正当化した法律を正当化しました。先生はこれをどうお考えになりますか？……先生は講義で繰り返し、効力ある法は遵守さるべきだと強調されました。私は、先生の理論において有効だということになる規範は、すべて遵守しなければならないのでしょうか。この問題は、私にとっては、もはや純粋な理論的問題ではありません。

この書簡が如何にしてジュネーヴに届いたのかは、今からでは分からない。封筒が残っていないので、郵便で届いたのか、「使者」がスイスに届けたのかも不明である。それと一緒にケルゼンが書き、何度も手を入れた文章があり、どうこれは返信の原稿らしい。彼がそれを書き上げて投函したのか、草稿のままで終ったのかも今では分からない。何れにせよ、これはケルゼンがナチスの法についてどのような学問的見解をもっていたのかを知る手がかりとなる。以下その引用：

- ……法学の見地からは、ナチ体制下の法もまた法である。それが残念だということはできても、法であること、即ち効力を有することは、否定できない。それは我々が毒蛇を嫌ってもその存在を否定できないのと同様である（この一文は抹消されている）。法が効力をもつのは、大体において実効的な憲法の規定に従って制定されたからである。私の根本規範論はそれ以上のことは言っていない。法遵守の根拠はその根本規範にある。根本規範は、法の存否を変更することはできない。法秩序の効力は、そのような根本規範の想定という条件の下での条件付きのものである。「道徳や自然

法に適合した法のみが存在する」という主張に対しては、「いや絶対的道徳や絶対的自然法は存在しないのだ。法とは上に述べたようなものだけなのだ」と答えるだろう。

- 具体的に、現在ドイツで効力を有している法によれば、政府は好ましからぬものと看做した信条・宗教・人種の人々を強制収用所に監禁して労役を強要し、殺しさえする権限を有する。我々はこれらの措置に道徳的な最大限の非難を加えることはできるが、それがこの国の法からみて非合法だと判断することはできない。これらの行為は、外的に見れば、死刑・自由刑・民事強制執行と同様の生命・自由・財産の強制的剥奪である。両者の相違は、後者の強制が社会的に有害なものとして法的に定められた特定の作為・不作為、法的に認定された特定人の犯罪や不法行為への効果として科されるのに対し、前者のはそうでないことである。前者[ドイツの現行法]の強制のあるものは、過去に行なわれた行為に対する制裁ではなく、未来に犯される可能性のある不法への予防へと拡張されたものである。例えば危険な精神病者の強制入院とか、特定の信条・宗教・人種の者に対する強制収用所への監禁などは、放置すれば社会への危険をもたらす可能性があると（正当かどうかはともかく）認定されて実行されているのである。

- 貴君が言及された1934年7月3日の国家緊急事態法に関して言うならば、実定法の記述のみを任務とする純粋法学の見地からすれば、法規範は、その制定前に行なわれた行為に対し事後的に強制を加えることもできるし、過去の違法な強制行為・不法行為を事後的に合法的制裁行為とすることもできるのである。国家緊急事態法も、嘗て殺人罪であった行為を事後的に法的制裁行為として正当化したもの、非不法行為を不法行為に、不法行為を非不法行為に変更したものである。

- また貴君が言及された「ニュルンベルク法」に関しても、私は「法はいかなる内容をももつことができる」ということを繰り返すのみである。人間の行為で法の内容となり得ないものはなく、例えば道徳規範に反するという理由で法規範の効力を否定することはできない。道徳規範は法規範に属していないのである。私はかつて、『主権の問題と国際法の理論』の中

*1 ケルゼン、シュミット、ナチス [フーベルト・ロットロイトナー]

で、国家や法秩序は、奴隷制を導入することも不可能でないと述べて、一部の同業者の憤激を買ったことがある。私は、法認識、実定法の記述を任務とする法科学者（Rechtswissenschaftler）であり、ナチスの法は大体において実効的な憲法に従って制定されたものと認識している。この憲法には「法的効果を意図して発せられた総統の命令は実定法である」という法創造の準則が含まれている。そしてナチ国家の憲法は、純粋法学が前提する根本規範に従って有効である。この根本規範は、およそ命令として認識され得るものは、有効な法として認める。根本規範自身は、憲法立法者の命令に従うべきことを命ずるものではなく、法認識に不可避の仮説的前提であって、それを受け容れることも受け容れないこともできる。それ故、この根本規範を受け容れるか否かは、貴君が人格として決断しなければならない。……

「法服従の根拠は何か。私はナチスの法に従うべきか」という質問者の問いに、ケルゼンはこのように答えたのであった。

ところで、偽造・変造によって学問の評判が傷つけられている時代、『ヒトラーの日記』とか『強制収容所の日々』とかの偽ものが出版されたりする時代には[39]（実はいつの時代にもそういうことはあるのだが）、事実とフィクションの区別は明確にしなければならない。実は残念ながら、上記の文通は私の創作なのだ。だがケルゼンの書簡中の文章については、1945年以後彼がナチ法について触れた乏しい言及を殆んど逐語的に再生したものである[40]。手紙の相手方として、私がナチ法の適用対象の人物を設定したのは、「なぜ法に従うべきか」という問題が、その人物にとって現実から遠い抽象的問題ではないからである。ケルゼンが、戦後の論文「なぜ法に従うべきか」[41]などにおいて淡々と述べている視点は、「なぜ私はナチ法に従わなければならないのか」という当事者の直接的質問を前にしては、まったく異なった現実性を帯びるであろう。

ケルゼンによれば、ナチ時代に制定された法、総統の命令によって制定された法も、それが実効的であるならば（ケルゼン流に言うなら大体において遵

守されているならば）有効な法である。我々もこれには賛成せざるを得ないかも知れない。しかしある法規範が有効だということは、それが合法的に成立し、実効性をもっていることを意味するばかりでなく、それが拘束力をもつこと、その規範の名宛人はそれを遵守すべきであることを意味する[42]。ケルゼンもシュミットも、1934年7月の国家緊急事態法は有効で、拘束力を有すると説いている。ケルゼンは冷静な認識としてそれを述べ、シュミットは「最高司法官」の命令の正統性についての情熱的議論としてそれを主張した。

　ケルゼンが「有効な法規範は遵守さるべきである」という場合、彼は法秩序を記述し分析する規範科学者としてそれを述べている。彼の理解している法学・「一般法学」は、法哲学と異なり、没価値的たらざるを得ないのである。法の評価は法哲学の仕事であり、法学の任務はもっぱら、ある行為がある規範に合致するか否かのみを判断する（認識的）価値判断で、その規範自体の正不正の判断などはなさない。法学者が、ある法規範が有効である（それ故遵守さるべきである）と述べるとき、存在している法状態について情報を提供しているに過ぎない。しかし「君は時速百キロ以上で車を走らせるべきではない」という場合の「べき」について、我々は単に運転者に法状態について（正しいか否かは別として）情報を与えるのみならず、彼に服従を命ずるものと解することもできる。発話における発話内的（illocutionary）行為には、J. L. オースティン（John Langshaw Austin, 1911-1960）の言うように、色々ある。上述の例だと、「べきでない」という発話は、情報提供的で真理値をもつ「規範命題」、第三者として規範「について」発言するものでもあり得るし、命令・禁止を指示する「規範形成行為」でもあり得る。ケルゼン自身もこの点について、命令的意味をもった「法規範」（Rechtsnorm）（授権なども含む）と法状態についての記述的情報を述べる「法命題」（Rechtssatz）を区別している[43]。「盗むなかれ」「盗んだ者は罰せられるべきだ」というような命題を見ただけでは、それが法規範なのか法命題なのか分からず、どんな立場にある者がどんな意図の下に誰に対して発話したのかという脈絡を見て初めて明らかになる。この言葉を発したのが法学者や弁護士であるな

らば、その規範が有効か否かによって真偽が定まる記述的法命題である。それに対し法規範は、「盗んだら罰されるであろう」というような、行為の結果や執行機関の行為についての予言でもなければ[44]、「立法者は某年に□□と立法した」というような、時間・空間の中で起った事態の認識でもない[45]。

規範についての情報提供的用語と命令的用語の区別に対応して、法服従の問題についての認識的次元と規範的（意志的（volitiv）・動機づけ的）次元を区別さるべきである[46]。ある規範を命令として、文法上の命令法で発話する者は、相手がそれに従って行動することを期待する。それに対し中立的な法学者が法的状態を単に記述的に述べる場合には、服従の期待などはしておらず、相手がどういう行動をとろうと頓着しない。即ち法服従の問題の決定を、規範の名宛人に「留保」している。この留保は、あるいは例えば道徳によって基礎づけられるものかも知れない。

しかしケルゼンは、法規範が道徳的・倫理的である場合にのみ効力をもち、それへの服従を義務づけるという主張に対しては激しく反対する。非常な論議を呼んだ一節において、彼はこう言った。

　法規範は、それが倫理的である場合にのみ拘束力をもつという見解は、法実証主義に反する。この見解は、法実証主義の本質的要素である法と道徳の区別を廃するものである。法実証主義の見地からすれば、ある行為はそれに反対の行為が制裁の条件となっている場合にのみ法義務の内容となる。立法的ないし慣習的に創造された法規範は、いかなる行為をも制裁と結びつけ得る[47]。

これは「法服従義務は倫理的義務でのみあり得る」というハンス・ヴェルツェル（Hans Welzel, 1904-1977）の見解と対立する。ケルゼンは、そうだとすれば、誰もが「自分が負っている法義務は不道徳だ」という理由で法の効力を否認することとなるであろう、法の効力の問題は「万人」が解答権をもつものではない[48]、特殊な強制秩序としての法秩序は、個々人の倫理的判断から独立しているから機能し得るのだ、と言う。

ケルゼンは、法と道徳の混淆によって、法秩序の不当な正当化が生れると

指摘した。曰く、

　　純粋法学は、「道徳に適った社会秩序のみが法である」という命題を、それが絶対的道徳の存在を前提している故に否定するのであるが、そればかりでなく、ある社会の主流派をなす法学は、この命題によってその社会の強制秩序を無批判的に正当化することになることの故に否定するのである[49]。

　ここでのケルゼンは、実定法の効力を、それが道徳的でもあるという理由で正当化する場合のみを眼中に置き、その逆の、実定法が道徳に反するという理由で効力を否定される場合に触れていない。しかし後者も、ケルゼンの立場からすれば、「私人」が絶対的規範と信ずるものを楯にとって、自分の判断を法規範の効力に優先させようとするものであると評価されるであろう。

　私の考えでは、法と道徳の分離の問題は、性急な結論を出すことを慎むべきものである。ある法規範が道徳に反するからといって、それが法規範ではないとは限らず、また他方で、ある規範が道徳的に望ましいということから、それが法規範だということにもならない[50]。それはケルゼンの言う通りであるが、そのことが、法に服従すべきか、法は自分を拘束しているのかを問題としている行為者にとって、何を意味するのか？ケルゼンによれば、法の拘束力の根拠は何なのか？

　ケルゼンによれば、ある規範の効力根拠は、常にそれより上位の規範にのみある。「なぜ私がある規範に服従すべきなのか」という問いへの解答は、その規範の制定根拠となった上位規範によってのみ答えられる。この遡行は無限には続かず、憲法の効力というところで止まる。しかしさらに執拗に「なぜその憲法に従って行動すべきなのか」と問われれば、ケルゼンは、その根拠は「仮説的な根本規範」なのだ、と答える。即ち「人は、制定され、大体において実効的であるという条件の下で、憲法に従うべきだ」というのである。

　ケルゼンによれば、法の効力根拠は、道徳や自然法やキリスト教の教義に適合することではない。実定法の科学の観点から仮説として立てられた根本規範は、「我々は憲法、それをさらに突き詰めれば歴史上最初の憲法に従っ

1 ケルゼン、シュミット、ナチス [フーベルト・ロットロイトナー]

て行動すべし」というものである[51]。もう一つケルゼンが言うのは、根本規範は実効性という条件を含むもので、「人は実効的憲法・実効的法秩序に従って行動すべし」と定式化されることである。さらにケルゼンによれば、実定法は実効的国家権力のものでなければならない。即ち「正統な政府とは、特定の領域の住民を実効的に支配している政府であり、その政府が前の憲法に反し、革命によって樹立されたものでも差し支えない」「ある強制秩序に従って実効的支配が行なわれていれば、その秩序は有効な国家法である。……一国の憲法は、それから導き出された強制秩序が大体において実効的であれば、効力をもつ」という[52]。それ故窮極的に重要なのは、実効的強制秩序であり、「人は実効的強制秩序に従って行動すべきである」ということである。これこそが、法の拘束力の根拠として前提された根本規範なのであろう。しかしそれは仮説であり、(「なぜ法に従うべきか」という論文のこの箇所で) ケルゼンが「それを受け容れることも、受け容れないこともできる」と附言している[53]のはそのためである。それ故純粋法学は、法服従を条件つきで正当化するに過ぎない。即ち「もし私がその根本規範を受け容れるとしたら」という条件の下で。純粋法学が法規範における当為(「べき」ということ) について述べていることは、なんら指示的意味をもたない。要するに根本規範は「憲法の定める通りに行動すべきだ」というものだが[54]、この「定める」という言葉も法服従への要求ではない。ケルゼンの言うところを引用すれば、根本規範は「憲法立法者の命令に従うべきだ、と求めるものではない。根本規範はあくまで認識である」[55]。

現代における純粋法学の代表者ローベルト・ヴァルター (Robert Walter, 1931-)[56] は、この点をうまく表現している。彼は、純粋法学においては、法への服従義務は道徳的・政治的根拠によるものではない、それは科学であって、実効的秩序を記述するのみであると述べた後曰く、

　純粋法学によれば、法主体は、フィクションに過ぎないところの根本規範について、そのフィクションを受け容れないことによって、法規と解釈されている命令の規範的効力を否定することができる[57]。

純粋法学が法的拘束力について述べていることは、ただフィクションと

してその効力が「受け容れられている」(angenommen) 実定法秩序によれば、義務というものが存在するということに過ぎない。それを越えて、ある個人が窮極的に何をなす「べき」かは、純粋法学の認識論的立場からは何も言うことができないし、また言ってもいない。ましてや、個人は常に実定法に服従すべきだなどという趣旨のことなど言うはずがない58)。

この文章の中で「窮極的に何をなすべきか」とか「服従すべきだ」と言っている場合の「べき」は、もとより動機づけ的意味のものと解さるべきである。実際純粋法学は、「法は道徳的・政治的根拠に基づいて服従さるべきだ」などとは言っていず59)、ただ仮説的に従うことも従わないこともありうる根本規範を根拠として憲法があり、その憲法によれば法には従うべきことになっているという情報を与えているに過ぎない。我々が何らかの根拠に基づいて実定法に従うべきか否かという問題には答えていないのである。

さあそうなると、突き詰めれば根本規範に行き当たり、「それを受け容れることも、受け容れないこともできる」ということになるが、法服従の問題に「決断」を下すためにはなおどういう議論の可能性が残っているのか。その答えを、先のケルゼンと元聴講者との文通という仮想の事例に即して考えてみよう。

まず眼につくことは、ケルゼンにおいて法服従の問題は、下位規範である個々の法規範の服従や適用の問題においては論議とならず、体系の頂点、根本規範の段階で初めて設定されることである。手続上適法に制定された規範が、もはや「大体において」も服従されなくなった場合について、ケルゼンはその規範に効力があることを疑わない。法の受容の問題は、全法秩序の根本的承認の問題として、初めて設定される。ケルゼン理論の枠内においては、根本規範が効力を失う、即ち受容されなくなるのは、革命か、亡命か60)、自殺かである。シュミットなら、こういう実存的極限に関して、目をみはるような着想をもつかも知れないが、元聴講者の質問に関連して、このような選択がケルゼンの念頭に浮かんだであろうか?

根本規範の受容という問題に関連して、私はケルゼン理論を越えて、次の三つの議論戦略があると考える。

1 ケルゼン、シュミット、ナチス［フーベルト・ロットロイトナー］

　第一には、根本規範論で述べられている前提（効力条件）に疑問を提出し、この法秩序が「大体において実効的」であるか否かを問題にする戦略である。ケルゼンは「ある法規範は、それが大体において実効的な法秩序に属するとき、即ち規範の規制対象になっているたいていの人々が法秩序の定めるところに従って行動しているとき、有効である」と言う[61]。しかし全法秩序が「大体において実効的」か、「たいていの人々」が法秩序に従っているか、ということは、誰にも分からないことである。これはハインリッヒ・ポピッツ (Heinrich Popitz, 1925-2002) のいう「無知の予防効果」[62]の一種で、我々は法規範がどのくらい実際に遵守されているか、その違反がどの程度処罰されているかについて、情報をもたない。法秩序に属する規範がどの程度遵守されているかを誰も知らない、ナチスとて知っていたはずがない。

　第二には、実効性の解釈を変える戦略である。すなわち個々の法規範の「実効性」は、それが遵守されているか否かではなく、立法者の目的が達成されているか否かによって判定さるべきであるとする戦略である（「遵守」はしばしば目的達成の手段に過ぎない）。このことは、全法秩序の実効性にとってどういう意味をもつであろうか。問題は「法秩序の目的は何か」にかかってくる。安定、平和[63]、個人の能力の発揮などが考えられるが、ナチ法秩序の目的は何だったであろうか。

　第三の戦略として、ケルゼンが仮説的に定式化したような根本規範を受け容れないという可能性が残っている。それではその根拠は何か？ケルゼンの根本規範論によれば、法秩序の実効性は法秩序の効力根拠ではないが、効力条件ではある。しかしそれは（上述したような道徳的正当性と実定法を同一視する議論とは反対に）、無批判に法秩序を——特にまさしく、実効性をもつだけで、何の正当性ももたないような法秩序を正当化するものでは全くない。ケルゼンは言う、

　　ある国家法秩序の根本規範に従えば、実効的憲法を根拠として実効的な一般的ないし個別的な規範を制定している実効的政府が、その国の正統的政府である[64]。

　このように実効性と正統性を同一視するのは、正統な秩序に関する通常の

観方に反する。それは民主的法治国とか、人権・基本権などを正統性の根拠とする現代の正統性論とまるで異なっている。——結局ケルゼンの根本規範論は、あまりにも沢山の問題を担っている。効力の問題、服従の問題、そして正統性の問題……。

1945年以降のシュミットとケルゼンには、一つの共通項がある。両者ともに責任追及の対象となったことである。シュミットは、ワイマール共和国の墓掘人で、ナチスの先導者・「世話係（Quartiermacher）」として、非難された。実際シュミットがワイマール共和国の友でなかったことは明らかで、議会制や討論による民主的決定の批判者であった。1932年の「プロイセン対ライヒ」の国事裁判に際しては、パーペン内閣の代弁者として、共和国を埋葬する墓穴を掘った。1933年以前の彼のナチとの関係については色々に解釈できようが、1933年4月以降の行動や法政策的活動については議論の余地はない。

他方ケルゼンの実証主義は、1945年以後、ラートブルフ（Gustav Radbruch, 1878-1949）等によって批判された（もっともラートブルフはケルゼンを名指ししなかったが）。「法律は法律だ」（Gesetz ist Gesetz.）というケルゼンの言葉によって、法律の形式をとったナチの不法に対して、法律家たちを「無防備」にしたというのである[65]。実際ケルゼンは、民主制が、多数決によって自己を抹殺する場合に、それを阻止する法的可能性はないと言っている[66]。しかし現在「1933年以前の法実務家たちが法実証主義の信奉者であった」というラートブルフのテーゼを信じている者はいない。そんなことはなかったのだ。そして1933年になると、法実務家たちは、新体制と法律の形式をとって独裁者が次々に打ち出す措置について、「無防備」だなどと感じたのではなく、その大多数は「国民革命」として歓迎したのである。それにナチの法理論は断固たる反実証主義であった[67]。「あらゆる内容が法規範となり得る」というケルゼンの見解が、政治的支配に正統性を賦与し得るはずがないではないか[68]。そのことはまさしくカール・シュミットの反実証主義的ナチ国家正当化論が示している。

しかしラートブルフらの「無防備」テーゼは、反倫理的法律の遵守という

1 ケルゼン、シュミット、ナチス［フーベルト・ロットロイトナー］

問題について、道徳的留保をいかにして基礎づけるか、またそれを確固たる動機づけとなし得るかという問題を考察する契機を提供する。私の考えでは、ケルゼン理論の欠陥はまさしくこの点にある。即ちそれは、法服従という倫理的問題に直面した規範受範者を、ラディカルな価値相対主義によって、道徳的孤立に放置する。ケルゼンによれば、「絶対的道徳」は存在しないのであるから、あとはもっぱら、もはやこれ以上の根拠づけが不可能な、個人の道徳観に委ねられるということになる。ケルゼンにとって、国家と法に関する冷静で傍観者的な分析は、それ自体で価値をもつものではない。「法的にはあらゆることが可能である」というその論理は、価値相対主義の懐疑論によって、個人倫理の次元にいわば継続する。純粋法学は、「権力のゴルゴンの頭」[69]を石にならずに冷静に見つめ続けることができるような、道徳的に鉄壁のような性格の持主を前提している［ギリシャ神話によれば、人はゴルゴンに睨まれると石に化する］。

周知のようにラートブルフは、後期において実証主義を批判し、法の効力の概念に道徳的・自然法的性格を賦与した。実定法（Gesetz）が正義の基準に絶え難いほど違反するとき、もはやそれは法（Recht）ではないという。そういう立場は、ケルゼンの自然法批判に堪えられないであろう。H. L. A. ハート（Herbert Lionel Adolphus Hart, 1907-1992）は、1958年の有名な論文（「実証主義」（Positivism））において、ラートブルフについて、多少ケルゼンよりぶっきらぼうでない仕方で、次のように言っている、

　　ラートブルフの主張のすべては、ある規範を有効な法規範であると認めることによって、「この法規範に服従すべきか」という道徳的問題も決定されているという誤解の上に成立している。「法律は法律だ」とか「法と道徳は区別さるべきだ」とかいう言い方に疑問をもつ者に対する真にリベラルな解答は、「それはそうだろうが、それによって問題に決着がつくわけではない。法は道徳ではないのだから。法によって道徳を放逐すべきではないのだ」というものである[70]。

ハートは、『法の概念』においてもこの点を敷衍して言う、

　　道徳的に非難さるべき規定について、「それは法でない」と言うのは、

29

「それは実定法の一部ではあるがそれを適用・遵守するのはよくない」と言うよりどれくらいましだろうか。前者の言い方の方が、人々の認識を明晰にし、道徳に反する法律を無視する覚悟を促進するであろうか。前者のような言い方をすることによって、ナチ体制が残した問題の解決が容易となるであろうか。観念が力をもつことは疑いない。しかし、法の概念を狭め、「有効だが道徳的に非難さるべき法」なるものの存在の余地をなくすような用語法を国民に教え込むことによって、組織された権力の悪に対する抵抗を強めることができるなどとは考えにくい[71]。

この箇所でハートは、「あるものを法的に有効だと性格づけることは、服従の問題に決着をつけるものではない」と明言している[72]。

ラルフ・ドライヤー（Ralf Dreier, 1931-）は、法実証主義的な広い法概念に対し、「法倫理的に修正された法概念」の採用を提唱している。その論拠は、ドイツにおいて「法実証主義が法教育から体系的に法倫理的問題を放逐し、法律家のこれに関わる問題意識を貧しくさせることに多少とも寄与した」からだという「倫理的・教育的論拠」である[73]。

何とナイーヴなことか！ケルゼンの冷徹な分析が、「法は何でもできる」ことへの洞察を先鋭化した。道徳上非難さるべき法は存在する。ケルゼンの問題をさらに推し進めると、「倫理的に非難さるべき法をいかにして認識するか」という問題に行き着く。法律家は道徳についてどういう権限を有するのか？法学の講義で道徳を教えるのか？特に法実務家はいかに行動すべきか？裁判官は「この法律は道徳上問題だ」として適用を留保するのか？そして窮極的には、いかにして倫理的に非難さるべき法を排除するのか？道徳的内容を実定憲法（基本権や人権、数十年にわたる憲法論議のもたらした解釈論）に取り込むことによって、「法律による不法」への障壁を設けようとするのか？

ケルゼンは、何らかの意味で実効的な法を、科学的・認識的に、効力ある法として記述した。法服従という倫理的問題、行動の動機に関する問題は、我々に委ねられている。ケルゼンは、我々が人格的・道徳的決断の問題を避けて通ることを許さなかった。それに対しシュミットは、1945年以後、ナチ

1　ケルゼン、シュミット、ナチス［フーベルト・ロットロイトナー］

時代の自己の行動の道徳的問題を避けている。パウル・ノアク（Paul Noack, 1925-2003）は、シュミットの『Glossarium』への論評において、「シュミットの法学的立場は道徳的立場によっては改善されないだろう」と言っているが[74]、これはあまりに控え目な観方である。私はむしろこう言おう、
　「シュミットの不道徳性は、1945年以後全然治癒されていない」

1) この点については多数の文献があるが、以下その一端のみを掲げる。Hasso Hofmann, Legitimität gegen Legalität. Der Weg der politischen Philosophie Carl Schmitts, 1964, S. 41ff.; Wolfgang Mantl, Hans Kelsen und Carl Schmitt, in: Krawietz/ Topitsch/ Koller (Hrsg.), Ideologiekritik und Demokratietheorie bei Hans Kelsen (Rechtstheorie Beiheft 4), 1982, S. 185-200; Theo Rasehorn, Carl Schmitt siegt über Hans Kelsen. Das Ende der Weimarer Republik im Spiegel juristischer Publizistik, in: Aus Politik und Zeitgeschichte (Beilage zu „Das Parlament"), B48/85, 1985, S. 3-13; Alexander Somek, Politischer Monismus versus formalistische Aufklärung. Zur Kontroverse zwischen Carl Schmitt und Hans Kelsen, in: S. L. Paulson/R. Walter (Hrsg.), Untersuchungen zur Reinen Rechtslehre, Wien 1986, S. 109-136; Stanley L. Paulson, Richterliche Gesetzesprüfung. Ein Aspekt der Auseinandersetzung zwischen Schmitt und Kelsen über den „Hüter der Verfassung", in: A. Carrino/G. Winkler (Hrsg.), Rechtserfahrung und Reine Rechtslehre, Wien/New York 1995, S. 41-58; Ralf Dreier, Gustav Radbruch, Hans Kelsen, Carl Schmitt, in: Festschrift für Günther Winkler, Wien/New York 1997, S. 193-215; Dan Diner / Michael Stolleis (Hrsg.) : Hans Kelsen and Carl Schmitt. A juxtaposition, Gerlingen 1999; Michael W. Hebeisen, Souveränität in Frage gestellt. Die Souveränitätslehren von Hans Kelsen, Carl Schmitt und Hermann Heller im Vergleich, Baden-Baden 1995; David Dyzenhaus, Legality and Legitimacy. Carl Schmitt, Hans Kelsen and Hermann Heller in Weimar, Oxford: Clarendon, 1997.
2) S. Bernd Heimbüchel, Die neue Universität. Selbstverständnis - Idee und Verwirklichung, in: Kölner Universitätsgeschichte, hrsg. von der Senatskommission für die Geschichte der Universität zu Köln, Bd. II (Das 19. und 20. Jahrhundert), Köln/Wien 1988, S. 101-692（455）.
3) 1925年の難航した人事の経緯については、vgl. Heimbüchel, ebd., S. 453ff. 結局 1930年8月に、ケルゼンは「公法、特に一般国家学と法哲学」の正教授に任命された（Heimbüchel, ebd. S. 455f.）。
4) 評議会では、この人事の政治性、アデナウアー市長（Konrad Adenauer, 1876-1967）の懸念（それにはケルゼンとの関係も関与していた）などによって難航した（vgl. ebd., S. 458）。
5) Vgl. この問題及びその後の待遇問題に関するケルゼンの異議に関しては Frank

第Ⅰ部　法哲学部門

Golczewski, Kölner Universitätslehrer und der Nationalsozialismus, Köln/Wien 1988, S. 114-123.

6)　『Westdeutscher Beobachter』紙（12．5．1933）所掲シュミット論説よりのHeimbüchel, ebd. S. 460 の引用参照。

7)　1932年夏学期、ケルゼンはジュネーヴでの仕事のため休暇をとった（Heimbüchel, ebd., S. 458）。

8)　今回は新学部長ニッパーダイ（Hans Carl Nipperdey, 1895-1968）がロイポルト総長（Ernst Albin Leupold, 1884-1961）に、シュミットの留任を要請する書簡を1933年7月27日附けで送った。1932年5月に教授会全員一致の決定で決定されたシュミット招聘は、ここでは「右翼ナショナリズムの国法学的代表者をヴェストマルクに引き止める」という新たな時局性を帯びている（Vgl. Heimbüchel, ebd. S. 461）。こんなことがケルゼンの趣旨だったろうか？

9)　RGBl I, S. 173. ブラシウス（Dirk, Blasius, 1941-）はこれを1935年1月30日のReichsstatthaltergesetz と混同している（Carl Schmitt. Preußischer Staatsrat in Hitlers Reich, Göttingen 2001）。ちなみにシュミットは同法の起草に重要な役割を果たした。ブラシウスの同書 S. 78は正しく記している。

10)　ケンプナー（Robert Max Wasilii Kempner, 1899-1993）の聞き書きによる（Das Dritte Reich im Kreuzverhör, München/ Esslingen 1969, S. 299）。シュミットはいつも格好つけの自己顕示者である。1945年以後、彼は自分をベニート・セレーノだと称しているが無駄な努力である。セレーノはメルヴィル（Herman Melville, 1819-1991）の小説の主人公で、叛乱奴隷に抑留され、外来者にそのことを悟られないように装うことを強要された船長である。だがセレーノは船から脱出したのに、シュミットはそうしなかった。またセレーノは解放後モンテ・アゴニアの修道院に隠棲したが、シュミットは戦後故郷プレッテンベルクに隠棲し、そこをマキャヴェリ（Niccolò Macchiavelli, 1469-1527）が隠棲したサン・カシアーノの如くに衒った。

11)　Bernd Rüthers, Carl Schmitt im Dritten Reich, 2. Aufl. München 1990, S. 107.

12)　DJZ 1933, Sp. 455. [Deutsche Juristen-Zeitung]

13)　例えば Staat, Bewegung, Volk−Die Dreigliederung der politischen Einheit, Hamburg 1933.

14)　C. Schmitt, Nationalsozialismus und Rechtsstaat, JW 1934, S. 713-718（716）. [Juristische Wochenschrift]

15)　JW 1933, S. 2793. 及び DR 1933, S. 201. [Deutsches Recht]

16)　Drei Arten des rechtswissenschaftlichen Denkens, Hamburg 1934−vgl. auch: Nationalsozialistisches Rechtsdenken, DR 1934, S. 225ff.

17)　Der Führer schützt das Recht. Zur Reichstagsrede Adolf Hitlers vom 13. Juli, DJZ 1934, Sp. 945-950 vom 1. 8. 1934.

18)　RGBl. I, 529. [Reichsgesetzblatt]

19)　DJZ 1934, Sp. 946f.

20) Die Verfassung der Freiheit, in: DJZ 1935, Sp. 1133-1135.
21) C. Schmitt, Die deutsche Rechtswissenschaft im Kampf gegen den jüdischen Geist, in: DJZ v. 15. 10. 1936, Sp. 1195-1199（規範主義については、Sp. 1193；ケルゼンについては、Sp. 1195）。シュミットの言い草はナンセンスである。私は、ケルゼンほど徹底的に他人の論説を引用し論評する法理論家を知らない。シュミットの作品についても同様である。総括演説におけるシュミットの引用態度については、「ユダヤ人との戦いは、主のみ業のための戦いである」と「われ等の指導者アドルフ・ヒトラーが述べ給うた」という結語が示唆的である［『わが闘争』第二章末尾（Mein Kampf, Zentralverlag der NSDAP, 1937, S. 70）への言及］。
22) Erich Jung, Positivismus, Freirechtschule, neue Rechtsquellenlehre, in: Das Judentum in der Rechtswissenschaft. Ansprachen, Vorträge und Ergebnisse der Tagung der Reichsgruppe Hochschullehrer im NSRB am 3. und 4. Oktober 1936, Heft 8 (Rechtsquellenlehre und Judentum), Berlin 1936, S. 7. (Vgl. dazu auch Rudolf Aladár Métall, Hans Kelsen. Leben und Werk, Wien 1968, S. 1.) ユング（Erich Jung, 1866-1950）演説の中に「シュタール＝ヨルゾン」（S. 18）「ネルソン＝ナタナエルソン」（S. 32）などの名が出てくる。ケルゼンももう一度言及される（S. 41）。
23) S. dazu Lothar Gruchmann, Justiz im Dritten Reich 1933-1940, München 1988, S. 980, 994-1002.
24) S. dazu Andreas Koenen, Der Fall Carl Schmitt. Sein Aufstieg zum „Kronjuristen des Dritten Reiches", Darmstadt 1995, S. 692ff.; Blasius, a.a.O. (Fn. 9), S. 170ff.
25) 確かにシュミットは以前より国際法を論じていたが、この時期に主要関心事となる。vgl. die Aufsatzsammlung: Frieden oder Pazifismus? Arbeiten zum Völkerrecht und zur internationalen Politik 1924-1978, hrsg. v. G. Maschke, Berlin 2005.
26) シュミット崇拝者たちは師匠のナチ正当化歴を正当化しようと努力しているが、シュミットのナチ正当化の能力に比べると遥かに劣っている。
27) シュミットは、1933年以前の自分の著作を「決断主義」の名で概括している。
28) 4. Aufl. Berlin / Leipzig / Wien 1941, S. 5.
29) Hrsg. v. E. Freiherr von Medem, Berlin 1991.（この文献については、ポールソン氏のご示唆に負うている（vgl. auch R.Dreier, a. a. O., Fn. 1, S. 198))。
　同書でシュミットは言う。「ケルゼンは私の中立的憲法保障者論を散漫な傲慢さで批判し、非科学的だと誹謗しようとした」（Notiz v. 9. 11. 1947（S. 39））「存在と当為の対置はそれ自体既に独裁であり、ケルゼンの知的直観力の欠如なのだ。『できないがすべきだ』と言う。だから彼の民主的世界観はただのいかさまなのだ」（11. 12. 47（S.59））「ケルゼンは、現在のドイツは国際法上無であり、無以上のものでないと言い、連合国によって無から、過去と無関係な、全く新たなドイツが創造されるのだと言う。これは法学という手段を用いた絶滅作戦であり、こういう設定に熱中しているケルゼンの姿は、ヒエロニムス・ボッシュ（Hieronymus Bosch, 1450?-1516）の絵に出てくる地獄の助手を想起させる。もっとも我々は、これとは全く異

なった絶滅者・根絶者・蹂躙者を経験し、それらから生き延びたのだから、ケルゼンには思いのままにやらせておこう」（11. 6. 48（S. 162））
30) Hrsg. v. Armin Mohler, Berlin 1995, S. 159（Brief v. 17. 6. 1954）.
31) Carl Schmitt in einem Interview mit D. Groh u. K. Figge（Südwestfunk 6. 2. 1972）, zit. nach Paul Noack, Carl Schmitt. Eine Biographie, Berlin 1993, S. 169.
32) ケルゼンは Foundations of Democracy, in: Ethics LXVI（1955）, S. 96 Fn. 49. Dort（und im Text S. 32）において、シュミットの「Verfassungslehre" von 1928, S. 237, 297における権威主義的民主主義論を批判し、「この説を典型的に提唱したのはカール・シュミットであった。彼はナチ・イデオローグとして一時期功名を得た」と言っている（この箇所は長尾教授の示唆を得た）。
33) H. Kelsen, The Party-Dictatorship, in: Politica, 2. Bd. März 1936, S. 19-32.
34) Ebd., S. 22.
35) Franz Neumann, Behemoth, 1. Aufl. New York 1942, 2. Aufl. 1944.
36) H. Kelsen, The Political Theory of Bolshevism. A Critical Analysis, Berkeley / Los Angeles, 1948; The Communist Theory of Law, New York 1955; 既にずっと以前にも Sozialismus und Staat. Eine Untersuchung der politischen Theorie des Marxismus, Leipzig 1920（2. erw. Aufl. 1923）や Marx oder Lassalle. Wandlungen in der politischen Theorie des Marxismus, Leipzig 1924. のような社会主義・共産主義論がある。Vgl. dazu auch Georg Brunner, Gedanken über Hans Kelsen und das Ostrecht, in: Festschrift der Rechtswissenschaftlichen Fakultät zur 600-Jahr-Feier der Universität zu Köln, Köln u. a. 1988, S. 647-659.
37) Berlin 1925, S. 335f.
38) H.Kelsen, General Theory of Law and State, Cambridge, Mass. 1949, S. 300 レオ・シュトラウスは同書を『一般国家学』の翻訳と誤解し、辛辣だがピントの外れた批判をしている（L.Strauss, Naturrecht und Geschichte, Stuttgart 1953, S. 4（in Fn. 2））。
39) 最も有名な捏造事件としては、Benjamin Wilkomirski „Bruchstücke"（1995）や Enric Marco „Erinnerungen an die Hölle"（1978）がある。後者が発覚したのは2005年のことである［前者は幼時のアウシュヴィッツ体験記、後者はフロッセンブルク収容所体験記。何れも捏造であることが証明された］。
40) ナチ法についてのケルゼンの概論的見解については、vgl. Kelsens Bemerkungen in: Franz-Martin Schmölz (Hrsg.), Das Naturrecht in der politischen Theorie, Wien 1963（= Österreichische Zeitschrift für Öffentliches Recht, Bd. XIII (NF) Wien 1964）, S. 148 und 149. 強制収用所については、s. Reine Rechtslehre, 2. Aufl. Wien 1960, S. 42. レーム事件とそれを正当化する立法については、ebd., S. 13 und Allgemeine Theorie der Normen, Wien 1979, S. 117. 法がいかなる内容をももち得ることについては、vgl. Reine Rechtslehre, ebd., S. 201; 奴隷制導入も法的に可能であることについては、vgl. Das Problem der Souveränität und die Theorie des Völkerrechts, 2. Aufl. Tübingen 1928, S. 45. 根本規範については本論文で後述。

41) H. Kelsen, Why Should the Law be Obeyed? in: Kelsen, What is Justice? Berkeley 1957, S. 257-265.
42) 「ある規範が有効だということは、その規制対象の行為の担い手に対して『拘束力』を有するということである」(H. Kelsen, General Theory of Law and State, Cambridge, Mass. 1945, S. 30; vgl. auch H. Kelsen, Why Should the Law be Obeyed? (a. a. O., Fn. 41), S. 257))「ある人間の行為を規制する規範が『効力を有する』ということの意味は、その規範が拘束力をもつこと、即ちその人間がその規範の定めたように行動すべきであることである」(Reine Rechtslehre (a. a. O., Fn. 40), S. 196)「ある個別規範ないし一般規範が効力を有するとは、その規範が遵守さるべきことを意味する」(H. Kelsen, Allgemeine Theorie der Normen (a. a. O., Fn. 40), S. 15.)
　人がある規範に適合するように行動すべきであるとは、規範が命令 (Gebot) であることを前提とする。ケルゼンにおける規範の「当為」は授権・許容・不適用の継続による消滅 (Derogation) などを含む広い概念である (vgl. Allgemeine Theorie der Normen (ebd., Fn. 40), S. 3.)。
43) Vgl. Kelsen, Allgemeine Theorie der Normen (a. a. O., Fn. 40), S. 119ff. ラズ (Joseph Raz, 1939-) は、これについて「非関与的法命題」(detached legal statements, non-committed normative statements) とか「間接的規範命題」といった言葉を用いる (The Authority of Law, Oxford 1979, S. 153ff.)- Vgl. Auch Roberto J. Vernengo, Kelsen's Rechtssätze as Detached Statements, in: Richard Tur / William Twining (eds.), Essays on Kelsen, Oxford 1986, S. 99-108. この問題のハートに関する表われについては vgl. Neil MacCormick, H. L. A. Hart. Jurists: Profiles in Legal Theory, London 1981, S. 33-40.
44) これはガイガー (Theodor Geiger, 1891-1952) のいう「事実的効力代替物」(faktische „Wirkungsalternative") に相当するものかもしれない (vgl. Theodor Geiger, Vorstudien zu einer Soziologie des Rechts, Neuwied/Berlin 1964, S. 70). ガイガーはこれを「規範の現実態」「規範の拘束力」としてとらえる。
45) Kelsen, Allgemeine Theorie der Normen (a. a. O., Fn. 40), S. 123.
46) この「べき」(sollen) とは、学問的用語法への指示であり、「べきであろう」(sollte) となると、用語法の勧奨へと弱められる。
47) H. Kelsen, Was ist juristischer Positivismus? In JZ 1965, S. 465-469 (468) (= Die Wiener Rechtstheoretische Schule, Wien u. a. 1968, Bd. I, S. 941-953 (951)).
48) Ebd.
49) Kelsen, Reine Rechtslehre (a. a. O, Fn. 40), S. 71.
50) Vgl. H. L. A. Hart, Positivism and the Separation of Law and Morals, Harvard Law Review 71 (1958), S. 593-629; zitiert nach der deutschen Übersetzung in: Recht und Moral. Drei Aufsätze (hrsg. von Norbert Hoerster), Göttingen 1971, S. 14-57 (20).
51) 以下については特に、Vgl. H. Kelsen, Why Should the Law be Obeyed? (a. a. O., Fn. 41), S. 262.

52) Ebd., S. 264.
53) Ebd., S. 263.
54) Kelsen, Reine Rechtslehre（a. a. O., Fn. 40）, S. 203f.
55) Ebd., S. 208.
56) Robert Walter, Die Trennung von Recht und Moral im System der Reinen Rechtslehre, ÖZföffR XVII (1967), S. 123-127. 同旨、Horst Dreier, Rechtslehre, Staatssoziologie und Demokratietheorie bei Hans Kelsen, 2. Aufl. Baden-Baden 1990, S. 228ff.
57) Walter, ebd., S. 124f.
58) Ebd., S. 127.
59) ハートも同様である。1945年以後の裁判所が立たされたディレンマは、(フラー (Lon Louvois Fuller, 1902-1978)がハートを批判した際に定式化したような)「法服従の道徳的義務」対「他の道徳的義務」の対立ではなく、問題はむしろ、法への不服従が問題になった場合のそれへの道徳的諸根拠の対立であろう（Vgl. Lon Fuller, Positivism and Fidelity to Law. A Reply to Professor Hart, in: Harvard Law Review 71 (1958), S. 630-672（656））.
60) ケルゼンはスイス亡命後も、老後の恩給についてドイツ官庁と争った。その権利が彼の罷免後も存続していることを主張したのであるが、この行為はナチ法の効力、その法を根拠として成立しているナチ官僚制の合法性を前提としており、従ってそれを正当化する根本規範を前提としている。この争いは1936年１月７日プラハ・ドイツ人大学の招聘を受け、チェコスロヴァキアの国籍を取得して、ドイツ国籍を喪失したため、恩給受給権を失うことになって決着した（s. Golczewski, a. a. O., Fn. 5）。
61) H. Kelsen, The Pure Theory of Law and Analytical Jurisprudence（1941）, in: H. Kelsen, What is Justice? Berkeley/Los Angeles 1957, S. 266-287（268）.
62) Vgl. die klassische Untersuchung von Heinrich Popitz, Über die Präventivwirkung des Nichtwissens, Tübingen 1968.
63) 「法秩序が平和の秩序としての役割を果たすべきであるならば、(法秩序は人間の行為を規制するものであるが、人間は不完全な存在であり、『正しい法・正義』の探求は自然には解決しないから、正義をめぐる闘争の決着は平和の秩序による他ないのである)、この平和の理念は正義の理念と正反対のものである」(H. Kelsen, Die Idee des Naturrechts（1927/28）, in: Die Wiener rechtstheoretische Schule, Bd. I, S. 245-280（276f.））.
64) H. Kelsen, Reine Rechtslehre（a. a. O, Fn. 40）, S. 214.
65) 「実際上実証主義は、その『法律は法律だ』という信念によってドイツの法律家層を、恣意的で犯罪的は内容の法律に対して無防備にした」(SJZ 1946, S. 105-108 (107)), in: Rechtsphilosophie, Studienausgabe, hrsg. v. Ralf Dreier/Stanley L.Paulson, Heidelberg 1999, S. 215. 既にヘラー (Hermann Heller, 1891-1933) は、1929年に、ケルゼンが営んでいるような「法解体作業」は、不可避的に「国家解体」へと導かれざるを得ない」と警告している (H. Heller, Europa und der Faschismus, Berlin/Leip-

zig 1929, S. 16.)。

66) S. Hans Kelsen, Verteidigung der Demokratie（1932）, wieder abgedruckt in: Demokratie und Sozialismus, hrsg. v. N. Leser, Wien 1967, S. 60-68（68）; vgl. auch Horst Dreier, a. a. O.（Fn. 56）, S. 269ff.

67) ケルゼン自身も、彼の説が専制支配体制をもたらし得るという非難について論評している（H. Kelsen, Foundations of Democracy, in: Ethics LXVI（1955）, S. 41ff., 54ff.）。そこで彼は特にエミール・ブルンナー（Emil Brunner, 1889-1966）とラインホルド・ニーバー（Reinhold Niebuhr, 1892-1971）のキリスト教的・プロテスタント的な論議に対決している。「全体主義国家は法実証主義の政治的実践である」というブルンナーの主張に対し（zit. auf S. 41）、ケルゼンは、「仮に実証主義がその相対主義によって全体主義的体制を促進したとしても、政治的帰結の善し悪しはある立場の認識論的正当性に対する反論にはならない」と説き、更に「、まさに全体主義的運動こそが絶対的正義を標榜したではないか」と反論した。フラーはラートブルフのテーゼを承継したが、その議論は、学問的教説としての法実証主義が法律家たちの間で流布していたことの過大評価、ないしナチ体制に対し多数の法律家たちが実証主義的（positivistisch）というより肯定的（positiv）な態度をとったことの過小評価の上に成立している（Fuller, Positivism（a. a. O., Fn. 59）, S. 657ff.）。

68)「法秩序を変転する政権の変転する命令のみによって基礎づけようとすれば、法秩序からその気高さと権威の最善の部分を奪い、団体生活の深い人間的基礎づけ、同種族者たち（Artgenossen）の共存の中から展開し、その共存を担う倫理的諸概念を除去することになる」（E. Jung（a. a. O., Fn. 22）, S. 7）。この言葉は、「ケルゼン＝コーン」批判の文脈で語られたものである。vgl. Yzhak Englard, Nazi Criticism Against the Normativist Theory of Hans Kelsen – Its Intellectual Basis and Post-Modern Tendencies, in: Diner/Stolleis（Hrsg.）, a. a. O.（Fn. 1）, S. 133-188.

69)「権力のゴルゴンの頭」という表現は、シュミットのみではなく、実は1927年ドイツ国法学者大会における報告「法の前の平等」後の質疑の際、ケルゼンも用いている。（„Gleichheit vor dem Gesetz", VVDStRl, Leipzig 1927, S. 55）曰く、「自然法に向けられる疑問は、実定法の背後につきまとう永遠の問題である。その解答を追求する者が到達するのは、形而上学の絶対的真理でもなければ、自然法の絶対的正義でもなく、仮面を剥奪して実際を直視する者が遭遇するのは、ひょっとして権力のゴルゴンの頭であるかも知れない」と。„Macht entgegen."

70) H. L. A.Hart, Positivism（a. a. O., Fn. 50; in der deutschen Übersetzung S. 42f.）.

71) H. L. A.Hart, The Concept of Law, Oxford 1961, S. 206 zitiert nach der deutschen Übersetzung in: Recht und Moral, hrsg. v. Norbert Hoerster, Stuttgart 2002, S. 74.

72) H. L. A. Hart , The Concept of Law, ebd.

73) R. Dreier, Recht und Moral（1980）, in: ders., Recht - Moral - Ideologie, Frankfurt a. M. 1981, S. 180-216（191）. もっともドライアーも、法律家たちをナチに対して無防備にしたのが法実証主義だとは言わない。何れにせよ、自然法的・形而上学的志向

をもった法律家たちが、全体主義に道を開いた非合理主義的潮流に通じていたことを、率直に認めて欲しいものである（S. 192）。
74) S. Noack, Carl Schmitt. Eine Biographie, a. a. O.（Fn. 31), S. 261.

［長尾龍一　訳］

2 カール・シュミットの非常事態論と主権論
──ケルゼン風批判──

長 尾 龍 一

  Ⅰ 非常事態論における存在と当為
  Ⅱ すべての国家は絶対主義国家
  Ⅲ 誰が主権者か？
  Ⅳ シュミットの民主制論
  Ⅴ 立憲制下の主権者

Ⅰ 非常事態論における存在と当為

「主権者とは、非常事態についての決断者である」[1)]
　これはカール・シュミット『政治神学』(1922年) の巻頭の命題である。
　紀元前44年3月15日にユリウス・カエサルが暗殺され、ローマは非常事態となった。この状況についての決断者は、最初はブルートゥスのように、続いてアントニウスのように見えたが、群集が決断者であったという解釈もあり得るであろう。しかしやがてオクタヴィアヌス、アントニウス、レピドゥスによる三頭政治が始まった。だがこれもまだ過渡期で、13年後には、オクタヴィアヌスが共和制に終止符を打ち、帝制を樹立した。即ち彼が非常事態の決断者、即ち主権者であることが証明されたのである。──
　シュミットはこのようなことを論じているのであろうか？　断じて否！　彼が論じているのは、緊急事態において何が現実に起るかではなく、現行秩序上何が起るべきかを論じている。彼は存在でなく、当為を論じているのである。彼は言う。
　非常事態はアナキーでもカオスでもなく、それは法秩序ではないにせよ、法学的意味における一つの秩序である。ここでは法規範の効力に対する国家存立の優越が不可疑な形で示され、一切の規範的拘束から解放された、

本来の意味における決断がなされる。非常事態においては、国家はいわゆる自存権に基づいて法を停止する。「法秩序」という言葉における「法」と「秩序」が分離し、両者が独立の概念であることが明らかになる。平時においては決断の要素は最低限に抑えられているが、非常時には規範は抹殺される。しかしそれでも、非常事態は法学的認識の対象であり続ける。なぜなら規範や決断はなお法的なるものの枠内にあるからだ[2]。

　この議論は規範的議論である。ケルゼンの見地から見れば、シュミットは規範概念や法概念より「授権」を不当に排除している。要するに彼が言っていることは、「成文憲法の他に不文憲法があって、それが何人かに、非常時を口実として、フリーハンドを与える権力を授権している」ということである。彼はこの不文憲法を、Verfassungsgesetz の背後にあってそれに優越する Verfassung とよんだりしている[3]。シュミットは、非常事態において「法は退くが国家は存立する」[4]と言っているが、その国家とは、ケルゼンから見れば、「主権者」に無制限の権利を授権するとされる不文憲法の擬人化である。

　上記の文章で彼が用いている「秩序」とか「決断」とかいう概念も法的概念であり、彼自身もそれを法学的認識の対象で法的なるものの枠内にあると言っている。それ故彼は、「主権者とは、非常事態についての決断者である」と言う代りに、「主権者とは非常事態において現行秩序上決断権を認められている者だ」と言うべきだったのだ。シュミットが論じている時期は、成文憲法では対応できないが、彼のいう不文憲法なら対応できる時期である。更に事態が進行して革命的状況になった状態は、彼の論述の枠外である。

　彼がこの規範的な議論を事実的なものであるように装ったのは、自分の議論を実際以上にリアリスティックに感じさせるための意図的偽装かもしれない。それに欺された一人に、『政治神学』の訳者ジョージ・シュワブがいる。シュワブは「主権者は、極限的危機が存在するかどうか、またそれを除去するために何がなさるべきか（was geschehen soll）を決定する」「彼は憲法を全面的に停止する決断権を有している（zuständig für die Entscheidung）」[5]という原文を "what must be done" "he who must decide" と訳している[6]。これは

40

"what ought to be done" "he who is empowered to decide" と訳すべきであろう。

Ⅱ　すべての国家は絶対主義国家

「主権者とは、非常事態についての決断者である」という命題について、今度は「についての」（über、英訳 on）という前置詞を考えてみよう。

　危機的状態において最も重要な決断は、将来の体制選択であろう。オクタヴィアヌスは、共和制を維持するか、帝制を樹立するかという決断の前に立たされていた。シュミットが「非常事態についての決断」という場合の決断とはそのような決断であろうか。否。

　この点についてのシュミットの考えを示唆するのは、ジャン・ボダン『国家論六編』における主権の問題を論じた箇所である。中世においては王権は絶対的でなく、慣習や等族議会との約束などに拘束されていたが、ボダンの時代には王たちは、「緊急の必要」[7]という理由の下で、その拘束を断ち切ろうとしていた。ボダンは緊急性を理由として実定法を廃棄する権限を主権の本質的要素だとしている[8]。

　シュミットによれば、非常事態において、主権者に与えられる権限を列挙することはできず[9]、唯一残存する規範は「誰が行動し得るか」のみである[10]。自分に全権を授権する一規範のみの下にある主権者は「法から解放されている」（legibus solutus）。それでは、「今が非常事態だ」ということの認定権は誰にあるのか。「それは主権者だ」というのがシュミットの解答である。そうであるとすれば、少なくとも法理論上は、主権者はいつでも、「今が非常時だ。俺は何の拘束も受けない」と宣言して絶対権を掌握することができる。

　この決断は、非常事態の発端になされる。というよりも、シュミットのいう非常事態は、認定権者によってそのように定義された法的概念であり、現実に大きな危機があろうとなかろうと、主権者が「今が非常事態だ」と宣言すれば非常事態であり、宣言しなければ、戦争があろうと内乱があろうと非

常事態ではないのである。「非常事態についての決断」とは、このような法的非常事態を発足させる決断である。これに対し、先のオクタヴィアヌスの決断は、その後のある時期に、時には危機の最終段階でなされる。

　シュミットのテーゼが教えることは、すべての国家が絶対主義国家だということである。なぜなら、すべての成文憲法の背後には、主権者に、緊急事態を口実として、憲法停止権と絶対権力を与える不文憲法が潜んでいるからである。17世紀以降英国やフランスに革命があり、法の支配や法治国を求める運動が存在したが、シュミットによれば、それらによって絶対主義が克服されたと信ずるのは、成文憲法のみを憲法だと信ずる愚者だということになる。

　そうなると重要問題は、誰がその主権者なのかである。

Ⅲ　誰が主権者か？

　シュミットは「主権者とは非常事態についての決断者である」と言った。これに対して私は先に、彼は「主権者とは非常事態において現行秩序上決断権を認められている者だ」と言うべきだったと述べたが、この「現行秩序」とは彼の前提する不文憲法のことである。誰にこの決断権が認められているか？

　『憲法論』（1928年）において彼は、君主と国民をこの主権者となり得るものとして挙げている[11]。彼の主権定義は絶対君主制においては、そのまま当てはまるように見える。ルイ14世やフリートリヒ2世が、絶対主義体制の不文憲法を根拠として、法秩序を停止したとすれば、「その体制ならそれも当然だろう」という気にもなる。

　他方国民主権の民主制の下ではどうか。全国民が集って憲法を停止するというような事態も観念的には考えられない訳ではないが、一般には一部の人間が国民の名において決断を下すものであろう。『政治神学』においてシュミットは、民主制における主権の主体について、「反論なく国民と自己を同一化することを認められた人々」（diejenigen, die sich widerspruchslos mit dem

Volk identifizieren dürfen)[12]という神秘な定義をしている。常識的に見てこの「人々」とは、政治指導者であろう。彼らが何らかの仕方で、国民の名を語る正統性を獲得するのである。

　ケルゼンは、このようなことを、指導者の意思を国民の意思と擬制する「代表の擬制」とよんで、その反民主的性格を批判しており[13]、シュミットも「議会が政治的統一体の代表であるとされる限りにおいては、それは反民主的なものである」と述べている[14]。しかしシュミットは反民主的代表制が悪いものだとは考えていない。それどころか、代表者は「より高く、より高次の、より強い種類の存在である」と言っている。代表には「偉大さ、崇高さ、荘厳さ、栄光、尊厳、名誉」などの属性が結びついている[15]。ケルゼンは団体の代表者と団体の機関を同一視しているが[16]、シュミットは「任意の機関がすべて代表者である訳ではない」と言う[17]。機関（Organ）はギリシャ語のorganon（道具）という言葉に由来しており、尊厳性を欠いている。天皇を「機関」とよぶことへの反撥も、その根源はここにある。そもそもシュミットにおいて代表の原型はカトリック教会で、それが「人間界」(civitas humana) の代表者であり、同時に「歴史の現実の中で人間となった神であるキリスト」の代表者である[18]。

　シュミットによれば、代表とは「不可視なものを公然たる存在によって可視化し、具象化すること」である[19]（和仁陽氏はシュミットのRepräsentationを「再－現前」と訳している）。「絶対君主もまた国民の政治的統一体・国家の唯一の代表者である」[20]。しかし君主が不可視の「国民の政治的統一体」の代表者であることを、国民はどうして知り得るのか？　ケルゼン的に見ると、シュミットのいう「不可視の存在」とはプラトンの「善のイデア」のようなものである。それについてケルゼンは言う。

　　統治者には見えるこの善のイデアは、被治者である民には見えないから、統治への参与に資格は全くない。民は、救済を得るためには、善を知りその善を欲するとされる統治者の権威に全面的に服従する他ない。プラトンの国家の権威は被治者の無限の服従を基礎としているが、その根底にあるのはこの信仰である。非合理主義の完璧な表現であるこのプラトンの神秘

主義こそ彼の反民主的政治論の正当化根拠であり、またすべての専制支配の正当化根拠である[21]。

プラトンにおいては、哲人王は不可視なものを認識するが、シュミットにおいては、絶対君主は不可視なものを體現する。形而上学者から見ればここには深遠な相違があるのかも知れないが、経験論者から見れば、大差はない。

Ⅳ　シュミットの民主制論

シュミットは「代表」の対立概念として、代表に劣らず神秘的な「同一性」(Identität) という概念を導入する。彼によれば、民主制とは「治者と被治者の同一性」[22]「具体的に現前する人民の自己自身との同一性」[23]である。

一見すると、この同一性概念は簡単明瞭なように見える。即ち人民とはそこに居る人間たちであり、日本では日本にいる1億3,000万人の人間のように見える。そうだとすれば、人民主権とは、これらの人々が憲法の停止を決定することなのであろう。

ところがそうはいかないのだ。彼はここに「同質性」(Gleichartigkeit) という概念と「公的性格」(Öffentlichkeit) という概念を持ち込んでくる。まず前者について：

　　民主制の平等の概念は政治的概念であり、すべて本物の政治的概念がそうであるように、区別の可能性と関わっている。政治的民主性は無差別の人間ではなく、特定の集団 (Volk) への帰属を基礎としている。ある者がこの集団に属するか否かは、人種・信仰・共通の運命・共通の伝統など諸々の観念によって定められる[24]。

　　それ故民主的平等は実体の平等である。全国民がこの実体に参与しているから、平等の取扱いを受け、選挙権等が平等に与えられるのである[25]。

　　民主的平等は本質的には同質性、集団の同質性である。民主制の中心概念は人間ではなく集団である[26]。

こうして彼は、人種・信仰・共通の運命・共通の伝統などの観念を共有しない少数者の排除を唱える。同質性 (Gleichartigkeit) という言葉は、ナチの

「違和者」(Artfremdheit) 概念に連なる不吉な言葉である。シュミットによれば、多元的構成員をもつ国家では、主流集団の専制以外には民主制は不可能だということになる。それに対しケルゼンの民主主義は、異質的諸集団が相互的自己相対化と妥協によって統合をもたらそうとする[27]。

Öffentlichkeit という言葉はラテン語の publicitus の独訳で、publicitus は populus（民衆）の派生語である。ラテン語の辞書を引くと、publicitus には「公開性」と「権力性」という二つの意味がある。昔々、都市国家の中央広場に市民たちが集って、重要事項を討論し採決した時代には、「民衆性」及び「公開性」と「権力性」は一体をなしていた。しかしローマ帝国成立以後の君主制・寡頭制の下では、権力は民衆的でも公開的でもなくなり、publicus の二つの意味は分裂した。

シュミットは「代表はもっぱら公的領域のものであり、密かに『４つの眼の下で』相談されるようなものは代表でない」と言っている[28]。彼が一方で代表の非民主的性格を指摘しながら、他方でこのようにその公開性を強調するのは不思議である。彼が「政治的統一体の代表」であるとする[29]絶対君主の法秩序停止の決断は、たいてい「閉じられた扉の向こうで」(behind closed doors) 行なわれるのではないか。

シュミットは、民衆による民主的意思決定の様子を次のように描いている。

　民衆の直接的意思表示の自然的形態は、集合した大衆の賛否の叫び(Zuruf)、即ち喝采(Akklamation) である。近代の巨大国家においては、民衆の自然的・必然的な生の発現としての喝采は形態を変化させた。即ち「世論」(öffentliche Meinung) に。そこでもやはり民衆は、「賛成」とか「反対」とか (Ja oder Nein) の意思を表明するのである[30]。

この情景は、指導者とマスの分離を前提している。指導者は原案を提出し、民衆はそれに賛否を叫ぶのである。原案作成は困難かつ微妙な作業で、特に決定的危機の時期[31]にはそうであるが、その過程からは民衆は排除されている。原案には議論の対象となる事項、専門的事項、疑問をよぶ事項が含まれており、原案作成者集団の外にも、大きな、或いは小さな代案をもった専門家やオピニオン・リーダーがいるはずである。従って賛否を問う以前に質

疑や討論が必要であろう。ところがシュミットは、一切そのような過程について論及していない。彼の描き出す民主的決定過程は全然民主的でない。彼は政府の外の民衆は、与えられたメニューを丸呑みするか否かを問われるのみの愚者の集団だと想定している。

　彼によれば、この集団の現代的形態が「世論」である。しかし彼のいう世論は、通常その名でよばれているものとは似ても似つかぬものである。彼お好みの言い草を借りるならば、世論は「自由主義的個人主義の思想圏に属する」[32]のである。世論が成立するための不可欠の前提として、言論の自由、相互批判の自由がある。少数意見は尊重され、傾聴されねばならない。そのような討論は、単純な「イエスかノーか」ではなく、選択肢の複雑な分岐をもたらすであろう。

　シュミットは秘密投票制を批判するが、これも少数派排除という彼の主張と結びつくものである。多数派・主流派・権力派を支持する発言を群集の中でするのは、確かに自由であろうけれども、そこで少数意見を述べることはしばしば危険である。特に場の雰囲気が「自由主義的個人主義の思想圏」に属さない場合には。

　シュミットのいう「民主制」とは、権力者に操作された大衆支配である。

V　立憲制下の主権者

　シュミットは、主権者は「憲法を全体として停止する権限をもつ者」である。それにつけ加えて、彼は「近代立憲主義は、この意味での主権を除去しようと躍起となってきた」と言っている[33]。19世紀立憲君主制憲法の殆んどすべては、君主・内閣・上下両院の権限をこまかく規定し、（少なくとも成文憲法上は）どの機関にも憲法の全面停止権を与えてはいない。部分的停止権（シュミットのいう「委任的独裁」）を規定しているものはあるが。

　そこでシュミットのいう「主権者」が、憲法の全面的停止を宣言したとすれば、成文憲法違反で、そのような行為が「国家行為」かどうかがまず問題となる。例えば大統領がワイマール憲法48条に列記されていない権利の停止

を命令した場合、それは有効か？ 実際にその命令が執行されるか否かは、民衆や官僚たちの行動に依存するであろう。

　シュミットは「憲法」(Verfassung) と「憲法律」(Verfassungsgesetz)（即ち成文憲法）を区別し、このような行為は前者によって正当化されるという。しかしそのような意味の「憲法」が本当に存在するのか、仮に存在するとして、一般的に、また具体的にそれが何なのかについて、対立が生ずるであろう。シュミットは、国民主権においては「反論なく国民と自己を同一化し得る者」が主権者だというが[34]、「同一化」とは神秘な概念であり、諸陣営の政治指導者たちが各々「国民」との同一化を標榜するであろう。

　シュミットは言う。

　　非常事態を明確な法的要件として規定することは不可能で、せいぜい「極度の切迫」とか「国家存立の危機」とかと定め得るのみである。こういう事態になって初めて、主権の主体の問題、主権そのものの問題が顕在化する。何時非常事態が存在するのか、その場合にどうするのかを、列挙することなど不可能である。非常事態権限の要件も効果も無限定とならざるを得ない。憲法が定め得るのは、その場合に誰が行動し得るかのみである。こうなれば、その行動は何の統制を受けず、立憲制憲法慣行の抑制均衡などは消し飛んでしまい、誰が主権者かは白日の下に明らかになる[35]。

　成文憲法が誰にも憲法の全面停止権を与えていないところで、「誰が主権者かは白日の下に明らかになる」とは不思議なことである。どうもシュミットは、部分的憲法停止権を与えられている者は、権限の要件効果を明確に規定することが不可能だから、非常時にはオールマイティーとなると考えているらしい。部分的独裁官が専制支配者になることを防ぐために行なわれてきた古来の工夫は、無意味な努力だったという訳である。

　シュミットは、非常時には一者、しかも既存の権力者に権限を集中し、その者に法の全面的停止権を含めた無限定の権限を与えるのが、唯一適当な方策だと前提している[36]。そういう場合もあるかも知れないが、その政策的妥当性はアプリオリではなく、アポステリオリに決まる問題である。権力集中には長所もあれば短所もある。特に現存の権力者の失政によって危機が招

来された場合に、その権力者に全権を与えることが適当とは思えない。実際歴史上も危機を避けるために権力を分割した事例は少なくない。アレクサンダーの死、オーストリア゠ハンガリー帝国の敗戦、ソ連帝国の瓦解とともに、権力は分割されたではないか。イギリスの名誉革命、フランスの七月革命の後に、権力分立制が導入されたではないか。

シュミットのもう一つの独断的前提は、既存の国家は何としても防衛されなければならない、国家は「自存権」[37]をもっている、という前提である。しかし革命的状況においては、既存の国家を維持するか否かが、それ自体問題となる。シュミットの議論は、それこそ反革命そのものである。

ケルゼンは言う。

しばしば国家の存立という事実そのものから国家に自存権があるのだ、ということが言われる。そして非常事態になると、国家は既得権を毀損し、令状なしに国民の自由を侵害し、補償なしに財産を剥奪・破壊し、更には国家機関、特に国家元首による法秩序・憲法の侵犯が正当化される、と主張される。「これが国家緊急権だ。国家は生きなければならない。合法的に生きられなければ、国家の最高機関、特に君主は、国家を存続させるためにすべてをなす義務がある」と言う。これはもとより、政治論や自然法論を実定法らしく装ういつもの遣り方である。たいていの場合、国家は「生きなければならない」という殊勝げな言い草の背後に、国家緊急権なるものを行使しようとする者の好むような仕方で国家を生かそうとする身勝手な議論が潜んでいる[38]。

1） Carl Schmitt, *Politische Theologie*, 1922, p. 9.; *Political Theology*, 1985, Translated by George Schwab, p. 5.
2） *Politische Theologie*, p. 13.
3） *Verfassungslehre*, p. 13.
4） *Politische Theologie*, p. 13.
5） *Ibid.*, p. 10.
6） *Political Theology*, p. 7.
7） *Politische Theologie*, p. 10.
8） *Ibid.*, p. 11.

9) *Ibid.*, p. 9.
10) *Ibid.*, p. 10.
11) *Verfassungslehre*, p. 146.
12) *Politische Theologie*, p. 11. シュワブは widerspruchlos という単語を訳さず、「直接」(directly) という自前の言葉を挿入している (*Political Theology*, p. 10)。これは「反対意見なしに」という意味で、そのようなことは多元的社会・多党制の下では考えられない。彼は指導者に操作された群集心理下での意思決定を前提している。
13) Hans Kelsen, *Allgemeine Staatslehre*, 1925, p. 344. *Vom Wesen und Wert der Demokratie*, 2. Aufl., 1929 (3rd ed., 1963 p. 31.)
14) *Verfassungslehre*, p. 218.
15) *Ibid.*, p. 210.
16) Kelsen, *Allgemeine Staatslehre*, 1925, p. 310.
17) *Ibid.*, p. 212.
18) Schmitt, *Römischer Katholizismus und politische Form*, 1925, p. 26.
19) *Verfassungslehre*, p. 209.
20) *Ibid.*, p. 214.
21) Kelsen, "Die platonische Gerechtigkeit," (1933) *Aufsätze zur Ideologiekritik*, 1964, p. 230.
22) *Verfassungslehre*, p. 234.
23) *Ibid.*, p. 223.
24) *Ibid.*, p. 227.
25) *Ibid.*, p. 228.
26) *Ibid.*, p. 234.
27) Kelsen, *Vom Wesen und Wert der Demokratie*, p. 56.
28) *Verfassungslehre*, p. 208.
29) *Ibid.*, p. 214.
30) *Ibid.*, pp. 83-84.
31) *Ibid.*, p. 84.
32) *Ibid.*, p. 245.
33) *Politische Theologie*, p. 10.
34) *Ibid.*, p. 11.
35) *Ibid.*, pp. 9-10.
36) *Ibid.*, p. 13.
37) *Ibid.*, p. 13.
38) Kelsen, *Allgemeine Staatslehre*, p. 157.

第Ⅰ部　法哲学部門

【附論】　開会の前夜マールマン博士と議論した結果、以下の点を注記する必要があると考えたので、附記したい。

　シュミットの非常事態に関する議論が規範的議論であるのは、『政治神学』を眼中に置いてのことで、彼の「生涯を貫く思想」とは言えない。この点についてのシュミットの理論には、下記の四段階がある。
　①　当為の事実に対する優位の思想（『国家の価値と個人の意義』（1914年））
　②　非常事態を実定法という当為の体系の中に位置づけようとした段階（『独裁』（1921年）、『政治神学』（1922年））
　③　非常事態において発現する「政治」を「規範的なるもの」に対立する「実存的（existentiell）なるもの」とする段階（『政治の概念』（1927年）、『憲法論』（1928年））
　④　「具体的秩序思想」（『三つの法思考』（1934年）、『地のノモス』（1950年））
　　なお「具体的秩序思想」は、彼がそのナチ転向とほぼ同時に唱え始めたため、彼のナチ思想と同視されているが、オーリューの「制度理論」などの影響下で徐々に形成され、戦後の近代ヨーロッパ国家間秩序を「具体的秩序」として捉える思想にも連なって、それ自体として独立に考察さるべき主題であると考える。

3 主権の諸問題

マティーアス・マールマン

Ⅰ　はじめに
Ⅱ　主権——古典的概念規定の諸相
Ⅲ　規範論理的世界主義——主権でなく「世界国家」(Civitas maxima) を！
Ⅳ　主権と例外状態の支配
Ⅴ　主権の規範的抑制と法の世界性
Ⅵ　総括：主権概念になお何が残っているか？

Ⅰ　はじめに

　主権概念は、法学・国家学、更に政治哲学・実践哲学の中核概念の一つである。この概念は、近代国家と結びついたものとして論じられることが多く、古代とは縁が薄いとされ、それが少しずつ展開するにつれてようやく用いられるようになってきたとされる。しかしこのような歴史理解が全く疑わしいものであることは、共同体における自主的な政治決定の概念に関する古代ギリシャ政治哲学やそれに対応するローマ法伝統の諸要素について考えて見ればわかる[1]。このような古代思想の中に、主権の問題点は事実上既に含まれていたのである[2]。

　その際、この主権概念は大きな政治上の問題性を持つことになる。なぜなら歴史上、この概念形成には、学問的明晰性への欲求ばかりでなく、むしろ多くの場合、政治的な要因によって決せられたからである。ジャン・ボダンがフランス絶対主義の政治論との関連で主権概念を古典的に定式化したのも、1871年以後のドイツ帝国における、ライヒとラントとを政治的に調整する必要性から行なわれた主権論争も、政治的要因に規定されたものであった[3]。主権概念をめぐるワイマール共和国における国家論の対立も、国内的次元の核心においては、最初のドイツ共和国の、即ち理性に導かれた実践的・民主

的秩序の可能性と基本構想、及び経済的・利害関係的諸集団間の社会的調整の可能性と基本構想をめぐる学問的対立であった。更にまた、国際秩序の中に国家を位置づける尺度についても論争された。主権論議と政治的問題との関連は、最も今日的な議論にもあてはまる[4]。すなわち、一定の強制的な国際法上の人権規範・人権基準による主権の限界をめぐる現在の切実な論議がそれである[5]。

こうした政治的次元の他にも主権概念は、異なる特性を備えている。つまり表面的にも根源的にも、そもそも法秩序の基礎は何かという問いへと我々を導く、少なくともそうしたものといえる。この問題に答えようとすれば、時に驚くべき、挑発的で謎のような光で幻惑させられてしまうのである。

多くの著作者は、主権概念論を法の基礎の脱神話化の手段とし、法秩序に関する文明の自己理解を求める解答を根源的に問い直し、素朴でナルシシズム的な自己欺瞞の仮面を剥ぎ取ることを標榜するだろう。本部会の主題であるケルゼンとシュミットの論争は、主権の核心問題を注目すべき仕方で主題化した[6]。それ故、主権論議の理論的前衛と看做されている最も人口に膾炙したポストモダンのこの文献が、この論争で論じられた思想を直接問題としているのは偶然でない。それ故私も、自分自身の考えを展開する前に、民主主義や国際法に親和的であったケルゼンの規範論理的理論構成と、権威主義的で実存主義的な右翼決断主義者シュミット及びそのポストモダン的承継者との議論を通して、主権の問題が、可能であれば概念的なひとつの解決へとより深く理解され得るように、基本的立場を再構成してみたい。

II 主権——古典的概念規定の諸相

主権の概念規定は様々に試みられてきたが、その多くは近世思想、特にボダンの定義との関連で行われている。古典的定式からすると主権は「ある主体の絶対的・永続的な権力」[7]であり、他のものから導き出されず、事実として存在する至高にして永続的な力である[8]。もっともボダンにあっては、この際にある確実な内容を持つ制約をうみ出すような自然法の基準を考察して

いる[9]。主権には、対内的次元の他に、主権主体の部分秩序とは対立して作用する対外的次元もある[10]。

　二つの問いが主権概念の問題における政治的・法的核心へと導いてくれる。第一は「誰が主権の主体か」という問題であり、第二は「誰が行為権力の内容を作り出すのか」、特に「この行為権力はそもそも一定の真正な範囲による制約を受けているか否か」という問題である。

　「誰が主権の主体か」という問題は、屢々主権論議の根本的な中心主題だと解されるが[11]、主権の主体というキーワードが社会権力の配分において決定的な問題である以上、それは不思議でない。この問題に関して注目すべきは、近世以来主権主体が脱人格化されてきたことである。絶対主義時代の君主制的主権論においては、主権は君主という自然人の属性でありえたが、立憲化の過程において、主権は国家の属性となった。その国家において、自然人は主権の主体ではなく、専ら機関たる地位におかれたのである。そして遂に、主権の主体は民主化された。この民主化は、政治的意味[12]ばかりでなく、哲学的意味をももった。そのことはルソー[13]やカント[14]が明言したところである。こうして、人民主権の観念[15]と近代立憲国家が生れた。

　主権概念の内容に関しては、抽象的定義で説明された他にも、官吏任免権、徴税権、恩赦権、宣戦布告権等の権限によっても部分的に指摘されている。しかしこれらの諸権限のうちの中心的なものは、立法権とこの立法権の及ぶ範囲を決定する権限である。後者は権限大権とよばれるが、（権限を定める権限であるから）「権限権限」（Kompetenz-Kompetenz）ともよばれる。これは近代の法文化が近代自由主義的・民主的政治秩序に対して画期的な進歩をなしたことを反映している。というのも、権限を一つの憲法の中にまとめた秩序にとって、権限のありかを暗示し、人民主権が人民の憲法制定権力を示すことで、主権は憲法制定権力を持つことになるからである。

　しかし権限大権は形式的なもので、秩序自体が自らの創造した規範の広さを定めるにすぎない。そこでこれに続いて主権のありうべき内容に関する限界の問題が生ずる。即ち主権は無制約もしくは制約不可能な絶対権力の形式的な化身であるのか、という問題である。それよりもむしろ、仮に主権概念

が、あらゆる法秩序の根源的設定根拠であるとすれば、内容的拘束は、主権によって定められて後に成立するものだから、主権者の行為が内容的に制約されるということはあり得ないのだろうか。それとも、主権は本来的に内容的制約を伴って登場したものであり、従って（その制約による評価によって）正統性の問題を必然的に示しているのだろうか。

先に一言したが、古典的な主権概念においてボダンは主権者も自然法によって拘束されていると明確に述べているから、後者の説に立っている[16]。人民主権という近代的概念においては、人権の限界が本来存在するのか否か[17]、第三の道（例えばハーバーマスの規範根拠論的な人民主権と人権との共同根源性説の見解）が存在するのかという問題が生ずる[18]。国際秩序に関しては、例えば「ある国の権力が自国民に対し重大な人権侵害を行なった場合、国家主権に対するどのような国際法上の規範的限界が存在するか」というような、主権問題についての政治的決着を求められる事例として当初から論じられてきた問題、近年の国際法発展がもたらした極めて興味深い問題が提起されている。

Ⅲ　規範論理的世界主義——主権でなく「世界国家」（Civitas maxima）を！

ケルゼンの主権概念は、規範論理的分析の産物として展開される。彼の議論は、まず「主権は所与の事実である」という広く流布した俗説の批判から出発する[19]。この俗説によれば、主権者は事実として他の要素によって影響を受けず、自律的に行動する者である。ケルゼンは、第一そんな者は存在し得ない、なぜならいかに強大な権力であっても、様々な力の影響下にあるからであり、第二に規範的分析にとってそういう事実論は重要ではないからである[20]。

主権とはそのようなものではなく、ある秩序は、その前提する始源規範以外の規範に適合せず、その意味で他の規範から導かれたものでないとき、主権的なのである、と言う[21]。主権とは、事実上の独立性とか、勝利者の圧倒的実力とかいうものではなく、規範的に最高権威が決定されたものに他な

3 主権の諸問題［マティーアス・マールマン］

らない。ケルゼンによれば、こういう意味での主権性は、国家の必然的属性である。もちろんケルゼンにとって国家とは、無条件に法秩序と同一であり、社会学的や国家概念や、国家は社会学的であり同時に規範的であるとする試論は誤りである[22]。

ここでこの分析は、国家法と国際法の関係に転用される。彼はまず国家法と国際法の二元論を批判し、その代りに、基本論理的基礎づけによる国際法優位の一元論を展開する[23]。

ケルゼンによれば、「複数国家の主権」という観念は、対等の法主体の同列関係を示すものであり、その前提として各国秩序を超えて、各国の平等を定める規範的秩序の存在が前提されている[24]。

それ故複数の国家の主権という前提からは、国家主権を超えて国際法の必然性を証明することになる。実は、諸国家の主権を作り出すのは、第一次的には国際法なのである。法学者たちはたいていそういう理論的可能性を見おとしているかもしれないが。特定の国家の主権という思想は、ケルゼンによれば、帝国主義や純粋な実力説という政治論と結びつき、それは国際法優位説から要請される「世界国家」(Civitas maxima)[25]の観念によって根本的に代置されねばならない[26]。

こうして彼は、国際法に注意をはらうコスモポリタニズムへと達するのである[27]。もっとも『純粋法学』においては、彼はこの立場を修正し、規範論理的中立主義へと後退した。即ち、「特定国家優位説」と「国際法優位説」、帝国主義と平和主義との争いは、規範論理的に決定できないと述べている[28]。

Ⅳ 主権と例外状態の支配

カール・シュミットは、このケルゼンと対決して1920年代の国民国家的現実に対応する考察の中で有名な主権論を定式化した[29]。シュミットは、アフォリズム風に、主権者とは例外状態に関する命令者であると定義した[30]。この、例外状態において登場して自らを顕示する主権者は、規範的法の前提

55

をなす秩序の事実的同質性を作り出している[31]。これはいかなる規範からも導かれず、規範論理的推論から導かれるものでもない集団の政治形態に関する決定的決断を下すものである[32]。この主権者の決断が内容上法秩序の最初の創造行為をなすものである[33]。

　この決断は、最初は一切の規範的拘束を受けないものであったが、1933年以後の「具体的秩序思想」[34]の中では、歴史的事実の「不動の存在」、即ちナチスを志向するものとなった[35]。この、規範的なるもの創造を事実的事象によって特色づける態度は、後には「地のノモス」を基礎づける「土地占拠」論に連なる[36]。

　現代において、このシュミットの思想を（他の政治的意図をもってではあるが）重要な点で承継し、大きな影響力を有しているのは、アガムベンである。彼は、強制収容所を、近代の「地のノモス」への「赤裸々な生」に関する決断であると主張している[37]。

　シュミットの主権論のもう一つの重要な様相は、主権と政治神学との結びつきである[38]。政治神学とは、元来神学的概念であったものが世俗化した概念で、常に重要ではあるが、殆んど意識されていない思考であろう[39]。シュミットの分析によれば、主権概念は、神の全能、無よりの創造という観念を世俗的領域に転移させたものである[40]。主権的決断が規範的秩序の窮極的源泉であることを思えば、これは驚くに当らない。シュミットによれば、それに対し規範的合理主義は、一般的法規の支配下で非常事態なき法秩序という思想を通じた奇跡なき理神論ということになろう[41]。ちなみに、ケルゼン[42]も、主権概念と神学的観念、具体的には神概念と主権概念との結びつきについて、主権概念論[43]で論じている[44]。

V　主権の規範的抑制と法の世界性

a）あいまいな根拠づけとより良い道徳的自律の原理

　主権概念の中には、隠れた扉を見えなくするような主権論議の伝統があるが、それに中心的な役割を果たしたのが、カール・シュミットであり、今日

に至るまでポストモダンの理論形成に直接影響を与えている。というのも、非合理的で規範的にまとまっていない法の根拠や国家秩序は、規範的正統性の彼方から展望しているからである[45]。

この主権論は、冷静で分かり易い主権論と天地の差があり、それはケルゼンの規範論理的論考と同様の限界を示すものである。そこにおいて、主権の法的概念は、個人主義的な自律論と最も明確に対比せられ、その内容を維持しえていることが示されている。

そこで考慮すべき第一の問題は、事実的力と規範性にみられる主権の関係である。ケルゼンは、これ以上の規範的演繹から導くことのできない立法の根源性として理解しない限り、主権概念が貧弱になると言っているが、これは正しい。また個人の自律も、自己に課した立法にのみ効力と正統性を承認することになる。しかしケルゼンは、形式的な規範論理的分析から一歩も出ず、正統化の概念との関わりをもつことによって初めて見えてくる問題の全体像を単純化してしまった。

主権概念は、もっぱら力の領域と関わる概念であり、自らの秩序観念を内外に貫徹する最低限の可能性をもたないようなものは主権ではない。それは自己立法を最低限実現し得ないならば、その人は事実上自律できないということであり、倫理的自律と看做されないのと同様である。権力政治の次元を抜きにしたような主権概念は現実政治上ナイーヴであり、また主権概念は規範的正統化との関連がなければ、無拘束の暴力を装っているにすぎない。こうして法の正統化の問題は、主権は規範的なものか事実的なものかという問題と並んで、主権論議の第二・第三の中心的問題を投げかけるものとなる。なぜなら、法の正統性の問題は、主権の主体の問題との関連でも、主権的権限の内容と範囲との関連でも投げられる問題だからである。この二つの問題は区別を要する。なぜなら、例えば民主制下の国民といった正統な主体が、マイノリティーに基本権を与えないというような非正統的行為をとることもあり得るからである[46]。

法の正統性に関しては多数の学説があるが、「正義の諸原理下での人間の自律」という概念を抜きにしては説得的理論は成立し得ない。自らの生活形

態を自ら選ぶ自由は、人間存在の中心的価値であり、人間の自己目的性とか、人間の尊厳とかという理念と結びつくものだからである。

　個人の自律とは、正統性問題において自己中心主義を意味するものではない。自律の擁護と規範的パターナリズムの批判は、恣意や懐疑論的相対主義を意味するものではない。人間の自律は道徳法則の支配下にあり、人間の自律保障的権利領域の平等という基本的正義の諸原則に奉仕するということによってのみ根拠をもつ。個人が自律的に行動するために、正義の諸原理を守ることは必要である。自律的な人生を普遍的に形成する時のみ、正統な実践という規範的称号を勝ちとるのである。

　このことの基礎をなす規範的諸原則の倫理認識論上の論拠づけは、様々であり得る。例えばディスクール倫理的、カント主義的、構成主義的論拠づけ、更には、大いに議論されている、実践的判断力の実体的概念などがそれである。最後のものは形而上学的でなく、精神論的なものであるという[47]。何れにせよ、実践的諸問題においては、認識論的諦めには根拠がない。確かにきわめて重大な決断にあたって一連の規範的正統化の根拠を求めていくと無限退行に陥るように見えるが、このダメージは理論的に説得的な解決にはならない。この重大な決断におけるダメージは、シュミットが定式化し、現在のポストモダン的著作者たちが色々な概念を用いて、個人の考え方が大きく異なっていたとしても、正統性の問題であると考えられているものである[48]。しかしそれに代る道として、ケルゼン的な、規範論理的に演繹された形式的根本規範を選ぶことも不可能であり、これはまたシュミットによっても到底到達し得ない水準のものである。法秩序の窮極的正統性根拠である実践理性の基本的判断行為が形成されるので、正統化の連鎖は、後戻りが不可能となる。

　決断主義は、実存主義的なものであれ、ポストモダン風のものであれ、その核心が、選択的な基本判断の根拠付け能力について誤解があるような窮極的なるものを暴露し脱呪術化するかのようなポーズに過ぎない。

　比例的平等待遇や人間の価値的平等という正義の原則、それに加えるに一片の認識論的懐疑、つまり実践的・政治的事象に関しては、特定個人の認識

が特権的地位をもたないという認識から、各人は政治秩序の創造と形成に平等に参加することができるという原則が導かれる。それ故にこそ、雑多な社会事象の中から一つの秩序が生れることができる。その秩序は、近代民主主義の組織形態においては、個人の自律の平等な行使の産物としての憲法ということになる。これが人民主権・人民の憲法制定権力の法倫理的核心である。

ところで、近代の主権問題の核としての人民主権は、倫理的に無拘束な決断権力ではあり得ず、正義の観点の下での人間の自律の社会的組織化であり、個人の自己目的性を社会的に実現する条件たる、野心的な構築物である。

こうして主権の法倫理的核心が明瞭となった。主権とは、完全でも、ましてや道徳的・法倫理的な無拘束でもなく、基本的な規範的原則の枠内で、社会結合に関して実効的な自律の可能性であることがわかる。重要なのは、決断から規範的拘束を否定することではなく、自律の成果を可能な限りの人々に開放し、彼らの判断力自身に自律が影響下にあるような規範的限界を決定させることである。主権についても個人の自律と同じことが妥当する。自律がその本来の意味に留まる限り、善悪の彼岸へと導くものではないから、規範的拘束が自律の本質的部分を奪うことはあり得ない。

共同体の地位・自由・平等・業績・適法手続などといった具体的な諸制度もこの目的に即して、できればこれらを包摂する秩序の中で評価さるべきである。他の共同体との関係のルールもまた同様である。なぜなら正義の諸原則の下で考えられる自律は、国民国家的な主権の枠内に留まり得ないからである。精神史において、例えばヘーゲルは、国民国家主権を法形式の窮極目的であるかのように言ってはいるが[49]。そうではなくて、自律は、個々の共同体の自己決定が、他の共同体の犠牲の下で実現されることのないような秩序の中で、普遍化されねばならない。

主権概念を通じた自律の実現との関連により、今日、近代国家論の議論枠組で認められた主権の喪失を評価するために、一つの指針となっている。

人間の自律という要請は、国家体制の問題としては人民主権へと発展するが、これは国家に組織形態として現実離れした規範的要請に過ぎないと全くかえりみないのではなく、それに社会的現実性を賦与しなければならないこ

とを強調している。即ちそれは、国民国家の限界外にある諸問題の解決のための、(国民)国家を超えた組織形態を要請するのである。

確かに国民国家の主権が当時の現実においては、諸勢力の影響下で、事実的にも規範的にも制約されていた。EUのような超国家的組織はその典型的な事例である。他にも、グローバルな秩序システムによりまた形態を変えることで、いよいよ人権擁護を強めつつある国際法や、グローバルな市民社会の活動により、規範的にも事実的にも制約されている。このような主権の制約が、人間の自律実現という新たなメカニズムのコインの裏側ではない限り、歓迎さるべきことである。他方主権の制限が、人間の共同体的で平等な自律の実現を根本において危うくする覇権主義的なユニラテラリズムといった批判対象は、自律の理念に反することである。

b）政治神学と法の世俗性の擁護

政治神学は大きな理論的魅力を有している。それはこれまで気が付かなかった論点について開眼させるところがあるからである。その最初は、法学上の諸概念を世俗化した神学として分析し、その起源を示したところにあったようだ。この分析は、法秩序の自己認識に極めて重要な貢献をし、特に法秩序の実体化についての真偽の判断を決した。

啓蒙思潮によって、西洋史上永く密接な関連を持っていた道徳が宗教から解放された[50]。法も同様であって、現代では、法は内容上宗教的源泉によって補強されているかも知れないが、それに依存している訳ではない。法の正統性は、窮極においては、人間の実践的判断力を終審のみで支えているところにあり、またそうでなくてはならないだろうところにある。

それ故政治神学は反啓蒙思潮的要素の一つである。古代以来宗教の擬人的性格に対する哲学的批判が行なわれてきたが、その観点からしても政治神学の理論的欠陥は明らかである。主権概念の考察において重要な政治神学的問題が色々存在する。例えば主権の主体が規範的拘束を受けるものかどうかという問いが、「神は自然法則に拘束されているか否か」というスコラ学の難問と並行関係にあるか、というような問題である。宗教哲学における擬人的性格の分析者の側からいえば、この議論自体が現世の人間的問題の聖化され

3 主権の諸問題 [マティーアス・マールマン]

た形態だということにもなる。そうなれば、神学的諸概念の世俗化は、全部ではなく合理的な中心部において、法の実体化に対して異なるものではなく、元来それが属していたところへ戻ったことになる。法文化の世俗化という画期的試みは、政治神学によって疑問に曝されるのではなく、むしろ政治神学の批判を通じてその正当性が補強されるのである。

VI 総括：主権概念になお何が残っているか？

それ故かつてケルゼンが提起した主権に対する懐疑論は、国家的権力幻想や集団主義的団体エゴイズムの批判としては、優れたものであったが、行き過ぎであった。しかしともかく、その規範論理的一貫性と国際法への配慮という立場は、実存的決断主義よりも思想として優越している。例外状態に関する純然たる支配の事実というシュミットの議論は、主権の核心を衝くものではない。政治神学は世界の悪しき神話化の一部分である。

ケルゼンとシュミットの古典的議論を越えて、主権概念のもつ永続的核心は、個人の自律において社会的で実効性のある組織の中にある。それが人民主権や、人民の憲法制定権力という中心的な表れの法倫理的核心を形成するのである。

個人の自律の実践や、社会的行使は、普遍化可能性の留保、即ち正義の諸原則の留保の下でのみ許容される。いかなる自主決定の形式もこの留保なしには正当化されない。なぜならこれこそが、本来の意味での法文化の本質的特徴だからである。

古典的国家主権の体裁や、「集団管理」の限定についての国際的諸形態は、それが一つの世界の下での、正義の諸原則に従った個人の自律の実現を促進するものであるならば、歓迎さるべきである。それは、個人の自律や人民主権において、個人もしくは社会的結合の次元で定式化される関心事を、グローバルな次元へと発展させようとするものである。この基本的視野から、国際法秩序がやがて国際的次元において正義を保ち、実質的な自律の実現を遥か未来に約束することになる[51]。主権の制限が、この結果をもたらさな

第Ⅰ部　法哲学部門

いならば、それが現代世界における様々な自律への危機の一つに過ぎないこ
とになろう。

1）　自給自足経済の概念については、Aristoteles, Politik, 1252b。ここでは、外的な諸
条件から再生産・維持される社会の独立性を想起し、それを規範的な目的として示
している。ローマ皇帝により統合されたローマ市民の権威概念についても、この関
連で考えられる。

2）　この点で法に関して既に H. ケルゼンが指摘をしている。Das Problem der Souveränität und die Theorie des Völkerrechts, 2. Auflage, Mohr, Tübingen, 1928, S. 4ff. その他には例えば、G. Jellinek, Allgemeine Staatslehre, 3. Auflage, Gentner, Homburg, 1960, S. 436。倫理概念としての自給自足経済と法概念としての主権とは、言うなれば「極めて近い親類」とは言えないであろう。

3）　例えば以下参照。J. Madison/A. Hamilton/J. Jay, The Federalist Papers, Nr.XXXI, XXXII.

4）　国連憲章2条－1では、全メンバー間における「主権平等の原則」を確認している。

5）　その背景にある原則的な展開は、P. Kunig により簡潔に要約されている。P. Kunig, Das Völkerrecht als Recht der Weltbevölkerung, Archiv des Völkerrechts, Bd. 41, 2003, S. 327ff.

6）　ひとつの重要な例として、以下のものが挙げられる。H. Heller, Die Souveränität. Ein Beitrag zur Theorie des Staats- und Völkerrechts, de Gruyter, Berlin, 1927, wiederabgedruckt in: H. Heller, Gesammelte Werke, Sijthoff, Leiden, 1971, S. 31. Heller はここで共和主義的で民主主義的な決定論の方法を展開している。これはケルゼンの実証主義が主題に欠けていると強調して批判したものである。S. 42 では、『純粋法学』システムにおける主権概念の喪失は、この学説が主題を喪失していることから必要性が判明したものである。法的世界像の脱人格化が徹底的になされることはなく、規範及び個人の問題といったいずれの規範学における根本問題も徹底的に否定されている」という。もっともこうした表現は一つの画期的な傾向でもあろう。S. 40 では、規範の具体化は、具体的な統治秩序の主たる具体的な主題による決定を前提としているので、主題なき法秩序などは考えるべくもない、とする。「というのも、いかなる統治においても、あらゆる具体性を後に残すような支配の形態である命令に際し、最小限のものは専ら主体によって決せられるからである。」と S. 62 にある。ここでの命令は有効性を持ちうると考えられる。「決定と同様に有効性のために、多数意志の中での、ひとつの歴史的かつ個人的な意志や影響の一まとまりである現実の主を支配秩序は前提としている。」S. 63. 民主的なものはこの決定論によっている。というのも、主権の主体は国民を作り上げるからである。S. 81ff, 99. 更にこうした決定は、超実証的で文化圏にに依存した「法原則」に結び付けられている。S. 107f.

7）　J. Bodin, Les six Livres de la République, Paris, 1583, Nachdruck, Aalen, 1961, S.

3 主権の諸問題 ［マティーアス・マールマン］

122. ここでは以下の標準的な定義を用いている。「主権は絶対的権力であり、共和国にとって不滅である」S. 124.「というのも、主権は神に次ぐ至上の絶対性があるからである。」

8） 以下と比較。G. Jellinek, Allgemeine Staatslehre, 3. Auflage, Gentner, Homburg, 1960, S. 481.「簡単にまとめると、主権は法的な自己決定や自己拘束と言う唯一の能力を持った、一つの国家限力の特性を示している。」H. Kelsen, Das Problem der Souveränität und die Theorie des Völkerrechts, 2. Auflage, Mohr, Tübingen, 1928, S. 10 では、主権は「一つの最高次の秩序、つまり高い秩序がない時に推論でき、高次元を前提とした秩序として考えられるものである。」H. Heller, Die Souveränität. Ein Beitrag zur Theorie des Staats- und Völkerrechts, de Gruyter, Berlin, 1927, wiederabgedruckt in: H. Heller, Gesammelte Werke, Sijthoff, Leiden, 1971, S. 120.「有効で普遍的な他の決定から、統一された意志の絶対的な独立性という特質は、主権によって理解される。この意志のまとまりは、一定の支配秩序における高次に普遍的な決定の一致として積極的に表される。」新たな国際法的視点からは、例えば以下を参照。Vitzthum in: Graf Vitzthum（Hrsg.）: Völkerrecht, 3. Aufl., Rn 46.「主権は『最高の存在』を意味し、外国の意志を従属させるものではなく、国際法では直接存在しているすなわち主権の外にあるものである。」I. Brownlie, Principles of Public International Law, 6. ed., Oxford University Press, Oxford, 2003, S. 287.「もし国際法が存在するなら、国家主権のダイナミックスは、法によって表されうる。そして国家としては対等で法人格を持っている。主権と、は行政者の視点からすると、法により定義された国家（そして国家機構）との関係である。主権に関する第一の推論および国家の対等性は、以下のように示される。(1)ある領域における排他的司法権であり、そこには永続的に住民が住んでいること。(2)国家の排他的な権力域における非干渉義務、(3)債務者の同意に基づく法と条約から生まれた義務への信頼」

9） これが「神法であり、自然法」である。Bodin, Les six Livres de la Republique, Paris, 1583, Nachdruck, Aalen, 1961, S. 133.

10） A. Randelzhofer, Staatsgewalt und Souveränität, in: J. Isensee/P. Kirchhof, Handbuch des Staatsrechts, Bd. I, § 15, 2.（Alt-）Auflage, 1995. Rn 8 はこの外的及び内的次元について述べている。「主権の問題は、私的な目的の排除という、事実上の問題や歴史的な問題とも関連している。そしてそれとの関連や代替性は、ひとつの最も高次な国家権力によって、一方では国内の平和と安全を保障する目的のために、他方では国外にむけて声明を発し、構造的な集団（つまり国家）に直接国際法レベルで同権となることである。」

11） この際には、主体の特定、さらにまたこの主体の存在に関する問題である。H. Heller, Die Souveränität. Ein Beitrag zur Theorie des Staats- und Völkerrechts, de Gruyter, Berlin, 1927, wiederabgedruckt in: H. Heller, Gesammelte Werke, Sijthoff, Leiden, 1971, S. 81.「かくして私たちは以下のように考えざるを得ない。主権の主体を求めるということ、最高次の法文を支持すること、いかなる事情の下でも故意に評

価された決定には効力があるということ。ただ、こうした特性と共に付与された主体は、現代の国家理論では知られているものではない。」

12) 主たる政治理論家としてしばしば E. Sieyès が挙げられる。例えば以下参照。Qu'est ce que c'est le Tiers Etat.
13) J. J. Rousseau, Du Contract Social, I, 6.
14) I. Kant, Metaphysik der Sitten, Akademie Ausgabe Bd. VI, § 45, 46. 無論これにより、ひとつの伝統が形成されていった。人民主権の理念における諸要素は、理念私史的な画期を作り上げた。ギリシア・ローマの古典古代やスコラ哲学は、現代哲学と比して何ら遜色があるものではない。
15) 少なくとも一定範囲でこうした見方は、完全に現代的な批判を受けている。例えば以下参照。H. Arendt, Über die Revolution, Piper, München, 1974, S. 199f, 204ff. フランス革命における憲法制定権力概念に関して、絶対主義とその無限な権力ドクトリンの遺産が引き継がれ、それによってアメリカ革命における画期的な成果を損ねてしまった
16) S. o. Fn.
17) ここでいうこの問題は完全に伝統的な国家法学説である。G. Jellinek, Allgemeine Staatslehre, 3. Auflage, Gentner, Homburg, 1960, S. 483. 例えば形式的で無制限と考えられる権限は、類似の理由による権限から批判される。「しかし権限を越えた完全な法の力をもった主権から生まれた例外なき平等化というのは、的確ではない。単独の人格を認めるにあたり、あらゆる事情の下で国家の権限拡大には制限がある。」そして自己生産する国際法の結びつきをひきあいにだして、更なる限定としての固有の憲法や政治的不可能性を挙げることになる。前者の考えを、はじめに制限された権限が中心的な人格権に基づいて体現している。Art. 79 Abs. 3 GG i.V.m. Art. 1 Abs. 1 S. 1 GG.
18) J. Habermas, Faktizität und Geltung, Franfurt, 1992, S. 112ff.
19) H. Kelsen, Das Problem der Souveränität und die Theorie des Völkerrechts, 2. Auflage, Mohr, Tübingen, 1928, S. 6ff.
20) Ebd.
21) Ebd. S. 10.
22) Ebd. S. 11.「基本的でおそらく疑う余地のない立場、そこから発信され、読者から承認が求められるようなものは以下のように表される。法認識の対象であり、総じてある国法理論があり、自然法から、つまり法秩序それ自体かその一部分として国家はあるべきである。というのも、まさに『法的なもの』は法として認識されるものに他ならないのであり、国家を法的に把握すること（このことこそが国法理論の意味であろう）は、法としての国家を把握することに他ならないからである。」(Herv. i. Org), S. 22ff.
23) Ebd. S. 37ff.
24) Ebd. S. 40.

25) 「世界国家」の考え方や概念については、以下を参照。C. Wolff, Grundsätze des Natur- und Völkerrechts, Halle 1754, § 1090. この「最も大きな国家」から、契約や習慣を超えた拘束力ある国際法が導き出される。

26) H. Kelsen, Das Problem der Souveränität und die Theorie des Völkerrechts, 2. Auflage, Mohr, Tübingen, 1928, S. 320.

27) ワイマール国法理論では、この立場を徹底的に批判している。H. Heller, Die Souveränität. Ein Beitrag zur Theorie des Staats- und Völkerrechts, de Gruyter, Berlin, 1927, wiederabgedruckt in: H. Heller, Gesammelte Werke, Sijthoff, Leiden, 1971, S. 51f. 「今日の世界では、存在においても倫理的・政治的法領域においても、主権主体としての国家共通意志などというものは怪しくなっているようだ。同様の理由が国際法及び行政法的な主権ドグマの退化にもあてはまる。普遍的な自然法の代用品は、平和主義的で経済的なセキュリティーイデオロギーであり、それは今日の国民国家にあって主権を否認するもので、世界機構の属性として、もしくは国際法を部分的に形成したり求めたりするものである。」それゆえ2, 3の国家の主権は、国際法の構想を練る上で無制限に主張されるべきであろう。S. 141ff.

28) 続く根本規範から生まれた国際法の構造に関しては、以下を参照。H. Kelsen, Reine Rechtslehre, 2. Auflage, Wien, Deuticke, S. 222.

29) C. Schmitt, Politische Theologie, 2. Ausgabe, Duncker & Humblot, 1934.

30) Ebd. S. C. Schmitt, Politische Theologie, 2. Ausgabe, Duncker & Humblot, München, 1934, S. 11. 「主権者とは、非常事態を超越して決定を下す者の事である。」C. Schmitt, Die Dikatatur, 3. Auflage, Duncker & Humblot, 1928, München, S. 18, 194.

31) C. Schmitt, Politische Theologie, 2. Ausgabe, Duncker & Humblot, München, 1934, S. 19.

32) Ebd. S. 16.

33) C. Schmitts Theorien zeichnen sich nicht nur durch Unklarheit, sondern auch durch Wandel aus. H. Hofmann, Legitimität gegen Legalität, 3. Auflage, Duncker & Humblot, 19.

34) C. Schmitt, Über die drei Arten rechtswissenschaftlichen Denkens, Hanseatische Verlagsanstalt, Hamburg, 1934, S. 11ff. ここでは規範によって秩序が構成されるのではなく、逆に所与の秩序の中にのみ規範を見出すことが出来るとしている。

35) C. Schmitt, Politische Theologie, 2. Ausgabe, Duncker & Humblot, München, 1934, Vorbemerkung (o. S.).

36) C. Schmitt, Der Nomos der Erde, 1950, Greven, Köln, S. 36, 48. 領土の獲得は元来「法と秩序」により行われるべきで、ここで言う法と秩序とは、「場所と秩序とが重なりあったのが始まりで、それぞればらばらにあったわけではない。」この際に領土の獲得は国際法に裏打ちされた過程を形成している。

37) G. Agamben, homo sacer. Die souveräne Macht und das nackte Leben, Suhrkamp, Frankfurt, 2002.

38) C. Schmitt, Politische Theologie, 2. Ausgabe, Duncker & Humblot, München, 1934.
39) Ebd. S.49.「現代的国家学の簡潔な概念は全て、世俗化された神学的概念である。」
40) Ebd. S. 49ff. 無よりの創造の対比として、『まだなされていない』決定からの意味を作り出すことは評価されるだろう。
41) Ebd. S. 49.
42) Kelsen, Das Problem der Souveränität und die Theorie des Völkerrechts, 2. Auflage, Mohr, Tübingen, 1928, S. 21 Fn 1.
43) 神学と法学に関する方法論上の近似性について、ケルゼンの指摘は以下の功労を評価している。C. Schmitt, Politische Theologie, 2. Ausgabe, Duncker & Humblot, 1934, S. 54.
44) 新たな一例には、Sieyès による政治神学としての憲法制定権からの解釈がある。「彼自身神学者である Sieyès は、憲法制定権力概念において、国民の上にたったキリスト教神学において展開されたように、ある程度神の属性を内容的に描き出している。」E.-W. Böckenförde, Die verfassungsgebende Gewalt des Volkes - ein Grenzbegriff des Verfassungsrechts, in: Staat, Verfassung, Demokratie, Suhrkamp, Frankfurt, 1991, S. 95.
45) H. Heller, Die Souveränität. Ein Beitrag zur Theorie des Staats- und Völkerrechts, de Gruyter, Berlin, 1927, wiederabgedruckt in: H. Heller, Gesammelte Werke, Sijthoff, Leiden, 1971, S. 185. ここでは主題として考察に入れている。
46) 非常事態における主権はこの場合、法的にも権力社会学的にも不十分である。この点につき H. Heller は正しくも以下で指摘している。H. Heller, Die Souveränität. Ein Beitrag zur Theorie des Staats- und Völkerrechts, de Gruyter, Berlin, 1927, wiederabgedruckt in: H. Heller, Gesammelte Werke, Sijthoff, Leiden, 1971, S. 127.「主権者とは、通常時に書かれた憲法や書かれていない憲法を通じて決定を成す者の事である。そしてそれにより、意図的に憲法に効力を持たせ、常に更なる決定を成すのである。憲法に適った通常状態を決する者のみが、法的に、場合によっては法に反しても非常事態で法的決定を成すのである。」(Herv. i. Org.).
47) M. Mahlmann, Rationalismus in der praktischen Theorie, Nomos, Baden-Baden, 1999; ders., Sprache als Spiegel der praktischen Vernunft, Zeitschrift für Rechtsphilosophie 2003, S. 168.
48) M. Mahlmann, Law and Force: 20th century radical legal philosophy, post-modernism and the foundations of law, Res Publica 2003, S. 19ff.
49) G. W. F. Hegel, Grundlinien der Philosophie des Rechts, §330ff, 特に§334, そして§331に見られるカント的視点への批判。
50) I. Kant, Die Religion innerhalb der Grenzen der bloßen Vernunft, Akademie Ausgabe Bd. VI, S. 3.
51) このことは、理念史的に正しく平和的な国際法秩序というカントの視点と結びつく。I. Kant, Zum Ewigen Frieden, Akademie Ausgabe, Bd. VIII, S. 341. それとは反対

の文化本質主義批判は、ヘーゲルの前述の形而上学の中で簡潔に現われている。G. W. F. Hegel, Grundlinien der Philosophie des Rechts, §330ff, 特に§334および§333. に見られるカント的視点への批判。現代この議論がいかに重要であるかは、例えばリアリティーや「文明の衝突」の克服といった現代的言説が示している。S. Huntington, The Clash of Civilisation, and the Remaking of World Order, Touchstone, London, 1998.

[松島雪江 訳]

4 ヘーゲルにおける市民社会と国家
—— 主権概念の一理解として ——

松島雪江

Ⅰ　はじめに　　　　　Ⅳ　「主権」の理解
Ⅱ　当時の政治的状況　　Ⅴ　おわりに
Ⅲ　市民社会から国家へ

Ⅰ　はじめに

　Georg Wilhelm Friedrich Hegel (1770-1831) は、ドイツ哲学史上に輝く巨人である。改めて言及するまでも無く、彼の残した膨大な著作は未だに多くの人々を魅了し続けているが、しかしそれゆえにこそ、ヘーゲルに対する評価も分かれていると言える。ヘーゲルの著作は、それが書かれた当時の政治的な背景を色濃く反映していると考えられており、時代を追って彼の講義録を入念に考察することで、ヘーゲルの真意を測ろうという粘り強い試みが今なお続けられている。ヘーゲル評価に関してとりわけ意見の分かれるところは、ヘーゲル自身の政治的スタンス、つまりヘーゲルが自由主義的な思想の持ち主であったのか、もしくは王政復古的な見解を有していたのかという点にあろう。ヘーゲルの主たる著作の一つである『法・権利の哲学 Die Grundlinien der Philosophie des Rechts』では、家族から市民社会、そして国家へと必然的に止揚される様が描かれている。ヘーゲルが描いたこの最終段階である国家とは、一体いかなる国家を意図していたのであろうか。

　この問題を考えるにあたって、当然彼の生きた時代を検証せねばならないだろう。国家という強い権力機構を背景として、上からの近代化を推し進めようとしたヘーゲルの意図は、当時の政治状況やドイツが置かれている地理的環境を抜きに考えることが出来ない。サヴィニーを引くまでもなく、法に

は歴史的・文化的果実としての側面があり、ヘーゲルの意図した国家像も、そうした歴史的・文化的産物と考えられるであろう。しかしヘーゲルの意図した「上からの近代化」は、歴史的・文化的背景の異なる日本においてもまた、大きな役割を果たしたものと考えられる。これは、日本とドイツという遠く隔たった両国間において、興味深いことではないだろうか。

　ヘーゲルはなぜ、国家を人倫の現実態の最終段階とみなしたのであろうか。そこにおける国家とは、どのような性質を持っていたのであろうか。またそこでの主権者は、いかに位置付けられていたのであろうか。

II　当時の政治的状況

　ヘーゲルが生を受けた18世紀後半のヨーロッパを見渡してみる。まず、前世紀に市民革命を経て王国としての礎を築いたイギリスでは、世界の先頭を切って産業革命が始まり、国力を充実させている。南西の隣国フランスでは1789年にフランス革命が起こり、その後ナポレオンによるヨーロッパ諸国への進出が始まっている。イエナに立ち寄ったナポレオンを目の当たりにしたヘーゲルが、彼を「馬上の世界精神」と呼んだことはつとに有名である。更に東側に眼を向けると、帝政ロシアが力を強め、ポーランドの分割によって西方へと勢力を伸ばしていた。こうして19世紀半ばには、列強諸国における帝国主義への下地がほぼ出来上がっていたと見ることができるであろう。

　一方、当のドイツはというと、ヘーゲルが生存していた当時には、現在のような統一されたドイツ国家という形をとってはいなかった。それはプロイセンやザクセン、バイエルンといったいくつかの領邦国家の集まりであり、ドイツ帝国の体が整ったのは、ヘーゲルの生誕から約100年経過した1871年のことである。ヘーゲルは当時のドイツを「もはや国家ではない」と嘆き、封建制を打破して近代的な国家建設の必要性を痛感していた。個人の自由を実現するためには強固な近代国家を作り上げる必要があったこと、そしてそのモデルとして、身近で目の当たりにしたナポレオンを捉えていたことも、当時の政治的状況から見ると故なきことではないだろう。

ちなみに同じ19世紀、このユーラシア大陸の西端から大きく目を転じて、この大陸の東端の更に先にある島国・日本では、やはり封建的な江戸幕府の下で約200年にわたって鎖国体制が続けられてきたが、それに終止符が打たれたのが19世紀半ばの1854年であった。その後1867年に天皇の名をもって新政権が樹立し、以後の日本は西洋を模した近代化への道を進んで行くことになる。

Ⅲ 市民社会から国家へ

こうした当時の政治状況から、いかにヘーゲルが強い国家を望んでいたかを読み取ることが出来る。だがヘーゲルが、自由な意志の最終的な発展段階と位置付けられる彼独特の国家論を展開するにあたり、その前段階としての市民社会の意味をユニークに捉え、強力な国家への発展にむけて、そこに重要な役割を与えている事実を見逃すことはできない。ヘーゲルの全体構想の中で、市民社会は次のように把握されている。すなわち、自由な意志の発展段階として理解されるヘーゲルの構想は、まず抽象的・形式的な法・権利の領域から発し、道徳領域を経て、倫理へといたる。更にその倫理にも発展段階があり、第一が家族、その次が市民社会、そして最後に国家へと続くという[1]。倫理はそもそも家族の中に存在していたが、一定の職業を持ち経済活動に従事するために市民社会の成員になる。市民社会の成員は、自分の欲求を労働によって充足させようとするが、この欲求が多様であればあるほど、それを自己の労働だけで充足させることが不可能になり、他人の労働に頼らざるを得なくなる。こうして自己目的の達成という利己的な欲求を満たすためには、社会全体で相互に関連しあう全面依存性の体系が必要になる[2]。社会の全構成員は、全面的に依存しあっているがため、すべて権利においては対等とみなされる。こうした市民社会には、次の三つの契機が含まれている。すなわち、A．個人の労働と他のすべての人々との労働によって、欲求を媒介し個々人を満足させる欲求の体系、B．司法による所有の保護、C．これら二つの中にある偶然性にあらかじめ配慮するPolizeiとKorporationによ

る、市民社会の特殊的利益を共同のものとして配慮すること[3]、という三つである。市民社会では、富の過剰にも拘らず、その成員全員がその富の恩恵を被れるほど充分には富んでいないため、国家へと止揚される必要が生じるのである。

　個々人の個人的な特殊利益を追求しながら、普遍的利益ために働くことで、個人と全体の統一が実現され、それを充分に担保するのが国家の役割である。家族に愛が必要なように、そして市民社会で実直さが必要なように、国家には愛国心が求められている。ここでヘーゲルは愛国心を「異常な献身や行為をすることではなく、平常の生活関係において、共同体を実質的な基礎と捉えるこころざし[4]」として考えている。この愛国心を具体化するために必要なのが、国家の有機組織、すなわち政治的体制である[5]という。政治的国家は、ａ．普遍的なものを規定し確定する権力である立法権、ｂ．特殊的な諸圏と個別的な出来事とを普遍的なものへと包摂する権力としての統治権、ｃ．最終的意思決定としての主体性の権力である君主権へと区分されている。ここでいう立法権とは、そこから個人が利益を享受し、また国家に対する勤めとして履行するところの国家体制であって、議会がその重要な要素となっている[6]。議会は政府と諸個人との中間に位置して人々の意識を顕在化させ、君主権と市民社会とを繋ぐ媒体となっている[7]。次に統治権であるが、これは諸々の法律や機構などを継続的に維持・運営することであり、地方自治体、職業団体などの管理者によって行われる[8]。統治権はその最高点において一つに集約するよう組織化され[9]、公務への就任如何は君主権に属するとされる[10]。そしてこれら二つの権力を総括するのが君主権なのである[11]。

　このように、ヘーゲルは市民社会から国家へと必然的に移行する必要性を説いている。ここで注意しておきたいのは、ヘーゲルが市民社会と国家とを、異なる概念として捉えているという点である。それまでに多く見られた伝統的な理解では、市民社会と国家とは同等なものとして扱われていた。アリストテレスやプラトンは、「国家公民」を「市民」と同等のものとして考えていた。それはすなわち、「国家公民」や「市民」が「自由民」であることを意図し、また同時に「非国家公民」「非市民」「非自由民」の存在を前提とす

るものでもあった。女性や奴隷は政治的主体とはなり得ず、市民の枠外に置かれていたが、このことは逆に市民社会や国家が政治的に純化された領域だったことを示すことにもなる。カントにあっても、「能動的国家公民」と「受動的国家公民」とを区別し、「受動的国家公民」は、国家すなわち市民社会の一員であっても、投票の資格を持たないがゆえに国家＝市民社会の成員とはみなされなかったのである。このような国家と市民社会との理解は、それがきわめて政治的な領域であることを示している。政治に積極的に参加する資格や能力をもって国家＝市民社会の成員とみるのであれば、そこに参画する者達は主権者であると考えられるであろう。それでは、市民社会と国家とを区別したヘーゲルにおいて、主権はどのように理解されるのであろうか。

Ⅳ 「主権」の理解

　ヘーゲルは君主権を立憲君主制の頂点であり起点でもあると位置づけ[12]、立法権や統治権をも君主権に包括されるとして、その重要性を強調していた。ヘーゲルの君主権に関する言及は、次のように見られる。すなわち「憲法及び法律の普遍性と、特殊的なものを普遍的なものへ関連させることとしての審議と、自己規定としての最終決定の契機を君主権は含んでいる[13]。」というくだりがそれである。そしてこの君主こそが、主権を現実に具体化させる主体であるという。

　ヘーゲルにおいて主権とは、一切の特殊的な権限の観念である[14]。この観念は平時において、利己的な営みを全体の維持のために転化するものとして、また、上からの直接的な働きかけによって全体の目的のために制限され、全体を維持するように働くものとして現われてくる。またこの観念は、緊急事態においては、平時に許していた権限を犠牲にしても国家を救済することが託されているものでもある[15]。そしてこの主権が現実に現れるのは、主体として存在する一つの人格的個体、すなわち君主のうちであるという[16]。君主が唯一の主権者であり、この君主を通して国家意思が表明されることになる。

こうしたヘーゲルの主権理解には、批判も加えられるであろう。例えばどうして主権を現実に具体化させた主体が君主でなければならないのか、との批判はもっともであるように思われる。しかもその君主が世襲されることに正統性を求めるのであれば尚更である。この点から、ヘーゲルは選挙制度に重きを置いていなかったことが分かる。自分達の福祉の配慮と管理を誰に委託するかは国民の選択に委ねられるべきという考えは、一見もっとも自然であるかのようで、実は浅薄な思想であるという[17]。実際にヘーゲルは、選挙による君主の選出を「諸制度中の最悪のもの[18]」と述べている。ということであればヘーゲルは、世襲制の君主に権力を集中させた、王政復古的な国家像を意図していたのであろうか。私にはそうではないように思われる。確かにヘーゲルは君主に権力を集中させた構造を意図しているが、その君主に実質的な政治判断を積極的に下す役割をヘーゲルの中に見て取ることはできない。つまりヘーゲルは、君主制を基軸とした一見復古主義的な全体主義の体裁を取りながら、別の大きな目的を念頭においていたのではないだろうか。そしてその目的とは、近代的な、強い主権国家の確立にあったのではないだろうか。事実、ヘーゲルは、国家にこそ主権が属するべきと明らかにされているのであれば、主権は国民に存すると言ってもいい、とも述べている[19]。ここに、はじめに提示したいくつかの問題点、――どうして国家が人倫の現実態の最終段階であるのか、その国家とはどのような性質を持っていたのか、そしてそこで主権者はどのように位置付けられていたのか、――について、仮の回答を見出すことが出来るだろう。

対内的には、市民社会における内在的な欠陥を国家へと止揚することにより補い、対外的には、共同防衛をはかること、こうした近代的な強い主権国家を形成することにヘーゲルの最たる意図があったと考えられるであろう。当時のドイツは市民革命、産業革命を経たイギリスやフランスを身近に感じていたので、いわば「上から強制的に」近代化を図る必要が喫緊の課題であったのではないだろうか。そのために、市民社会から国家へと止揚する必要があり、またその国家では、最終的には君主という可視の象徴、権力の中心点が必要だったのではないだろうか。そうであるならば、政治に参加する

人間ひとりひとりを「国民」もしくは「市民」という主権者として捉えるよりも、一主体としての君主を主権者として把握するほうが、好都合だったのではないだろうか。

ところで、ヘーゲルが構想した市民社会から国家への発展図式は、ユニークな発想である。一般に市民社会と国家とでは、市民社会概念の方がその射程範囲はより広いように思われるし、また市民社会よりも国家の方が早く生まれた概念だと考えられる。しかし前者に関しては、近代主権国家の成立を念頭におくと、対外的に安全保障を確立する構造としては市民社会よりも国家の方が安全保障上有効に機能しうると考えることが出来るであろう。また、後者の「国家に先立つ市民社会」という構想も、自律した国家であるために、まず自律した個人を想定するための装置として市民社会が援用されていたように思われる。一個の人間として自律した個人を前提に編まれた私法秩序が通用する市民社会を経ているからこそ、つまり個人における自由権の確保が前提となっているからこそ、その上に社会権的性格を付与した福祉国家として、独立した主権国家の性質を位置づけることが出来るのではないだろうか。「国家の体をなさない」状況にあっては、社会権の確保はもとより、自由権の行使もままならない。そうした状況から脱するための国家であればこそ、ヘーゲルにおいて主権の主体性がさほど問題視されなかったのではないだろうか。

V　おわりに

「上からの近代化」という要請は、19世紀半ばからはじまる日本の近代化とも、うまく合致する見解である。しかし日本では少なくとも、ヨーロッパで言われるような「市民社会」を経験してはおらず、その意味で「自律した個人」を前提とした国家形成を名乗るには、甚だ未熟かと思われる。ヘーゲルの「市民社会から国家へ」の図式には、自律した個人を前提にしたうえでの近代主権国家の形成が図られていた。一方の日本では、近代国家形成にあたって、論語にもあるように「由らしむべし知らしむべからず」の態度が大

きかったように思われる。日本の近代化過程において、ヨーロッパにおける市民社会のような自律した社会形態は出現しなかった。市民社会の萌芽となりえたであろう地域共同体や職業団体を一旦解体した上で、家族単位の家父長制の上に近代国家形成が急がれた。ヘーゲルは自由主義論者なのか、それとも王政復古論者なのか、というよくある論争とは異なる次元で、もしヘーゲルの意図した国家を実現しようとするのであれば、別の局面での問題が重要視されねばならないだろう。つまり日本では、家族から、自律した市民社会の契機を経ずに、国家へと移行したという問題である。市民社会を経なかったことで、自律した権利主体としての意識が抜け落ちていること、そしてそれがゆえに、主権者に対する漠然とした中立性の幻想を抱いていること、こうしたことに起因する「福祉クライアントとしての国民意識」にこそ、ヘーゲルを扱う意義を読み取れるのではないだろうか。ただしこうした主権国家に関する問題は、こと日本にのみ限定されているわけではないのであろう。

1) Hegel, Grundlinien der Philosophie des Rechts, § 33.
2) a. a. O., § 182, § 183.
3) a. a. O., § 188.
4) a. a. O., § 268.
5) a. a. O., § 269.
6) a. a. O., § 298- § 301.
7) a. a. O., § 301, § 302.
8) a. a. O., § 288.
9) a. a. O., § 290.
10) a. a. O., § 292.
11) a. a. O., § 273.
12) a. a. O., § 273.
13) a. a. O., § 275.
14) a. a. O., § 278.
15) a. a. O., § 298.
16) a. a. O., § 279.
17) a. a. O., § 281.
18) a. a. O., § 281.
19) a. a. O., § 279.

法哲学部門　ディスカッション（要約）
司会　長尾龍一

　非常事態においてもなお不文の憲法規範が存在するか否かの問題を、なぜカール・シュミットは不明確なままにしてきたのかについて、杉下俊郎より、シュミットの非常事態における不文憲法について、及びシュワブの誤訳について質問があった。

　長尾龍一は、シュミットにおける Verfassung（国政）と Verfassungsgesetz（憲法）の区別を説明し、成文憲法である後者に対し、前者は成文法を超えたものと考えられている、またシュワブが誤解したのは、先に述べた（49頁）第3段階での理論を第2段階に読み込んだものであろうと答えた。

　一元論や二元論には左右されない国内の憲法秩序は、常に国際法と親和性があり得るというマティーアス・マールマンに、フィーリプ・クーニヒがコメントを寄せた。「国際法と親和的」なる概念は広く流布され、具体的だが、これを批判する向きもある。つまり国際法に対して「親和的」なだけでは充分といえず、遵守することがより重要である。欧州人権裁判所との関係で連邦憲法裁判所が監視や批判していることから明らかなように、国際法の相対化は正に回避されるべき事柄である。クーニヒはまた、ひとつの国際的な法秩序を見出すためには、ケルゼン、シュミット、ヘーゲルの著作それぞれで異なる結合点を見出すべきではないと示した。

　一元論は構造的に国際法と親和性があるのではなく、ケルゼンの一元的理論は当時の国際法秩序に相当開かれてはいたが、いずれにせよ一つの理論に過ぎないことにマールマンも同意をした。しかし「国際法に親和的」なる概念は、必然的に国際法の無視や相対化を含意するのではなく、その反対に、例えこの概念が連邦憲法裁判所では常に一貫して用いられないとしても、国際法を厳しく監視することになる、とする。マールマンは、シュミットの著作に見られる国際的な展開をぴったり当てはめているのではなく、ケルゼンにおいて根本規範への顧慮に反することも問題とはならないという。重要なことは、人倫の唯一たる頂点として国家を位置付けたヘーゲル法哲学の要点

を見誤らないようにすることであろう。彼の法哲学はそれゆえに、戦争の一形而上学で終わってしまった。このことは批判分析を行う上での古典的な手がかりだろうし、またマールマンが引き合いに出したカントの永遠平和の視点とは対立する構想である、とした。

　松島雪江はヘーゲルの市民社会から国家への展開をなぞり、ヘーゲルがEUのような国家連合を構想し得たのではないかと説明した。

　カール・シュミットとケルゼンとが一定の事実性から出発した場合、この両者に収斂する所が見られるかどうかについて、アンドレーアス・フォン・アルノーから質問された。それはシュミットの場合、彼の意図を進める具体的秩序ということになろうか。ケルゼンの場合には違いがあるものの、ひとつの法秩序内で生まれ、最終的には根本規範を否定するような逃避や自死の問題を依然として残した、いわゆるFunktionslogik（機能論理）ということではないか。さもなくば具体的秩序に委ねることになろう。つまり、シュミットの一定秩序にあっても、そこで立ち止まるか逃げ出すしかなくなるとの問題提起であった。

　フーベルト・ロットロイトナーはOrdnung（秩序）の概念を非常に意味深いものとみなした。ケルゼンの場合、実際の遵守や実効性を伴う強制規範として法秩序の規範的考察を行ったのであり、それはこうした秩序を事実上遂行する上でのものである。シュミットの具体的秩序思想は、様々な具体的秩序の多様性を目指している。だからシュミットが時として社会学者と称されることにとても現実味が帯びるのかもしれない。しかし国家社会主義の現実分析が示したのは、現実の秩序思想ではなく、総統の決断主義があったということであろう。もしかするとシュミットにとっては書かれた憲法律や、現実の秩序を示しながらも、不秩序、アナーキー、カオス的局面である本来の憲法の彼方に存在しているものなのかもしれない、とした。

　マールマンは、主権に関する議論では異なる次元を区別すべきとコメントした。それにはひとつに基礎的な法倫理の局面、次いでプラグマティックな適用に即応した局面が挙げられよう。後者の局面では、実際の政治における具体的な解決を構成することになる。ただそれは主権の枠に関する基本的な

問いに対して、ひとつの法倫理上の応答を前提とするものとなる、とした。

　稲葉守満より、ケルゼンやシュミットを論ずる現代的意味、特にグローバリズムとナショナリズムなどの問題との関連について質問があった。

　長尾はケルゼンは国際主義者・世界主義者である。それに対しシュミットは、ある時期までは民族主義者・国家主義者で、1939年頃からはグロスラウム［大圏域］論者となり、ナチの中欧覇権、第二次大戦後はヨーロッパ的秩序の擁護者となった。それを普遍主義によって侵そうとする米国帝国主義に対する批判者で、シュミットは米国主導のグローバリズムに対する批判の先駆者の面をもっている、と説明した。

　法哲学にできるだけ現実性を持たせるという問題に関して、ロットロイトナーはヘーゲルの「哲学はその時代の思考に拘束される」との言葉を引用した。この日のロットロイトナーの講演では、国家社会主義に関する明確な現代史上の経験を示したが、それは法哲学の中で手を加えられたものとした。いわゆる目下の問題は、間違いなく大きな重要性から発しているであろう。むろんそうした背景には、法秩序の合法性や法遵守の問題など、根本的かつ現実的な意義から発した法哲学的テーマもあるだろう。前世紀頻繁に経験したような政治体制がラディカルに変革する諸々の状況において、それはどのように捉えられるだろうか。また、過去の不正義をいかに扱い、新たな法秩序を構築すべきだろうか、という問題がロットロイトナーから示された。

　ロットロイトナー講演における仮想部分に関連して、根本規範や憲法裁判権の経験を経た今、ケルゼンは規範の効力に関して何と言うだろうかという質問がクラウス・ゲッペルトから寄せられた。

　ロットロイトナーによると、ケルゼン法理論の中で根本規範と憲法裁判権双方の存在に矛盾はない。ケルゼン自身オーストリア憲法裁判の共同設立者であり、憲法裁判権に取り組んでもいた。ケルゼンは「憲法の番人」に関するシュミットとの論争で、憲法裁判権の役割に力点を置いていた。今日のドイツ憲法における基本権の問題についても、ケルゼン理論では矛盾なく捉えられる。権利の内容は全て同等に把握されうるものである。基本権に関しては、これはマールマン氏の教授資格論文の中で言及されていることなのだが、

法哲学的に注目すべきことであろう。数百年にわたる法哲学的討論が憲法規範の中へ組み入れられ、憲法に関する議論、とりわけ憲法裁判に関する議論テーマになってきた。こうした法の発展形態は、ケルゼンも支持しうるであろう。

第Ⅱ部　法史学部門

5　ローマ契約法の基礎

コージマ・メラー

Ⅰ　まえおき
Ⅱ　ローマ法へのアプローチ
Ⅲ　古典期前の法学、とくにクィントゥス・ムキウスにおける契約法
Ⅳ　古典期法学における契約論（セルウィウス・スルピキウスとプロクルス派の法学校）
Ⅴ　古典期盛期の法学におけるコンセプト上の相違の跡
Ⅵ　契約上の請求権として可能な内容
Ⅶ　むすび

Ⅰ　まえおき

　契約法はこのシンポジウムのために意識的に選択されたテーマである。契約法はローマ法を基礎にして、カノン法と自然法によって補われ、議論されているコンセプトや問題に国際性があることから、非常に適当であると私には思われる。こうした国際性は、たとえば物権法や家族法のような他の諸領域に同じようには見られないものである[1]。したがって、契約法がヨーロッパ私法統一の推進力になっていることも少しも不思議ではない。それは共通ヨーロッパ法のための提案を起草する専門家委員会でいちばん作業が進んでいる対象であり、またEC指令がヨーロッパ各国の私法秩序にもっとも強い影響を与え、したがってまた統一への間接的な強制を引き起こすきっかけとなっている領域でもある。

　契約法においては、共通の核となる部分を確認することができる[2]。このことは、使用される概念にもとづいてすでに明らかである。オブリガツィオーン（債務）、契約（コントラクト）、損害（damnum）、条件（コンディツィオーン）がそれである。一般に、これらの要素はヨーロッパ法史のいく

つかの伝統、ローマ法であれ、カノン法であれ、自然法であれ、19世紀のパンデクテン法であれ、に関係づけられる[3]。ローマ契約法から現代ヨーロッパ契約法への発展の流れは、私の講演に引き続いてヘーンヒェン博士が跡づけてくれる。私はあなた方に、どのような要素がローマ法に存在したか、どのような契約法のコンセプトをローマの法律家がもっていたかを示そうと努めることにする[4]。法哲学者ゴードリー（Gordley）は、ローマ法史の著名な研究者たちを引き合いに出して、ローマ法にはどんな種類の体系的契約論も存在しなかったと判断したが[5]、この講演の後ではもはやこれに賛同しようとは思わなくなるだろう。

ローマ契約法の基礎を叙述すると、20・21世紀の法学者たちがローマ契約法に関して引き出したいくつかの特徴的な要素を取り扱うことになる。四つの要素を挙げることができる。すなわち、契約の類型的把握[6]とその体系化、意思主義[7]、契約法を支配する信義誠実の原則としてのボナ・フィデス（bona fides）の広範な影響[8]、契約の基礎としての合意[9]、がそれである。

II　ローマ法へのアプローチ

紀元後160／161の時期に書かれた最初の体系的な初学者用教科書であるガイウス（Gaius）[10]の法学提要を通してローマ法にアプローチしてみると、契約法は債務法の枠内で論じられているのがわかる。

債務が発生し、したがってまた債務者に対する訴求可能性が与えられる前提条件を明らかにする必要がある。それは、マイヤー＝マリ（Mayer=Maly）が述べたように、正当化の問題である[11]。ローマの法律家はさまざまな形の体系化を残したが、それらに共通なのは契約にもとづく債務関係（obligationes ex contractu）と不法行為にもとづく債務関係（obligationes ex delicto）ないしは事実にもとづく債務関係（ex facto）との間の区別である[12]。つまり、債務を発生させるひとつの可能性が契約なのである。

ガイウスの著作には、契約による義務づけの根拠を契約の成立に応じて列挙してある[13]。定型文言の約束、言語契約、問答契約がある。約束受領者

5 ローマ契約法の基礎 [コージマ・メラー]

が給付内容をともなう問いを述べ、これに約束者が同一の動詞を用いて肯定の答えをすることによって、約束者にとって債務が発生する。――君は私に百金を与えることを約束するか。私はそのことを約束する。――さらに、債務は、消費貸借 mutuum におけるように、物の交付、要物契約によって成立する。債権者は対価の支払いにより、すなわち信用供与額を信用被供与者に譲渡することにより、被供与者に対してある取り決めた期日に供与金の返済を求める債権を得る。それ以外に、家父の帳簿に記載することで債務を発生させる文書契約が存在し、また最後に意思の合致により成立する諾成契約がある。諾成契約としてガイウスが挙げているのは、売買（emptio venditio）、使用賃貸借、用益賃貸借、賃労働契約および請負契約（locatio conductio）、組合（societas）、委任（mandatum）である。

　このような体系化が、紀元後2世紀中葉における古典最盛期のローマ契約法の状況である。多数の契約はあるが、一般的な契約法はないという印象を受ける[14]。

　それでは、ローマ法学の全盛期に一般的契約理論は存在しなかったのか。反対に、いろいろな個別の契約類型がつぎつぎと生まれていったということなのか。ローマ法は、いかなる理論形成とも無縁である事例法ではないのか。20世紀のすぐれたローマ法学者マックス・カーザー（Max Kaser）は、そのローマ私法ハンドブックのなかで、理論形成はまだ主に「学校」、つまり法律家養成の領域のものであったとした[15]。ローマ契約法が承認された契約類型の範囲に限定されたことも、カーザーはカズイスティク（個別的事例解決）から成長した法との関連においてとらえている。「告示にしたがって訴求可能な、たくさんの雑多な債務関係」の存在は、とくに問答契約が一方的な債務約束としていかなる給付内容をも取り入れることができる柔軟性をもっていたために、十分なものであったというのである。

　このようにしてローマ法は、それが契約法諸規則の一貫した、満足すべき体系を造り出さなかったことを確認されるのが通例である[16]。契約上の拘束の統一的で包括的な基礎理解が欠けていたとされるのである[17]。

　われわれがもっと詳しく解明しようとするならば、証言力のある史料を時

85

代的に正確に整理し、またローマの法律家がもっていたかもしれないコンセプト上のやり方を見る目をふさがないでおく必要がある。

III 古典期前の法学、とくにクィントゥス・ムキウスにおける契約法

それでは、ローマ法発展のいろいろな段階で契約の有効性の前提条件はどのようなものであったのか[18]。契約の承認は、告示におけるそのような契約にもとづく請求のための訴権の提供から見てとることができる。請求と訴訟上の実現可能性との関連が、ローマ法にとっていちばん重要なのである[19]。そのことは、キケロの『義務について』（De officiis）のある個所でも見てとられる[20]。この有名な学者、政治家にして雄弁家は、クィントゥス・ムキウス・スカエウォラ（執政官、紀元前95年）のもとで法を学んだのであるが、かれの師がとくに強調した訴訟手続のある類型についてわれわれに教えてくれる。今日のわれわれの理解では仲裁手続ともいうべき裁判手続、アルビトリア（arbitria）では、方式書に「ボナ・フィデスにもとづいて」（EX FIDE BONA）が含まれているのであるが、信義誠実の原則がきわめて広範囲に及ぶため、とても大きな力が働くのである。このような要求には偉大な裁判官 magnus iudex しか応えられない。というのは、債務関係にもとづく請求について包括的な仕方で判断を下さなければならないからである。列挙された例は、ここで詳しく説明できない理由でキケロが短縮したリストである[21]。これには、後見、組合、信託、委任、購入・売却、賃貸借諸契約にもとづく裁判手続が含まれている。これらの一見、多様な形態をとるだけではなく、非常に異なってもいる法律関係を結びつける共通性は、それらによって人間が共同生活する社会がひとつにまとめられているという点にある。

このリストには、諾成契約、すなわち売買、locatio conductio（賃約）、societas（組合）が見いだされる。しかし、ムキウスの契約論との関係で合意はどうやら構成的ないし決定的な特徴ではないようである。むしろ共通の利益にもとづいて、特定の行為（negotia）に法的効力を認めることが必要と

されるのである[22]。この利益は同時に、裁判官にとって評価の視点をもたらす。なぜならば、義務づけの根拠となるボナ・フィデスは同時にまた、発生した債務の範囲を評価する基準でもあるからである。こうした客観的な原則によって、裁判官に大きな権力が提供されている。

　キケロの著作で伝えられたムキウスの列挙は、もっぱらボナ・フィデスによるアルビトリア（bonae fidei arbitria）に関わるものである。しかしこれとはまた別に、債務を主張する訴訟手続で、ボナ・フィデスと関連づけて判断しえないものがあった。これにはとくに、一方的な債務約束である問答契約（stipulatio）にもとづいた訴えが含まれる。それは厳格法の訴訟 iudicia stricti iuris で、問答契約が成立したことが証明された場合、債務額を命じる判決をともなった。すでに引用したキケロのテキストにおいて、こうした伝承の分類に関して決定的な示唆が得られる。キケロは、万民法（ius gentium）と市民法（ius civile）とを区別したマヨレス（maiores）、偉大な昔の法律家たちの二元主義を記述している[23]。この区別は、万民法に属するものはすべて市民法の構成要素であるが、しかし市民法には同時にまた万民法ではない部分もある、という仕方でおこなわれた。つまり、クィントゥス・ムキウスと古典期前の法律家たちによれば、広義の市民法が狭義の市民法と万民法とに分けられなければならない。問答契約は狭義の市民法に属している。売買契約およびその他のボナ・フィデスによる行為は万民法の構成要素なのである[24]。

　万民法の概念は、市民法との関連で諸国民に共通な法と訳されるのがもっとも適切である。この翻訳では、どのような理解を万民法と結びつけるべきであるかは、未解決のまま残されている。古典期前の理論に対する的確な理解は、ストア哲学の影響を顧慮してのみ、獲得することができる[25]。万民法は法の神話的成立史にしたがえば、黄金時代のものでいわば残っている自然法である。時間の経過のなかで不可欠になった市民社会の樹立の結果、この自然法に補足が付け加わった。これらの補足の領域内では、厳格な法の理解が守られなければならない。この枠内で承認された諸制度は自己利益をはっきりと現わすものであり、共同利益の原理が働いている万民法の領域と

は区別される。法律家はしたがって、狭義の市民法の領域に属する法律行為の解釈にさいして、問答契約の文言や遺言の文言に表出されているような契約当事者の個人的意思を尊重しなければならないのである[26]。これに対応する厳格な解釈上の判断を、クィントゥス・ムキウスはとっている[27]。

クィントゥス・ムキウスの契約論をまとめてみると、古典期前の法律家の二元主義に対応する二つの異なる要素が存在する。狭義の市民法の領域では、その時その時の市民の法秩序によって定められた可能性の枠内で、債務を基礎づけることができる。たとえば、問答契約によってである。こうした債務がどのような内容をもつかは、裁判官が、債権者の個人的意思を突き止め、そのさいまた、意思は自己利益を目指しているということを前提とすることによって、決定する。万民法の領域では、ボナ・フィデスと公共の利益という原理が支配する。法律行為としての行為にもとづいて、契約上の義務づけが発生したのかどうかという問題は、基本的にはボナ・フィデスに拠りながら答えられる。そのために契約すら存在する必要はない。人間の行為で、ボナ・フィデスの原則を侵害したと判断されるきっかけを提供するものであれば十分なのである[28]。

以上からすると、広い意味での契約論が古典期前の法律家において存在すると主張することは正当である[29]。ただし、そこには合意理論は探しても見つからない[30]。

Ⅳ 古典期法学における契約論（セルウィウス・スルピキウスとプロクルス派の法学校）

このような契約論と根本的に異なっているのが、古典期後期の法律家ウルピアヌス（紀元後223年に殺害）の告示註解に残されているコンセプトである[31]。それは自然法としてあらかじめ与えられた基準から解放され、個人主義と人格主義を特徴とする。このテキストはわれわれに、共和政後期の法律家セルウィウス・スルピキウスの契約理論に関する古典期後期の理解を伝えてくれる。

この新しい理論が告示の註解において維持され、さらに発展させられたこ

とは偶然ではない。告示はローマの裁判政務官の権利保護約束をすべてまとめたものとして、紀元前1世紀に法発展の中心に据えられるが、それはキケロの友人セルウィウス・スルピキウスの展開した法理論において告示に新たな意義が与えられているからである[32]。セルウィウスの理論の出発点は新しい二元主義、すなわち法（ius）と事実（factum）のそれである。法は、狭義の市民法の領域のものであれ、万民法の領域のものであれ、慣習法（mos maiorum）の領域のものであれ、制度として確定したすべての法的処理を含む。これらの今や狭く定義された、万民法の領域についてさえ原理に基礎を置いていない諸制度は、キウィリス・アエクィタス（civilis aequitas）、市民法秩序の公正の現われである。この秩序は明確な構造によって自由の保護に役立つ。これらの処理は補足が必要である。制度が法秩序によって定められていない場合、類型化された事実関係に、自然の衡平（naturalis aequitas）が求めるならば、法務官の訴権により保護を与えることができる。法務官はかれの命令権（imperium）、つまり職権にもとづき、類型化された事実関係に合わせて作られた訴権、事実にもとづく訴権（actiones in factum）を用立てることが可能である[33]。したがって告示には、あらゆる権利保護約束が含まれている。

　このような二元主義を背景にして、新しい契約論は理解される[34]。ウルピアヌスにおける叙述では、その出発点は経験的な考察にある。そこには、紀元前2世紀のローマでカルネアデスを通して知られるようになった懐疑論的アカデメイア派の影響が見られる[35]。経験的な出発点は、意思の一致を作り出すことは空間的にも心理的＝知的にも可能であるという観察である。コンウェンティオ（conventio）という概念が、このことを具象的に説明するために引き合いに出される。人間がいろいろな場所からひとつの場所に集まれば、集会が成立する。それになぞらえて、人間がいろいろな内的動機（motus animi）から単一の見解（una sententia）にいたる場合、合意する（consentire）という言葉を使う。そのような意思の一致によって、合意された約束（pacta conventa）が生じ、これを法務官は保護する[36]。ウルピアヌスはかれの解説のなかで、古典期盛期の法律家ペディウス（Pedius）（紀

元後100年頃）を引き合いに出し、それゆえすべてのコントラクトゥス、つまりすべての契約、そしてすべてのオブリガティオ、つまりすべての債務において、このような仕方でのconsentire、したがってまた合意（consensus）が必要であるとする。ペディウスの著作では、こうして一方的または双方的な契約すべての余すところのない把握が達成されている。コントラクトゥスは双方的な契約、オブリガティオは一方的な契約なのである。

　包括的な契約論への端緒は、アウグストゥスの時代に活躍したラベオ（Labeo）の著作に見いだされる。かれはコントラクトゥスをその言葉にもとづいて相互的に作用する債務関係（obligatio ultro citroque）、不完全な双方的債務であると解釈した[37]。法律関係にとっての上位概念はラベオにおいては「行なうこと（agere）」、つまり法的に重要な行為である。裁判官の注意はそれゆえ、セルウィウスの伝統に従って法律家が述べているように、行なわれたこと（id, quod actum est）、つまり法的に有意味に行なわれたことに向けられねばならない。

　このような議論は、体系的な要求といえるものを証明している[38]。

　しかし、それによって合意が債務を正当化する唯一の基礎として認められたのか。古典期ローマ法の体系は、セルウィウスの法理論に関する検討の後ではもはや驚きではないだろうが、市民法の諸制度への関連づけと自然の衡平を基準とする類型化された行為の評価とによって方向づけられている。したがって、市民法によって債務を発生させるためには、合意は認められた諸制度に準拠していなければならない。このことは法源の多くの個所で述べられている。訴権を生み出すのはそのような合意（pacta conventa）のみであり、これらは契約の名称（nomen contractus）、つまり承認された契約類型に移行する[39]。ウルピアヌスにおいては、註解の始めに売買と賃貸（locatio）、質と問答契約が挙げられている[40]。少し後に、その列挙に組合（societas）、使用賃貸借（commodatum）、寄託（depositum）その他これに類する契約が付け加えられている[41]。この拡張の理由については、ここで立ち入って見解を述べることはできない。ただ使用賃貸借と寄託についてだけ指摘しておくことにしよう。これらの契約はセルウィウスの体系において

5 ローマ契約法の基礎［コージマ・メラー］

市民法による訴権を与えられていなかったのであり、法務官の職権によって、事実にもとづいて案出された訴権を発生させたのである。それらの保護は自然の衡平に適った。ウルピアヌスの時代に、つまりは古典期後期に、この訴訟方式書は、「ボナ・フィデスにもとづいて」条項を含む古典期前の伝統に由来する方式書と同じように告示に含まれていた[42]。

したがって、合意は承認された契約類型の本質的なメルクマールに合わせられていなければならない。合意のもつこの基本的な役割はいくつかの法源において繰り返し強調されている[43]。今日では、これらの法源が本物であることを前提としているが、20世紀の60年代までは何人かの学者によってビザンチン人たちの作とされた。理論的・コンセプト的な言葉は、哲学上の学説の影響とされて疑わしいものと見なされ、改竄されたものであると明言された[44]。そのため、合意論もビザンチン人たちのコンセプトとして古典期後の追加部分であると考えられた。今日、そうした見方は放棄されたが、ローマ法源のコンセプト的な内容については評価が分かれている[45]。

古典期ローマ法においては、合意論と、限定された数（numerus clausus）の契約類型とが併存して通用している。要するに合意はわれわれの理解では、締結自由を含むだけでなく、当事者に広範囲にわたる、詳しくいえばBGB134条、138条の枠内で内容自由をも認める私的自治とは結びついていないのである。ローマ法では、たんなる無方式の合意 pacta nuda は債務関係をもたらさず、たんに抗弁（exceptiones）を生み出すにすぎない[46]。こうした理論は、古典期前の法に対して制限的に働く。しかしそれは、そのコンセプトとの関係で、門戸解放の可能性を提供する。法務官が事実にもとづく訴権を与えることができるからである。交換関係の訴求可能性は、古典期の体系では売買と賃約とが有償でなければならないことのために拒絶されたのであるが、フィデスにもとづく論証を経て、古典期盛期の法律家アリスト（Aristo）の原因（causa）論によって再び獲得されたのである[47]。ただし、制限をともなってである。というのは、事前給付の提供があって初めて反対給付も訴求可能になったからである。アリストの原因論は、事前給付と結びつけたことで、クィントゥス・ムキウスのボナ・フィデスの原則の機能的代

替と見なすことができる。

V　古典期盛期の法学におけるコンセプト上の相違の跡

　コンセプト間の相違は、たとえば古典期盛期の法律家ポンポニウス（Pomponius）に由来する章句から明らかになる。ポンポニウスは帝政期のサビヌス派の法学校の門下生として、古典期前の法律家の伝統に縛られている。しかし、当時学頭として活躍した法律家ユリアヌスは、プロクルス派の法学校から重要な諸制度あるいはむしろそれらの事実に即した理解を受け継いだ。帝政期のもう一つの法学校であるプロクルス派の法学校は、セルウィウスとその弟子たちの伝統、つまり古典期の懐疑論的な傾向を継承した。ユリアヌスは合意による契約締結を、当事者の意思に支えられたものとして、同時にまた自然法上の所与の基準に従う万民法の制度として解釈した。

　それゆえ、ユリアヌス後のサビヌス派の人にとって、債務の発生の問題は、契約が制度的なメルクマールをともなって合意により成立したかどうかの問題である。しかし解釈の余地はプロクルス派におけるよりも広かったのである。よく知られた事実関係を手早く説明しよう。ポンポニウスは、用益賃貸人が地所を十金で貸し、しかし賃借人は五金で借りると思っている場合、契約は成立していないと確言する[48]。「何も行なわれない」（nihil agitur）という表現法は、古典期の用語に対応している[49]。2番目の文は慎重に検討しながら述べられている。というのは、賃借人が支払うつもりでいるよりも安い賃借料を賃貸人が要求しようとしている場合には、合意の観点からは同じことが妥当しなければならないからである。一致には達していないのである。それにもかかわらず、この点でポンポニウスは、ムキウスの市民法に対する註解のなかで、ムキウスの見解に沿ったと思われる立場へと後退している。すなわち、契約は少なくとも、賃借人が支払うつもりであったよりも高い賃借料では成立しない。ボナ・フィデスの信頼原則が、低い方の額での契約締結を受け入れる可能性を提供するのである。

　契約から解放される可能性に関しては、古典期の原則が存在する。当事者

のどちらもまだ履行していないかぎり、ローマ人がいうところの、事態が原状のまま（res integra）であるかぎり、同意にもとづく契約の解除をおこなうことができる。つまり、反対の合意（contrarius consensus）が契約を再び解除するのである[50]。ユリアヌス以降は、たとえば問答契約での保証人の受諾や支払い義務の強化などによって、契約が変更された場合にも、これに相当する合意を考慮することが認められている。サビヌス派のユリアヌスは、解除されるべき法律行為の形が変更されることによって生じた問題を、この無方式の合意、すなわち解除合意にもとづく抗弁はボナ・フィデスによる契約（bonae fidei contractus）から生じるすべての訴権の構成要素であると説明する仕方で処理した。したがって、法務官は当事者の合意を考慮しなければならない。ある別の章句と比較すると、ユリアヌスがここですでにプロクルス派の法学校の諸制度への接近を基礎にして、典型的な仕方でプロクルス派の手段とサビヌス派の目標設定とによって立論していることが、より明白になる。その参照章句はネラティウスのものであるが、かれは紀元後100年頃にプロクルス派の法学校で活躍し、契約の解除可能性をめぐる議論では、たぶんサビヌス派の学校に属したアリストを引用している。アリストは売買目的物がすでに引き渡されたが、売買代金はまだ支払われていない場合にもなお契約解除は可能であると考えている。同時に、買主は売主に物を返還する必要がある[51]。こうした契約解除の可能性は、ボナ・フィデスによる解釈（bonae fidei interpretatio）の結果と見なされている[52]。解除に関する合意（conventio）はこの関連で許容される。そのかぎりで、ボナ・フィデスの立ち返りということができる。ここでは原理的に基礎づけられた解釈を通して契約の効果を、すでに履行が開始された場合でもなお解除することができるからである[53]。

Ⅵ 契約上の請求権として可能な内容

元首政の時代における契約法上のコンセプトの相違とそれらの交差・妥協の歴史は、債務関係の基礎である契約が訴求可能な請求権という意味でも何

を行なうことができるかという問題を設定すれば、とくによく認識できる。ここで基本的には、二つの可能性が相対立している。古典期前の理論に従い、またサビヌス派の法学校において、ボナ・フィデスの原則から生じる幅広く多様な契約上の義務が、給付に対する請求権を、あるいはそのような義務の違反においては損害賠償請求権を生み出す。セルウィウスおよびプロクルス派の法学校の契約論では、こうした契約についての原理的理解には、契約締結に関する当事者の意思の一致を基礎とする記述的出発点をもつコンウェンティオの理論が対峙する。その意思の一致により、厳密に記述された主たる義務の履行プログラムが有効となり、このプログラムは、偉大な裁判官の解釈権にもとづいてではなく、当事者によって明示的な合意を通じてのみ、補足ができるのである[54]。

　それゆえ、取引の外にある物（res extra commercium）という商取引の基礎にはならない物に関する契約においては、損害賠償請求権の根拠はサビヌス派の伝統のなかに見いだすことができる。古典期後期の法律家モデスティヌスの著作のある章句[55]では、神殿、あるいは墓のある土地の売却に関する契約が成立しなかったとしても、そのような損害賠償請求権は購入訴権（actio emptio）、つまり購入にもとづく訴権の内容として認められている。請求権の前提条件は、買主が物の売却不能性を知らなかったこと、そして──ユスティニアヌスの法学提要のある章句[56]からの補足に従えば──売主がこの点に関して買主を欺いたことである。購入訴権はしたがって、買主が物の引渡の請求を主張するための訴権であるだけではない。購入訴権はまた、契約が売主の詐欺により無効である場合には、損害賠償請求権を内容とすることもありうるのである。プロクルス派の法学校がそのような契約にもとづく訴権の適用に否定的であったことは、ウルピアヌスがそれに代えて事実にもとづく訴権を損害賠償の請求のために用いている[57]、この問題領域に関しての別の章句から見てとれる。これらの法源はルードルフ・フォン・イェーリング（Rudolf von Jhering）にとって、かれの契約締結上の過失（culpa in contrahnedo）理論を打ち立てるための基礎となった[58]。訴訟上の主張のもつ違いは、19世紀の普通法にとってもはや重要ではなかった。

5　ローマ契約法の基礎［コージマ・メラー］

「ローマ法を通じて、しかしローマ法を越えて」という自分のモットーに忠実に、イェーリングは大きな影響を発揮し、またいまでも発揮している法制度を生み出したのである。日本でも、私が知ったところでは、これに重要な役割が与えられている[59]。契約締結上の過失は日本ではさらに、企業による契約義務違反における消費者保護の改善手段としても議論されている[60]。

しかし、もう一度ローマにもどろう。最後の例に即して、私は、サビヌス派の法学校の見解およびとくにユリアヌスの見解によれば、契約にもとづく訴権はいわば第二の段階で契約解除のために用いられることを示したい。プロクロス派はそうではなくて、契約が解除されなければならなかったケースで、不当利得法を投入する。あるウルピアヌスの章句で、この違いがよく跡づけることのできる仕方で示されている[61]。買主が葡萄酒の購入にさいして手付金を支払った後に、当事者は売買契約を解除することで合意した。ウルピアヌスは、手付金の返還は購入訴権によって訴えることができるという見解とともに、ユリアヌスを引用している。その根拠づけのために、ユリアヌスはこの訴えによって売買契約の解除も行なわれうることを挙げている。ウルピアヌスが付け加えたこのケースのバリエーションでは、給付が当事者間で交換されたが、しかし指輪で支払われた手付金の返還はなかった。ウルピアヌスは、これはわれわれにも納得がゆくのであるが、ユリアヌスがこのケースでも同様に売買契約にもとづく訴権を与えただろうと推測している。かれ自身はプロクルス派の伝統に沿って、不当利得返還を請求できる別の可能性を付け加えている[62]。

ユリアヌスのモデルは、サビヌス派の理論では契約は第1段階を給付段階の形で、第2段階を義務総体の形で有し、このような義務に違反した場合、契約にもとづく返還請求権あるいは損害賠償請求権が発生しうるということを示している。こうした見解は、現代の契約法には十分になれ親しまれたものである。

Ⅶ　む　す　び

　契約法のさまざまなコンセプトがローマ法において示された。古典期前の法では、二つの領域に分けるのが特徴的である。狭義の市民法の領域では、自己利益が支配し、この自己利益はローマ市民が自分の意思にしたがって形を与えるものである。万民法の領域では、ボナ・フィデスの原則が支配し、それが法律行為である行為にさいして義務を発生させるのである。そこからどのような債務が生じるかは、包括的な裁判手続において裁判官が確定する。古典期の理論によれば、契約は意思の一致 (conventio) である。これは合意によって成立するのであるが、合意は明確に定義された契約類型に関係づけられていなければならず、その契約類型から、厳密に表現された主たる給付義務のプログラムがもたらされるのである。合意 (consensus) は一体のものと見なされる。それが契約を成立させるのは、異なる利害関係をもつ二人の当事者がこの契約を望んでいるからである。このモデルは、法文において申込と承諾に区別する分析的な技巧が支配しているにせよ、BGB のコンセプトに近いものである[63]。

　小田博は日本法に関する著作のなかで、日本契約法のあるひとつの独自性を強調した[64]。当事者は異なる利害関係を有する人間と見なされない。むしろ、共通の目標を達成するために、相互に有益な、協力を指向した関係に入ることになる、というのである[65]。まったく非歴史的に、しかしローマ法におけるさまざまなコンセプトに着想を得つつ、比較を行なうとするなら、こうした日本契約法の基本的特徴は古典期前の万民法の理解とボナ・フィデスの原則の適用[66]のなかにいちばんよく見つけることができる。

1) ぜひ Zimmermann, Die Principles of European Contract Law als Ausdruck und Gegenstand europäischer Rechtswissenschaft (Teil 1), JURA 2005, S. 289 を参照せよ。Gordley, The Philosophical Origins of Modern Contact Doctrine, Oxford 1991, S. 1 が、「法の編成とその比較の重要な概念とは、たとえ個別の諸規則がそうではなくても、よく似ている」との言葉で世界的な共通点を確認しているのにも注目せよ。

5 ローマ契約法の基礎［コージマ・メラー］

2) Zimmermann（注1））, JURA 2005, S. 289 ff., 293 ff.
3) Jansen, Binnenmarkt, Privatrecht und europäische Identitat, 2004 は、ヨーロッパ法統一の利益と限界をはっきりわからせる著作のなかで、再び一般的契約法の基本コンセプトの根源を神学的自然法と世俗的自然法のなかに見いだした。こうした領域には、ヤンセンによれば、契約法の法典編纂を同一性を作り出す行為にするであろうヨーロッパ共通の土壌が存在している。しかしローマ法にはない。S. 90.
4) Historisch-kritischer Kommentar zum BGB-Sibylle Hofer, vor §145, Rn. 13 における所見を参照せよ。そこで、ホーファーは契約の一般理論を自然法をもって初めて開始させることに対する疑念を表明しているが、それは正当である。かの女は合意概念の適用にもとづいて国家成立論や婚姻法にも、一般的契約理論とはいわないまでも、思考上のつながりを見てとろうとする。合意の概念に目を向けるならば、いずれ証明してみせるように、すでにローマ法から一般的契約理論を取り出すことができる。これについては、最近のものでは Behrends, Der Vertragsgedanke im römischen Gesetzesbegriff, in: Gesetz und Vertrag I, hrsg. von Behrends und Starck, Göttingen 2004, S. 9 ff., 66 f. を見よ。
5) Gordley, S. 2:「ローマ法大全（Corpus Iuris）のローマ法には多くの個別諸規則、わずかな一般的格言が含まれるが、体系的な理論はないといってよい」。同じようなことを、対応する証明をともなっては、ders., S. 30 f. を参照せよ。
6) とりわけ、Kegel, Zur Entwicklung der Auffassung vom Vertrag im kontinentalen Europa, GS Lüderitz, hrsg. von Schack, München 2000, S. 347 ff., 348-351 がそうである。S. 383 f. に注目せよ。ケーゲルは、責任の法政策的根拠という問題が契約と不法行為とにもとづく債務関係を、意思主義との関連で契約について見てとることのできる契約と不法行為との分離が許容するより、もっと接近させることを見て取る。
7) ローマ契約法における意思の要素はしばしばビザンチンの法律家のものとされ、共和政および元首政の法に関しては改竄されたものといわれた。これに関しては、Behrends, Das Werk Otto Lenels und die Kontinuität der romanistischen Fragestellungen. Zugleich ein Beitrag zur grundsätzlichen Überwindung der interpolationistischen Methode, Index 19 (1991), 169 ff., ders., Institut und Prinzip, hrsg. von Avenarius, Meyer-Pritzl, Möller, Göttingen 2004, S. 267 ff., 295 ff. を見よ。
8) Schermaier, Bona fides in Roman contract law, in: Good Faith in European Contract Law, hrsg. von Zimmermann und Whittacker, S. 63 ff., 要約的には S. 92.
9) Leonhard, Paulys Realencyclopädie, 7. Halbband, 1900, Art. consensus, Sp. 902.
10) Behrends, Art. Gaius, in: Juristen. Ein biographisches Lexikon, hrsg. von Stolleis, München 1995, S. 221-223= ders., Institut und Prinzip, Göttingen 2004, S. 981.
11) Gaius Inst. 3, 88: Nunc traseamus ad obligationes, quarum summa divisio in duas species diducitur: omnis enim obligatio vel ex contractu nascitur vel ex delicto.（さてわれわれは債務関係の説明に移るが、その最上の分類は二種に帰する。というのは、あらゆる債務関係は契約にもとづいてか、あるいは不法行為にもとづいて発生する

からである）。Mayer-Maly, Römisches Recht, 2. Aufl., 1999, S. 108.
12) Mayer-Maly（注11））, S. 104 ff. D. 44, 7, 25, 4 Ps.-Ulpianus lib. sg. regularum における区分については、Avenarius, Der pseudo-ulpianische liber singularis regularum, Göttingen 2005, S. 525 ff. を見よ。
13) Gaius Inst. 3, 89: Et prius videamus de his, quae ex contractu nascuntur. Harum autem quattuor genera sunt: aut enim re 〈con〉trahitur obligatio aut verbis aut litteris aut consensu.（われわれはまず、契約にもとづいて発生するオブリガツィオーン［債務関係］について観察しよう。これらのものには四種がある。すなわち、オブリガツィオーンは物の交付によりあるいは言語によりあるいは文書によりあるいは合意によって成立する）。
14) Landau, Pacta sunt servanda. Zu den kanonistischen Grundalgen der Privatautonomie, in: "Ins Wasser geworfen und Ozeane durchquert, FS für Knut Wolfgang Nörr, hrsg. von Ascheri, Ebel, Heckel u. a., Köln 2003, S. 457 は、12世紀の註釈学派がローマ法大全のテキストのなかに見いだしたものを、「混乱させるほどたくさんの、契約類型」およびそれ以外の、契約の範疇に包摂されない強制可能な合意であると記している。混乱させることが問題だったのではなく、承認された契約類型数の限定による有効性の限界が問題であった。
15) Kaser, Römisches Privatrecht I, 2. Aufl., 1971, S. 477.
16) Jansen, Binnenmarkt, Privatrecht und europäische Identität, 2004, S. 23.
17) ヤンセンは、前の脚注の著書で、ローマ契約法の2つの主要要素、すなわち双方的なボナ・フィデスの原則に従う諾成契約と、一方的に拘束力のある約束である問答契約とをはっきりさせた。かれが問答契約を厳格法上のものといっているのは適切である。もっとも、一方的な約束に対する原始的という理解は私には有益とは思われない。
18) この問いは、ルードルフ・フォン・イェーリング（Rudolf von Jhering）の最初の主著である Geist des römischen Rechst auf den verschiedenen Stufen seiner Entwicklung, 1 Aufl., 1825-1865 の題名に倣っている。
19) 契約法の理解にとって中心的な重要性をもつ Behrends, Dalla mediazione arbitrale alla protezione giudiziaria, in: Diritto e giustizia nel processo, hrsg. von Cascione und Masi Doria, Napoli 2002, S. 197-323 の研究を参照せよ。
20) Cicero, De officiis III, 17, 70: ... Q. quidem Scaevola, pontifex maximus, summam vim sees dicebat in omnibus iis arbitriis, in quibus adderetur EX FIDE BONA, fideique bonae nomen existimabat manare latissime, idque versari in tuelis, societatibus, fiduciis, mandatis, rebus emptis, venditis, conductis, locatis, quibus vitae societas contineretur; in iis magni esse iudicis statuere, praesertim cum in plerisque essent iudicia contararia, quid quemque cuique praestare oporteret.（……大神官クィントゥス・スカエウォラは、**ボナ・フィデスにもとづいて**という定式文言が付加された裁判手続のすべてにおいてこの上なく大きな力が働くと繰り返し述べていた。そしてかれは、

ボナ・フィデスという概念はきわめて広範に通用し、それは人間が共同生活する社会をひとつにまとめるための後見、組合、信託、委任、購入・売却、賃貸借諸契約においてその効果を発揮する、との見解であった。これらの裁判手続は、だれがだれに何を給付する義務があるのかを確定するために、偉大な裁判官を必要とする。たいていの裁判手続において、反訴も見込まれるのだから、なおさらそうである)。

21) Behrends, Dalla mediazione arbitrale alla protezione giudiziaria (前出注19))、S. 218 f.
22) これについては、Behrends, Die bona fides im mandatum, in: Ars boni et aequi, FS für Wolfgang Waldstein zum 65. Geburtstag, hrsg. von Schermaier und Végh, 1993, S. 33 ff., 60= ders., Institut und Prinzip, S. 836 を参照せよ。
23) Cicero, De officiis III, 17, 69: Itaque maiores aliud ius gentium, aliud ius civile esse voluerunt, quod civile, non idem continuo gentium. quod autem gentium, idem civile esse debet.（それゆえ、先達たる偉大な昔の法律家たちは万民法と市民法とを区別しようとした。市民法であるものは同時に万民法ではないが、万民法であるものは同時に市民法でなければならない)。こうした二元主義については、Behrends, Die Oikumene der antiken Civitates und die Privatrechtsordnungen Europas und der Welt, in: Der praktische Nutzen der Rechtsgeschichte, FS Hattenhauer, hrsg. von Eckert, Heidelberg 2003, S. 39 ff., 55 ff.
24) このようなコンセプト上の分類によって、市民法によれば諾成契約のためには訴訟方式書がなかったのに、どのようにしてボナ・フィデスにもとづく訴訟が市民法に継受されたのかという、古くからの大いに議論された争点の基礎が奪われる。すでにして Wieacker, Zum Ursprung der bona fidei iudicia, SZ Roman. Abt. 80 (1963), 1-41 は、この問題が諾成契約に限定されえないことに注意を喚起していた。これは部分的に生じたことであり、これらの契約類型が紀元前242年に、つまり第1次カルタゴ戦争の終わりに新設された官職である外人係法務官の裁判において最初に保護されたという推定がある種の説得性を与えていた。全体については、問題設定における循環論法を見てとる Fiori, 'Ius civile', 'Ius gentium', 'Ius honorarium': il problema della "recezione" dei 'iudicia bonae fidei', BIDR 101-102 [3. Ser. 40-41] (1998-99; 出版は2005), 165-197を参照せよ。
25) ベーレンツの数多くの業績、とりわけ Die Wissenschaftslehre im Zivilrecht des Q. Mucius Scaevola pontifex, Göttingen 1970, S. 19 ff.: Le due giurisprudenze romane e le forme delle loro argomentazioni, Index 12 (1983-84), S. 189 ff., 200 ff. における指摘を見よ。
26) Varro, de lingua Latina VI, 69 und 72 における語源を参照せよ。こうした分類については、Behrends, Das Werk Otto Lenels (前出注 7)), S. 296 f. を見よ。ders., Dalla mediazione arbitrale alla protezione giudiziaria (前出注19)), S. 221 をも参照せよ。
27) とくにクリウス事件 (causa Curiana) を参照されたい。それについては、Manthe, Ein Sieg der Rhetorik über die Jurisprudenz, in: Manthe/v. Ungern-Sternberg

(Hg.), Große Prozesse der römischen Antike, S. 74 ff. を見よ。
28) Behrends, Dalla mediazione arbitrale alla protezione giudiziaraia（前出注19））, S. 267.
29) Behrends, Das Werk Otto Lenels（前出注7））, S. 295.
30) Cascione, Consensus, Napoli 2003, S. 406 ff., とくに S. 412.
31) D. 2, 14, 1, 3 Ulpianus libro quarto ad edictum: Conventionis verbum generale est ad omnia pertinens, de quibus negotii contahendi transigendique causa consentiunt qui inter se agunt: nam sicuti convenire dicuntur qui ex diversis locis in unum locum colliguntur et veniunt, ita et qui ex diversis animi motibus in unum consentiunt, id est in unam sententiam decurrunt. adeo autem conventionis nomen generale est, ut eleganter dicat Pedius nullum esse contractum, nullam obligationem, quae non habet in se conventionem, sive re sive verbis fiat: nam et stipulatio, quae verbis fit, nisi habeat consensum, nulla est.（コンウェンティオ（conventio）という言葉は一般的なものであり、相互に行為をする人たちが、法律行為の締結や終結にさいして同意しているすべての場合に関係がある：なぜならば、いろいろな場所からひとつの場所に集まってくる人たちに関して、コンウェニレ（convenire）という言葉を用いるように、いろいろな動機にもとづいて同一のことに合意する（consentire）、すなわち単一の見解に達する人たちに関しても、同じ言葉を使うからである。コンウェンティオ（conventio）という概念はしかし、きわめて一般的なものであるので、ペディウスが精緻かつ要を得て述べるように、合意を含んでいなければ、たとえそれが物の交付や方式にかなった言葉によって生じるとしても、契約（contarctus）や債務関係（obligatio）は存在しないのである。なぜならば、言葉によって発生する問答契約でさえも、それが合意（consensus）を含んでいなければ無効だからである）。
32) Cicero, D legibus, I, 5, 17: Attichus: Non ergo a praetoris edicto, ut plerique nunc, neque a duodecim tabulis, ut superiores, sed penitus ex intima philosophia hauriendam iuris disciplinam putas?（アッティクス：それで君は、今日大部分の人たちのように法の学問が法務官の告示から引き出されねばならないとも、また昔の人たちのよう十二表法からとも考えず、完全に最深奥の哲学から汲み取らねばならないと考えるのか）。
33) Behrends, Dalla mediazione arbitrale alla protezione giudiziaria（前出注19））, S. 273 ff.
34) セルウィウスによる契約論の革新については、Cascione, Consensus, S. 413 ff. を参照せよ。
35) こうした影響については、Behrends, Anthropologie juridique de la jurisprudence classique romaine, Revue historique de droit français et étranger 68（1990）, 337 ff.; ders., Gesetz und Sprache, in: Nomos und Gesetz. Ursprünge und Wirkungen des griechischen Gesetzesdenkens, hrsg. von Behrends und Sellert, Göttingen 1995, S. 135

ff., 190 ff. = ders., Insitutut und Prinzip, 2004, S. 91 ff., 156 ff. を見よ。

36)　D. 2, 14, 7, 7 Ulpianus libro quarto ad edictum: Ait praetor: Pacta conventa, quae neque dolo malo, neque adversus leges plebis scita senatus consulta decreta edicta principum, neque quo fraus cui eorum facta erunt, servabo. （法務官は約束する：「詐欺的にでも、法律、平民会議決、元老院議決、皇帝の裁決および勅令に反してでもなく行なわれ、またこれらの規範のどれかをすり抜けていない無方式の取り決め・合意は、私は保護するであろう」）。

37)　D. 50, 16, 19 Ulpianus libro undecimo ad edictum: Labeo libro primo urbani definit, quod quaedam 'agantur', quaedam 'gerantur', qaedam 'contahantur' : et actum quidem generale verbum esse, sive verbis sive re quid agatur, ut in stipulatione vel numeratione: contractum autem ultro citroque obligationem, quod Graeci $\sigma v v \acute{\alpha} \lambda \lambda \alpha \gamma \mu \alpha$ vocant, veluti emptionem venditionem, locationem conductionem, societatem: gestum rem significare sine verbis factam. （ラベオは市民法係法務官の告示註解第一巻で、いくつかの法律関係は一方的な行為（'agere'）によって、いくつかは実行（'gerere'）によって、いくつかは双方的な行為（'contrahere'）によって基礎づけられる、と明確に説明している。そして行為は一般的な言葉であり、問答契約や消費貸借対価支払におけるように、法的行為が言語によって引き起こされるか物の給付によってかに関係なく、存在する。双方的な行為はしかし、双互に債務関係を生じさせ、そのことをギリシア人たちはシュナラグマと呼ぶのであるが、たとえば売買、使用賃貸借、用益賃貸借、賃労働契約・請負契約、組合がそうである。実行は言語なしに行なわれた法律関係にかかわる）。これに関しては、Behrends, Dalla mediazione arbitrale alla protezione giudiziaria（前出注 19）), S. 280 f. を見よ。

38)　Cannata, Der Vertrag als zivilrechtlicher Obligierungsgrund in der römischen Jurisprudenz der klassischen Zeit, in: Collatio iuris Romani I, FS Ankum, hrsg. von Feenstra et alteri, Amsterdam 1995, S. 59 ff. もそう考える。

39)　Meyer-Pritzl, Pactum, conventio, contractus. Zum Vertrags- und Konsensverständnis im klassischen römischen Recht, Mélanges Schmidlin, hrsg. von Dufour et alteri, 1998, S. 99 ff.

40)　D. 2, 14, 1, 4 Ulpianus libro quarto ad edictum: Sed conventionum pleraeque in aliud nomen transeunt: veluti in emptionem, in locationem, in pignus vel in stipulationem. （しかし大多数の合意はある別の名称に移行するのであり、たとえば購入、使用賃貸借、用益賃貸借、賃労働契約・請負契約、質契約、問答契約にである）。

41)　D. 2, 14, 7, 1: Quae pariunt actiones, in suo nomine non stant, sed transeunt in proprium nomen contractus: ut emptio venditio, locatio conductio, societas, commodatum, depositum et ceteri similes contractus. （訴権を生み出す諸契約は、その［一般的］名称（コンウェンティオ）にとどまっていない。むしろ、それらはある別の契約概念に移行する。たとえば、売買、使用賃貸借、用益賃貸借、請負契約・賃労働契約、組合、使用貸借、寄託、その他類似の諸契約のようにである）。

42) 寄託におけるこのいわゆる訴権重複については、Berndt, Das commodatum, Diss. Göttingen, Frankfurt 2005, 要約的には S. 61 f., 96 ff. を見よ。

43) D. 18, 1, 9 pr. Ulpianus libro vicensimo octavo ad Sabinum: In venditionibus et emptionibus consensum debere intercedere palam est: ceterum sive in ipsa emptione dissentient sive in pretio sive in quo alio, emptio imperfecta est. si igitur ego me fundum emere putarem Cornelianum, tu mihi te vendere Sempronianum putasti, quia in corpore dissensimus, emptio nulla est. idem est, si ego me Stichum, tu Pamphilum absentem vendere putasti: nam cum in corpore dissentiatur, apparet nullam esse emptionem. （売買において合意が存在しなければならないことは明白である。当事者が購入自体に関してか、価格に関してか、何か他の観点に関してか一致していない場合には、購入は成立しなかった。したがって私が、コルネリウスの土地を購入すると信じ、君はセンプロニアヌスの土地を売却すると信じた場合には、私たちは購入対象に関して一致しなかったので、購入は存在しない。同じことは、私がそれをスティクスに購入し、君は不在である（隔地者）パンフィルスに売却すると誤信した場合にも当てはまる。なぜならば、購入対象に関して不一致があるので、購入は存在しないことが明らかだからである）。

44) Cascione, Consensus, S. 172 ff. における学問史的な回顧と、Behrends, Das Werk Otto Lenels（前出注 7 ））, S. 284 ff. におけるインテルポラティオ研究およびそれがローマ法像にとってもった結果に対する批判的論決を見よ。とくには、S. 305 の古典期ローマ法からあらゆる理論を遠ざけるインテルポラティオ研究と20世紀初頭の自由法運動との関連を注目されたい。BGB の施行後に新たに歴史的になったローマ法学が、このようにパンデクテン法学の理論形成から共に解放されることを望んだことは明白である。

45) Cascione, Consensus, S. 193 f.

46) D. 2, 14, 7, 4 Ulpianus libro quarto ad edictum: Sed cum nulla subest causa, propter conventionem hic constat non posse constitui obligationem: igitur nuda pactio obligationem non parit, sed parit exceptionem. （しかし目的を定めた給付（causa）が存在しない場合には、たんなる合意によって債務関係を基礎づけることができないのは確実である。したがって、たんなる無方式の合意（pactio）は債務関係を生み出さず、抗弁を生み出すのである）。

47) D. 2, 14, 7, 2 Ulpianus libro quarto ad edictum: Sed et si in alium contractum res non transeat, subsit tamen causa, eleganter Aristo Celso respondendit esse obligationem. Ut puta dedi tibi rem ut mihi aliam dares, dedi ut aliquid facias: hoc synalagma esse et hinc nasci civilem obligationem. Et ideo puto recte Iulianum a Mauriciano reprehensum in hoc: dedi tibi Stichum, ut Pamphilum manumittas: manumisisti: evictus est Stichus. Iulianus scribit in factum actionem a praetore dandam: ille ait civilem incerti actionem, id est praescriptis verbis sufficere: esse enim contractum, quod Aristo synalagma dicit, unde haec nascitur actio. （しかしある行為がある別の契約概念に属さず、それに

102

もかかわらず目的を定めた給付（causa）が存在する場合にも、アリストがケルススに精緻かつ要を得て応えたように、債務関係（obligatio）は存在する。たとえば、私が君にある物を与え、君が私に別の物を与えるようにした場合や、私が君に何かを与え、君があることを行なうようにした場合などである。それが（ギリシア語で）シュナラグマであり、そこから市民法上の債務関係が発生する。それゆえまた、私が考えるに、ユリアヌスがマウリキアヌスによってつぎのようなケースについて批判されたのは正しい：すなわち、私は君に奴隷のスティクスを与え、君がパンフィリウスを解放するようにした；君は解放した；君はスティクスをその後、真の所有者に引渡さなければない、というケースがそれである。ユリアヌスは、法務官が事実に合わせて作られた訴権（actio in factum）を与えなければならない、と記している。かの人（マウリキアヌス）は、市民法上の不確定物の訴権、すなわち［法律関係に言及する］前書きされた定型文言による訴権で足りる、という。というのは、それは契約、アリストがシュナラグマと呼ぶものであり、そこからこの訴権が生じるからである）、またこれについては、Meyer-Pritzl, Pactum, conventio, contractus. Zum Vertrags- und Konsensverständnis im klassischen römischen Recht, Mélanges Schmidlin, hrsg. von Dufour et alteri, 1998, S. 111 f.

48) D. 19, 2, 52 Pomponius libro trigesimo primo ad Quintum Mucium: Si decem tibi locem fundum, tu autem existimus quinque te conducere, nihil agitur: sed et si ego minoris me locare sensero, tu pluris te conducere, utique non pluris erit conductio, quam quanti ego putavi.（私が君に土地を百金で用益賃貸し、しかし君が五金で用益賃借すると思う場合、契約は成立しない。しかし私がより少額で用益賃貸すると考え、君がより多額で用益賃借すると考えるとしても、少なくとも用益賃貸借契約は、私が信じたよりも高い賃貸借料では締結されなかった）。これについては、Behrends, Das Werk Otto Lenels（前出注7））、S. 309 Fn. 56 を参照せよ。

49) D. 50, 16, 19 Ulpianus libro undecimo ad edictum で伝えられているラベオの言葉を参照せよ。これについては、注37) で既出。

50) D. 18, 5, 3 Paulus libro trigensimo tertio ad edictum: Emptio et venditio sicut consensu contrahitur, ita contrario consensu resolvitur, antequam fuerit res secuta: ideoque quaesitum est, si emptor fideiussorem acceperit vel venditor stipulans fuerit, an nuda voluntate resolvatur obligatio. Iulianus scripsit ex empto quidem agi non posse, quia bonae fidei iudicio exceptiones pacti insunt: an autem fideiussori utilis sit exceptio, videndum: et puto liberato reo et fideiussorem liberari. item venditiorem ex stipulatu agentem exceptione summoveri oportet, idemque iuris esse, si emptor quoque rem in stipulationem deduxerit.（売買契約が合意によって成立するように、それは給付がなされる前に、反対の合意によって取り消すことができる。それゆえ、買主が保証人を受け入れたか、あるいは売主が問答契約によって［売買代金の支払を］約束させた場合に、債務関係がなお当事者のたんなる意思によって取り消すことができるのかどうか、が問題とされた。ユリアヌスは、売買契約にもとづいて決して

訴えることはできない、と記した。そのわけは、ボナ・フィデスによる訴訟において無方式の合意の［相互的な］抗弁が［裁判官によって］何の問題もなく考慮されるからである。しかし保証人にこの抗弁が役立つのかどうか、が検討されなければならないだろう。そして私は、主たる債務者の解放によって保証人も解放される、との見解である。同じく売主は、かれが問答契約にもとづいて訴える場合、この抗弁をもって斥けられなければならない。また同じことは、買主が問答契約の目的物に対する売主の義務づけをした場合にも、法にかなっている）。

51) D. 2, 14, 58 Neratius libro tertio membranarum: Ab emptione venditione, locatione conductione ceterisque similibus obliagtionibus quin integris omnibus consensu eorum, qui inter se obligati sint, recedi possit, dubium non est. Aristoni hoc amplius videbatur, si ea, quae me ex empto praestare tibi oportet, prastitissem et cum tu mihi pretium deberes, convenisset mihi tecum, ut rursus praestitis mihi a te in re vendita omnibus, quae ego tibi praestitissem, pretium mihi non dares tuque mihi ea praestitisses: pretium te debere desinere, quia **bonae fidei**, ad quam omnia haec rediguntur, **interpretatio** hanc quoque conventionem admittit. nec quicquam interest, utrum integris omnibus, in quae obligati essemus, conveniret, ut ab eo negotio discederetur, an in integrum restitutis his, quae ego tibi praestitissem, consentiremus, ne quid tu mihi eo nomine praestares. illud plane conventione, quae pertinet ad resolvendum id quod actum est, perfici non potest, ut tu quod iam ego tibi praestiti contra praestare mihi cogaris: quia eo modo non tam hoc agitur, ut a pristino negotio discedamus, quam ut novae quaedam obligationes inter nos constituantur. （売買、使用賃貸借、用益賃貸借、雇傭契約、請負契約およびその他類似の債務関係を、すべてがまだ元のままであるならば、相互的に義務づけられている者たちの合意によって解消することができることは疑いがない。アリストはそれを越えてさらに、つぎのような見解を主張する。すなわち、私が君に売買にもとづいて給付しなければならないものを給付したが、その後、君がまだ私に売買代金を義務づけられている間に、君と私の間で、君が私に売買された物に関してすべてを返還するならば君は私に売買代金を支払う必要がないとの合意がなされた場合には、君は売買代金をもはや義務づけられない。なぜならば、すべてが帰せしめられるべき**ボナ・フィデスによる解釈**がそのような合意をも許すからである。また、この法律行為を解消するという合意が、私たちが義務を負っている給付がまだ完全に未履行のままである間になされたのか、それとも、私が君に給付していたものを最初の状態に戻した後で初めて、君が私に何も給付する必要がないことを合意するのか、で相違はない。それはもちろん、取り決められたことの解消を目指す合意、すなわち私が君にすでに給付していたものを、君が私に返還することを強いられるというそれによっては達成することはできない。なぜならば、私たちにとって大事なのは、こうした仕方で以前の行為を解消することよりは、むしろ一定の新しい債務を私たちの間で基礎づけることの方だからである）。

52) ボナ・フィデスによる解釈については、既出の Behrends, Die bona fides im man-

datum（注22））, S. 39 f. = ders., Institut und Prinzip, S. 813 を見よ。
53) 留保的に付言すると、合意は、給付の受領者が返還を義務づけられるという仕方では、契約解除の効果をもって行なわれえない。というのは、その場合には既存の債務を解除することよりも、新しい債務、すなわち返還義務を基礎づけることの方に、関心が向けられているからである。
54) Behrends, Dalla mediazione arbitrale alla protezione giudiziaria（前出注19））、S. 291.
55) D. 18, 1, 62, 1 Modestinus libro quinto regularum: Qui nesciens loca sacra vel religiosa vel publica pro privatis comparavit, licet emptio non teneat, ex empto tamen adversus venditorem experietur, ut consequatur quod interfuit eius, ne deciperetur.（知らないで神聖な場所、宗教的な場所、公の場所を私有地として購入取得する者は、売買は無効であるが、それにもかかわらず売買にもとづいて売主を訴え、かれが欺かれたことによって被ったものを得ることになる）.
56) Inst. 3, 23, 5: Loca sacra vel religiosa, item publica, veluti forum basilicam, frustra quis sciens emit, quas tamen si pro privatis vel profanis deceptus a venditore quis emerit, habebit actionem ex empto, quod non habere ei liceat, ut consequatur quod sua interest deceptum eum non esse. ...（神聖なまた宗教的な場所、同じく市の広場や公会堂のような公の場所は、だれかこれを知って購入しても無効である。しかし売主によって欺かれて、そのような物を私的なまたは世俗的な場所として購入した者は、かれがこの物を所有できないとの理由で、欺かれたことによって被った損害を賠償するように求める購入訴権を得る。……）.
57) D. 11, 7, 8, Ulpianus libro vicensimo quinto ad edictum: Si locus religiosus pro puro venisse dicetur, praetor in factum actionem in eum dat ei ad quem ea res pertinet: quae actio et in heredem competit, cum quasi ex empto actionem contineat.（ある宗教的な場所がたんなる土地として売却されたと申し述べられる場合には、法務官はその事件に関係のある者に、売主に対する事実に合わせられた訴権を与える。この訴権は相続人に対しても与えられるべきものであり、そのわけは、それが購入訴権に準ずるものだからである）.
58) Jhering, Culpa in contrahendo oder Schadenersatz bei nichtigen oder nicht zur Perfektion gelangeten Verträgen, Jahrbücher für die Dogmatik des heutigen römischen und deutschen Privatrechts, Bd. 4（1861), S. 1-112、またこれについて Byoung-Jo Choe, Culpa in contrahendo bei Rudolf von Jhering, Göttingen 1988.
59) Tsuburaya, Die Entwicklung der "culpa in contrahendo" in Japan, Recht in Japan 10（1996), S. 39-52.
60) Nakata, Neue Tendenzen im japanischen Willenserklärungsrecht unter besonderer Berücksichtigung von Verbraucherverträgen, Recht in Japan 11（1998), S. 31 ff., 32. 中田は取消権を支持する。2001年4月1日に施行された日本の消費者契約法による拡張された取消可能性については、Ohnaka, Zur Irrtumsregelung im japanischen Ver-

brauchervertragsgesetz, Recht in Japan 13 (2002), S. 7-23. 一般的情報提供義務の否定による規定上の欠陥が残っている。そこでは、個別のケースで説明義務や情報提供義務が是認される場合には、契約締結上の過失が今後も使用される。Ohnaka, S. 21 が注（44）で山田を引き合いに出しながら。

61) D. 19, 1, 11, 6 Ulpianus libro trigesimo secundo ad edictum: Is qui vina emit arrae nomine certam summam dedit: postea convenerat, ut emptio irrita fieret. Iulianus ex empto agi posse ait, ut arra restituatur, utilemque esse actionem ex empto etiam ad distrahendam, inquit, emptionem. ego illud quaero: si anulus datus sit arrae nomine et secuta emptione pretioque numerato et tradita re anulus non reddatur, qua actione agendum est, utrum condicatur, quasi ob causam datus sit et causa finita sit, an vero ex empto agendum sit. et Iulianus diceret ex empto agi posse: certe etiam condici poterit, quia iam sine causa apud venditorem est anulus. （葡萄酒を購入したある者が、手付金として一定の金額を支払った。その後、その購入を解消するという合意がなされた。ユリアヌスは、購入にもとづいて、手付金が返還されるように訴えることができると述べ、また購入訴権は［解除による］購入の解消にも使用しうるというのである。私はつぎのような問題を設定する。すなわち、指輪が手付金として与えられ、それから、売買契約締結後に売買代金も支払われ、物も引渡された後で、指輪が返還されないならば、いかなる訴権をもって訴えられなければならないのか、がそれである。指輪が法的原因のために与えられ、その法的原因が消滅したので、不当利得返還請求することができるのか、それともむしろ、購入にもとづいて訴えられなければならないのか。そこでユリアヌスは、購入にもとづいて訴えることができるというだろう。もちろん、指輪がいまや法的原因なしに売主のもとにあるのだから、不当利得返還請求することも可能であろう）。この章句については、Behrends, Institutionelles und prinzipielles Denken, SZ Roman. Abt. 95 (1978), 199 f. = ders., Institut uns Prinzip, hrsg. von Avenarius, Meyer-Pritzl, Möller, Göttingen 2004, S. 25 を参照せよ。

62) これは、契約の履行によって手付金の目的がなくなったのだから、終了した原因にもとづく不当利得返還請求訴権（condictio ob causam finitam）に関する問題である。

63) 契約を申込と承諾の連続として説明する分析的技巧の発展は、おそらくはカノン法学的＝自然法的約束理論にもとづいている。それについては、Mayer-Maly, Der Konsensus als Grundlage des Vertrages, in: FS für Erwin Seidl, hrsg. von Hübner, Klingmüller, Wacke, Köln 1975, S. 118 ff., 123 f. を参照せよ。申込と承諾のモデルはウィーン統一売買法やヨーロッパ契約法原則の統一努力において支配的である。Zimmermann, Die Principles of European Contract Law als Ausdruck und Gegenstand europäischer Rechtswissenschaft (Teil 2), JURA 2005, S. 441 ff., 442 の指摘を参照せよ。BGB には、「二重線の締結技術」（レーネン）が確認される。申込と承諾のモデルのほかに、交渉された契約内容に対する共通の同意も存在する。Leenen,

Abschluss, Zustandekommen und Wirksamkeit des Vertrags －zugleich ein Beitrag zur Lehre vom Dissens －, AcP 188 (1988), S. 381 ff., 要約的には S. 405. 契約締結の前提条件である意思の一致を瑕疵ある契約締結の法的効果に関する規定から間接的に推定する必要性については、HKK-Hofer, vor §145, Rn. 9. BGB の第一草案の第77条は当事者の一致した意思をまだ契約の前提条件として挙げていたが、第二草案によって必要不可欠ではないとして削除された。Mayer-Maly, Der Konsensus als Grundlage des Vertages, in: FS für Erwin Seidl, hrsg. von Hübner, Klingmüller, Wacke, Köln 1975, S. 118 ff. はこの第一草案の条文を合意と契約基礎との収斂の証明であると解釈している（S. 119）。

64) Oda, Japanese Law, London 1992, S. 198.
65) ここに、私が正しく理解したのであれば、いわゆる「ポストモダンの契約法理論」のための結合点がある。それについては、Kawakami, Über die sogenannte "Postmoderne Vertragsrechtslehre" in Japan, Recht in Japan 11 (1998), S. 7-30 を見よ。
66) ボナ・フィデスを援用してのヨーロッパにおける契約法の再実質化については、Zimmermann, Europa und das römische Recht, AcP 202 (2002), S. 274 ff. を見よ。

[佐々木有司　訳]

[訳者付記]
　（　）形括弧は、もともと原文のなかにある場合、あるいは訳語の後に原語を付す場合に用いた。また訳出のために必要な補足をする場合にも、小字にして（　）形括弧内に収めた。なお、ラテン語の史料には原著者によるドイツ語訳が付されているため、基本的にはこれをそのまま訳しておいた。
　この付記は、つぎの「6　ローマ契約法から現代ヨーロッパ契約法への発展の流れ」の拙訳にもまったく同様に当てはまる。

6 ローマ契約法から現代ヨーロッパ契約法への発展の流れ

ズザンネ・ヘーンヒェン

Ⅰ　まえおき　　Ⅲ　締結モデル
Ⅱ　発展の流れ　Ⅳ　まとめ

Ⅰ　まえおき

　これから以下に述べることは、フランツ・ヴィーアッカー（Franz Wieacker）がかつて「契約理論の本質」[1]と呼んだもの、すなわち、いかなる事情が債務法上の——たんに道徳上のではない——拘束を基礎づけ、したがってまた法秩序によって是認され、保護されるのかという問題に関係する。そこでは、私的自治、つまり、もっぱら自分たちの合意だけによって契約の内容を確定することができ、特定の契約類型に束縛されない当事者の自由、という現代の基本的特徴の歴史的発展が主題となる。

　しばしば契約遵守の原則といわれる、合意は守られるべきである（pacta sunt servanda）という有名な命題とその帰結として合意に強制可能性が帰せられることは、古典時代のローマ法にはまだ当てはまらなかった[2]。いやそれどころか、この命題は、ここで——ヨーロッパ私法の現在にいたるまでを——要約して叙述することにする長期間にわたる過程のなかで発展したのである。そのさい、とりわけつぎの二つのアプローチに注意を払うことにしたい：

　一般的に、そして契約法においても、原理的思考と制度的思考とを区別することができる[3]。それは、一方で柔軟な、一般原則に準拠した解釈と、他方で形式ばった、具体的な規則と制度に準拠した包摂との間の方法論的対立に関わる[4]。こうしたアプローチは興味深い観点を提供し、各法秩序ないし

は個々の潮流にとって考えられうる、どちらかといえば原理的思考かそれとも制度的思考かへの一般的な分類にも合致している[5]。

ベーレンツ（Behrends）の弟子のマイヤー＝プリツル（Meyer-Pritzl）は古典期ローマ時代以降の契約の発展を考察したさい、そのときどきに存在したに違いない客観的要素と主観的要素とを区別した[6]。客観的要素は法秩序による特定の契約の承認であり、類型強制のことをいっている。主観的要素は当事者意思、とくには関与者間に見いだされる合意の考慮である。

II　発展の流れ

歴史的発展は——ちょっと図式的な見方をすれば——蛇行線の形をして延びている。契約自由の諸特徴すべてが一九世紀終わり頃に自己を押し通すことができた前には、多数の興味深いアプローチが存在した。

1. 古典期前のローマ法に関しては、すなわち初期から紀元前の最後の世紀までは、今日の意味での契約自由は問題にならない。マイヤー＝プリツルが後代に関して記述したよりもっと一般的に、大きな合式性を見てとることができる。客観的要素が、当事者の主観的意思はほとんど重要でないという意味で、明白に優位を占めている。このことは一般的また個別的に、債務契約の初期形態、言語による債務関係にも当てはまる[7]。もともとは誓約（sponsio）として神聖な行為であり、ローマ人にだけ利用可能であった[8]この債務約束のためには、本来の能動者である約束受領者の問いに同じ動詞をもって答えなければならなかった。どんな相違があっても、要式行為の無効をもたらした。拘束力のある答えが与えられるさまざまな問いは、「問答契約」（Stipulation）という概念のもとに、stipulari（自己に約束させる）によって統合されることになる。

一部では初期の要式法律行為に関して、合意の要件をともなわないたんに責任を負わせる行為であった以上、そもそも後の債務契約の先駆者ではなかったと反論される[9]。それに対して、ここではただこういうだけである：

債務、つまり給付義務を少しも考えなければ、責任、つまり法的強制は意味がないのである。

　要式行為と並んで、それどころかおそらくこれよりも古く、合意 (pactum)[10]が無方式の、紛争を終わらせる贖罪補償（和解合意）として存在した[11]。それはすでに十二表法に関して、すなわち紀元前450年頃に裏づけられるが、確実にずっと古くに、ちゃんと平和的な紛争解決のために決定的に重要な役割を演じている。この合意は、言語による債務関係やすぐに述べなければならない別の契約諸類型と並んで、契約法のさらなる発展にとって決定的な重要性をもったのある。

　すでに紀元前3世紀から、商品取引の機能にとって非常に重要な諸契約の方式不要の変種が訴求可能になったのであり、とりわけ売買、使用賃貸借、用益賃貸借、雇傭・請負契約、組合、委任（emptio venditio, locatio conductio, societas, mandatum）がそれである。これらのたぶん非ローマ人との取引において発達した[12]、後にいわゆる諾成契約は、伝承によればボナ・フィデス（bona fides）にもとづいて承認されたのである。信義、フィデス（fides）という、つまりは約束を守らねばならないとする思想に、包括的にボナ・フィデスによる訴訟（bonae fidei judicia）と呼ばれたもろもろの訴権がその名を負っている。それによれば、ボナ・フィデスの原則は、最初は法的拘束力の基礎を、後には少なくともなお、該当する法律関係に判断を下すための解釈基準を提供した[13]。

2．ローマ法の古典期（紀元後1-3世紀）の間に、法的に有効な合意を行なう可能性はもっと広げられた[14]。以下には、その発展の描写にぜひとも必要ないくつかの点だけを取り上げることとする。原則上類型強制が妥当し、したがって合意は、実行可能であるためには、ある承認された契約類型に合致しなければならなかった：

　　Gaius Inst. 3, 88-89 ... omnis enim obligatio vel ex contractu nascitur vel ex delicto. Et prius videamus de his, quae ex contarctu nascuntur. Harum autem quattuor genera sunt: aut enim re ⟨con⟩trahitur obligatio aut verbis aut litteris aut consensu.

ガイウス法学提要第3巻第88-89分節（……というのは、すべての債務関係は契約にもとづいてかあるいは不法行為にもとづいて発生するからである。まずわれわれは、契約にもとづいて発生する債務関係について観察しよう。これらのものには四種ある。債務関係は物の交付によりあるいは言語によりあるいは文書によりあるいは合意によってもたらされる）。

ガイウスの初学者用教科書で列挙された、承認された契約は、たんなる取り決めのほかに、人的な力関係をはっきりわからせる客観的要因を必要とした15)。しかし当事者意思という主観的要素は、諾成契約を越えてますます重要性を増していったが、こうした発展がいかに直線的にまた体系的に行なわれたかは、細部について議論のあるところではある16)。いずれにせよ、古典期後期の法学者ウルピアヌスによって、すべての債務契約に関して当事者意思の合致が有する非常な重要さが強調された：

Ulpianus（4 ed.）D. 2, 14, 1, 3 ... nullum esse contractum, nullam obligationem, quae non habeat conventionem, sive re sive verbis fiat: nam et stipulationem, quae verbis fit, nisi habeat consensum, nulla est.

ウルピアヌス（告示註解第4巻）学説彙纂第2巻第14章第1法文第3節（……合意が含まれていなければ、物の交付によって行なわれようと言語によって行なわれようと、契約も債務関係も存在しない。というのは、言語によって行なわれる問答契約でさえも、それが合意にもとづいていなけば無効だからである）。

しかし、承認されている合意に対応しない無方式の合意、いわゆる裸の合意（pacta nuda）は依然として訴求可能でなかった。それでも、訴訟において、合意に反して提起された訴えに対する抗弁が付与されるという効果をもっていた：

Ulp.（4 ed.）D. 2, 14, 7, 4 ... nuda pactio obligationem non parit, sed parit exceptionem.

ウルピアヌス（告示註解第4巻）学説彙纂第2巻第14章第7法文第4節

(……たんなる無方式の合意、pactio, pactum は訴求可能な債務を生み出さず、抗弁を生じさせる。)

　古典期後期の法学者たちは無方式の合意を自然の債務関係（自然債務）と名づけ、こうした論拠によって、履行された場合の返還請求を排除した[17]。つまり、ここでも結局は抗弁が与えられたにすぎなかった。例として、支払われた消費貸借（要物契約）に対する無方式の利子約束を挙げてみよう。利子が市民法上の拘束力が欠けているにもかかわらず支払われた場合、それは——まさに自然債務であるという理由で——再び返還を求めることはできなかったのである[18]。

　しかし、要約していうことができるのは、古典期のローマ法において類型強制にもかかわらず、結局はそれでも、方式自由ではないが、契約自由が一般に行なわれていたことである[19]。なぜならば、ひとつには任意の内容の拘束力がある合意を、問答契約という要式の約束によってもたらすことはつねに可能だったからである[20]。もうひとつには、たとえば抗弁の付与が示すように、別の法的保護の可能性もともかく存在した。もっとも、こうした自由が住民の圧倒的な部分（婦女、家子、奴隷）には原則上適用されなかったことを忘れてはならない。

3．比較的乏しい解釈論的浸透によって特徴づけられる古典期後の時代が原則上すべての合意を訴求可能であると認めた[21]にもかかわらず、古典期の手本にならった六世紀のユスティニアヌスによる法典編纂は要式の類型強制を多かれ少なかれ故意に再び復活させた。問答契約も、ユスティニアヌスによって、それがもつ古典期の要式性においても、たんに文書で証明された契約としての古典期後の発展形態においても、法典に編纂された。このことが当時の法実務でいかなる影響をもったのかをいうのは難しい。いずれにせよ、それは後に（11世紀からの）継受時代の註釈学派と註解学派を困惑させ[22]、入り組んだ衣服理論の展開をもたらした[23]。とくに、ユスティニアヌスの初学者用教科書[25]におけるガイウスの法学提要[24]にもとづく契約図式、すなわち言語契約、要物契約、文書契約、諾成契約への契約分類が、契約法の

基礎となった。つまり再びたんなる無方式の合意は債務関係を生み出さない（nuda pactio obligationem non parit）[26]という原則が妥当し、たんなる無方式の合意は強制可能ではなくなったのである。

4．世俗法学者であるローマ法学者は、11世紀以降のユスティニアヌス法典の「再発見」[27]後、目の前にあるローマ法大全の類型強制に従った。その後、1150年頃に成立した註釈書のロ・コディ（Lo Codi）には、一方的な約束に関する革新として、信義 fides にもとづいてこれに拘束されるという考え方が含まれていた[28]。非常に徐々にであるが、有名性という契約の概念から解放されていき、さしあたりは衣服理論に移行した。いまや pactum が contarctus（契約）と pacta nuda（有効でない合意）のための上位概念になった。そのことが無理やりでなく可能であったのは、古典期法学者の著作のなかに相互に異なるいくつかの概念が伝えられていたからである[29]。それでもやはり、こうした概念の転換は古典期の類型強制から離れていく決定的な一歩であった。もっとも、その点で今日、こうした発展が計画的に行なわれたのではでなかったことを、はっきり知っておくべきであろう。それどころかむしろ、伝承された諸テキストを典拠（書かれた理性 ratio scripta）と見なし、それらの理解に努めたのある。

　ところでローマ法学者は、訴求可能な、債務関係の成立原因の方式を衣服として着せられた合意である pacta vestita を pactum nudum と区別した。そこでは、概念形成にさいしてすばらしい具象性が用いられた。もとは裸の（nudum）pactum が衣服に入れられたのである[30]。

　アゾの勅法彙纂集成（Summa Codicis）において初めて（1200年頃）——ローマ法大全から離れて——訴求可能な pacta nuda が姿を現わす。このことはその先の発展にとって決定的な意義をもったのではあるが、衣服理論はなお長く維持された——中世の終わりにいたるまで、ローマ法学者とカノン法学者との対立があらわになる[31]。

5．教会のスコラ学とともに、すなわち何よりもまず、人はどのようにまた

どうして神に対して自分の約束に拘束されるのかという問題に関して、類型強制の克服と今日の一般的契約概念の発展にとってもうひとつ別のきっかけが現われる。すでに4世紀に、教父アウグスティヌスはたんなる約束に対する有効な拘束を肯定した[32]。その後、倫理神学に特有な誠実さと fides の命令が、トマス・アクィナスによって受け入れられたアリストテレスの帰責理論と結びつけられた[33]。

後にきわめて有名な原則：合意は守られるべきである（pacta sunt servanda）の端緒は、同じくすでに4世紀に――もっとも、「グラティアヌス教令集」（Decretum Gratiani）には取り入れられず、したがってまたさしあたりは大きな影響力をもたなかった公会議決議において[34]――

    pax servetur, pacta custodiantur

（平和は守られるべきであり、そのために合意が守られるべきである）という形で見いだされる。

もちろん、これもまだ真に私法上の文脈なのではなく、教会内部の（いずれかといえば政治的な）合意の遵守にかかわる。その点で、これは契約遵守の原則にとって内容的な先駆者というよりはむしろ概念的な先駆者である。パヴィアのベルナルドゥス（Bernhard von Pavia）はこの公会議決議を、グラティアヌス教令集を補足するかれの「要録」（Breviarium）（1188/90年）に採用した。ランダウ（Landau）によれば、かれはこのことを意識的に、またローマ法にとって妨げとなっているウルピアヌスの一節を確実に知っていて行なったのである[35]。ほぼ同時期にフグッキオ（Huguccio）も、一方的な約束（stipulatio）の法的拘束力を論じ、カノン法学と市民法（ローマ法）学の見解を切り離した。自分の約束を守らない者は、罪になるというのである。たんなる無方式の合意が市民法（ローマ法）上は拘束力をもたないことを意識して、カノン法によれば拘束力をもつことが、フグッキオやパヴィアのベルナルドゥスにならって、カノン法学者の支配的な見解になる[36]。

6．16世紀から――商法の実務によって促進されて[37]――類型強制からの

離脱が部分的に世俗法においても定着する。こうして、たとえばいくつかの都市法には、契約がたんなる約束にもとづいて成立するとする規定が記されている。例として1520年の有名なフライブルク都市法を挙げておこう：

「もし他人に慎重に何かを約束するならば、それが言葉だけによってであれその他の約束の仕方によってであれ、その言葉がどうであれ、約束した者は自分の約束を守らねばならず、正当にもそれを強制されうる」。

こうして、ほとんど近代の私的自治の理解に達した。もちろん、これにはさらに（すでに示唆したように）契約当事者の法的なまた少なくとも原則上の自由と平等が欠かせない。これは一九世紀の市民社会とともに初めて付け加わるのである。

III　締結モデル

とくにサヴィニー以降、一般的契約概念の解釈論的な構成が重要な問題となった[38]。ここではしかし、引き続き債務法上の契約だけを考察することにしたい。

類型強制がすでにカノン法学者によってまた法実務において克服されたあと、ようやく自然法とその法典編纂によって初めて、たんなる合意が義務づけの基礎として一般的に私法上承認されることとなった[39]。いまやさらに、すべての契約がなぜ強制可能であらねばならないのか、あるいはむしろそのような契約はどのように構成されるべきであるのか、という理論的基礎づけに取り組まれた。

すべての契約上の合意になぜ拘束されるのかということ、に関する18／19世紀の基礎づけの試みは、ゲルマン特有の信義と称するものを引き合いに出した[40]。実際にはしかし、この基礎づけは、ゲルマン的な法観念というよりは、むしろボナ・フィデスという一般的な原理的思考に合致している。そのことを解明するためには、非常に優勢なローマ（普通）法に何か固有のものを対置しようとする当時のゲルマン法学者の努力を知っておく必要がある。一般的な関連で興味深いのは、契約自由に反対でも賛成でも原理的な出発点

6 ローマ契約法から現代ヨーロッパ契約法への発展の流れ［ズザンネ・ヘーンヒェン］

が論拠として用いられたことである——後者は方式強制による軽率の保護という考え方によっていた[41]。このことは、今日実際に起こっている消費者保護法による契約自由の制限を想起させる。

1．部分的には上述の基礎づけと結びついた[42]、多少詳しく説明しなければならない契約モデルないしは締結モデルを、自然法がシュミドリン（Schmidlin）のいわゆる「移転的モデル」によって提供した[43]。それによれば、契約は所有権の移転に類似して権利移転によって構成される。一方のパートナーが拘束力のある約束（promissio）を与え、他方のパートナーがこれを承諾する（acceptatio）[44]。その対立物として、シュミドリンはパンデクテン法学者が展開した合意モデル、すなわち当事者の一致した意思表示にもとづく契約上の拘束力の発生を挙げている。こうした対比がよく納得がいくものかどうかは、いずれ明らかになるだろう。

まず「国際法の父」フーゴ・グロティウスは、きわめてよく知られた著作『戦争と平和の法について』（De iure belli ac pacis）において多段階の約束理論を展開したが、その最高の段階が法的な拘束力と結びつけらた[45]。取得者や約束受領者に焦点を合わせるローマ法におけるのとは違って、ここでは能動性は約束者から出発する。そのさいに、グロティウスにとって本質的なのは——後のトマス・ホッブズとその服従契約にとってまったく同様に——国際法上の拘束力であった[46]。合意は守られるべきであるという原則は、実際また今日でも国際法において、契約法のもっとも重要なそれと見なされている[47]。

自然的な人間経済の財物交換、したがってまた個々の私法上の契約へと向かわせたのは、17世紀後半から、ザームエル・プーフェンドルフ（Samuel Pufendorf）、クリティアン・トマジウス（Christian Thomasius）、クリスティアン・ヴォルフ（Chritian Wolff）である[48]。ローマ法の継受において一方的な約束との類推を通して pacta nuda の訴求可能性に到達したのに対して、自然法においてはこんどはまた合意が根本的な重要性を獲得する。プーフェンドルフは、グロティウスやホッブズの準備作業とその約束モデル

に依拠したが、そのさいしかし——かれらとは異なって——正戦という先行問題に対するよりはむしろ市民の双方的な契約に対して関心があった。そこでは譲渡人は、かれ自身に何かを命じ、義務違反の場合にはかれを強制によって脅す権力を移転するのである[49]。さらにプーフェンドルフは、かれにおいては約束と承諾に取って代わる相互的同意（mutuus consensus）にも行き着いた[50]。もっとも、かれは同意概念をどちらかといえば現代の意思表示概念と同じように用いたのであり、一方で約束者の同意、他方で約束受領者のそれを要求した[51]。遅くともしかし、トマジウスにあっては、合意思考が重要性において約束移転の考えに優先している[52]。

2．自然法の理論的基礎のうえに、18世紀と19世紀の変わり目にいくつかの民法典編纂が行なわれた[53]。

a）　いちばんはっきりと、しかし合意の要件によって濁らされていないではないが、約束移転のモデルは1794年のプロイセン一般ラント法（ALR）に見いだされる。とくに第1部第5章（契約について）を参照されたい：

　　第1条　権利の取得または譲渡のための相互的同意は契約と呼ばれる。
　　第2条　他人に権利を移転し、あるいは同人に対する義務を引き受けたいとする表示は約束といわれる。
　　第4条　契約の実在のためには、約束が有効に承諾されたことが本質的に要求される[54]。

b）　1804年のフランス民法典 Code civil（C. civ.）の債務法は、内容的には合意思考にも約束理論にも従っている[55]。一見して一致しがたいように思われる二つの規定が生じたのであるが、それらの説明は上に述べた自然法内部での発展によって与えられる。

　　第1101条　契約は1人もしくは数人が、他の1人もしくは数人に対し、あるものを与え、あることを行ないまたは行なわない義務を負う合意である。
　　第1108条　合意の有効性のためには、つぎの四つの条件が本質的なものである：

義務を負う当事者の承諾；
　　その契約締結能力；
　　義務の内容を構成する確定された目的；
　　義務を負わせる適法な原因。
　C. civ. 1108条は——1101条とは異なり——義務を負う者の承諾のことだけをいっている。C. civ. 1108条によれば、これに加えてもう一つ別の前提条件が必要である：契約を有効に成立させるための、適法な原因（cause licite）がそれである[56]。

　c）　1811年のオーストリア民法典（ABGB）[57]もやはり、約束移転モデルとの結びつきを維持している。ABGB 861条によれば、契約は約束とその承諾によって成立する。同時にしかし、意思の一致という要件も強調される：

　　第861条　誰でも、ある人に自己の権利を移転するとの意思を、すなわち、かれにあることを許可し、あるものを与え、かれのためにあることを行なうか、あるいはかれのためにあることを行なわないとの意思を表明する人は、約束をするのであり、他方の人がその約束を有効に承諾すれば、両当事者双方の一致した意思によって契約が成立する。交渉が継続し、約束がまだされていないか、あるいは事前にも事後にも承諾されていない間は、契約は生じない。

3．これに対してパンデクテン法学者のいわゆる「合意モデル」は、シュミドリンによれば、スイス債務法[58]とドイツ民法典（BGB）で実現された[59]のであるが、ここでは後者だけを主題として扱うことにする。

　すでにフリードリヒ・カール・フォン・サヴィニー（Friedrich Carl von Savigny）は契約を、約束移転を受け入れずに、「何人かの、かれらの法律関係を決める一致した意思表示への結合」と定義した。決定的な相違は、「およそ意思表示が個々の人からも発しうることに代えて、唯一の、まったく分割されていない意思への何人かの意思の結合」にある[60]。双方の意思表示は、こうした統一的契約意思をもたらすのに役立つにすぎなかったのである。これに従ったのは、BGBの起案にさいしてである[61]。1888年のBGB第1草

案[62]——日本の民法に強い影響を及ぼした——は、第77条でまだつぎような契約締結に関する一般的な規定をもっていた：

> 契約の締結には、契約締結者がかれらの一致した意思を相互に表明することが要求される。

しかしこの規定を法律に取り入れることは、最終的には必要不可欠ではないと見なされた[63]。それにもかかわらず今日、意思原則は契約概念のもっとも重要な要素であり、債務法を支配する私的自治の原則の表現であると見られている。その形成力は、われわれの債務法を支配する私的自治の原則の表現である。19世紀のパンデクテン法学者たちの間ではしかし、個人の意思の効力が今日よりもっと先へ進んだ。ただしこうした立場は決して異論のないものではなかった[64]。個人主義的＝自由主義的に構想された法律行為論に対する反証として——どちらかといえばむしろ原理的に客観的要素を優先する考え方をして—— BGB の施行後初めて勝利を収めた信頼保護の必要性が論拠として示された。

全体としては、自由主義的な BGB はその施行時には——主観的要素の一般的な優先と並んで——これと結びついたより高度の予測可能性にもとづいて、諸制度における考え方を優先した[65]。しかししだいに表示主義およびこれと結びついた、契約法における意思力に対する客観的要素の優先が強くなっていったが、それはいくつかの、以下に例として述べる構成に即して認識できるところである。中立の第三者の理解、いわゆる「客観的な受取り手の視野」は、今日では原則上、表示者の意思より優先させられる。BGB 242 条を拠り所とする信義誠実の原則の適用も、この規範の元の意味とはあまり関係がない。また消費者法には、まさに原理的諸思考の一般的な特徴が見てとれる。たとえば数多くの情報提供義務は、ボナ・フィデスの考え方から展開した義務のプログラムということができる——そのプログラムはもちろん、ますます実定法として制度化されている。契約自由は、上に述べた諸発展によって著しく制限される。これらの制限はローマ法の類型強制によるよりも大きい、とさえ主張されている[66]。合意は守られるべきであるという命題は今日、実際には——企業者と消費者が契約を締結するかぎり——撤回権の

期間経過後に[67]、またこれ以外の、この場では話題にしないことにする諸制限とともに、初めて通用するのである。もちろん、消費者保護の諸規定は制限と見なすか、さもなければ反対に、契約自由が特徴のひとつである私的自治を、「武器平等」の樹立という意味で保証するものと見なすことができる[68]。

前に述べた諸締結モデルの歴史的発展は、厳密に解釈論的に考察してみると、いまもなおドイツのBGBのなかに再び見つけ出すことができる。レーネンが現行法に関して明らかにした契約の成立と締結との区別[69]、つまり(1)構成要件上必要な意思表示が存在し（＝締結）、(2)それが事実上または規範上一致する（＝合意；これが初めて契約を成立させる）という判断に従えば、それによって上述の諸モデルを統一的にまた解釈論的に説得力をもって取り扱うことができる[70]。レーネンが述べているように、BGB 145-153条は――歴史的には約束移転から生じた――申込と承諾のモデルと見なされ、またBGB 154条、155条は共通の契約本文に対する同意――それは歴史的には、意味するところパンデクテン法学の合意モデルに合致する――と見なされる。たとえばBGB 145条による申込に対する拘束には、約束思考の明白な名残が含まれている。それゆえ、自然法的なABGBの862条（「移転的モデル」）がBGB 145-148条と大きな一致を示しているのはあまり異とするに足らない。これに対してサヴィニーにおける当事者の統一的な意思は、BGB 154条1項に再び見つかる。

その点では、BGBが純粋に合意モデルを実現したと見るシュミドリンも相対化されなければならない。実際には、どのみち両モデル間にはわずかな相違しかない。もっと思い切って、すでに自然法において、原理的な、ストア哲学のアプローチが、いずれかといえば制度的な、古典期＝ローマのそれと結びつけられていた[71]、と述べることすらできるだろう。典型的にパンデクテン法学のもののように見える意思主義すら、早くも自然法において基礎を据えられているのであり、それはつまり、約束移転を拠り所として、自身を拘束する者は意思をもってその自由の一部を放棄すると考えるならば、そういうことになるのである。

要するに、一方で自然法学者、他方でパンデクテン法学者の方法的に異なるアプローチが優先的な問題である[72]。しかし付加的に、徹底して解釈論的な明確性を現行法のために手に入れる、というよりむしろその明確性を歴史的に根拠づけることができるのである。

4．ところで数十年前から、すでに何度か言及した消費者保護によっても、ヨーロッパ私法を統一し、経済的・政治的発展に適合させようと試みられている。

しかし包括的な立法に対するヨーロッパ連合の権限については、意見は一致していない[73]。ヨーロッパと各国の両レベルにおける個々の点についての立法、ならびに各国法のための適合の試み[74]の後にまたこれらと並んで、最近の何年間か、権限を与えられていない法統一の試みもあった。そのときに成立したランドー委員会のヨーロッパ契約法原則（1994年）とユニドロワ国際商事契約原則（1994年）は契約締結に関して際立ってよく似ている。両者によれば、契約は当事者の合意によって締結され、それ以上の要件はない。

> ヨーロッパ契約法原則第2章第1節第2：101条(1)　契約は、(a)当事者が法的に拘束される意思を有し、(b)当事者が十分な合意に達する場合に締結され、それ以上の要件は要らない。

> ユニドロワ国際商事契約原則第3.2条　契約は当事者の合意のみによって締結され、変更され、解消され、それ以上の要件を要しない。

同時にしかし、ほかでもなくヨーロッパ私法における契約の内容自由の役割も興味深い[75]。これまでの個別立法は経済法および消費者法に関わり、消費者保護においても——すでに示唆したように——契約自由の数多くの制限をもたらした。そのさい、前に述べたように[76]、どれくらいの消費者保護が有意義であるのかは、徹底的な議論の的になっている。

Ⅳ　まとめ

1．過去においては、契約上の拘束力の解釈論的構成には著しい相違が存在

した。その背後には、そのときどきに、どれくらいの法的な力が個人とその意思に与えられるのかという問題もあった[77]。この問題はいろいろな時間的・場所的状況においていろいろに答えられたし、また答えられている。そのさい、一方で契約法における自由主義的法体系、制度的思考、より強い主観的要素の重視と、他方で規制、原理的思考、客観的要素の優先との間の関連を確認することができる。

2．解釈論的構成は（法政策的／社会的に）望まれた結果の確立に役立ち、法的安定性を促進しなくてはならない。目下はしかし、たくさんの規制的な、たいていは強制的な規定があまり体系性をもたずに発布されている。こうした欠陥は、あるいは多くのドイツ人法律家の複雑な気持ちをも説明するかもしれない。

しかし私法における今日の全ヨーロッパ的発展に批判を加えたいのであれば、新しい規律が解釈論的に既存の体系に適合しないことを論証しても大して意味がない[78]。というのは、諸体系は前に示したように変化を免れないからである。具体的な事例における法発見は、解釈に敵対的な[79]1794年のプロイセンのALRがすでに試みたのと同じように、細部にこだわった規律によって可能である。とはいえ、ALRは19世紀の実務においてより抽象的な普通法に劣っていたのである。

3．最後に興味深いと思われるのは、将来において再び別の方向への振り子の振れが起こることになるのかどうか、またそれはどのようにしてか、あるいは19世紀に支配的であった法学の主唱者たちとそこから生じた非常に体系的なBGBとは自由主義に特異な現象であったのかどうか、という問題である。

1) F. Wieacker, Die vertragliche Obligation bei den Klassikern des Vernunftsrechts, in: Stratenwerth u.a. (Hrsg.) Festschrift für H. Welzel (1974) S. 7 ff. (15).
2) もちろんローマ人にもそうした考えはよく知られていたが、それでもかれらは

──後で述べる発展から明らかになるように──決してそのように定式化せず、そのうえ履行は一般的ではなく、ましてや自然に（in natura）強制可能ではなかったのである。

3）　議論の余地がないではなくまたつねに納得がゆくわけではないが、こうした方向をもっとも先へ進んでいるのは、O. Behrends, Institutionelles und prinzipielles Denken im römischen Privatrecht, in: SZ 95 (1978) S. 187 ff.; そのための端緒はしかし、すでに旧時のローマ法学上の文献に見いだすことができる。

4）　具体的に契約法については、O. Behrends, Feste Regelungsstruktur oder auslegungsfähiges Pflichtenverhältnis, in: Dufour/Rens/Meyer-Pritzl/Winiger (Hrsg.) Mélanges B. Schmidlin (1998) S. 31 ff. (32)を参照せよ。

5）　O. Behrends（前出注3））S. 191 もそうである。一般的にはさらに、Schilcher/Koller/Gunk (Hrsg.) Regeln, Prinzipien und Elemente im System des Rechts (2000) の諸寄稿論文を参照せよ。とくにヨーロッパ契約法に関しては、K. Riesenhuber, System und Prinzipien des Europäischen Vertragsrechts, 2003, S. 5 ff., 15 ff.

6）　R. Meyr-Pritzl, Pactum, conventio, contractus. Zum Vertrags- und Konsensverständnis im klassischen römischen Recht, in: Mélanges B. Schmidlin（注4））S. 99 ff.

7）　それについては、たとえばM. Kaser/R. Knütel, Römisches Privatrecht (18. Aufl. 2005) §§ 5-7, S. 41 ff.（詳しい証明がある）。

8）　誓約の拘束的効力の理解に関しては、その起源が重要である：関係人は共同で犠牲、たとえば神酒（libatio）を行ない、この関連で何かが約束された。約束者は、その行為に居合わせる神々の支配下に置かれ、約束違反の場合にはその神々の怒りにさらされた。A. Hägerström, Rechtspflicht und bindende Kraft des Vertrages nach römischer und naturrechtlicher Anschauung (1934), herausgegeben von Olvecrona (1965) S. 28 を参照せよ。そこではさらに、その他の言語による債務関係（約束 promissio、嫁資の言明 dotis dictio）の神聖な起源についても述べられている。宗教の鎖（vinculum religionis）から、のちに法の鎖（vinculum iuris）が生じた。こうした観念とその展開は、たぶん当初見受けるだろうほどにはキリスト教的ないしはカノン法学的なそれ（後出 5. のところを見よ）と遠く隔たってはいない。

9）　たとえば、K.-P. Nanz, Die Entstehung des allgemeinen Vertragsbegriffes im 16. bis 18. Jahrhundert (1985) S. 5, 7 f. がそうである。20世紀初めにBGBのためにローマ法学者とゲルマン法学者の間で激しく戦わせられた債務と責任をめぐる議論は、今日ではもはや法史的に意味があるにすぎない。このことを手短にまとめるのは、たとえばA. Blomeyer u. a., Art. Schuldverhältnis, in: Schlegelberger (Hrsg.) Rechtsvergleichendes Handwörterbuch Band 6 (1938) S. 284 ff.; J. Gernhuber, Das Schuldverhältins (1989) S. 63 ff. この議論をここで詳しく述べることは、本来の主題からあまりに遠く離れるだろう。

10）　ラテン語の pax（平和）からきている。

11）　そのことと和解のさらなる発展について詳しくは、S. Hähnchen, Der Vergleich -

historische Betrachtung eines Instruments zur gültigen Streitbeilegung, in: Jahrbuch Junger Zivilrechtswissenschaftler 2002, S. 139 ff.
12) たとえば、詳しい証明をともなって説得力があるのは、W. Kunkel/M. Schermaier, Römische Rechtsgeschichte (13. Aufl. 2001) S. 96 および M. Kaser/R. Knütel (注7)) §2 Rn. 13 und §33 Rn. 11. 後見 (tutela) のような、その他のボナ・フィデスによる裁判が別の起源をもっていることはまったく確実である。
13) 拘束力の基礎としてのフィデスについては、W. Kunkel, Fides als schöpferisches Element im römischen Schuldrecht, in: Festschrift für P. Koshaker (1939) Bd. 2, S. 1 ff. —もっとも、(S. 11 に) この時代にとって困難な史料状況への適切な言及がある—およびこれに従う M. Kaser, "Ius honorarium" und "ius civile", in: SZ 101 (1984) S. 1 ff., 26 ff. を参照せよ。
14) これについて立ち入って、また詳しい証明をともなっては、C. Möller (本書の) を参照せよ。
15) こうした方向へはすでに、A. Hägerström (注8)) S. 29, 41. 要物契約の場合には拘束力は物の授与によって生じ (例:消費貸借)、言語契約の場合には元は宗教上の意味をもった一定の文言によって (上記参照)、文書契約の場合には特別の記帳措置によって、諾成契約の場合には誠実毀損によって準不法行為的にである (上記参照)。
16) これについて詳しい証明をともなっては、C. Cascione, Consensus. Problemi di origine, tutela procesuale, prospettive sistematiche (2003) S. 399 ff. と (本書における) C. Möller の論述。
17) ウルピアヌス (4 ed) D. 2, 14, 1 pr. ; パピニアヌス (28 quaest.) D. 46, 3, 95, 4.
18) 実務できっとしばしば起こるケースであり、これを扱ったのがなかんずくウルピアヌス (43 ed.) D. 46, 3, 5, 2 である。
19) たとえば M. Kaser/R. Knütel (注7)) §33 Rn. 2. しかしこれと異なって (必ずしも内容的にではないが)、Th. Mayer-Maly, Römisches Recht (2. Aufl. 1999) S. 110: 法的自律 (私的自治) の表現である契約自由の原則はローマ人には未知であった。
20) K.-P. Nanz (注9)) S. 21 とそこでの詳しい証明は、その理由から古典期の問答契約を、「強化された契約締結の要式だけが今日の契約概念から、区別」したにすぎない、まさに契約そのもの (par excellence) と呼んでいる。問答契約がその先の発展にとって、いうまでもなく (約束を経て) 意思表示の発展にとって大きな役割を果たしたことはまったく確実である。それなのに、契約の発展は別のレールのうえを走った。同じようにいうのは、M. Disselhorst, Grotius' Lehre vom Versprechen (1959) S. 10 f. やこれに賛同して H. Dilcher, Die Willenserklärung nach dem preußischen ALR "frei, ernstlich, zuverlässig", in: Kleinheyer/Mikat (Hrsg.) Gedächtnisschrift für H. Conrad (1979) S. 85. 発展の細目については、すぐ本文のなかで。
21) 古典期後の西ローマの法に関しても、東ローマの法に関しても、M. Kaser, Römisches Privatrecht, 2. Abschnitt: Die nachklassischen Entwicklungen (2. Aufl.) S. 362 ff. (詳しい証明がある) を参照せよ。そのことに若干の疑問を表明するのは、な

かんずく P. Landau, Pacta sunt servanda. Zu den kanonistischen Grundlagen der Privatautonomie, in: Ascheri/Ebel u. a. (Hrsg.) Festschrift für K. W. Nörr (2003) S. 457（「おそらく」）。もし問答契約の変化を考えに入れるならば、実際にはすべての合意が拘束力をもっていた公算は大きいと思われる。

22) R. Zimmerrmann, The Law of Obligations. Roman Foundation of the Civilian Tradition (1996) S. 546 f.:「……そしてローマ法大全の歴史にほとんど興味が示されなかった時代には、このことは契約法の中心的要素としての問答契約の復活に決定的に好ましくない混乱を生み出さざるをえなかった」。

23) それについては、すぐに 4. のところで。

24) Gai. Inst. 3, 89—本文での上記参照。

25) Inst. 3, 13, 2.

26) Ulp. (4 ed.) D. 2, 14, 7, 4—本文での上記参照。

27) ローマ法が「使われなくな」ったことは一度もない。東ローマ帝国では、教会法と東ローマの諸民衆法のなかに、ローマ法は生き続けた。一時的にはしかし、ユスティニアヌスの学説彙纂に集められた法律家の著作はおそらく忘れ去られただろう。W. Kunkel/M. Schermeier（注12）) S. 229 を参照せよ。

28) それについては、H. Dilcher, Der Typenzwang im mittelalterlichen Vertragsrecht, in: SZ 77 (1960) S. 274 f.

29) 直接の手がかりを提供したのは、たとえば Ulp. (4 ed.) D. 2, 14, 7, 7: Ait praetor: "Pacta conventa, quae neque dolo malo, neque adversus leges plebis scita senatus consulta decreta edicta principum, neque quo fraus cui eorum fiat facta, servabo."（法務官は［かれの権利保護の告示において］約束する：「詐欺的にでもなく、法律、平民会議決、元老院議決および皇帝の裁決および勅令に反してでもなく行われ、またどの規範をもすり抜けていない無法式の合意は、私は保護するであろう」）。統一的契約概念の欠如について一般的には、たとえば R. Meyer-Pritzl（注6)) S. 99 ff.

30) この概念形成については、H. Dilcher（注28)) S. 277 ff., P. Landau（注21)) S. 459（それぞれに詳しい証明がある）を参照せよ。

31) すべてについて詳しくは、H. Dilcher（注28)) S. 278 ff., 284, 301（詳しい証明がある)) と P. Landau（注21)) S. 459 ff. を参照せよ。

32) それについて（詳しい証明をともなって）より厳密には、H. Dilcher（注28)) S. 273, 283 がある。Th. Mayer-Maly, Der Konsens als Grundlage des Vertrages, in: Hübner/Klingmüller/Wacke (Hrsg.) Festschrift für E. Seidl (1975) S. 118 ff. (124) は、Mt. 5, 34-37（マタイによる福音書第5章第34-37節）における誓いの禁止との関連を指摘する。

33) それについては、M. Diesselhorst（注20)) S. 30 ff. さらに、O. Behrends, Treu und Glauben. Zu den christlichen Grundlagen der Willenstheorie im heutigen Vertragsrecht, in: Christentum und modernes Recht (1984) S. 255 ff., 265 ff. をも参照せよ。

34) 345／348年のカルタゴの公会議決議は、P. Landau（注21)) S. 458 に（短縮されて）

伝えられている。

35) P. Landau（注21））S. 459.
36) フグッキオとベルナルドゥス、それにカノン法における発展、とくにはまたカノンにもとづく不当利得返還請求訴権（condictio ex canone）について詳しくは、H. Dilcher（注32））S. 281 ff.; P. Landau（注21））S. 460:「2人の偉大なカノン法学者は概念的に革新的なローマ法学上の理論にじかに反応した——その結果が法律学的な手本なしにいきなり造り出されたカノン法学上の契約論だったが、それは……きっと法史におけるもっとも重要な法律学的発見のひとつに数えられるだろう」、そして細目は S. 462 ff., 474.
37) G. Kegel, Zur Entwicklung der Auffasuung vom Vertrag im kontinentalen Europa, in: Schack (Hrsg.) Gedächtnisschrift A. Lüderitz (2000) S. 347 ff. (353) は、新しい契約類型の成立を的確に指摘する。それに加えて、P. Landau（注21））S. 471（そこには詳しい証明がある）を、注（68）における統一的な商慣習法（Lex mercatoria）に対する疑問に関しても参照せよ。すでにして Th. Mayer-Maly（注32））S. 122 が、さまざまな力の協働が必要であったと強調したのは正当である。そこで（S. 121 ff.）はまた、（他にもいろいろあるがとくに）地域的な実務および商法における発展について詳しく、それに旧時の文献の案内（同所の注（10）にまとめられている）がある。
38) それについて立ち入ってまた詳しい証明をともなっては、S. Hofer, in: Schmoeckel (Hrsg.) Historisch-kritischer Kommentar zum BGB (HKK) Bd. 1 (2003) vor § 145.
39) 市民法（ローマ法）学者たちのもとでのためらいがちの発展については、すでに Th. Mayer-Maly（注32））S. 120, 122 と、もっと詳しくは K.-P. Nanz（注9））S. 65 ff.
40) 古典期ローマの問答契約にまったくよく似ているゲルマン的な誠実約束について、さらにまた別のゲルマン的な諸契約類型についても、詳しくは、K.-P. Nanz（注9））S. 25 ff., 18/19世紀のゲルマン法学者に関する指摘は同書の S. 102 ff. にあるのを見よ。
41) HKK/S. Hofer（注38））Rn. 22-24, 26, 34 をも参照せよ。
42) K.-P. Nanz（注9））S. 102-104 における指摘。
43) B. Schmidlin, Die beiden Vertragsmodelle des europäischen Vertragsrechts: das naturrechtliche Modell der Versprechensübertragung und das pandektische Modell der vereinigten Willenserklärungen, in: Zimmermann/Meinecke (Hrsg.) Festschrift für H. H. Seiler (1999) S. 187 ff.
44) グロティウスの正確な思考過程について詳しくは、すでに A. Hägerström（注8））S. 68 f., 70 ff.
45) H. Grotius, De iure belli ac pacis libri tres (1625) lib. 2, cap. 11 § 4. グロティウスの倫理神学的な特徴について詳しくは、M. Diesselhorst（注20））S. 4 ff.; グロティウスの準備作業については、H. Dilcher（注20））S. 86 が不確かな史料状況にもかかわらず、グロティウスはその解釈論的構成を最初は私法的な文脈で述べたと考えているのを参照せよ。

46) 見解を異にするのはディルヒャーであり、注45) を参照せよ。
47) 立ち入ってまた詳しい証明をともなっては、たとえば Ch. Fulda, Demokratie und pacta sunt servanda (2002) S. 93 ff. を参照せよ。
48) Pufendorf, De iure naturae et gentium (1672)；Chr. Thomasius, Fundamenta iuris naturae et gentium (1705)；Chr. Wolff, Jus naturae methodo scientifica pertractum (1745-48) および Grundsätze des Natur- und Völkerrechts, この後者においてすべての債務が永続的な関係にある人間の本性から引き出されている。ヴォルフは、しばしば自分自身の独創的な考えがないと見なされるが、少なくとも近代的な「契約」概念には寄与した。R. Zimmermann (注22)) S. 568 と脚注 (150) におけるそのほかの指摘を参照せよ。
49) S. Pufendorf (注48)) lib. 3, cap. 5 § 4.
50) S. Pufemdorf (注48)) lib. 3, cap. 6. (なかんずく) プーフェンドルフとトマジウスにおける契約論について詳しくは、A. Hägerström (注8)) S. 44 ff., あるいはまたプーフェンドルフとヴォルフにおけるそれについては、F. Wieacker (注1)) S. 14 f., 20; ヴォルフにおける合意概念については、Th. Mayer-Maly (注32)) S. 125 f.
51) K.-P. Nanz (注9)) S. 149 ff., 153 ff. とこれに従って B. Schmidlin (注43)) S. 192.
52) B. Schmidlin (注43)) S. 194 (詳しい証明がある)。異なる見解は H. Dilcher (注20)) S. 88 f. であり、トマジウスにはいかなる内容的な寄与をも否認し、これに反してヴォルフに重要な革新を帰している。
53) HKK/S. Hofer (注32)) Rn. 25 は (詳しい証明をともなって)、近代スコットランド法も約束モデルにもとづいていることを指摘する。
54) これについてはさらに、Th. Mayer-Maly (注32)) S. 126; G. Kegel (注37)) S. 367 をも参照せよ。ALR における意思表示のさらなる精密化については、H. Dilcher (注20)) S. 91 ff.
55) Code civil の契約法諸規定の成立に対するドマ (Domat) とポティエ (Pothier) の大きな影響については、K.-P. Nanz (注9)) S. 187 ff. を参照せよ。
56) 1131条、1133条によれば、法律による禁止、善良の風俗、公の秩序に反する原因は適法でなく、したがって効果がないのである。
57) 1812年1月1日に施行された。
58) Art. 1 OR (1811 / 1911)：契約の締結には当事者の一致した相互的意思表明が必要である。
59) B. Schmidlin (注43)) S. 198 ff. を参照せよ。
60) F. C. v. Savigny, System des heutigen Römischen Rechts, Bd. 3 (1840) S. 307 ff. (309).
61) 契約と不法行為の共通点を強調した、S. Schloßmann, Der Vertrag (1876) の別の種類のアプローチについては、G. Kegel (注37)) S. 378 ff. を参照せよ——これについては、契約と不法行為が共通の根源を有することはまったく間違いないにしても、少なくとも今日では、損害賠償だけでなく、契約違反の場合の現物履行強制が用い

られることをコメントしておかねばならない。それゆえ、意思表示ではなく、他人に損害を与えることの禁止が契約をもたらすとはもはや主張できないのである。

62) それに先駆けた1865年のザクセン民法典と1866年のドレスデン草案については、K.-P. Nanz（注9））S. 198 f. を参照せよ。
63) Protokolle I (1897) S. 74 を参照せよ。
64) 表示主義の自然法的起源と意思主義との関係について詳しくは、M. J. Schermaier, Die Bestimmung des wesentlichen Irrtums von den Glossatoren bis zum BGB (2000) S. 196 ff., 537 ff. 意思主義と表示主義についてはさらに、W. Flume, Allgemeiner Teil des Bürgerlichen Rechts, 2. Band: Das Rechtsgeschäft (1975) S. 54 ff.（詳しい証明がある）をも参照せよ。
65) O. Behrends（注3））S. 191 f. を参照せよ。
66) たとえば M. Kaser/R. Knütel（注7））§ 33 Rn. 2 がそうである。
67) ヨーロッパ契約法との関連で、K. Riesenhuber（注5））S. 561 ff. を参照せよ。
68) 保護思想と自己決定責任の関係について批判的には、すでに W. Flume（注64））S. 61; さらに、D. Medicus, Schuldrecht I, Allgemeiner Teil, 16. Auflage 2005, § 10 Rn. 73 ff.（詳しい証明がある）をも参照せよ。挑発的なのは、最近の H. Rösler, Europäisches Konsumentenvertragsrecht (2004) S. 27 ff., 49 ff., 66 ff. であり、契約自由は市場不全にもとづいて消費者法において明確な制限が必要であると主張する。ヨーロッパ契約法における契約自由と自己責任については、K. Riesenhuber（注5））S. 557 ff., 560 f. をも参照せよ。歴史的観点から見た私的自治の意味内容については、Th. Mayer-Maly, Privatautonomie udn Selbstbestimmung, Jahrbuch für Rechtssoziologie und Rechtstheorie 14 (1989) S 268 ff.
69) D. Leenen, Abschluß, Zustandekommen und Wirksamkeit des Vertrags - zugleich ein Beitrag zur Lehre vom Dissens, in: AcP 188 (1988) S. 381 ff.
70) こうした判断構造の長所は、ここでの関連で包括的に説明することはできない。それはしかし、数年前から（自分自身のまたその）大学の授業において示されている。
71) 同じようなことは、別の用語をもってではあるが、すでに A. Hägerström（注8））S. 44 ff., 74 f., 82 ff. がいっている。
72) アングロサクソン法における「約束から契約へ」の発展については、R. Zimmermann（注22）S. 572 を参照せよ。
73) それに賛成する十分な論証をもって、たとえば L. Basedow, Europäisches Vertragsrecht fur europäische Markte (1996) S. 9 ff., 15 ff.
74) とりわけて、J. Rasedow (Hrsg.) Europäische Vertragsrechtsvereinheitlichung und deutsches Recht (2000) を参照せよ。
75) ヨーロッパ契約法における契約自由について詳しくは、K. Riesenhuber（注5））S. 557 ff.
76) 上記を注68）とともに見よ。もっと一般的な観点のもとに、広範囲に及ぶ、契約

自由を制限する諸規律の必要性に反対するのは、最近ではF. J. Säcker, Vertragsfreiheit und Schutz vor Diskriminierung, in : ZEuP 14 (2006) S. 1ff.
77) 同じように、W. Flume（注64））S. 60 f. もいう。適切にもHKK/S. Hofer（注38））Rn. 4 は、ある法秩序において私的自治が支配するかどうかの判断にとって、たんに契約締結そのものの可能性が問題であるだけではなく、個人がその法律関係を（独りで）自由に形成できるどうかに関する問題でもあることを指摘している。
78) とくにはBGB 105 a 条と241 a 条について、しかしさらにまた新たに付け加えられた諸規律についても、こうした論証が見いだされる。
79) ALRに対する序章、とくに46条を参照せよ。

［佐々木有司　訳］

7　独仏法を媒介とするローマ法の日本民法への影響
――債務法の分野において――

山 田 卓 生

I　はじめに　　　　　　　　VI　フランス法の影響
II　日本と西洋法　　　　　　VII　日本法の生成（Japanisierung）
III　法典編纂（Kodifikation）　VIII　ローマ法教育
IV　ローマ法の過剰　　　　　IX　ローマ法の影響
V　民法典の施行　　　　　　X　統一法への動き

I　はじめに

　まず、テーマについて、ローマ法が日本法に与えた影響、これは穂積陳重博士によれば、「間接的継受」であるが[1]、ドイツ法とフランス法を通じて、より正確にはフランス法とドイツ法であるが、日本法に与えた影響について考察するものである。次に、「債務法の分野において」としているのは、物権法、家族法については、ほとんど触れないために、きわめて普遍的といえる債務法の問題に限定する。
　日本人にとって、ローマ法という場合、何を思いおこすかである。ドイツ、フランスであれば、ローマ法といえば、すぐに、その母法というかたちで、問題が想起されるが、日本法については、必ずしもすぐにその関係は思いうかばない。ここでは、ローマ法がどのようなかたちで日本法に影響を与えているかを考えようとする。3つが考えられる。
　第1は、日本法がパンデクテンシステムをとっていることである。これは、古典ローマ法ではなく、むしろ近代になって展開されたローマ法いわゆるゲマイネスレヒトであるが、日本法の基礎となっている。第2に、いくつかの基本観念が沿革的にローマ法に由来していることである。第3に、Zimmermann教授の大作『債務法』[2]においてとりあげられている制度、概念などの

すべてについて――日本法がリファーされていないが――日本法における展開を裏づけることができるという意味で、あらためて、日本法がローマ法から来ていることを知らされる。

以上3点が出発点の問題意識であり、最後に、あらためてややくわしく触れることにしたい。

II　日本と西洋法

まず、何故、アジアの一国が、100年前に西欧法を継受することになったか、から出発したい。何故、西欧ではなく、日本法に基づいた法の近代化がなされなかったのかである。そのためには明治維新1868年における法の状態がいかなるものであったかから見ておく必要がある。明治新政府以前の法は、ほとんど徳川幕府下のもので、幕府による公法、私法に関しては、ほとんど藩法であり、新政府のもとにおいては、national な法は存在せず、法の空白状態（vacuum）といえるものであった[3]。何よりも、近代国家に必要とされる、政府、政治組織は存在しなくなった。ここで、出てきたのは、行政府である太政官府（1885年に内閣になるまで）、政府の中心として、すべてを統括した。次に出てきたのは、1875年の裁判所一大審院であり、最後に立法府たる帝国議会が生まれるのであるが、それは1889年つまり維新後20年を経過して、しかも憲法と時を同じくして生まれた。

こうした状態であったから、法といえるものは、ほとんどが太政官の出す布告であって、これは、まったくデモクラティックコントロールのないままに、時々の必要に応じて出される専制的なものであった。布告はおびただしい数のものが出され、それは「法令全書」として公刊されているが、あらゆる領域、分野に及ぶ膨大なものであった。

最初に出てくるのは、国家組織法と刑法という公法関係のものである。まず、秩序の崩壊による社会不安に対応するために刑事法の整備が試みられ、早い段階で、刑事法典、刑事手続法にあたるものが制定された[4]。次に国家組織の整備も、急務とされ、太政官府のもとに、いくつかの省（司法省、外

務省、工部省，兵部省など）がおかれた。

　これに対して、私法の必要は、ごく少数の先覚者によって感じられただけで、本格的な整備には30年を要している。私法の整備を唱えたのは、後の司法卿の江藤新平、大木喬任、山田顕義であった。これらの先覚者は、近代国家であれば私法が必要だと考えていた。江藤は当時、近代法典のモデルとされたフランス民法典の翻訳を考え、箕作麟祥に、「誤訳も妨げず、速訳せよ」と命じ、箕作は、法律用語さえないのに、法律用語を自ら考え出して、翻訳をなしとげている[5]。この訳は、とうてい正確とはいえないものであったが、まったく法のない状態のもとにおいて便利な手がかりとして、司法関係者に利用された。もっとも、私法のうちでも土地法、担保法について、社会の基本にかかわるものとして、太政官布告として、断片的に出されている。

　裁判所ができると、おどろくほど多数の事件が、持ちこまれた[6]。そうなると裁判所は、何を手がかりとして裁判すべきかについて、お手あげのかたちになり、司法省への問い合わせをするといった事態になった。当時、裁判所は、独立の機関ではなく、司法省のもとにおかれた（つまり三権分立ではなかった）ため、裁判所の問い合わせに司法省がこたえるというかたちをとっていた。この間、民事の慣例を集めたものが編まれていたが、必ずしも、包括的なものではなく、また地方により異なるために頼りにならなかった[7]。

　この間1875年にきわめて興味のある太政官布告が出された。布告103号「裁判事務心得」3条であり、「民事ノ裁判ニ成文ノ法律ナキモノハ習慣ニ依リ習慣ナキモノハ条理ヲ推考シテ裁判スヘシ」とするものである。これは、成文の法律がないことを正面から認め、その場合には、慣習そして条理によるべきものとした。この条文の起源は、杉山博士が、興味深い研究で探究されているが[8]、1907年のスイス民法にも見られるものであった。

　この布告2条には、先例には拘束力がない旨の規定もおかれている。

　このように法源の問題があったが、それ以前に、法言語の問題があった。たとえば、権利、自由、債務といった基本用語すら、いまだ定着しておらず、債権は、このあとも対人権という意味で、人権ということばが使われていた[9]。

さらには、民法 droit civil さえはじめは民権と訳され、民に権利はないと批判された。130年前こうした状況、つまりほとんど無から出発したわけである。さらに、多数の法令が前後して出た場合、つまり法が衝突する場合どうすべきかという問題が出てきた。後法が優先し、特別法が優先するというルールも明確ではなかった。また、公序良俗に反する慣習に従うべきか、つまり、慣習は公序良俗に反してもよいかについても争われている。

　次に、何故西洋法かである。これについては、はじめから、法制度は西洋によるべきということに争いはなかった。わずかに日本固有法をという動きもあったが、より進んでいる西洋法によることは自明とされた。
　ただ、西洋の文物そのままではなく、いわゆる和魂洋才で、西洋のものを、日本の魂で生かしていくといういき方がとり入れられた。これは法律に限らず、西洋のものをとり入れる際の態度であった[10]。こうしたいわゆる西洋崇拝は、先述の箕作によるフランス民法の翻訳にもあらわれている。
　法律学校――日本には、西欧のような法律学を教える数百年の伝統をもった大学はなかった。そこで（即製の）法律を教える法科大学が1877年東京大学に設けられ、そのあと私立の法学校が設けられた。この際、お手本とされたフランス法を学ぶのであれば、フランスへ行ってということになるが、それをせず、フランスから法律教師を呼びよせて、日本で教えてもらうというかたちをとった。
　まず呼ばれたのが、26歳のG. Bousquet（1846-1937）であり、フランス法の教育が、通訳を介してなされた。わかりやすいという評判であったが、2年余で帰国した。
　次に呼ばれたのが、日本法に大きな影響を与えたBoissonade（1825-1910）である[11]。パリ大学の教授であったが、日本への招待に応じて、一時帰国するが合計20年近くの間、法律教育、そして後には立法作業にも携った。ボアソナードは司法省に設けられた法学校で、法律家を育てた。このなかから優秀な学生が、フランス、ドイツで学び、1890年代に、法典編纂作業に携ることになる。

私立の法律学校として、フランス法を主として教える和仏法律学校（法政大学）、明治法律学校、イギリス法を教える英吉利法律学校（中央大学）、東京専門学校（早稲田大学）、ややおくれて日本法律学校（日本大学）が、法曹養成を競った。この段階ではドイツ法の学校はなかった。しかし、1883年一時中断するが後の獨協大学になる獨逸学協会が、ドイツ学を教えたがドイツ法はなかった。

　1887年法科大学にドイツ法の課程が設けられ、徐々にドイツ法が盛んになっていく。この動きの中心になるのが井上毅（1849～95）である。井上は、フランス法を学び、ボアソナードと親しかったが、当時のヨーロッパ諸国のうちでわが国に近いのは、ただプロイセンのみと述べ、この信念のもとにドイツ憲法、さらには君主制ということでドイツをモデルとする国家形成をすすめる。

Ⅲ　法典編纂

　これは、独立に扱われるべきほどの問題である。法典編纂は、中央集権の確立、アメリカのようなリステイトメント作業、さらには横暴な裁判所を抑えるためといった、いろいろな動機でなされる[12]。日本の場合は、いずれでもなく政治的理由である。すなわち、不平等条約の改定のための法整備としての面がある。徳川末期に鎖国をしていた日本は、西欧列強ときわめて不公平な条約締結を迫られ、近代国家としては何とか、条約を改正したいと考えた。しかし欧米諸国は、法制度が未整備の国との間では条約の改正に応じられないと主張し、法律整備が政治的な要請ともなっていた。

　そのため、一時は、法典編纂は、外務省の管轄下におかれた。憲法については、ドイツから呼んだ Roesler（1834-94）のもとに、プロイセンモデルで進められた。ロエスラーは商法についても助言している。この際興味深いのは、立法にあたって外国人に助けを求める場合にも、すべてをまかせるのではなく、重要な部分は日本人だけでしている。たとえば民法について家族法、相続法については、ボアソナードに依頼していない。家族法については外国

人にはわからないからというのかどうかはわからないが。
　こうした立法作業のなか民法が起草され、1890年に公表された。これはボアソナード民法と呼ばれ、結局施行にはいたらなかった[13]。法典はフランス民法スタイルのものであった。この年は帝国議会が設けられ、明治憲法が制定された年でもあった。この法典は1893年から施行されることになった。

　この法典には、ただちに反対運動がおきてきて「民法出デテ忠孝滅ブ」とまでいわれた。反対の理由は、種々あげられている[14]。
　公表以後2年余にわたり、いわゆる民法典論争が展開される。この論争は学問的というよりも政治的なものであり、断行派と延期派との間で批判の応酬がなされた[15]。断行派にはフランス民法を学んだ人々、とくに和仏、明治の法律学校出身者が多かった。
　延期派にはイギリス法学の人々がいたが必ずしも学派の対立とばかりはいえない。結局1893年の施行の2か月前に施行が延期されることになった。そこで1893年新たに法典調査会が設けられ、梅謙次郎、穂積陳重、富井政章の3名が起草委員となり、法典編纂作業が改めて進められることとなった。外国の立法を参照して立法することを比較法というとすれば、この作業こそは比較法の所産といえる。
　立法起草にあたって参照されたのは、ALR（プロイセン一般ラント法）から始まり、バイエルン、チューリンゲン、ザクセン、グラウビュンゲン、モンテネグロなど20ヵ国に及ぶ[16]。この時もっとも大きな影響を与えたのは、ドイツ民法の第1草案（1888年）であった。第2草案は、日本民法とほぼ同時に公表されたので、参照されていない。1896年に民法第1〜3編が完成し、国会でわずかな修正を経て成立し、おくれて起草された民法第4〜5編とともに1898年から施行された。
　民法の構成としては、ザクセン民法にならい、第1編総則、第2編物権、第3編債権そして第4編親族、第5編相続となっている。とくに総則は、現在のドイツ民法BGBとほとんど同じ構成をとっている。ボアソナード民法はフランス民法にならい、定義規定を多くおいていたが、民法では総じてき

わめて短く、条文の数も全体で1146条である。旧民法をもとにして作られたといわれているが、旧民法とは編成はもちろん、内容的にも同じ規定はほとんどない。ただし、当時の法律家のほとんどはフランス法のフレームワークで教育されているので、BGB第一草案を参考にしてはいるが、フランス法的考え方が強い。

Ⅳ　ローマ法の過剰

1924年若き民法学者平野義太郎（1897～1980）は、「民法におけるローマ思想とゲルマン思想」という大著をおおやけにし、これまでほとんど注目されていなかった日本民法へのローマ法とゲルマン法の影響を論じた。平野は、日本民法はBGBの第一草案によっているが、第一草案はまったくローマ法の所産であり、ローマ法よりもゲルマン法の考え方がとられるべきであることを、Gierkeの第一草案批判[17]により展開した。平野はいくつかの点で、ローマ法の過剰を批判している。

Ⅴ　民法典の施行

民法典が1898年に施行されると、ただちに起草委員の一人で筆の速い梅謙次郎は「民法要義」5巻をおおやけにした。これは、その簡潔で明解な叙述により起草者の見解を表わすものとして今日まで援用される。このほかに、岡松参太郎は「民法理由」を刊行した。民法の体系を、比較法的な沿革をたどりつつ、詳説するものである。このあと、石坂音四郎、川名兼四郎らによる詳細にして緻密な民法研究が出版される。これらはほとんどがドイツ法流のもので、引用文献もCrome、Dernburgなどが、直接典拠とされている。日本民法は、いわば普通民法で、したがってドイツのものがそのまま通用すると考えられていたようにも思われる。ここでは、何故フランス一辺倒から今度はドイツ法一辺倒になったのかが問題になる。

フランス法から入ったものが、いつのまにか憲法、そして刑法、商法、民

事訴訟法、行政法とほとんどの領域でドイツ法が参考にされ、あるいはドイツ法が通用していくことになる。そしてそれは、やがて「ドイツ法に非ずば法にあらず」といわれるまでになっていく[18]。刑法学者であるばかりか民法についても、多くの本を出版した牧野英一博士は「民法を理解するのにはフランス法やイギリス法ではどうにもならない。ドイツ法以外にはない」とまで述べている[19]。そして大学においても学生はイギリス法、フランス法、ドイツ法専攻でコースが分けられていたが、当初のイギリス法、フランス法の他にドイツ法がでてくるとドイツ法専攻の学生数は急増し、戦前を通して、法学部生ならばドイツ法といわれるまでになる。

この間のエピソードとして、ある若い学者がドイツへの留学にあたり、先生のところにあいさつにいったところ「君が外国に行っても何も学ぶことはないよ」と言われたという。それほど、ドイツ法研究がなされていた。

このようにしてドイツ法が継受されることになるが、これは BGB の規定そのものだけでなく、ドイツ法学の教理（Dogma）も継受されることになり、ドイツ解釈法学の成果が受け入れられていくという過程をたどる。このことは北川善太郎教授の研究に詳しく展開されている[20]。

さらに日本の法学部は、法曹養成だけでなく、あるいはそれ以上に官僚養成の役割を荷っていて、実は裁判官もまた官僚であり、そうした教育にあたってドイツ法が非常に大きな貢献をした。ドイツ法はまさに官僚にとっても血肉となった[21]。

Ⅵ　フランス法の影響

フランス法はどうなったのか。ドイツ法が多勢になったなかで教育の場ではフランス法を学んだ人がすぐれた成果をあげている。

さらに一見 BGB 一色であるかのように思われる民法においてもとくに債権総則においてはフランス法からの規定がいくつかある[22]。たとえば連帯保証といった多数当事者の関係のほか、債権者代位権、債権者取消権（actio Pauliana、詐害行為取消権）といったものがある。

Ⅶ 日本法の生成

こうしたなかで日本法が生まれてくる。それはブリリアントな民法学者、末弘厳太郎博士（1888～1951）による。末弘は、ドイツに留学しようとしたが、第1次大戦でヨーロッパに渡ることができず、アメリカに渡り、シカゴ大学においてケースメソッドを体験し、判例から法を知ることを学んだ[23]。

帰国後もドイツ風の民法学を講じていたが、1921年、当時の大審院の判決を研究する研究会を組織した。ここでの方法は、判決を法解釈の1つとして考えるのではなく、判決によって、法がつくられていくというもので、そのため判決のうち ratio decidendi はどこかという英米法的なアプローチである。このように裁判所が法をつくっているという考え方を提唱されたのが末弘博士である[24]。

そしてこうしたなかから、日本法が存在することを認め、それを見出していくという過程をたどる。末弘博士は「物権法」の序文で、local な法の存在——それは法典からは考えられないようなものである——に言及している。

日本の法を法文だけから見れば、西欧諸国のものと異ならないかもしれないが、法文がどのように解釈され、適用されているかを見れば、そこに日本法を見出しうる[25]。

Ⅷ ローマ法教育

次にローマ法に移りたい。ローマ法は明治10年代から法科大学また法学校で講義されていた[26]。

何故このころローマ法が講義されるようになったのか。
調べてみたところ、多分穂積博士がイギリスで学んでいる間にローマ法が講じられていることを知り、また自ら法の歴史に関心をもっていたことによる。

ローマ法をドイツではなく、イギリスにおいて学び、研究するにいたったというのは、興味のあることである。というのはローマ法の本場は、サビ

ニー雑誌 ZSS に代表されるようにドイツではあるが、本場のドイツではなく、イギリスにおいて、ローマ法の重要性を知るにいたっている。これは穂積博士だけでなく、同じ頃に、ロンドンに学んだ小野梓（1852～1886）馬場辰猪（1850～88）も、ローマ法を学び、教えている[27]。

　ローマ法は、1890年代から、東京帝大、また京都帝大の法学部で講座が設けられ、ローマ法教授が任命された。春木一郎、原田慶吉といった、すぐれた法制史家を輩出した。また Gaius や Justinianus の Institiones も翻訳されている。また京城帝大の船田亨二博士はローマ法全5巻を刊行している（2～4が私法1970年）。

IX　ローマ法の影響

　それではローマ法の影響をどこに見出すことができるか。民法学者がある制度の研究をする場合、必ず Digesta に遡り、それから中世、近代にどのように展開してきたかを論じていくから、ローマ法を出発点にしている。ただ、あくまでローマ法から始めるというにすぎず、ローマ法そのものの研究をするわけではない。しかし、現代法を見る場合にも、後に触れる Zimmermann を開けば、ローマ法の影響を見ることができる。

1）まず、民法典の構成についていえば、パンデクテンシステムをとっていて、近世ローマ法の影響をうけている。旧民法は、フランス民法によっていて、インストゥティオーネスの跡をたどることができる。

2）次に総則という規定が、民法にはいろいろなところに出てくる。古典ローマ法には総則的なものが欠けていたことは、シュルツが指摘しているが[28]、近世ローマ法においては、法律行為、意思表示といった抽象的概念が導入されている。英米法では、法領域を契約、不法行為、財産法といったかたちで分けていて、債権といった抽象概念を用いないが、日本は英米法スタイルをとらなかった。

3）こうした抽象性のうえに、ローマ法以来の錯誤、詐欺、強迫といった基本概念が使われ、時効もローマ法の影響を受けている。また過失 culpa、

不法、公序違反などのことばを用いている。

4) さらに Zimmermann が大著で検討しているように、民法上のほとんどの契約については、系譜的にはローマ法に遡ることができる。

そのなかにあって、系譜が必ずしも明確ではないものもある。たとえば不法行為の基本条文の709条は、どこかに源をたどりうるものではなく、原田博士によればあちこちからアイデアを借用して、つくられたものである[29]。

X　むすび

現在世界各地でグローバル化のもとに、EU、NAFTA といった超国家体制が生まれ、そこにおける法のあり方が提案されている。EUについては、すでに法の統一に向けた動きがある。その際、共通法の基礎として、ローマ法が注目を浴びている。現に Zimmermann は、ローマ法をもとにした ius commune の構想を提案し[30]、それについて広い論議を呼んでいる。

たしかに今日においても、南アフリカ、スコットランド、スリランカなどでは、ローマ法が、法源となっているが、そうではない国々、特に大陸法国においては、ローマ法を共通項とする法統合の可能性がある。

日本民法も7年前に施行100年を迎え、それをきっかけに法典の見直しの動きがあり[31]、また北川博士を中心にドイツ法との関係についての共同研究があるが[32]、その背後にはローマ法が隠れていて、影響を及ぼしているといってよい。日本の民法はわずか100年であり、2000年のローマ法、500年のドイツ法とは比較にならないが、ローマ法によって固く結びついたものといえる。

1) 穂積陳重・儒帝欽定羅馬法学提要〔末松謙澄訳〕（1913）序文次頁。
2) R. Zimmermann, The Law of Obligations, 1990
3) 福島正夫『日本資本主義の発達と私法』（1988）
4) 新井勉「旧刑法の制定」法学論叢98巻1号・4号（1976）
5) 穂積陳重「フランス民法をもって日本民法となさんとす」『法窓夜話』（岩波文庫）210頁以下（1980）

第Ⅱ部　法史学部門

6)　福島正夫『福島正夫著作集第一巻』＝『日本近代法史』1993、勁草書房
7)　司法省編『全国民事慣例類集』
8)　杉山直治郎「明治八年太政官布告第百三号裁判事務心得と私法法源」法源と解釈1頁以下、 1957、有斐閣
9)　柳父章『翻訳語成立事情』1982、岩波新書
10)　平川祐弘『西洋の衝撃と日本』1984、講談社学術文庫
11)　大久保泰甫『ボアソナアド』1977、岩波新書
12)　P. Stein : Europa und römische Recht 屋敷二郎訳『ヨーロッパとローマ法』2003
13)　大久保泰甫・高橋良彰『ボアソナード民法典の編纂』1999、雄松堂
14)　穂積陳重『法窓夜話』前注5)「法典実施延期戦」328頁
15)　福島正夫・注6)
16)　福島正夫『明治民法の制定と穂積文書』(1956) 有斐閣、41頁以下
17)　O v Gierke : Der Entwurf eines bürgerlichen Gesetzbuches und das deutsches Recht 1889
18)　「日本の法学　回顧と展望」法律時報20巻12号（1950)、末弘発言（15頁)。
19)　日本評論社編『日本の法学』（日本評論社　昭和29年）39頁以下、牧野発言
20)　北川善太郎『日本法学の歴史と理論』1968、日本評論社、Z. Kitagawa Rezeption und Fortbildung des europaischen Zivilrechts in Japan 1970
21)　前注19) 38頁、戒能発言
22)　星野英一「日本民法典に与えたフランス民法の影響」有斐閣『民法論集第1巻』(1970)
23)　前注19) 49頁以下、末引発言
24)　判例民法　大正十年度（有斐閣）序を参照、1922
25)　H. Coing : Die Japanisierung des westlichen Rechts, 1990
26)　矢田一男「明治時代のローマ法教育(1)(2)」法学新報41巻3号4号
27)　福島正夫・注6)、431頁。
28)　F Schulz : Prinzipien des Römischen Rechts 眞田芳憲・森光訳『ローマ法の原理』中央大学出版部 (2003)、45頁以下。
29)　原田慶吉「民法709条の成立する迄」『日本民法典の史的素描』1954、創文社、337頁以下
30)　R. Zimmermann : Roman Law and European Legal Unity in A S Hartkamp ed Toward a European Civil Code 1994, ibid : Das röemische-kanonische ius commune als Grundlage europäisher Rechtseinheit JZ, 1992, 8頁以下
31)　星野英一・広中俊雄編『民法典の百年』Ⅰ、Ⅱ、Ⅲ、Ⅳ（いずれも1998年）、有斐閣
32)　「〈特集〉日本にとってのドイツ法学とは㈠㈡——民事法の場合」民商法雑誌132巻4・5号、6号（平成17年）及び、北川善太郎「日本民法とドイツ法——比較法の視点から」民商法雑誌131巻4・5号525頁

法史学部門　ディスカッション（要約）

司会　佐々木有司

　日本大学の杉下俊郎は、日本の法秩序のもつ混合的法秩序としての性格を強調した。ここ100年間、日本の法学の課題は、ローマ法に背景をもつフランス法とドイツ法、それにまた判例法という諸構成要素を互いに適合させることにあった。かれは、EU法体制において似たような適合問題が存在すると指摘し、債務法と物権法における適合がどのような状態に達したかを質問した。そのさい、かれの関心はとくに、サヴィニーによって展開された分離の原則と無因主義がEU法の枠内でもつ役割に向けられた。

　コージマ・メラーは、EU法における統一の努力は債務法、またそこではとくに消費者私法に集中していると説明した。各国民国家の異なる解釈論の道への余地は維持されたままである。なぜならば、指令の置き換えの方法で、あらかじめ設定された最低基準が守られなければならないだけだからである。物権法では動産担保の領域で統一の努力が存在する。無因主義に関しては、かの女はこのドイツに特異の規律はEU法では認められないだろうとの推測を述べた。この点に関してはしかし、議論があるという。かの女はまたその機会に、山田卓生が言及したヨーロッパ法統一の構想に触れた。そのさい、かの女はラインハルト・ツィンマーマンの立場を説明し、かれがヨーロッパ法統一に関してはいくつかのヨーロッパ法典に対する学問的な取り組みが必要であると考え、法典編纂努力の促進に対しては好意的であると述べた。

　クリスティアン・アルムブリュスターは、ヨーロッパにおいて少なくともいくつかの領域では、調整された法の同化なしでも諸法秩序のある程度の収斂を見てとることができると指摘した。例として、かれはイングランド法における約因理論の漸進的分離を挙げた。ついで、アルムブリュスターは山田のスコットランド法への言及を取り上げた。このスコットランド法は、ヨーロッパの異なる法的伝統をすでにずっと以前から結び合わせているので、特別に関心を引くのである。イングランド法に対して独自の、強くローマ法的思考に影響されたあの発展の背景は、ある意識的な政治決定、すなわちイン

グランドに対抗する同盟者としてのフランスの方にスコットランドが向きを変えたことにあった。かれは山田に、日本でもフランス法やドイツ法への広範な指向の政治的背景があったのか、とりわけ、ヨーロッパの関係諸国家、すなわちフランス、プロイセン、そして1871年からはドイツ帝国が政治的に活発に、法の輸出という意味で日本法の改造に介入したのか、それともたんにヨーロッパの法学者たちのイニシアチブに関する問題であったのか、を質問した。

山田は、スコットランド法には強い関心があるが、それはつまり一方で同法の柔軟性、他方で伝統的なスコットランド法の保持のためであり、そのさいローマ法がこれらの両潮流間の仲介者としてきわめて重要な役割をもっている、と力説した。こうしたスコットランドにおける状況は日本では、学問的にはかえってたいへん難しいが、実務的にはしかしきわめてよく手本として考慮することができるという。かれは、日本は戦後の時代にアメリカ法とアングロサクソン法に強い影響を受けたことを指摘した。こうした影響はとくに商法を通して民法の領域で認められ、これらの法題材は何の問題もなく日本法に統合されたとする。

このようなアメリカ法の統合は、必ずしも理論家によって受け入れられてはいないが、しかし確実に実務ではさらに進行するだろう。まさにこうした観点から山田は、スコットランド法に関心を持つことは重要であると説明した。

佐々木有司はアルムビュルスターの質問の一部をもう一度取り上げ、日本ではスコットランドにおけると同じように政治的観点がある役割を演じたのかどうか、つまりスコットランドの例ではイングランドに対する抵抗を支援するためにフランスとの関係を大切にするといったことを、山田から聞きたいとした。山田は、日本ではそのような政治的な考慮はなかったと答えた。背景としては、どの国のものであるかには関係なく、およそ役に立つものはすべて日本に採り入れようとする実用主義的な考えが決定的に重要であったとする。

マルティーン・ホイプラインは、メラーのローマ法における市民法と万民

法史学部門　ディスカッション（要約）

法との区別に関する説明を取り上げた。かれは英米法圏における比較可能な手がかりを指摘した。そこでは、「法律」(Law) と「エクイティ」(Equity) の間の区分と類似していることが見てとれるからである。ドイツ法ではたしかに一般条項、とりわけ BGB 242 条のそれを通して、同じく柔軟化の手段をもっている。それでもしかし、法発見にとって法律がもつ意義はコモン・ローとは根本的に別のものである。法典化された法律作品から出発して、成文法ないしはその背後にある価値評価を類推や目的論的還元の助けを借りて、それ自体としては考慮に入れられていない生活事情に適用することに努めるのである。ヨーロッパ私法の同化に目を向けてホイプラインは、ドイツの法律家たちはメラーの見方にしたがえば——かの女によって無因主義に関して予測されたのと同じように——こうした思考的な出発点からも別れを告げなければならないのかどうか、を質問した。

　メラーは、民法における立法は少なくとも BGB 立法者の理解では、余すところがないものであるとの主張はもっていなかった、と強調した。そのことを証明するのは立法史料における数多くの指摘であり、それにしたがえば、さらなる発展は学問と判例にゆだねられるべきものとされている。こうした意識的な自制の理由はいろいろであった。一方では、解釈学において解明されたがゆえに過剰であるものを、法律に受け入れたがらず、しかしまた他方で、将来のためにあらゆることを規定するわけにはいかないこともわかっていた。このようにして、新たに作り上げるという課題において民法には十分な適応力があるのである。例としてかの女は旅行契約を挙げたが、これは典型的な行なわれ方で、さしあたりは判例と文献において、個々の契約類型に関する法律上の規定との類推を用いてあるいは法律上規定された契約類型の混合によって組み入れられた。この新しい契約類型の諸特徴が1979年に、BGB における法典化をもたらしたのである。かの女は法典を基礎にした、解釈学や判例と協働しての法の発展を支持し、ドイツに関してケース・ローへのシステム転換に対しては否定的な見解を表明した。

　フィーリプ・クーニヒは、裁判官が補助的に理性的考慮に拠ることに関する太政官布告についての山田の説明を踏まえ、現代の国際裁判、すなわち国

際連合の国際司法裁判所およびその先行機関である1919年の常設国際司法裁判所と対比した。かれはそのさい、関連規程の法源規定とそこにある衡平条項を引き合いに出したが、それによればしかし、国際司法裁判所は手続の当事者の同意によってのみ衡平を拠り所とすることができるのに対し、前述の太政官布告のコンセプトに従えば、法に服する者はかれらの同意なしに裁判所が理性的根拠に頼ることを受け入れなければならなかった。クーニヒはさらに、山田の報告で言及された日本における国内的な法発展に対する外務省の影響力行使に関して質問した。これは、WTOが引き起こした国内における法同化という現下の類似例を背景にしてである。

　山田は応答のなかでまず第1に、まさに「理性」と翻訳される太政官布告103号の「条理」は、杉山直治郎の研究によればいくつかの淵源に由来するものであることを指摘した。裁判官がこの概念をきわめてわずかなケースでしか用いなかったことを知るのは興味深い。これに対して、「信義誠実」の原則は、きわめてしばしば、といってもドイツ民法典242条ほどしばしばではないが用いられるのであり、この原則が法文、つまり民法典1条に取り入れられたので、第2次大戦後にはとりわけそうである。1875年の太政官布告は今日でもなお有効であるが、もはや多くの人びとの意識にはない。条約修正の必要性が民法典の立法をどの程度まで促進したかに関しては、山田は19世紀末の日本の情況に言及した。立法は最終的には外務省の手を離れたが、条約諸国が治外法権を享受し、関税権にも服してもいない不平等条約を撤廃することがぜひとも必要と判断した。これが外務省の圧力の背景である。山田はそのさい、こうした事情が日本と不平等条約を結んだ個々の国と日本との間のレベルにあり、構成国に圧力をかけるWTOのような国際的機関のレベルのものではなかった、と述べた。いずれにせよ、日本は民法典を創り出すことによって不平等条約を修正することができたとする。

　東北大学（仙台）の河上正二は、かれがとくにオッコー・ベーレンツの著作の翻訳にさいして確認した日本法とローマ法との間の関連を指摘した。かれはメラーに対して、大陸法と英米法、またここでのエクイティの独自性との相違を、サビヌス派とプロクルス派の異なった伝統と関連づけることがで

法史学部門　ディスカッション（要約）

きるかどうか、という質問を向けた。さらにかれは、ヨーロッパにおいて法的諸伝統を保持し、効率性を高めるためにではなく統一を行なうことは有意義ではないのかどうか、を質問した。この点に関してかれは、法的安定性のためにも危険を見て取る。

　メラーはサビヌス派とプロクルス派への言及を取り上げ、英米法体系とその基本的に厳格な解釈、エクイティを拠り所とした判例によって補足され、修正された解釈を、この体系に関する自分の知識がわずかにすぎないことを留保しながらも、プロクルス派的なものとして整理した。ボナ・フィデス、信義誠実はプロクルス派の見解によれば、古典期前の法学にさかのぼるサビヌス派の考えによってと同じように、原理として法的効力の基礎だったのではなく、明確に定義された市民法上の諸制度に対する救済手段として付け加わったのである。ヨーロッパの統一努力に関しては、かの女は河上正二の質問において感じ取られたのと同じように懐疑的な見解を述べた。統一の仕方とその程度に関する議論は、激しく意見が対立して行なわれるだろう。効率を高めることは、たとえば外国における判決の執行におけるように、一定の領域では達成されるべきであり、また意味のあることである。解釈論的構成にあっては、契約法においてであれ物権法においてであれ、かの女の見解では統一の必要は同程度には存在していない。どのような方向に議論が発展することになるのかは、現在は見通しがつかないとした。

　佐々木有司がディスカッションを締めくくった。

第Ⅲ部　公法部門

8 ドイツ公法における比例適合性原理

フィーリプ・クーニヒ

はじめに
I 内　　容
II 比例適合性原則の法的基盤
III 状　　況
IV 国家と市民間の比例適合性原理
V 比例適合性義務の名宛人としての三権力
VI 複数レベル・システムにおける裁判統制

はじめに

　ドイツ法学論議において比例適合性原理は多くの人々にとって、ドイツ公法の最高かつ最も価値のある成果とされている[1]。これに対して他の人々は疑義を有している。従って、比例適合性は、軟化装置（Weichmacher）として非難されているのである[2]。私は、この「Weichmacher」たる概念が適切に日本語に翻訳されえるか確実でない。
　この概念は、日常用語の中で、洗剤との関連で用いられる。Weichmachenは、薄めること、しかもこれによって究極的に解体することを意味する。つまりこの批判者達にとって比例適合性原理は、法秩序の安定性と信頼性に対する脅威と思われている。そのことは、国家行為が比例適合であるか否かの判断が非常に異なる結果となり得ること、つまり、ある行為が比例適合であるか否かについて判断する、しかも最終判断する者の評価に依存している事実に関っている。法の安定性及び信頼性に対する危険が比例適合性の原則から発する場合、これによって法治国家の中核に所属する法秩序の資質が影響を受けることになる[3]。しかし他方、説得的に、比例適合性原則が正に法治国家体制の最高の成果でもあると賞賛されている。

このパラドックスについて私は今日検討したい。その際に私は、合意に応じてドイツ公法について検討するが、しかしそれだけではない。ドイツ法への限定は、今日、いずれにせよ公法に関しては、もはや行われ得ない。どの公法も、行政法であっても、憲法であっても、今日益々国際・法的前提条件によって共同規定されている。全ドイツ公法は、国際法を例外とし、本質的に欧州統合法によって共同規定されている。しかも公法への限定も、私は、完全に維持することができない。何故なら、公法的比例適合性原則は、私法の中においても演じられているからである。

私は、以下の順序で検討する。先ず、
1) 比例適合性の規範的思考の短い記述、
2) この原則の規範的位置づけ、つまり多様な法執行のシステム関連におけるその効力基盤の追及、
3) 公法の中で比例適合性が展開される諸状況の検討、
4) 諸状況のひとつ、つまり市民と国家の関係及び基本権秩序への集中、
5) その限りで、3つの国家権力の区別化の遂行、
6) ドイツ憲法状況の基本問題の検討。この問題について私は既に4年前ここに出席の若干の日大同僚諸氏と論議する機会を得たことがある。つまり、連邦憲法裁判所の役割がこれである。

I　内　容

比例適合性の原則は、ある種の表題であり、1つの集合概念である。この原則は、国家行為が従属するテストを要求する。その際に、行為とは、(能動的) 行為ならびに (受動的) 不作為と私は理解する。私は、この区別をこれ以上に検討しないので、先ず、国家行為のみについて考えることを願いたい。つまり国家に与えられる諸手段の投入下における国家活動、例えば、法律の発布、ある市民に向けられ、課された義務規定としての行政行為の遂行もしくは警察の事実行為あるいは一定の健康障害製品利用に対する官庁の警告の如き強制の事実行為についてである。

8 ドイツ公法における比例適合性原理 ［フィーリプ・クーニヒ］

　これら全ての行為に際して、つまり国家行為のあらゆる領域において、比例適合性の原則が尊重されなければならない。全ての国家行為が基準としなければならない比例適合性テストは、その際ドイツの理解によれば、3段階に分解される。

　この諸段階の順序は、任意ではなく、論理的に条件付けられる。標語的にこの3段階は、適合性（Eignung）（あるいはGeeignetheit）、必要性（Erforderlichkeit）及び期待可能性（Zumutbarkeit）の概念を以って表示される。期待可能性の代わりに、時には、適切性（Angemessenheit）、もしくは狭義の比例適合性（Verhältnismäßigkeit）とも言われる。この3つの段階テストが行われる前に、さらなる作戦が必要である。

　比例適合性のテスト段階にある行為がそれぞれ如何なる目標、目的を追求するかが問われなければならない。何故なら、国家行為の適正、必要性、そして期待可能性は、この目的設定に鑑みてのみ判断されうるからである。

　国家行為は、客観的に目標到達に寄与する場合にのみ、目標到達に「適合」している（geeignet）のである。それぞれの寄与は、その際、その質に関わりなく、充分である。換言するならば、比例適合性テストの第1段階の意味において、明らかにその目標到達に失敗するか、あるいは、非生産的であることが明らかとなる行為のみが不適合なのである。この比例適合制原則は、質的に良い、特別の適合性を要求してはいない。ここで重要なものは、多様な適合行為の選択ではなく、適合性そのものである。

　比例適合性テストの第2段階で、国家行為は、同等の質的適合のうち、より緩和された、つまりより少ない自由もしくは自立制約的手段が存在しない場合に、必要である（erforderlich）。必要性は、政治的必要性と混同されてはならず、ある意味で、純粋に事実的、理想類型的に見るならば、多分数学的といわれるべき単位である。適合性の場合と同様に、否定的選択が重要である。追求目標の到達に全く適合しない手段のみが適合しないのであり、代わりに他の同等に目標到達し、しかも負担の少ない手段が現れる場合にのみ、この手段が必要ないのである。

　しかしながら、評価は、遅くとも第3段階、つまり適切性（Angemmessenheit)の判断において変革する。ここでは、以前に記述された意味で、適合かつ必要と表示された国家行為がこれと関わる名宛人の自由もしくは自立喪失の考慮下においても、適切である、この名宛人に対して期待可能であることが明らかである、両者が究極的に適切な関係にある（従って狭義の比例適合）か、否かの問題である。国家行為が公正な利害調整の表明であるか否かの問題である。比例適合性原則を軟化装置（Weichmacher）とする当初の批判は、ここにその手がかりを有している。

しかも我々は、3つのテスト段階の論理的条件も認識している。最初から目標に適合しない行為は、決して必要ではありえない。しかも不必要な手段、つまり、同等の目標到達の質を有するより少ない負担の措置によって代えられえる手段は、決して適切とは見えない。従って、その評価依存性に鑑みて特別に問題のある第3のテスト段階には、テスト対象となる行為が第1と第2のテストに及第する場合にのみ到達する。しかしそのことは、いずれにせよ、通常裁判審査対象となる国家行動において起こる。裁判の実践においてはとりわけ、比例適合性原理の問題ある第3段階が支配的である。

II 比例適合性原則の法的基盤

全ての現代法秩序と同様に、ドイツ法は規範ピラミッド的に構成されている。規範ピラミッドの頂点は憲法だが、しかし適用優先を要求する欧州法によって凌駕され、しかも国際法によっても影響される。これらの国際的影響は、ここでは取り扱わない。憲法の下で、対立するケースにおいて憲法によって規範的に積み込まれ、しかも緊急時に抹殺されるいわゆる通常法の多様な源、法律、法規命令その他が存在する。

比例適合性の原則は、その基盤を憲法にも通常法にも見出される。通常法の用例としては、連邦と諸ラントの警察法が挙げられる。ドイツの連邦秩序は、警察法がラント法権限下にあることを条件付けている。つまり16のラント警察法が存在する。その際に「Polizei」概念は、全く誤解されやすい。この概念は、ここでは警察任務としての刑事訴追をも意味してはいない。この

概念は、むしろ秩序行政[4]、つまり広い介入行政であり、内容的に警察法とは異なる諸法律によって、とりわけ連邦諸法律によって指導される介入行政でもある。従って諸ラントの警察法は、行政行為の相当部分に対する基準となっている。これらの警察法の中に、あらゆる相違にもかかわらず、前記に記述された意味における比例適合的行為への警察及び秩序官庁の明示的義務が見られる[5]。しかも多くの他の諸法律も、官庁行為の合法性の前提を目的とする一般福祉と個人利益間の適切な利害調整を要求する限り、明示的に比例適合性思考の刻印を得る[6]。

　このことは、しかし——ここでは本来通常法からのさらなる用例を挙げることを不必要にするのであるが——既に憲法的、つまり最高位の原理としても妥当しているのである。従って、法の執行にとって、それぞれの執行法が比例適合性を重視しているか否かは重要ではない。既に憲法が比例適合性の維持を要求しているのだ。そのことは、諸法律の構成要件に対しても妥当する。つまり、例えば、不明確な法概念の解釈、しかも同様に、諸法律の法的帰結側面、裁量レベルに対しても妥当するのである[7]。連邦行政手続法及び同様にドイツ諸ラントの16[8] の行政手続法は、法律的裁量余地の利用に際して、いわゆる裁量の限界を維持することを要求している[9]。この限界には、憲法的条件からして、既に指摘された3つの段階における比例適合性の原則も数えられている。

　ドイツにおいて、比例適合性原理の憲法的効力について、結果的に意見の一致が見られる[10]。しかし基本法の何処に、この規定が見られるだろうか。この原理は、明示的には何処にもみられない。ドイツの法解釈学は、多様な回答を示している。好んで言われることは、比例適合性原理が法治国家原理のサブ原理であるということである[11]。法治国家原理の憲法的位置についても当然意見の一致が見られない[12]。何故なら、基本法は、この概念を諸ラントにおける憲法秩序への連邦憲法的諸要求、つまり同質性原理を設置するためにのみ、さらに最近では、関連する憲法改正の後、欧州統合の法治国家的限界との関連で、しかも、ドイツ国籍保持者の刑事判決のために対象とされる国際裁判所への法治国家的諸要求を伴った特別問題（このケースは未

だに発生していない)¹³⁾を明示的に使用している。その他基本法は、法治国家理解を前提としており、しかもこれを多様な関連で表明している。これに数えられるものは、とりわけ基本権秩序である。私見によれば、比例適合性原理の憲法的効力の為の最良の証明は、基本権が通常・例外関係を根拠付けている事実の認識をに基づいている¹⁴⁾。市民の負担のために、その憲法的に保障された法益に介入することは、例外的にのみ国家に許される。しかも比例適合性原則は、このような介入を限定する。基本権は、原則的禁止を設定する。これらの禁止から例外的に離れることが許される場合、適合性、必要性及び適切性の３つの諸原則が維持される範囲内においてのみである。換言するならば、比例適合性原理は、基本権システムの中に最初から組み込まれているのである¹⁵⁾。

基本権の担い手でない権利の担い手にも、同様に比例適合的にのみ、その行動の余地が制限される憲法的要求が帰属することが妥当する。このためには、国家との関係における地方自治法人としての市町村、ならびに全体国家との関係における諸ラントの地位が挙げられる。

その限りで、憲法的規範命令の在るところでは、比例適合性原理が妥当するのである¹⁶⁾。

Ⅲ　状　況

これを以って、比例適合性原理がその効果を展開する多様な状況に到達した。既に明確となったその主要適用領域は、市民の国家との関係、より厳密には、基本権担い手たる国家との関係である。何故なら、基本権担い手は、自然人だけでなく、法人でもあるからである。そのことは、基本法第19条第３項により、基本権がその本質からして保護の仲介に適合する限り、私法上のすべての国内法人に妥当する。つまり経済に関わる基本権、及び平等規定、さらには、言論の自由並びに空間不可侵の保護がこれである¹⁷⁾。公法上の諸教会¹⁸⁾、公法上の諸大学¹⁹⁾及びメディア企業体²⁹⁾の如き若干の公法上の法人も、その国家への参与にもかかわらず、自立的主体として、基本権秩序

8 ドイツ公法における比例適合性原理 ［フィーリプ・クーニヒ］

に拘束される。基本権保護は、比例適合性規定の効力を導入しながら、部分的に一定の諸前提下に、私法上の外国法人[21]にも及び、司法上の手続基本法及び平等規定に限定され、諸外国[22]にも及ぶのである。

つまり比例適合性原理は、多くの権利の担い手のために作用するのである。

依然として市民の国家に対する展望の中で、比例適合性原理の適用範囲がさらに強く拡大される更なる区別が導入される。私は、これまで一国家の行動もしくは態度について述べ、しかもその際にとりわけ行為、つまり国家の活動に視点を充てた。しかし比例適合性原則の一種は、国家の不行為、つまり不作為をも把握する。

このような不作為は、ある意味で、不法のもしくは違憲な不作為とされないために反対の比例適合性テストを克服しなければならない。国家の不作為、例えば技術発展からして新たに発生した危険状況に鑑みて、危険防止もしくは事前配慮を指向する立法が行われない場合、基本権秩序は、その限りで、これが期待可能であるか否か、国家手段の出動、ここでは、立法措置の介入が命じられているか否かの検査を要求する[23]。比例適合性の概念的把握にとって、また別の用語上の種類への依拠つまり、過剰禁止としてのその指名は、その限りで、過小禁止と呼ばれる[24]。この過小禁止は、国家不作為の憲法的判断に対する基準である。換言するならば、基本権が自らテーマ化した法益の保護のために国家を義務付ける現実状況が生じえるのである。事物の状況に応じて、国家の決定余地は、国家が立法を通してのみその基本権的保護課題を充足するように狭められえる。これも連邦憲法裁判所の統制下に置かれる。これについては後に扱う。

しかし市民・国家関係は、比例適合性原理が作用する唯一の組合わせではない。

私は既に地方自治法人の国家への関係について指摘した。自治体の自立性も比例適合性原理の基準に従ってのみ制限することが許される。それぞれの自治体の自立性が帰属する個々の市町村間の関係において、同等秩序関係における相互配慮への法的義務の意味で、つまり例えば建築指導計画の過程における地域計画権限の遂行に際して、比例適合性の構想が実現される[25]。

連邦と諸ラントとの関係において、比例適合性の構想は、とりわけ立法権限の適用において実現されている。立法権限は、ドイツ憲法によれば、体系的出発点を諸ラントに置いている（基本法第70条第1項）。この規定の例外において、立法権限は、基本法がこれらを連邦に付与する限り、連邦に帰属する（基本法第70条第2項）。この通常・例外関係は、既に基本法自体の中で解釈され、現実に益々拡大され、現実に反転している。しかし、ラントの立法権限を強化する反対傾向も存在する。しかもこれは、比例適合性の思考への直接関連付けの中にあるのである。以下この傾向について検討する。

いわゆる競合立法は、多くの実際的に重要な領域で連邦が2つの前提下において立法権限を有し、しかも、諸ラントから関連立法権を取り上げることができることを意味する。これらの前提には、連邦領域における同価値の生活関係もしくは他の国家利益が連邦法的規定を必要とさせることが数えられる（基本法第72条第2項）。つまり「必要性」は、ここで、（しかも1994年の憲法改正後に）連邦・諸ラント関係を均衡させる国家組織法の中に表れる。

ここで、必要性が基本権的比例適合性の第2段階とかつて私が表示したことを厳密に意味しているか否かは個別的に疑問がある。私は、連邦憲法裁判所が2001年の非常に注目された基本判決[26]の中で、事物からして、連邦の関係立法権限を、連邦の追及する目標が——ここでは同価値の生活関係もしくは全国家利益——連邦法以外の方法では到達されえないか否かに依存せしめた事実を指摘するにとどめる。そのことは、事物からして、比例適合性原理の近くに導き、従って、諸ラントの役割を相当強化することになる。

最後に、諸市民相互の法関係の状況、つまり私法上の関係である。これも公法上の範疇としての比例適合性原理の勝利の行進と関係している事実のみを示唆したい。

そのための原因は、連邦憲法裁判所が既にその設立後間もなく推進した私法の憲法化と表示された展開方式である[27]。これによれば、基本権的価値決定は、民事法的一般条項を指導すべきなのである[28]。解釈学的に説得的でなく、その限りで、しばしば行われているように、基本権の直接的もしくは間接的協働といわれているとしても、法全体に対して、基本権秩序を以っ

て設置された国家の責任ある地位が関連する司法保障にまで及び、このような方式で、結果的に、諸利益の均衡を目指す比例適合モデルが私法秩序にまで到達する方向に導くと言い得るのである。労働法は、早くから多くの用例を提供しているが、同様のことが一般的に民事法にも、とりわけ、相当の経済力を以って装備された私的行為者達に対する消費者の関係に至るまで、人格権の保護が問題となる領域にも妥当するのである[29]。

Ⅳ 国家と市民間の比例適合性原理

　この状況は、体系的に詳細検討すべきである。私は既に、国家・市民関係における比例適合性が物的に基本権比例適合性である事実を指摘した。この比例適合性は、それ自体広く国家・市民関係に到達する。
　それには、とりわけ2つの原因がある。
　これらの原因の1つは、基本法下における自由基本権的保護の無欠缺性(けんけつ)である。この無缺欠性は、自明でもないし、基本法テキストに予め直接課されてもいない。他の諸憲法と同様に、基本法は、テーマ的に多様な基本権を提示しており、その際に古典的防御基本権の伝統に従って、つまり社会・文化的基本権綱領に対して控えめである。これらの基本権の1つである人格の自由な発展の権利は、司法的に連邦憲法裁判所側から、既に早くから、つまり1957年に、一般的行動自由の意味で、いわゆる受け皿権として解釈され、しかも、確立された[30]。この権利は、言葉が説明可能なように、狭義の人格権保護として理解されるのではなく、あらゆる人間行動をテーマ化し、しかも、基本権の担い手自身もしくは他者に対する、その意義、その社会的価値に関わりなく、基本権保護をもって衣替えしたのである。
　つまり市民のすべての行為及びすべての不作為は、基本権保護を享有し、個人の通常法的地位へのすべての介入は基本権的防御請求権を引き起こし、しかも、結果的に比例適合性のテストに導くのである。この基本権は、物的ならびに人的に、他の自由基本権によってテーマ的に残された欠缺を塞ぐのである。一般的行為自由は、テーマ的に特別な基本権の中でドイツ人のため

に特別に保護されている物的領域において、外国人に対しても基本権保護を保障している[31]。そのことは、結果的に、ドイツの国家権力下にある全ての者に対し、個人的に関わる国家行為の比例適合性尊重の基本権に導く。かくして、一般的行為自由の為の軌道設定は、比例適合性への自律的基本権としての比例適合性の基本権の勝利の行進を完成するのである。

国家・市民関係における比例適合性原理の遍在に対する第2の原因は、比較的新しく、即座に連邦憲法裁判所の判決を支配したのではなく、20年以来に過ぎない。それは、一般的平等規定の理解に該当する。

この平等規定は、先ず、その影響がワイマール時代を超えてドイツ連邦共和国にまで及び、しかも連邦憲法裁判所の特徴的な裁判官でもあった国法学者、ゲルハルト・ライプホルツ[32]の伝統下にあり、恣意に対する保護、恣意禁止として平等保護[33]として妥当した。この側面には、しかし、後に他の側面が追加された。平等事項に対しては、恣意禁止の保護下におけるように、不平等扱いに対するある物的根拠が見出される場合に、十分なのではなく、不平等扱いが比例適合であることが明確な場合に初めて十分なのである[34]。比例適合性の解釈学的構想は、自由基本権的コンテキストから、とりわけ法名宛人達の個々のグループを区別して扱う諸法律の憲法的判断に対する帰結を伴った平等保護に移ったのである。

しかし、自由基本権に立ち帰り、しかも、これに加え基本権解釈学的検討を行う。比例適合性テストの体系的場は、各基本権テストの第3段階目で見られる。このテストは、国家行為が人的及び物的保護領域への介入を提示するか否かの問いをもって始まり、この介入が確認された場合、第2に、その正当化を問う。この正当化は、関係基本権制限、つまり法律の留保もしくはいわゆる憲法内在的制限の存在を前提し、しかも第3に、制限の限界を問う。このような制限テストの中心には、いつでも比例適合性テストがある。このテストは、原則的に考察対象となる基本権制限が個別ケースで比例適合であり、しかもこの場合に、基本権適合であることが明らかであるか否かを証明しなければならない。

この比例適合性テストは、原則的に、上記Iで記述された段階順位に従う

が、その際に、基本権に内在する特性を展開する。つまり概念的、部分的に内容的な比例適合性テストの修正がこれであり、これは特に、その限りで全体モデルを疑問視せずに固有規定に従う職業の自由[35]、言論の自由[36]の基本権である。

V 比例適合性義務の名宛人としての三権力

権力分立の視点を考慮するならば、比例適合性原理に関して異なったイメージが発生する。明白な点は、この原理が立法、執行及び司法の全ての三権力を対象としている事実である。何故なら比例適合性原理が基本権秩序の構成部分であると宣言されるならば、その限りで、基本法第１条第３項で明示的に設定されているように、全ての三権力の基本権拘束が実現されているからである。

しかしそこでは相違も生ずる。裁判は、比例適合性の実現が直接義務付けられているのではなく、法律拘束下に置かれている。法律拘束は、決して、その従属に際して比例適合的結果を目標とすべきとの留保下に置かれていない。ある法律が比例不適合、もしくは、裁判官から、比例不適合と思われる請求権を要求する場合、この法律の比例適合性の問題が提示される。各裁判所は、憲法以降の議会立法でない限り[37]、比例不適合と決定された法律を破棄することができる。つまり破棄は、基本法発効以前に発生した法、法規命令及び規約のみに関する事後発生法に対してのみ可能なのである。

これに対して、違憲と看做された憲法以降の議会法律は、その最終憲法判断を目的とする具体的規範審査の方法（基本法第100条第１項）で連邦憲法裁判所もしくはラント憲法裁判所に提示されなければならない。

しかしながら既に指摘したように、民事法においては、一般条項の測定が対象となる限り、裁判所の基本法責任が直接実現されている。しかも公法領域、つまり行政裁判制度、社会裁判制度及び財政裁判制度の裁判所は、どの程度官庁が自身に課された比例適合性維持の義務、とりわけ裁量レベルを尊重したか審査しなければならない事は自明のことである。何故なら、官庁側

からする比例不適合な法的帰結の影響は、裁判審査されるべき法的瑕疵を提示するからである。最後の法律拘束からする帰結は、裁判所自体が法適用のため事前課題としての比例適合性の基準への指示がなされていることである。そのことは、量刑の際に該当し、しかも裁判所の裁量に於ける仮権利保護の付与が行われる仮裁判手続きにおいても該当するのである[38]。

特別の意味を持つものは、規範設定国家の比例適合性への義務である。立法機能は、第1にそのために特別設定された連邦と諸ラントのにおける立法体、つまり議会が連邦レベルで諸ラントの利益遂行を目的とする連邦機関としての連邦参議院と協働で行使する。これに加えて、政府と行政にも規範設定的権限が付与されている。

規範設定は、ドイツの法治国家的理解において、一方で、上記Ⅱで記述された関連に鑑み、基本権ならびにこれと共に比例適合性原理によっても制限され、他方で、基本権担い手が基本権的発展の為の余地を見出すための諸前提及び枠条件を創設すべき場合、基本権実現にも奉仕する。法律の示唆を含めて、あらゆる基本権審査の中心に、既に上記Ⅳで指摘したように、比例適合性原理がある場合、立法府を統制する裁判制度、とりわけ憲法裁判制度への立法府の関係に対するこの規定の卓越した比重が説明される。

これについては最後に検討するが、私は、近年における発展からして適切と思われる、欧州的及び国際的方発展のより大きな関連の中にドイツの紛争路線を設定する予定である。

Ⅵ 複数レベル・システムにおける裁判統制

以上、これまでに提示した考察から、比例適合性の原則が全ドイツ公法に浸透していることが明らかになるべきである。基本権の遍在に鑑みて、比例適合性原理も遍在なのである。しかもこの原理は、通常基本権審査の結果について決定する。これのよって同時に、行政法上の争いが比例適合性を基準として判断されなければならない。既に指摘されたように、比例適合の基準は、憲法的資質を有する（上記Ⅱ）ので、多くの争いは、連邦憲法裁判所の

8 ドイツ公法における比例適合性原理［フィーリプ・クーニヒ］

審査に持ち込まれる。そのことは、一方で、憲法以降の発生時から憲法裁判的手続きの多様な方式の中で、諸法律の審査に対して妥当する。ここで関連する手続きは、一方で、個別的憲法異議（基本法第93条第１項４ａ号）、他方で、２種類の規範統制手続きである。区別すべきは、連邦政府もしくは、しばしば、ラント政府ならびに、連邦議会の３分の１のメンバーが賛同する限り、議会野党の動議の動議に基づく抽象的規範審査（基本法第93条第１項２号）、これと並んで、同様にしばしば行われる具体的規範審査があり、それ自体、あらゆる種類の専門裁判所によって憲法以降の法律が違憲であるとの結論に至る場合である（基本法第100条第１項）。

法律の審査に際して、比例適合性テストの個別段階の不確定な法概念、とりわけ最終段階たる、適切性もしくは期待可能性の必要価値考量は、審査裁判所に相当な余地を与える。ドイツにおいて、どの程度連邦憲法裁判所に、統制者としてのその役割の重要な解釈が付与されえるかについては争いがある。いずれにせよ相当数の法律が、連邦憲法裁判所での比例適合性テストに対抗できなかったことは確かである。従って、これに伴うものが、立法府と司法間の権力バランスの均衡問題である[39]。

今ひとつの問題領域は、いわゆる憲法異議申立に際して開かれている。個人の憲法異議申立は、裁判所判決に対しても向けられ得る。何故なら、裁判所判決は、「公権力行為」として憲法異議手続きのための有効な対象を提示しているからである。

ドイツ憲法学は、数十年来連邦憲法裁判所の専門裁判所との関係テーマと取り組んできた[40]。その際に明確化した点は、連邦憲法裁判所が付加的機関であってはならず、付加的機関として紛争の判決を下す通常法律を解釈する為に存在するのものではない。むしろ連邦憲法裁判所は、基本権的基準を以って、通常法の適用下に通常裁判所によって行われた結果の再審査に限定される。その限りで、連邦憲法裁判所に対して権限逸脱を避難すべきか否か、あるいは全体から見て、専門裁判所に対する必要な尊重ならびに不可欠な節制示されたか否かについても争いがある。

私の個人的観点では、結果的に、示された両対立路線に対し連邦憲法裁判

所の寄与を肯定的に評価され得るものである。確かに疑いなく、連邦憲法裁判所の権限逸脱はあったし、この裁判所が個別的に機能的に代替立法者として活動し、あるいは、付加的機関として振舞ったこともあったのであるが。しかし、このことは、私の評価の中で、肯定的に評価すべき憲法裁判所の総合的業績の例外である。多くの領域で、とりわけ刑事訴訟法、家族法およびデータ保護法において、我々は、本質的法治国家成果を憲法裁判所に負っているのである[41]。

　私は、この終結部分の検討の目次を複数レベル・システムと表示したが、このことは、多くの観点からして行われた。まず連邦憲法裁判所は、ラント憲法裁判制度との協力関係にある。ラントの諸憲法裁判所も大抵は、憲法異議申立手続の中で決定する権限を有している。その基準は、ラント基本権であるが、この基本権にとって、いずれにせよ、内容的に比例適合性原理の意義に関して連邦法の基本権と同様の事が妥当している。その際に、ラント憲法裁判所は、ラント法適用の基本権適合性の審査に限定するのではなく、同様に連邦法の基本権適合性も審査する。この見解は、私が裁判官として所属していたベルリン憲法裁判所が関連方向付けと設定し[42]、これが最初は抵抗に遭遇したが、その後の展開の中で連邦憲法裁判所の同意を獲得して以来、近年実践において実行されている[43]。それ以来ドイツにおけるラント憲法裁判所は相当にその比重を高めている。

　ドイツの憲法裁判制度は、更に国際的協働関係にある。それは、先ず欧州裁判所、つまり欧州共同体の裁判制度である。比例適合性テストが行われているその基準は、一方で、欧州憲法の基本的自由である。欧州憲法概念は、欧州憲法条約の欠落もしくは当面の失敗に鑑みて、実体的意味である。それはつまり、製品取引の自由、被用者移住の自由、企業設立の自由、サービス取引の自由、資本及び決済取引の自由ならびに国籍を理由とする差別禁止[44]、他方、メンバー諸国の基本権的伝統路線が集合する、いわゆる不文一次法がこれである。その限りで、1950年の欧州人権条約の人権への内容的接近が存在するが、その際に、憲法条約は、既に指摘したように、当面失敗したが、しかし永久に世界から排除されたわけではない自立的基本権部分を

内包し、この部分がまた形式的に拘束的でないが、しかし実践的には、既に欧州連合の重要な基本権憲章が模倣形成されたのである[45]。

とりわけ欧州裁判所の判決実践に対する欧州基本権の基準に鑑みて、この裁判所ならびに基本権を伴ってさらにまた国家の憲法裁判制度は、欧州人権条約の基本権維持を目的として招聘されている裁判所，つまりシュトラースブルクの人権裁判所と更なる協働的競合もしくは競合的協働関係にある。欧州人権裁判所は，世界で最初の特色ある裁判的人権保護機関として、裁判手続もしくは国家異議申立のような通常存在する人権保護の試み発端を越えていくこととなったのである。

1950年執行制限の介入下の複雑な構造の中で開始したものは、欧州人権条約への11の付加議定書を通して1998年以来、厳格な司法的保護の提供であり、周知の如く欧州連合よりもはるかに広がりのある欧州審議会のメンバー諸国が，以前にはこの諸国における憲法裁判的審査の対象であった事項を伴って、この提供を利用している。

これは、これらの多様な裁判機関の関係に関わる難しい問題を含んでいる。これを単純にドイツに適用するならば、カールスルーエ（連邦憲法裁判所）、ルクセンブルグ（欧州裁判所）、シュトラースブルク（欧州人権裁判所）との関係である。これに関わる諸問題は、未だに、解明されているとは見なされない。

シュトラースブルク人権裁判所は、連邦憲法裁判所のドイツ基本権に対する如き国内裁判所の判決を欧州の人権によって審査できることを要求している。シュトラースブルク人権裁判所は，国家の基本権解釈に際して、自らの判決実践を尊重する事を要求するのである[46]。

連邦憲法裁判所は、確かにドイツの裁判所がシュトラースブルクの判例を強力に、かつ入念に考慮しなければならないことを了解するが、同時に、ある種の留保を設定している[47]。この裁判所は、個別ケースにおいて、自らとドイツの専門裁判所に応分の余地を留保・付与している。例えば、新聞で報じられる人物の人格保護と新聞の自由との関係で、シュトラースブルク裁判所の関連観点と異なる判断がこれである[48]。

これによって、紛争の潜在力が開かれることになり、特にこれが比例適合性原理ならびにこれが要求する価値考量に関してである。何が比例適合であるかに関する最終拘束的裁判状況への権利が争われるのである。

　明確な回答は、欧州人権条約への国際法的拘束を欧州人権裁判所の関連解釈への拘束と理解するところにあるようだ。この条約のドイツ国内法に置ける序列に鑑みて、つまり、この条約が形式的に通常法の序列49)にあるので、連邦憲法裁判所は、前記の解決法を採っていない。

　全体として言えることは以下の通りである。比例適合性原理は、ドイツ公法の重要ポイントである。そればかりか、基本権に関わる限り、ドイツ法そのものの重要ポイントである。この原理は、欧州連合裁判及び欧州人権裁判においても同様の役割を演じつつある。法にとって決定的なことは，誰が決定するかという古い英知に鑑みて、つまり最終決定権限が誰に帰属するかということで、比例適合性原理は，競合問題を引き起こす。つまり裁判の立法との関係、裁判内部では、専門裁判所と憲法裁判所との関係，欧州レベルでは、欧州裁判機関と国内産版所との関係がこれである。

　国内裁判所には二重の最終責任が課されている。先ず共同体任務への協働作業のために自らの権限制約を遵守する基本権解釈がこれであり、更に、憲法裁判所の役割が何を意味するかに対する自覚である。ここで指摘された多様なレベルにおける裁判機関は，実体的に憲法裁判所である。

　つまりそれは，法から離れた自立的法政策形成ではなく、状況を法を基準にして測ることである。諸裁判所がこの責任に対応し，しかも法学がその際に裁判所を援助するならば、比例適合性原理が「軟化装置」であり、しかも法秩序を解体するとの憂慮は，将来根拠のないものである。

　そうであれば、反対に、比例適合性原理は、これからも、1948年人権宣言文言の中で、民主社会の公理的中核に属するものについての憲法学的国際論議において，我々が相互に理解できる諸原理に所属し得るし、また所属すべきである、法治国家的成果であることが明らかなのである。何故なら、同時に法治国家として実現されない民主社会は、考えられないからである。

　文化的多様性に基づく全ての重要かつ存続価値のある相違にもかかわらず、

8 ドイツ公法における比例適合性原理［フィーリプ・クーニヒ］

法治国家制なしには、民主制は世界のどこにおいても考えられないのである。

1）例えば、Wahl, Die bürokratische Kosten des Rechts-und Sozialstaat, in: Verwaltung 1980, 273, 279; Schlink, Der Grundsatz der Verhältnismäßigkeit, in: Badura/Dreier (Hrsg.), FS 50 J. BverfG II, 2001, 445ff. 参照。
2）Ossenbühl, Diskussionsbeitrag VVDStRL 39（1980）, 189
3）この概念とその形成については、Kunig, Rechtsstaat, in: Smelser/ Baltes（eds.）, International Encyclopedia of the Social and Behavioral Sciences, 2001, S. 12824 ff. 参照。
4）この概念について Knemeyer, Polizei-und Ordnungsrecht, 10. Aufl. 2004, Rn. 1ff., 24ff. :
5）モデル的条項は、ベルリン一般安全・秩序法（ASOG）第11条である。
　⑴　秩序官庁及び警察は、可能な複数の措置の中、個人及び一般に最も少ない侵害が予測される措置を行わなければならない。
　⑵　ある措置は、目的とされる成果に比例しない程の不利益に導いてはならない。
　⑶　ある措置は、目的が達成されるか、あるいは、達成し得ないことが示されるまで許される。
　バイエルンラント刑法及び命令法（LStVG）第 8 条
　⑴　複数の可能かつ適切な措置の中、個人及び一般に最も侵害の少ない措置が取られなければならない。
　⑵　この措置によって予測される傷害が意図される成果と比例関係にないと予測されるものであってはならない。
　⑶　諸措置は、その目的が達成されるか、あるいは、達成されないことが示される場合に、終結されなければならない。
　ザクセン・アンハルトラント公共安全及秩序法（SOGLSA）第 5 条
　⑴　複数の可能かつ適切な措置の中、安全官庁及び警察は、個人及び一般に最も侵害の少ないと予測される措置が取られなければならない。
　⑵　ある措置は、目的とされる成果に比例しない程の不利益に導いてはならない。
　⑶　ある措置は、目的が達成されるか、あるいは、達成し得ないことが示されるまで許される。
6）用例：建築法（BauGB）第 1 条第 7 項：「建築指導計画の策定に際しては、公的及び私的事項が相互に価値考量されなければならない。」
　建築法（BauGB）第31条第 2 項：「建築計画設定は、以下の場合に免除される：
　1 ．一般的福祉の諸根拠が免除を必要とする、あるいは、
　2 ．例外が都市建築上正当化できる、あるいは、
　3 ．建築計画の実行が明らかに意図されない厳しさに導き、しかも、例外が隣接者の利益の評価においても公共事項と相容れる場合。」

167

自然保護法（NatSchG）第2条第1項1文：「自然保護及び景観維持の諸目標は、個別ケースにおいて実現にとって必要で、可能で、しかも第1条の諸目標なら生ずるあらゆる必要の相互価値考量及びその他自然と景観への一般の必要に対する価値考慮下において適切である限り、以下の諸原則の基準に従って展開されなければならない。」

7) 不確定な法概念と裁量の区別については、Ossenbühl, in: Erichsen/Ehlers（Hrsg.）, Allgemeines Verwaltungsrecht, 12. Aufl. 2002, § 10 Rn. 10ff., 23ff.；v. Mutius, Unbestimmter Begriff und Ermessen im Verwaltungsrecht, Jura 1987, 92ff.

8) ラント法の実行におけるラント官庁の手続に対しては連邦の立法権限がない。従って基本法第70条第1項は、諸ラントの自立的規定を必要とする。連邦官庁の手続に対しては、連邦行政手続法（VwVfG）が妥当する。連邦行政手続法は、ラント行政手続法が存在しない限り、諸ラントによる連邦法の実行の為に適用され得る。これについては、Badura, in: Erichsen/Ehlers（Hrsg.）, Allgemeines Verwaltungsrecht, 12. Aufl., 2002, § 33 Rn. 12ff.；Ehlers, Der Anwendungsbereich der Verwaltungsverfahrensgesetze, Jura 2003, 30ff. 参照。

9) これについては一般的に、Stober, in: Wolf/Bachof/Stober（Hrsg.）, Verwaltungsrecht, Band1, 11. Aufl., 1999, § 31 Rn. 31ff.（Rn. 39）. 参照。

10) 連邦憲法裁判所判例の用例：BverfGE 43, 242, 288; E 59, 275, 278.

11) 例えば、Stern, Zur Entstehung und Ableitung des Übermaßverbots, in: Badura/Scholz（Hrsg.）, FS f. Lerche, 1993, 165, 172ff. 参照。

12) Kunig, Der Rechtsstaat, in: Badura/Dreier（Hrsg.）, FS 50 J. BverfG II, 2001, 421ff.

13) 基本法第28条第1項1、第23条第1項1（1992年以降）、第16条第2項2（2000年以降）参照。

14) これについては、Kunig, Das Rechtsstaatsprinzip, 1986, 350ff.：前実定的法及び超実定的法の源泉については、Arnauld, Die normtheorethische Begründung des Verhätnis-mäßigkeitsgrundsatzes, JZ 2000, 276ff.：ドイツにおける発展に対して歴史的に解明、B. Rennert, Verfassungs-und verwaltungsrechtlsgeschichtliche Grundlagen des Übermaßverbots, 1995 参照。

15) Krebs, Zur ferfassungsrechtlichen Verortung und Anwendung des Übermaßverbotes, Jura 2001, 228, 234. 参照。

16) 例えば、Schlink（注1）, 447参照。

17) 空間不可侵の保護は、自明事項ではないが、連邦憲法裁判所によって確立された。BverfGE 42, 212.

18) BVerfGE 19, 1, 3; E 30, 112, 119.

19) BVerfGE 15, 256, 261; E 51, 369, 381

20) BverfGE 312, 314, 321（放送施設は放送の自由によって保護される）. しかし所有権（BVerfGE 78, 101, 102）及び新聞の自由（BVerfGE 83, 183, 312）によってではない。

21) Guckelberger, Zum Grundrechtsschutz ausländischer juristischer Personen, AöR 129, 2004, 618ff.：グッケルベルガーは、欧州連合メンバー諸国の一つにある法人を「国内」法人として扱うことを主張する。連邦憲法裁判所は、訴訟基本権の有効性のみを肯定している。BVerfGE 21, 362, 373（社会保険の担い手）：E 64, 1, 11（National Iranian Company）.
22) 例えば、Kunig, in: Münch/Kunig (Hrsg.), GG, Bd. 3, 2003, Art. 101 Rn. 7 参照。
23) BVerfGE 56, 54, 80（空域騒音判決）; Kunig, Zur staatlichen Verantwortlichkeit für das Leben - Ein Beitrag zum deutsch-türkischen Rechtsdialog, in: FS f. Ansay, 206, 159 ff.
24) BVerfGE 88, 203,（254f. 259f.）; これについては、Hain, Gesetzgeber ind der Klemme zwischen Übermaß-und Untermaßverbot?, DVBl. 1993, 982. 参照。
25) 建築法（BauGB）第2条第2項：「(2)隣接市町村の建築計画は、相互調整しなければならない。その際に、市町村は、空間秩序目標によって自己に指示された機能ならびにその中心的供給分野への影響を引き合いに出すことができる。Finkelnburg/Orloff, Öffentliches Baurecht, Bd. I, 5. Aufl. 1998 m 40 ff. 参照。
26) BVerfGE 106, 62ff.（老人擁護法）
27) 詳しくは、Schuppert/Bumke, Die Konstitutioaliisierung der Rechtsordnung, 2000. 参照。
28) 方向設定的、BVerfGE 7, 198, 206（Lüth）; Dürig, Grundrechte und Zivilrecht sprechung, in: Maunz (Hrsg.), FS f. Nawiasky, 1956, 157ff.
29) BVerfGE 89, 214（保証の内容統制）
30) BVerfGE 6, 32, 37（Elfes）; BVerfGE 80, 137, 157（Reiter im Walde）; Kunig, in: Münch/Kunig, (Hrsg.) mGG Bd. 1, 2000, Art. 2 I GG, Rn. 12
31) Kunig, in: Münch/Kunig, GG Bd. 1, 2000, Art. 2 I GG, Rn. 3
32) ライプホルツについては、Oppermann, Das Bundesverfassungsgericht und die Staatsrechtslehre, in: Badura/Dreier (Hrsg.), FS 50 J. BverfG, 2001, 421, 431ff. 参照。
33) BverfGE 4, 144, 155; E 55, 72, 90; E 88, 87, 96; 一般的恣意禁止は、不平等な扱いが対象とされていない場でも見られる。BverfGe 23, 98, 106; E 78, 232, 248 参照。
34) BverfGE 55, 72, 88; E 65, 377, 384; E 82, 60, 86; E92, 277, 318; E 95, 39, 45.
35) いわゆる段階説、BverfGE 7, 377, 378（Apothekenurteil）.
36) いわゆる相互作用論、BverfGE 7, 198, 208f.（Lüth）.
37) これについては、BverfGE 2, 124 ff. 参照。
38) これについては、行政裁判所規定（VwGO）第123条についてのBverfGE 51, 268, 280 参照。「決定は裁判所の裁量下にある。」ペスタロッツァによれば、これによって、構成要件内における価値考量権能が表示されている。Pestalozza, Verfassungsprozessrecht, 3. Aufl., 1991, §§ Rn. 12.
39) これについて一般的に、Ossenbühl, Bundesverfassungsgericht und Gesetzgebung, in: Badura/Dreier (Hrsg.), FS 50 J. VberfG. Band I, 2001, 33ff. 参照。

第Ⅲ部　公法部門

40) これについては、Alexy, Kunig, Hain und Hermes zum Ersten Beratungsgegenstand „Verfassungsrecht und einfaches Recht - Verfassungsgerichtsbarkeit und Fachgerichtsbarkeit", VVDStRL 61 (2001), 7ff. 参照。
41) 詳しくは、Kunig,（注.40), 46ff. 参照。
42) BverfGH, Beschlussv. 12. 01. 1993（Honecker), LverfGE1, 56 ff.；BerlVerfGH, Beschluss v. 02. 12. 1993（Mielke), LverfGE 1, 169ff.；これについては、Kunig, Die rechtsprechende Gewalt in den Ländern und die Grundrechte des Landesverfassungsrechts, NJW 1994, 687ff. 参照。
43) BverfGE 96, 345 ff.；これについては、Kunig, in: Münch/Kunig（Hrsg.), GG Bd. 3, 2003, Art. 142 GG Rn. 14 ff. 1 参照。
44) 詳しくは、Ehlers（Hrsg.), Europäische Grundrechte und Grundfreiheiten, 2. Aufl. 2005 参照。
45) メンバー諸国の全ての言語による憲法条約テキストは、http://europa.eu.int/ constitution/index de.htm. これまで14カ国が欧州憲法を批准した。フランスでは5月29日、オランダでは、6月1日、市民がこの憲法草案を否決した。その他の諸国では、批准手続が延期された。この憲法条約批准の現状について詳しくは、http://europa.eu.int/constitution/ratification en.htm. 参照。基本権憲章については、Triebel, Die rechtliche Bedeutung der Grundrechtecharta, Jura 2003, 525 ff. 参照。
46) EGMR v. 24. 6. 2004, NJW 2004, 2647 ff.
47) BverfGE 111, 307 ff.
48) これについては、Kunig, Die Medien und das Persönlichkeitsrecht - einige Gedanken aus europäischer Veranlassung, in: Jacobs/Papier/Schuster（Hrsg.), FS f. Raue, 2006, 191 ff. 参照。
49) 詳しくは、Uerpnum, Die Europäische Menschenrechtskonvention und die deutsche Rechtsprechung, 1993 参照。
50) これについては、Kuriki, Demokratie und Rechtsstaatlichkeit aus dem Blickwinkel des japanischen Verfassungsrechts, in: Battin/Kunig/Pernice/Randelshofer（Hrsg.), Das Grundgesetz im Prozeß europäischer und globaler Verfassungsentwicklung, 2000, 227 ff. 参照。

［小林宏晨・槇裕輔　訳］

9 ニュルンベルクと東京における平和に対する犯罪とその帰結

アンドレーアス・フォン・アルノー

I　はじめに
II　新国際慣習法のパラドックス
III　国際法におけるニュルンベルク裁判の事後効果
IV　ドイツにおけるニュルンベルク裁判の事後効果
V　要　約

I　はじめに

　小林宏晨は、その報告の中で、慎重かつ有識的に、何故、ニュルンベルクと東京の裁判が当時有効な国際法に合致しているか否かについて正当にも疑念を提示し得るのかについて説明した。従って本稿の課題は、前記の論考に何かを付け加え、もしくは、対立的立場のための諸論拠を繰り返すことではない[1]。そこで、私の報告では、とりわけニュルンベルク裁判の国際法ならびにドイツ及びドイツ基本法への影響に限定したい。

II　新国際慣習法のパラドックス

　現代国際刑法におけるニュルンベルク裁判の位置価値を把握し得るためには、先ず国際法の特性について検討することが不可欠である。
　国内法とは異なり、国際法には、即時効果を伴って新規定を創設しうる中央法設定機関に欠けている。新しい法が国際法的条約の締結によって創設されないかぎり、新たな法状況は、国際慣習法の変更によって発生するが、それは長いプロセスを必要とするものである。慣習法は、客観的要素としての確立した慣習（consuetude）ならびに主観的要素としてのこの慣習の根底に

ある法的確信（opinio iuris vel necessitatis）から成っている。この国際慣習が「確立している」と見做されるまでには一定の時間が必要である[2]。

しかしながら、慣習法の新規範は、法的真空の中で発生するものではない。先ずこれについては常設国際司法裁判所の「ロータス規定」が扱っている。ここでは、主権の制限が証明されないかぎり、諸国の無制限主権から出発すべきであるとされている[3]。ここで関心対象となる個人の国際法責任の領域では、類似的に国際法のウェストファリア体制に特徴的であった個人のメディア化に対する規定の推定が存在する。つまり、重要な点は、国家の行動ではあっても個人のそれではないということである[4]。

前記の原則から離れるすべての慣習法的規定は、従って、部分的であれ、これに代わらなければならない場合には、この古い慣習法規定に反することになる。既に指摘したように、このためには、その最初の諸ケースにおいて、当時有効な国際法に違反する実践がなければならない。何故なら、第1のケースではなく、確立した実践が初めて新たな規範を創設するからである。従って、国際慣習法の変遷は、法技術的には、絶えず1つの国際法突破を通して遂行される[5]。このパラドックスを解決する為に、国際法理論では、多様なモデルが展開された。例えば、「インスタント慣習法（instant customary law）」あるいは「料理されたばかりの法（hot-cooked law）」がこれである。これらは名前を挙げるだけにして、説明はしない[6]。

前記の如き構成を否定する場合、新たな国際法実践の出発点は、その正当性を何時でも事後的に（ex post）得ることになってしまう[7]。このことをオット・クランツビューラーは、ニュルンベルク訴訟を回顧しておよそ以下のように述べている[8]。

「ニュルンベルクは、ひとつの革命であり、革命をこれによって崩壊した、もしくは崩壊すべき状態の基準を以って測ることは意味が無いように思われる。……その価値もしくは無価値は、未来のために潜む価値に向けられている。」

そのことは、しばしば、後の法の為の正当化関連点となるこの「最初のケース」の殆ど神話的な高まりに導く[9]。人は、このように例えば、「ニュ

ルンベルク」を国際刑法の「転換点」もしくは「誕生日」[10] もしくは「ニュルンベルクの遺産」と言う[11]。ニュルンベルク訴訟は、当然のことに、後の展望からのみ、しかも新法の目的の為にのみ、このような「転換点」でしかありえない[12]。展開の過程は、つまりニュルンベルク諸原則および国際軍事裁判に導いたものの全ては、それに続いた全てのものと同様に、フェードアウトされたままである。

現実には、慣習法の1つの規範から、この規範に代わる新たな規範への移転時点は、確定的に規定され得ない。2つの異なる法規範は、一歩一歩相互移転し、重複し、接触し合う。これらの「転換点」を一般的に標示するものは、高々センセーションを標示しているに過ぎない。つまりそれは、潜在的展開に新たな一押しを与える突然の社会的及び道徳的噴出なのである。このような神話形成は、法史の中で多様に観察される。「ニュルンベルク」は、1つの用例であり、「マーベリイ対メディソン（Marbury versus Madison）」は他の用例である[13]。

Ⅲ　国際法におけるニュルンベルク裁判の事後効果

ニュルンベルク訴訟がこの伝説的ステータスを獲得したことは、既にこの法がニュルンベルクの諸原則の意味で変遷したに違いないことを示唆している。しかも現実に、1945年以降の国際法の中で慣習法的強化を根拠付ける為に結び付けられ得る多様な確証が認識される。そこでは2つの次元が区別される。それは、実体法的次元と手続法的次元である[14]。1つは、ニュルンベルクで訴追された犯罪たる、戦争犯罪、人道に対する犯罪及び平和に対する犯罪、つまり実体国際法、他の1つは、国際裁判によるこの犯罪の判決、つまり国際刑事裁判性がこれである。

(1)　国 際 刑 法
　(a)　ニュルンベルク諸原則の一般的慣習法的効力
ニュルンベルクと東京の戦争犯罪訴訟に対して行われた個別的なあらゆる

批判にもかかわらず、国際レベルにおいて、再三にわたってニュルンベルク諸原則への支持が存在した。指摘されるべきは、とりわけ、1946年12月の国連総会第95号決議[15]である。

「総会は、……ニュルンベルク裁判憲章及びこの裁判の判決によって承認された国際法の諸原則を追認する。」

1947年11月決議[16]を以って新たに創設された国際法委員会は、これら諸原則の法典化の作成を委任された。この委員会は、その報告の中で、ニュルンベルク諸原則の慣習法的効力を再三にわたって強調した[17]。その後においても、これらの諸原則は、国際法においてしばしば追認され、かつ承認された[18]。

これらの諸宣言にもかかわらず、冷戦の数十年間にニュルンベルク諸原則を実践に転換する国際慣行は存在しなかった。ニュルンベルク及び東京の訴訟には、ドイツにおいて先ず、アメリカ軍事裁判におけるニュルンベルク後続訴訟とニュルンベルク諸原則をドイツ【占領】法に導いた1945年12月の管理理事会法第10号[19]に基づくドイツ裁判所における訴訟が続いた。しかしその後、ニュルンベルクに関連付けられた訴訟は、個別的なものに留まった。ここで指摘されるべきは、イスラエルにおけるアイヒマン・ケース[20]、フランスにおけるバルビー・ケース[21]、オーストラリアにおけるポリュコヴィッチ・ケース[22]及びカナダにおけるフィンタ・ケース[23]である。

この状況は、ユーゴスラヴィアとルアンダに対する国連両臨時裁判を以って、根本的に変わった。両裁判は、ニュルンベルクと東京の訴訟に明示的に関連付けた。とりわけタディッチ・ケースにおいて、ユーゴスラヴィア裁判所は、ニュルンベルク諸原則の慣習法的有効性に付いて詳細に説明した[24]。両国連裁判所によるこれらの諸原則の実践的転換と国際刑事裁判所ローマ規約へのこれらの諸原則の採用は、ニュルンベルク諸原則が、回顧すれば、今日の慣習法的国際法を反映していることに対するあらゆる現存の疑義を排除している[25]。

しかし、平和に対する犯罪は、例外と考えられる。これについては次に特別に検討する。戦争犯罪、人道に対する犯罪ならびにこの構成要件から生ず

る人民殺戮構成要件は、いずれにせよ、今日の普遍的国際刑法の「ハードコア」を提示する[26]。

(b) 特別ケース：平和に対する犯罪

１つの特別ケースを構成するものは、既に示唆したように、現在のローマ規約の中で「侵略の犯罪」となった平和に対する犯罪である（第５条第１項ｄ）。ニュルンベルク及び東京裁判の彼方の実践は、1949年のヴィルヘルムシュトラーセン訴訟における２つの判決に及ぶ (Keppler und Lammers)。しかも国際法確信に関してもより大きな慎重さが認識される。慣習法的国際刑法の法典化の試みは、とりわけ平和に対する犯罪の定義における困難で失敗し、しかも、国際刑事裁判所規約も侵略の犯罪に「ウエイティングステータス」[27]における犯罪ステータスのみを与えた[28]。裁判所が侵略行為に関する裁判管轄権を行使することが許される前に、規約第５条第２項により、拘束的定義を確定する特別の行為を必要とするのである。1974年12月の総会の侵略定義[29]は、個人の刑法的責任の根拠付けには供せられず、従って、適用できない[30]。

このような状況に鑑みて、今日何らかの国際刑法的構成要件が平和に対する犯罪を把握することには疑義が提出されうる。とは言っても、国連総会がニュルンベルク諸原則及びニュルンベルク訴訟における判決を強調した上述の決議は、断罪された平和に対する犯罪にも及ぶ。更に考慮すべき事項は、この決議が、それ自体法的拘束力がないとはいっても、単なる政治的意図宣言機能を充足したものではないことである。

国連加盟諸国は、この宣言を以って、ニュルンベルク諸原則を伴って提示された普遍的要求と国際軍事裁判所の判決実践を追認した[31]。「他国の」実践のこの様な明示的強調は、この実践の採用を示唆し、しかも個別諸ケースをその個別性から解放する。東京とニュルンベルクの諸判決とヴィルヘルムシュトラーセ訴訟における両判決を以って更なる適用ケースが存在する事実がこれに付け加えられる。あらゆる批判にもかかわらず、オットー・クランツビューラーは、自ら侵略戦争に導く政策に対する政治指導部の刑事責任が多分ニュルンベルク裁判の最重要成果であると述べている[32]。

まさに平和に対する犯罪故に、この断罪は、いつでも国家と軍のトップにあって侵略行為に責任ある人物に該当する。その刑法上の懲罰はしばしば行われていない。しかし、そのことから、ニュルンベルクと東京の判決ならびに指摘された第95号決議から離れて関連行動がもはや可罰性なしと結論付けることは許されない。法的な諸根拠ならびに政治的考慮の根拠、あるいは機会の欠落からして訴追が行われない場合だけは、状況が異なり得る。とりわけユーゴスラヴィア及びルアンダのための国連裁判からの平和に対する犯罪の排除は、ニュルンベルク原則からの構成要件の終焉に対する傍証と説明されるべきではない。一方で裁判所設置への刺激はまさに残忍性と内乱から発せられ、従って、この可罰行為が関心の中心にあった。他方で、両紛争には、国際侵略の構成要件の援用では解決できない内乱状況が背景となっていた。とは言っても新たな適用ケースが現れている。サダム・フセイン及びイラクのかつての指導部に対する12の訴因の中で、侵略行為としてのクエートへの侵攻も見られる。

　ともあれ当然のことに、平和に対する国際法的に可罰的な犯罪の内容に関する明確な意見の不一致は、無視されてはならない。そのことは、当然、犯罪構成要件そのものよりは、むしろその詳細な定義に関わっている[33]。ここで諸国及び（有事には罰せられ得る）その代表者達は、とりわけ侵略概念が1974年国連総会の侵略定義の中で行われた一連の拡大に鑑みて、自らの対外政策の過大な制限を恐れていると考えられる。従って、慣習法的承認によって把握されているものは、平和に対する犯罪そのものでも、広義の侵略行為でもなく、その追放が疑念のない中核領域なのである[34]。この中核領域は、攻撃戦争禁止と一致する。その範囲は、現在、とりわけニュルンベルクと東京の判決を先例として指針としなければならない[35]。これを越える侵略もしくは平和の破壊の諸行為は、慣習法的国際刑法の構成要件ではない。

　犯罪構成要件確立を目的とするこのような先例指示は、国際法におけるアングロ・アメリカ支配の表明という間違った解釈をしてはならない。法典法に基く法秩序の中で「罪刑法定（nullum crimen,nulla poena sine lege）」の形式原則が妥当すべきことは、正しい。例外は、不法諸国の刑法上の取組みの論

議対象となっている諸問題が示しているような、大幅な体制転換状況では考えられうる。当然このような法秩序においても、刑法典は、決して絶対的厳密性に到達できないし、裁判所による解釈も、従って、裁判所の判決実践も犯罪構成要件を決定する機能を保持しなければならない[36]（このことが、日本でドイツ刑法以上に該当する事実については、設楽裕文がその報告の中で、説明している）。本質的に慣習法によって刻印されている法秩序においては、法律の形式的留保は、最初から空回りする。ここで国際法は、裁判判決が拘束的先例と看做さないとしても、非法典的国際慣習法（国際司法裁判所規約第38条第1項d）を確認するための補助源泉と看做すコモンローに類似する[37]。法の一般原則としても、刑法における罪刑法定原則は、形式的法律留保の意味で、国際レベルに移転できない。その規定を目的としては、国際司法裁判所規約第38条第1項cと合致して、アングロアメリカ法領域に所属する法秩序を適用すべきであろう[38]。罪刑法定原則が国際レベルにおいて、一定の柔軟性を以って扱われ、しかも扱われなければならないことは、欧州人権裁判所の判例で明らかにされている。とりわけ、S. W. 対連合王国[39]、及びシュトレレッツ、ケッスラー、クレンツ対ドイツ連邦共和国[40]の諸ケースで明らかである。

(2) 国際刑事裁判制度

国際刑事裁判制度については、ニュルンベルクと東京以降、1946年12月の第95号決議の中でニュルンベルク先例のこの次元が国連総会によっても明示的に承認されたにも拘らず、冷戦故に国際刑法の国際刑事裁判的実行の実践用例が欠けた。国際レベルにおける国際犯罪の懲罰は、長期にわたって理論の領域に留まり、しかも良心ユートピア的性格を共有した世界法原理に関する台頭せる論議と部分的に重なり合った[41]。

ここでもユーゴスラヴィアとルアンダのための国連裁判所は、国際刑事裁判所の設置で頂点に達した新たな活性化をもたらした。一定の制限をもって、シエラレオーネのための特別裁判所も国際刑事裁判所の用例に数えることが可能である。

当然のことに、これら全ての裁判所は、構成ならびにその裁判権の正当化

基盤における相違が示されている42)。ニュルンベルクと東京では第二次世界大戦の戦勝諸国が支配し、これが法的疑義の切っ掛けを与えた。これには、小林が深みのある、かつ雄弁な表現を付与している。国連特別裁判所は、その正当性を国連憲章第7章の国連安全保障理事会権限から引き出される、実際に国際的に配置された裁判所である43)。シエラレオーネにおける特別裁判所は、国際化された、つまり一部は国家的に、一部は国際的に配置された裁判所として、条約に裏付けられている44)。しかも新国際刑事裁判所もその正当性を設立規約の中に有し、これによって条約当時諸国の手から受けており、また当然に、その手からのみ受けているのである45)。

　これらのあらゆる相違にもかかわらず、国際刑事裁判所のこれらの諸用例を通した一貫した流れを命名するならば、それは、既に指摘した国際刑法的中核犯罪、つまり、戦争犯罪、人道に対する犯罪ならびに侵略戦争の犯罪であり、これらは、国際刑事裁判所によって判決され得る。もちろん、これは、国際裁判所の排他的権限でもないし46)、また、充分な正当化基盤の創設を不必要としているものでもない。それ自体としては、今日では、一方的服従と並んで、諸条約もしくは国連安全保障理事会の拘束的決議のみが考えられる。慣習法の裏付けのある正当化、とりわけ国際刑事裁判所の正当化は、今日未だに確認できない。

　国際刑事裁判所は、普遍的裁判権からは非常に遠い状態にある。裁判所の裁判権を世界法原理の上に創設するとする、就中、ドイツによって提出されている提案は、実現されなかった47)。従って、国際刑事裁判所もその裁判（管轄）権を国際刑法の伝統的諸原理、つまり領域原理（Territorialitäts-prinzip）と受動的人的原理（Personalitätsprinzip）（国際刑事裁判所規約第12条第2項）から引き出すか、あるいは、個別的に国連安全保障理事会による指示に基づいている（規約第13条b）。この裁判権のこの様な条約拘束性ゆえに、現在では、国際刑事裁判所侵略による戦争の犯罪の判決も排除される。何故なら、ここでこのような犯罪構成要件が存在すると主張されたとしても、国際刑事裁判所は、ローマ規約第5条第2項により、裁判権は全体的に侵略の定義についての合意の留保下にあるからである48)。

Ⅳ　ドイツにおけるニュルンベルク裁判の事後効果

　ドイツにおけるニュルンベルク訴訟の影響は、既に重要な響きを有しなかった。同盟管理理事会は、1945年の終り、ニュルンベルク諸原則を繰り返し、しかもそれを基盤として、手続きが先ずアメリカ軍事裁判所で、そして後にドイツの裁判所で行われた管理理事会第10号法を制定した[49]。これによってドイツ裁判所は、当初からニュルンベルクの伝統路線下に置かれた。「ニュルンベルクの遺産」は、このようにして、新しいドイツ連邦共和国のための「持参金」であることが判明した。

　その際に、諸判決の受入は確かに一様ではなかった。学問的及びジャーナリスト的批判が表明された[50]。時の推移と共に、とりわけ末端のシンパ達にかかわるに連れて、ナチス体制の刑法的検討における熱意も弱まった[51]。フランクフルト・アウシュヴィッツ訴訟（1963-65年）、デュッセルドルフ・マイダネック訴訟（1975-81年）は、卓越した成果と見なすことが可能であった[52]。ドイツの初期におけるニュルンベルク訴訟の正当性ならびに概ね（grosso modo）合法性の公的承認は、ドイツの特別状況によって共同決定されたといえる。つまり新しいドイツは、完全には主権的でなく、しかも、依然として同盟諸国の留保権下にあり、いわば「執行猶予下に」あったのだ。数十年の間に、しかも、事象への大きな距離を以って、これらの承認は、真の「共通理解」（common understanding）となった[53]。公的及び学校[54]やメディア[55]を通じたイメージは、その効果を発揮したように思われる。ニュルンベルク訴訟は、ドイツの今日の集団的記憶において、不法行為としてではなく、（合）法的行為と定着している。

　憲法レベルに関しては既に指摘された基本法第139条の検討が関心の対象となる。この規定によれば、「ナチスと軍国主義からのドイツ人民の解放を目的として」制定された法規定は、基本法の諸規定と抵触しない。その後対象とされなくなった[56]この規定は、確かにニュルンベルク訴訟に関ってはいないが、しかし基本法が如何にして同盟諸国によって創設されたドイツの

戦後秩序に順応させられたかを明確化している[57]。

　ニュルンベルクで糾弾された人道に対する犯罪のドイツ憲法における事後効果は、基本法第1条における人間の不可侵な尊厳保障をもって基本法が開始されていることである。この規定をもって基本法制定会議は、意識的に直前に制定された人権宣言に結びつき、ニュルンベルク訴訟によっても共同刻印された新国際法秩序のコンテキストの中に新たな憲法を設定したのである[58]。

　ある意味で、ここから基本法の国際法への開放に対する刺激が来ている。国際法と国内法の関係への二元主義的発端にもかかわらず、基本法は、「国際法友好的」に形成されている。それはとりわけ、「国際法の一般的諸規定」、つまり国際慣習法及び国際法の一般的法原則を国内法の構成部分と宣言し、しかも、これらの法に法律に対する優位を付与している基本法第25条ならびに全ドイツ法の国際法友好的解釈への義務の中に表明されている[59]。これに加え、基本法第24条は、最初から、高権の国際諸機構への移転を承認している。このための中心的諸理由をヘレンキームゼー憲法（草案）作成会議は以下のように述べている。

　「ドイツ人民は、将来政治の手段としての戦争を放棄し、しかもそこからの帰結を引き出す意志を有する。しかし無防備に他国の権力に晒されない為に、ドイツ人民に平和を保障する集団安全保障体制への連邦領域の受容れを必要とする。この会議の一致した見解によれば、連邦は、平和と欧州関係の永続的秩序の利益のために、このような体制から生ずるその主権関係の諸制約を承諾する意思を持たなければならない。これによってドイツ人民に事前給付が期待されている。ドイツ人民の名において行われたことからして、他の諸国の給付が続くであろう。このような事前給付は適切である。」[60]

　欧州統合共同体に対しては、その後、基本法第23条の新規定をもって、特別規定が行われた。全てこのような予防対策は、必ずしも直接的にニュルンベルク訴訟の影響に起因するとは言い得ないが、しかし、新たな法秩序及び世界秩序へのはめ込み、ならびに、ニュルンベルクで象徴的に裁判対象とされた秩序からの離反に関連している[61]。

9 ニュルンベルクと東京における平和に対する犯罪とその帰結［アンドレーアス・フォン・アルノー］

　これに対して、ニュルンベルク訴訟から直接影響を受けているのが基本法第26条[62] である。
　「(1) 諸民族の平和的共存を阻害し、とりわけ侵略戦争の遂行を準備することに適し、かつそのような意図で行われる行為は、違憲である。これらの行為は処罰されなければならない。
　(2) 戦争遂行に指定されている諸兵器は、連邦政府の許可を伴ってのみ、生産、移送及び取引されることが許される。詳細については連邦法が定める。」
　一方これまで指摘されたがナチス時代にドイツ人によって行われた人道に対する犯罪に対する反応を提示し、しかし、――国際的開放の場合――新たな平和秩序への参加意思を記録しているに対し、ここでは、具体的に平和の阻害が対象とされている。違憲であって、――ここでは刑法的諸要素が続く――処罰対象とされるものは、先ず諸民族の平和的共存を阻害しうる、もしくは阻害する行為である。ここでは、ニュルンベルク諸原則の広く規定された「平和に対する犯罪」へのパラレル（平行）を引き出すことができる。今日的理解によれば、この規定は、国連憲章第2条第4項の包括的武力禁止への導入と解釈できる[63]。更にここでも指摘されるべきは、平和に対する犯罪の本質及び中核としての侵略戦争である。
　従って、この規定の中で意図されているものは、平和に対する犯罪に関する限り、ニュルンベルク諸判決の承認である[64]。そこで基本法は、これらの判決から引き出される学説の中で更に前進している。つまり第1項と第2項は、既に前段階で諸行為を阻止し、かつ処罰することを目標としている。基本法の思考からすれば、諸民族の（相互）理解に反する行動をとる者は、平和を危険に曝し、しかも、侵略戦争のための場を準備する者である[65]。この思考は、基本法第9条第2項にも見られる。つまり、ここでは、「その目的と行動が諸民族（相互）理解に対立指向をする団体」は、禁じられている[66]。
　ドイツの諸ラントの憲法においても、ナチス・ドイツとその責任ある行動者達の犯罪からの比較可能な離脱が見られる。明白にこれを表明しているものは、1946年のバイエルン憲法前文である。

「神なき、良心なき、人間の尊厳の尊重なき国家・社会秩序が第二次世界大戦の生き残り達を導いた瓦礫の地に鑑み、来るべきドイツの世代に、平和、人道及び法の恩恵を永続的に確保する確固たる決意の中で、バイエルン人民は、千年以上の歴史を想い、以下の民主憲法を制定する。」

バイエルン憲法第119条は、諸人種及び諸民族の憎悪を処罰対象にしている。1995年ベルリン憲法第29条も類似的規定が見られ、これに加えて、その第37条は、「ナチス的もしくは他の全体主義的もしくは好戦的目標を追及する」者が言論・集会及び結社の自由の基本権を適用できないと規定している。

全体として成文憲法及び体験憲法におけるドイツの自己理解は、人民殺戮、人道に対する犯罪、戦争犯罪及び平和に対する犯罪の禁止によって刻印された戦後秩序を基盤としている。基本法第26条における刑法への関連付けを以って、(ドイツの) 戦後秩序は、まさに明白に「ニュルンベルク遺産」をも基盤としている。ドイツが国際刑事裁判所の創設に際して演じ[67]、しかも更に演じようとしている[68] 積極的役割は、この歴史的に考察すれば、比較的新しい伝統の中にある。

V 要　　約

ニュルンベルク裁判ならびにその帰結下の東京裁判は、今日の国際刑法において伝説的な地位に到達した。当時有効であった国際法の基準によるその合法性に関する論議にも拘らず、両裁判は、事後に (ex posto) その正当性を獲得した。この現象は、たえず古い慣習法に対する矛盾の中に展開される新たな国際慣習法においては全く異常なことではない。もちろん、いつ古い法が克服され、かつ新たな法にとって代えられたかの確認は難しい。

実体的観点において、ニュルンベルクで断罪された3つの刑事構成要件──戦争犯罪、人道に対する犯罪及び平和に対する犯罪──の中に、今日の慣習法的に承認された国際刑法の母体 (Matrix) が見られる。平和に対する犯罪 (もしくは侵略の犯罪) は、当然「中核的犯罪」、つまり侵略戦争の犯罪に関してのみである。

制度的観点において、ニュルンベルク及び東京裁判は、今日の国際刑事裁判所の先行者とされている。国際刑法の中核犯罪が国際裁判によって断罪されえることが、少なくとも今日慣習法的に確立している。これらの裁判所の裁判（管轄）権は、しかし、充分な正当化基盤、つまり服従、条約もしくは安全保障理事会の拘束的決議を基盤としなければならない。その限りで、裁判権の委譲がない故に、国際刑事裁判所は、今日侵略戦争の犯罪を断罪する権限がない。

ドイツの戦後秩序にとって、ニュルンベルク判決は、国家創設当初から歴史的先験と見なされていた。ニュルンベルク理論の足跡は、多様に、基本法及び諸ラントの憲法に、特に、侵略戦争の準備を憲法的に追放し、かつこれを刑法的に承認している基本法第26条に見られる。公共意識においても今日、ニュルンベルク裁判は、ナチスの不法に対する法的行為として定着し、かつ、国際刑法及び国際刑事裁判制度に対するドイツの態度を刻印している。

1） ここではなかんずく更なる証明を伴って、Gerhard Werle, Völkerstrafrecht, 2003, Rn. 24ff., 1151 ff. 参照。
2） Alfred Verdross/Bruno Simma, Universelles Völkerrecht, 3. Aufl. 1984, §571; Jost Delbrück, in: Georg Dahm/Jost Delbrück/Rüdiger Wolfrum, Völkerrecht, BandI/1, 2. Aufl. 1989, S. 56f. ; Wolff Heintschel von Heinegg, in: Knut Ipsen（Hg.）, Völkerrecht, 5. Aufl. 2004, § 16, Rn. 8 f. ; Wolfgang Graf Vtzthum, in: ders.（Hg.）, Völkerrecht, 3. Aufl. 2004, 1. Abschnitt, Rn. 131f. 従って、氏は、慣習法の「静的」性格と述べている。（前掲 Rn. 136）
3） ISTGH, Urteil vom 7. 9. 1927, PCIJ 1927, Series A, Nr. 10. これについて詳しくは、Philip Kunig/Robert Uerpmann, Jura 1994, S. 186 ff. 参照。
4） 今日では古臭くなった個人の完全な隷属化については、Verdross/Simma（注2）, § 47, 423; Jost Delbrück, in: Dahm/Delbrück/Wolfrum（注 2）, Band I/2, 2. Aufl. 2002, S. 259 f. ; Kay Hailbronner, in: Graf Vitzthum（注 2）, 3. Abschnitt, Rn. 14; Volker Epping, in: Ipsen（注2）, § 7 Rn. 1ff. 参照。
5） Andreas von Arnauld, Völkerrecht, 2005, S. 1f.
6） これについては、Roberto Ago, Science juridique et droit international, RdC 1956 II, S. 851-956, 928 ff. ; Bin Cheng, United Nations Resolutions on Outer Space: "Instant" International Customary Law?, Indian Journal of International Law 5（1965）, S. 23-48, 35ff .; ders., Element(s) of General (or So-called Customary) International

Law, in: Antony Anghie/Garry Sturgess (Hg.), Legal Visions of the 21st Century: Essays in Honour of Judge Christopher Weeramantry, 1998, S. 377-390, 381f. 385.

7) この確認は、長尾龍一の報告における言明にも関わっている。この言明によれば、例外行為がその適正性をいつでも事後に証明している。皮肉なことに、1945年にニュルンベルク訴訟による罪刑法定原則の侵害を非難した（Das internatonalrechtliche Verbrechen des Angriffskrieges und der Grundsatz "Nullum crimen, nulla poena sine lege", 1945, hg. von Helmut Quaritsch,1994, S. 17ff.）カール・シュミットは、この原則をその12年前に、自ら（フランツ・リストの歪んだ変容下に）「国事犯罪人及び国家反逆罪人のマグナカルタ」として厳しく否定した。("Der Führer schützt das Recht", JW 1934, S. 714) このことは、フーベルト・ロトロイトナーもその報告の中で指摘している。この矛盾については、Andreas von Arnauld, Rechtssicherheit, 2006, S. 25 bei Fn. 112. 参照。

8) Otto Kranzbühler, Nürnberg als Rechtsproblem, in: Herrmann Jahrreiß u. a. (Hg.), Um Recht und Gerechtigkeit: Festgabe für Erich Kaufmann, 1950, S. 219-237, 219.

9) 社会に定着している諸神話の正当性設定的機能については、Jan Assmann, Das kulturelle Gedächtnis, 3. Aufl., 2000, S. 75ff., 78ff., 141f., 232ff.; Andreas von Arnauld, Regelentstehung und kulturelles Gedächtnis, in: ders. (Hg.), Recht und Spielregeln, 2003, S. 217 ff. 参照。

10) 例えば、Gerhard Werle (注１), Rn. 14：「出生証明書 ("Geburtsur-kunde")」、「革命的地位 („revolutionäre Position")」

11) M. Cherif Bassiouni, Das Verhältnis von Nürnberg, in: Gerd Hankel/Gerhard Stuby (Hg.), Strafgerichte gegen Menschenverbrechen, 1995, S. 15-38.

12) ニュルンベルク訴訟の回顧的意義については、Martin Hummrich, Der völkerrechtliche Straftatbestand der Aggression, 2001, S. 148. 参照。

13) このような法神話としての決定について詳しくは、Paul W. Kahn, The Reign of Law. Marbury vs. Madison and the Construction of America, 1997 参照

14) François Rigaux; Internationale Tribunale nach den Nürnberger Prozessen, in: Hankel/Stuby (注11), S. 142-168, 142.

15) A/RES/95 (I) vom 11. 12. 1946.

16) A/RES/177 (II) vom 21. 11. 1947.

17) Gerhard Werle (注１), Rn. 40. 国際法委員会の寄与については、Christian Tomuschat, Die Arbeit der ILC im Bereich des materiellen Völkerstrafrechts, in: Hankel/Stuby (注11), S. 270-294. 参照。

18) Otto Triffterer, Bestandsaufnahme zum Völkerstrafrechts, in: Hankel/Stuby (注11), S. 169-269, 175f. 参照。

19) Gesetz vom 20. 12. 1945, Amtsblatt Nr. 3 vom 31. 1. 1946, S. 50ff.

20) District Court of Jerusalem, Urteil vom 12. 12. 1961, ILR 36 (1968), S. 5ff., U. S. Supreme Court, Urteil vom 29. 5. 1962, ILR 36 (1968), S. 277ff.

21) Cour de cassation, Urteile vom 6. 10. 1983, 26. 1. 1984 und 20. 12. 1985, ILR 78 (1988), S. 124ff., 132ff., 136ff. und vom 3. 6. 1988, ILR 100 (1994/95), S. 330ff.
22) High Court, Urteile vom 14. 8. 1991, ILR 91 (1993), S. 1ff.
23) Ontario Court of Appeal, Urteil vom 20. 4. 1992, ILR 98 (1994), S. 520ff.; Canadian Supreme Court, Urtei vom 24. 3. 1994 ILR 104 (1997), S. 284ff.: この訴訟は、証拠不十分からして、無罪を以って終わった。その原因は、裁判所が検察に課した高い証拠負担にあった。
24) Trial Chamber, Urteil vom 7. 5. 1997, Prosecutor v. Djuko Tadić, IT-94-1, §§ 618 ff., 663ff., ILR 112 (1999), S. 1ff., im Internet: http://www.un.org/icty/tadic/trialc2/Judgement/tad-tsj70507JT2-e.pdf（Aufruf April 2006）
25) Géraud de Geouffre de La Pradelle,.：ニュルンベルク諸原則の現代性については、in：Hankel/Stuby（注11）, S. 127-141, 129; Rüdiger Wolfrum, in：Dahm / Delbrück / Wolfrum（注2）, Band I/3, 2. Aufl. 2002, S. 1036; Gerhard Werle,（注1）, Rn. 28 参照。
26) この成立史については、Gerhard Werle,（注1）, Rn. 536ff. 参照。
27) この言い回しについては、Christian Tomuschat, Das Statut von Rom für den Internationalen Strafg Gerichtshof, Die Friedens-warta 73 (1998), S. 335-347, 337. 参照。
28) これについては、Gerhard Werle（注1）, Rn. 1137, 1156, 1173ff. 参照。
29) A/RES/3314（XXIX）vom 14. 12. 1974.
30) 1974年の侵略定義の侵略構成要件への関係については、Otto Trifftrer,（注18）, S. 293ff.; Wolfrum,（注25）, S. 1049. 参照。
31) 区別される見解、Bin Cheng,（注6）, S. 40 参照。
32) Otto Kranzbühler,（注8）, S. 227.
33) 的確にも、Wolfrum,（注25）, S. 1048. 参照。
34) 同様に、Otto Trifftrer,（注18）, S. 204; Yoram Dinstein, War, Aggression and Self-Defence, 3. Aufl. 2001, S. 113f.; Wolfrum,（注25）, S. 1048; Gerhard Werle,（注1）, Rn. 1156（構成要件的前提については、Rn. 1157ff.）; A. A. Wilhelm G. Grewe, Rückblick auf Nürnberg, in: Kay Hailbronner u. a.（Hg.）, Staat und Völkerrechtsordnung: Festschrift für Karl Doehring, 1989, S. 229-249, 243f.; Christian Tomuschat, Das Strafgesetzbuch der Verbrechen gegen den Frieden und die Sicherheit der Menschheit, EuGRZ 1998, S. 1-7, 4f.
35) Allegra Carol Carpenter,The International Criminal Court and the Crime of Aggression, Nordic JIL 64（1995）, S. 223-242, 225f.; Martin Hummrich（注12）, S. 147f.; Wolfrum,（注25）, S. 1050; Gerhard Werle,（注1）, Rn. 1156: 東京裁判における平和に対する犯罪について詳しくは、Philipp Osten, Der Tokioter Kriegsverbrecherprozeß und die japanische Rechtswissenschaft, 2003, S. 87ff. 参照。
36) 例えば、BVerfG, Beschluss vom 23. 10. 1985, BVerfGE 71, S. 108, 114f.; Urteil vom 11. 11. 1986, BVerfGE 73, S. 206, 234f. 参照。
37) 国際法における刑法的合法性原理について詳しくは、Kai-Michael König, Die völk-

errechtliche Legitimation der Strafgewalt internationaler Strafjustiz, 2003, S. 195ff., 199ff. 参照。
38) 正確にも、Kai-Michael König,（注37), S. 199 参照。
39) EGMR, Urteil vom 22. 11. 1995, 20166/92（S. W. /Vereinigtes Königreich), §§ 34 ff.
40) EGMR, Urteil vom 22. 3. 2001, 34044/96 u. a.（Streletz, Kessler und Krenz/Deutschland), §§ 77ff.
41) 例えば、Bernhard Graefrath, Universal Criminal Jurisdiction and an International Criminal Court, EJIL, I（1990), S. 67-88, S. 81 ff.; 史的及び構想的背景については、M. Cerif Bassiouni, Universal Jurisdiction for International Crimes, Virginia Journal of International Law 42（2001), S. 81-162. 参照。
42) より深く、Wolfrum,（注25), S. 1131ff.; Kai-Michael König,（注37), S. 149ff. 参照。
43) より詳しくは、Heiko Ahlbrecht, Geschichte der völkerrechtlichen Strafgerichtsbarkeit im 20. Jahrhundert, 1999, S. 239ff., 307; M.Cerif Bassiouni,（注41), S. 91f.; Gerhard Werle,（注1), Rn. 44ff.; Kai-Michael König,（注37), S. 163 ff. 参照。
44) UN-Doc. S/2000/915, Annex I.: 国際刑事裁判の更なる用例については、Antonio Cassese, International Criminal Law, 2003, S. 343ff. 参照。
45) いわゆる第三者裁判権の論議については、Andreas von Arnauld,（注5), S. 151f. 参照。
46) Gerhard Werle,（注1), Rn. 173, 197f.
47) Sharon A. Williams, in: Otto Triffterer（Hg.), Commentary on the Rome Statute of the International Criminal Court, 1999, Art. 12 Rn. 6ff.
48) 説得的でない論旨としては、Richard L. Griffiths, International Law, the Crime of Aggression and the Ius Ad Bellum, International Criminal Law Review 2（2002), S. 301-373, 313f.: 氏は、ローマ規約第21条 b を基盤として援用しようとする。曰く、裁判所が規約に対して補足的に国際慣習法も援用できる事実は、今や慣習法的に承認されている（争いを回避する為に勧告意見を通して国際司法裁判所によって定義されるべき）侵略の犯罪を理由とする刑事訴追を可能にする。

しかし、規約第21条は、裁判権創設のためではなく、裁判所が自己の管轄の枠内で活動する場合に、如何なる法が適用されるべきかについて規定しているに過ぎない。これと関わりなく規約第5条第2項の交渉条項（clausula de negotiando）は、反対解釈の特別法として対峙している。
49) 詳しくは、Gerhard Werle,（注1), Rn. 33ff. 参照。
50) 既に指摘したカール・シュミットの鑑別書（注7)（Karl Schmitt, Das internatonalrechtliche Verbrechen des Angriffskrieges und der Grundsatz "Nullum crimen, nulla poena sine lege", 1945,); Wilhelm G. Grewe, Über das Völkerrecht des Nürnberger Prozesses, in: Nürnberg als Rechtsfrage, 1947, S. 7-48（mit einem Gegenreferat von Otto Küster); Herbert Kraus, Gerichtstag in Nürnberg, 1947; Otto Kranzbühler,（注8), S. 219 ff.; Hans Heinrich Jescheck, Die Verantwortlichkeit der Staat-

sorgane nach Völkeratratrecht, 1952, S. 414ff.
51) Manfred Kittel, Nach Nürnberg und Tokio: „Vergangenheitsbewältigung" in Japan und Westdeutschland 1945 bis 1968, 2004, S. 48f.
52) これについて詳しくは、Heribert Ostendorf, Die - widersprüchlichen - Auswirkungen der Nürnberger Prozesse auf die westdeutsche Justiz, in: Hankel/Stuby（注11）, S. 73-97 参照。ナチスの殺戮犯罪を理由とするドイツの全ての刑事訴追の収集は、Chrisatian F. Rüter/ Dick W. de Mildt, Die westdeutschen Strafverfahren wegen nationalsozialistischer Tötungsverbrechen 1945-1997, 1998,（刑事訴追の重点一覧、S. IXff.）im Internet: http://www1.jur.uva.nl/junsv/inhaltsverzeichnis.htm（2006年4月現在）
53) ナチスの過去とニュルンベルク裁判の公衆受容れの多様な段階についての高密度の取組（戦後日本との対比）については、Manfred Kittel,（注51）, S. 43ff., 69ff., 139ff., 159ff.; Volkhard Knigge/Norbert Frei（Hg.）, Verbrechen erinnern.2001（なかんずく、東西ドイツにおける記憶史については、Edgar Wolfrum, S. 133-149, 祈念施設及び博物館については、Volkhard Knigge, S. 378-389, 東京裁判の受容れについて詳しくは、Philipp Osten,（注35）, S. 115ff. 136ff. 151ff. 参照。
54) これについては、Edgar Wolfrum,（注53）, S. 137ff.: Manfred Kittel,（注51）, S. 112; モデル的、Heribert Ostendorf,Politische Strafjustiz vor und nach 1945, in: Bundeszentrale für politische Bildung（Hg.）, Kriminalität und Strafrecht（Informationen zur politischen Bildung Nr. 248）, Neuaufl. 1999, S. 17-24（学校授業用）：1982年日本における反動の動きについては、Philipp Osten,（注35）, S. 127. 参照。
55) これについては、Manfred Kittel,（注51）, S. 113ff., とりわけ 159ff. 参照。
56) Roman Herzog, in :Theodor Maunz/Günter Dürig, Grundgesetz: Kommentar, Art. 139 Rn. 4（Stand: 19. Sept. 1981）; Christph Vedder, in: Ingo von Münch /Philip Kunig, Grundgesetz-Kommentar, Band 3, 4. /5. Aufl. 2003, Art. 139 Rn. 1, 5; Gertrude Lübbe-Wolft, in: Horst Dreier, Grundgesetz: Kommentar, Band 3, 2000, Art. 139 Rn. 5
57) これについて詳しくは、Gertrude Lübbe-Wolft,（注56）, Art. 139 Rn. 1ff. 参照。
58) 基本法制定評議会の審議については、JÖR n. F. 1（1951）, S. 48ff.：マンゴルト（Hermann von Mangoldt）は、国連の人権宣言を明示的に指摘した（S. 50）。Matthias Herdegen, in: Maunz/Dürig（注56）, Art. 1 Abs. 1 Rn. 15; Philip Kunig, in: von Münch/Kunig（注56）, Band 1, 5. Aufl., Art. 1 Rn. 43; Horst Dreier, in: ders.（注56）, Art. 1 Rn. 26 参照。
59) これについては、BVerfG, Beschlüsse vom 14. 10. 2004, BVerfGE 111, S. 307, 315ff., vom 26. 10. 2004, BVerfGE 112, S. 1, 24ff. 参照。連邦憲法裁判所における最近の判例の問題は、国際法適合性を「柔らかい」国際法友好性に弱める傾向である。国際法友好性への拡大構想については、Albert Bleckmann, Der Grundsatz der Völkerrechtsfreundlichkeit der deutschen Rechtsordnung, DÖV 1996, S. 137-145 参照。
60) 引用出典：JÖR n. F. 1（1950）, S. 223.
61) Philip Kunig, in: Graf Vitzthum（注2）, 2. Abschnitt, Rn. 11, 14 参照。

62) 基本法制定評議会の本委員会におけるニュルンベルク判決の指摘については、JÖR n. F. 1 (1951), S. 237 参照。
63) Karl-Andreas Hernekamp, in: von Münch/Kunig (注56), Band 2, 5. Aufl. 2001, Art. 26. Rn. 6ff., 23; Ingolf Pernice, in: Dreier (注56), Band 2 1998, Art. 26 Rn. 13, 16
64) Karl-Andreas Hernekamp, (注63), Art. 26 Rn. 1, 22.
65) Karl-Andreas Hernekamp, (注63), Art. 26 Rn. 15.: 基本法第26条の「予防的性格」
66) 両規定の類似性については、Karl-Andreas Hernekamp, (注63), Art. 26 Rn. 1; Philip Kunig, (注61), 2. Abschnitt, Rn. 17 参照。
67) これについては、Hans-Peter Kaul, Auf dem Weg zum Weltstrafgerichtshof, Vereinte Nationen 45 (1997), S. 177-181; ders., Der Aufbau des Internationalen Strafgerichtshofs, Vereinte Nationen 49 (2001), S. 215-222; Herta Däubler-Gmelin, Zur Retifikation des Römischen Statuts für den internationalen Strafgerichtshof durch Deutschland, Humanitäres Völkerrecht 13 (2000), S. 84-86 参照。
68) 最近の政府発言については、Internet: http://www.auswaertiges-amt.de/www/de/ausgabe_archiv?archiv_id=8141, http://www.bundesregierung.de/Artikel/-,413.919884/dokument.htm, http://www.bundesregierung.de/Bulletin/-,413.936102/dokument.htm (2006年4月現在) 参照。

［小林宏晨・天野聖悦 訳］

10　平和に対する犯罪：ニュルンベルク裁判及び東京裁判とその帰結

小 林 宏 晨

Ⅰ　はじめに
Ⅱ　侵略戦争概念：
　　第二次世界大戦まで
Ⅲ　侵略戦争定義の可能性
Ⅳ　ニュールンベルク裁判
Ⅴ　東 京 裁 判
Ⅵ　総 合 評 価
Ⅶ　お わ り に

Ⅰ　は じ め に

　第二次世界大戦が終了して以来既に60年過ぎた現在、いわゆる靖国神社問題は解決していない。周知の如く、わが国の左派系メディア、中国及び韓国・北朝鮮政府が首相の靖国神社参拝に異論を提出している。靖国神社にいわゆるＡ級戦犯が合祀されている事実が参拝反対の理由とされている。国家元首及び政府首脳の靖国神社参拝の中に、復古主義、修正主義もしくは軍国主義までも見出しえるとの論調もみられる。
　いわゆるＡ級戦犯の一部（7名）は、東京（厳密には極東国際軍事）裁判で死刑判決を受け、その後靖国神社に合祀されたが、なかんずく、「平和に対する犯罪」[1]の訴因で断罪された。従って、「平和に対する犯罪」なるものの、法的考察が正当化される。
　占領軍司令長官マッカーサー元帥が制定した極東国際軍事裁判所憲章(1946.1.19) 第5条は、以下のように規定している。
第5条：人並びに犯罪に関する管轄：本裁判所（極東国際軍事裁判所）は、平和に対する罪を包含せる犯罪に付き個人として又は団体構成員として訴追せられたる極東戦争犯罪人を審理し、処罰するの権限を有す。下に掲げる一又は数個の行為は、個人責任あるものとして、本裁判所の管轄に属する犯罪

とする。
　(A)　平和に対する罪　即ち、宣戦を布告せる又は布告せざる侵略戦争、もしくは、国際法、条約、協定又は保証に違反せる戦争の計画、準備、開始、又は実行、もしくは前記諸行為の何れかを達成する為の共通の計画または共同謀議への参加。
　(B)　通常の戦争犯罪
　(C)　人道に対する罪[2]
　従って、本稿は、主にニュルンベルク裁判及び東京裁判で扱われた「平和に対する犯罪」（侵略戦争の計画、準備、開始又は実行もしくは共同謀議）に付いて検討する。

II　侵略戦争概念：第二次世界大戦まで

　19世紀の終りから20世紀初頭においては、依然として戦争への（に訴える）権利（自由）は、戦時法とは異なり、原則的に制限されていなかった。戦争は、依然として原則的に「他の手段による政治の継続」[3]と見なされた。つまり、集団安全保障体制及び戦争に関する超国家的判定機関の欠落は、正当戦争原理の適用ばかりか、侵略戦争の違法化も阻止した[4]。既に国際法学者は、グロチウス以来引き続いた正当戦争・不当戦争の区別の継続的展開を放棄したのだ[5]。
　第一次世界大戦は、しかし戦争に訴える権利の判断を全面的に変化された。
　ドイツ皇帝を戦争責任で罰しようとするアイデアは、既に1918年11月20日の大英帝国閣議で検討された。この決議による委任に基づいた司法大臣スミス卿の鑑別書は、しかし戦争開始責任ではなく、諸条約違反責任でドイツ皇帝を訴追することを推薦した[6]。この鑑別書に基づいて、大英帝国閣議は、「イギリス政府が前（ドイツ）皇帝が国際法に対する犯罪への個人責任を課す権限を有する[7]」との決議を行った。
　しかも1918年12月4日付同盟諸大国間会議（イギリス、フランス及びイタリア）で、全会一致で、ドイツ皇帝を「平和に対する犯罪と戦争犯罪で」同盟

190

諸国裁判で訴追することが決議された[8]）。

　1919年のパリ平和会議で、アメリカ代表は、その本質からして事後（post facto）法でしか在り得ない、新たな刑罰と法を適用すべき新たな裁判所の設置に、アメリカ憲法と文明諸国の諸法と慣習に違反するとして反対した[9]）。アメリカ代表は、その任務枠が戦争の法及び慣習の違反を扱うことに限定すべきことを主張した[10]）。

　結論として、パリ平和会議の名におけるフランス政府のオランダ政府に対する正式のドイツ前皇帝の政治犯としての引渡し要求[11]）に対し、オランダ政府は、オランダ憲法が政治犯を現行引渡しを犯罪構成要件を明示的に規定している場合にのみ許しているが、この規定が無い事ならびにオランダが平和条約当事国でない事を理由に、引渡しを拒否した[12]）。

　国際連盟規約では、戦争が廃止されたわけではなく、むしろ一連の戦争が許容される権利手段と見なされた[13]）。しかも自衛戦争は、禁じられていなかった。

　問題は、更に自衛戦争もしくは侵略戦争の法的定義が連盟規約に存在せず、その判断が個々の連盟加盟国に任されていた事実である[14]）。

Ⅲ　侵略戦争定義の可能性

　パリ不戦条約（1928年）は、第1条で、「締約国は、国際紛争解決の為に、戦争に訴える事を非とし、かつその相互関係において、国家政策の手段としての戦争を放棄することを約し」、第2条で、「締約国は、相互に起こる事あるべき一切の紛争又は紛議は、その起因の如何を問わず、平和的手段によるの外、処理又は解決を求めざる事を約す」と規定している。

　しかしこの条約も国際法的には、概念的に不明確に留まるどころか、侵略戦争を定義もせず、国際犯罪と宣言していない[15]）。これによって、全ての戦争を自衛戦争と宣言する可能性が残されている。なぜなら、戦争を決定する如何なる国家であっても、自らが侵略戦争を行ったことを認めないからである[16]）。

しかもこの条約には、条約違反国に対する如何なる明示的制裁措置も規定されていない。わずかに、その前文での「今後戦争に訴えて、国家の利益を増進せんとする署名国は、本条約の供与する利益を拒否せらるべきものなる事を確信し」との規定は、この条約に違反して戦争を開始した国に対し、他の締約国が合法的に戦争を行う法的可能性を示唆しているに過ぎない。つまり、パリ不戦条約には、実定規範としての意義が大幅に欠けているのである。

Ⅳ　ニュルンベルク裁判

(1) ロンドン4カ国協定（1945年8月8日）

ニュルンベルク国際軍事裁判所がその権限を引き出した法的基盤は、1945年8月8日付4カ国（米、英、露、仏）ロンドン協定である。

しかし、ドイツは、専らドイツ人を被告とするこの裁判所を設立するロンドン協定の締約国ではない。従って、この協定は、ドイツ国家を義務付ける事はできない[17]。

しかも、この裁判所の管轄は、裁判所規約第1条により、「欧州枢軸諸国主要戦争犯罪人の刑罰」に限定され、戦勝諸国の犯罪に対する管轄を有しない。この点からして、この裁判所は、当初から、あらゆる国際犯罪の同等な扱いの原則と相容れない。

しかも、この裁判所は、常設性の欠ける、一定目的からする特別（例外）裁判権のみを行使する裁判所であった。

裁判所は、「平和に対する犯罪」に対する集団責任と個人責任を国際法的に根拠あるものと見なし、その構成要件として「共同謀議」を導入しで、刑罰を科した。

ロンドン4カ国協定締約国の観点によれば、裁判所規約は、「戦勝諸国の裁判権の恣意的行使ではなく、規約創設時に既に存在した国際法の表明であり、その限りの、規約自体が、実定国際法への寄与を意味している[18]」。

(2) 裁判所規約

裁判所規約第6条aは、以下のように規定している。

10 平和に対する犯罪：ニュルンベルク裁判及び東京裁判とその帰結［小林宏晨］

「平和に対する犯罪、即ち、侵略戦争もしくは国際条約、協定、保証に違反せる戦争の計画、準備、開始もしくは実行、もしくは前記諸行為を遂行する為の共同の計画又は共同謀議への参加」

ともあれ、前記条項でも、侵略戦争の定義は行われていない。従って、必要な解釈にとって、その歴史的意味のみが決定的なものとなりえる。しかし、当時であっても、国際法学は、侵略戦争にとって一般的に承認された定義を行っていない[19]。

同様に、前記条項では、「共同謀議」(Conspiracy) の定義も行っていない。この概念は、アングロ・アメリカ法文化に特徴的であって、主にコンツェルンやギャング対策に適用され、大陸法や国際法では、馴染みの薄いものであった[20]。

(3) アメリカの見解

アメリカのジャクソン検事の起訴状は、不当戦争と正当戦争の区別から出発し、前者を不法と見なし、これによって、中世正当戦争理論を復活させ[21]、その裏付けとして、1928年のパリ不戦条約挙げ、この条約の違反を「人類に対する犯罪」と位置付ける。ジャクソン自身、侵略戦争概念の確認の機会が逸した事を認めるが、その原因をこの概念規定の困難性に帰し、訴因の諸点の解釈が裁判を長引かせ、しかも解決不可能な政治的争点に引っ張り込む故に、これを弁護側に認めるべきではないと結論付ける[22]。

更にジャクスンは、個人責任の原理を根拠付ける為に、既に古くから国際法によって可罰的犯罪と見なされている海賊行為を例にあげ、不法な戦争行為も同様であると結論付けた[23]。

海賊行為が慣習法化しているに対し、不法な戦争の犯罪化及び個人責任の慣習法化についての説得的説明が欠けている。

(4) イギリスの見解

イギリスのショウクロス検事の起訴状は、以下の2点に要約される。

① 諸国の戦争遂行の自由は、先ず部分的に国際連盟規約及びその後パリ不戦条約によって排除され、今日においても不変な世界平和秩序の有効な中核である。これによって禁止された戦争は、国際共同体に対する可

罰的不法であり、しかも責任に帰せられる個人は罰せられる。

② 平和を破壊した個人に対する刑事訴追は、新規であるが、道徳的に奨励されるばかりか、法実現過程において既に時宜に合っており、それどころか新たな法事態からの論理的帰結である。裁判所規約は、新法を設定している印象を与えているに過ぎない[24]。

更にショウクロス検事の結論は、「世界の諸人民がパリ不戦条約によって戦争を決定的に追放し、しかも犯罪とした」[25]ので、裁判所規約が法律に他ならないのだ[26]。

ここでは、法律 (lex) が厳密に、国家によって設定された規範、つまり国家法と考える大陸法思想とは異なり、イギリス法思想は、"lex" の意味における法律に、道徳及び公序良俗の規範も含まれるとの見解を採っている。この見解の相違と訴追対象の敗戦国の個人への限定が究極的の「勝者の裁判」に導く危険を含むことになる。

(5) 弁護側の見解：ヤールライスの見解

ヤールライスにとって、この訴訟の大きな法的基本問題は、世界秩序に対する大逆としての国際法的に禁じられた戦争、平和の破壊である。

なおここでは、道徳や人類の発展の名において要求されているべき法の問題ではなく、現行法の問題を扱うべきことが強調された[27]。

しかも裁判所規約は、諸国間の平和の破壊を理由として個人を罰しようとし、しかもこの裁判所は、あらゆる法的考察によって検証され得ない土台としてこの規約を受け入れている[28]。

ヤールライスは、確かにパリ不戦条約までは戦争が国際法の制度であったが、それ以降には国際法秩序に対する反逆となったとの見解が全世界の政治家及び法理論家によって分かち合われ、ニュルンベルク訴状の基本見解となっている[29]事実を認める。

しかし、現実に戦争は、国際連盟加盟諸国にとって、個別的にのみ禁止され、依然として紛争解決の通常手段に留まった。国際連盟は、真の平和秩序への指導機関となりえないばかりか、古い体制への後退に対するブレーキともなり得ないことを証明した[30]。

第二次世界大戦前には、全集団安保体制が崩壊し[31]、しかもこの事実が全世界に認識され、更にこれに加えて、この事実が1939年9月、三大国（米、英、ソ連）によって、明示的に、もしくは行動によって示された[32]。
　ヤールライスによれば、パリ不戦条約に関して、国際法学者間に意見の一致している点は、自衛戦争があらゆる国家の不可譲の権利であること、この権利なしには主権が存在しないこと、しかもどの国家も自らが個別的に自衛戦争を遂行しているか否かについて唯一の判定者であることである[33]。
　ケロッグ・アメリカ国務長官は、交渉相手9カ国に対し、1928年6月25日付書簡で以下のように述べている。
　「自衛権は、全ての主権国家の本質に属し、しかもあらゆる条約で前提とされている。各国は、自らが自衛を根拠として戦争に訴えなければならない状況に置かれているか否かについて決定する唯一の権限を有する[34]。」
　ヤールライスによれば、少なくとも1939年よりも数年前に、国際生活の現実において、禁止された戦争に関する有効な一般的国際法規定が存在しなかったし、しかも、指導的政治家及び諸民族の意識の中で、このような一般規定は、存在しなかった[35]。
　更にヤールライスは、条約を破ることを理由とする国家の可罰性を否定し、ましてや、それ以上に個人の可罰性を否定する。
　現行国際法によれば、条約を破ることは、他の国際法違反と変りがない。条約を破った国家は、国際的不法行為を構成しても、可罰行為は構成しない[36]。
　いずれにせよ、集団安全保障の普遍的価値システムを法的に組織する（国際連盟の）試みは失敗に帰したのである[37]。
　ヤールライスによれば、ある国家の個別ケースで有効な不戦条約に違反して攻撃を始める行為は、国際法的不法行為を犯したことになる。この行為に国際法的不法行為に関する国際法規定が適用される。しかし、この行為の責任主体は、国家ではあっても個人ではない。これが現代国際法の原則である。個人責任の追及は、諸国家の主権が全国際秩序の基本的組織原理である限り行い得ない[38]。

一般的世界法が国際法的に禁じられた戦争の計画、準備、開始及び遂行に参加した人々を刑事裁判所で訴追するならば、国家の存在問題に関する最終決定が超国家的統制下に置かれることになる。その際に国家は既に主権的とは言い得ない。

ハンス・ケルゼンは、1943年終りの著書で、平和の破壊問題において、現行国際法によって、個人の可罰性が存在しないこと、しかも主権故に存在し得ないことを再三にわたって繰り返した[39]。

当然国家行為は、人間の行為であるが、しかし、国家行為であって、その諸機関による国家の行為は、ミュラーやシュミットの私的行為ではない。個々人を戦争と平和に関する決定故に、法的に断罪する現訴追行為は、欧州史の観点からして、国家の「私有化」であり、精神における国家破壊を意味する。このような訴追は、主権の本質に反し、大抵の欧州人の感覚と相容れない[40]。

ヤールライスによれば、裁判所規約の諸規定は、原則的に新しいものを創設し、革命的であり、主権的諸団体の並存の法たる国際法の基盤を否定し、世界国家の法を先取りする。多分これらの諸規定には、諸民族の希望と希求の中で、未来が属している。

しかし、これらの規定の中に、国家間の戦争と平和に関する法は、その場を見出さなかったし、しかも見出し得ない。これらは、遡及力を伴う刑法なのである[41]。

(6) 判決

国際軍事裁判所の根拠付けは、侵略戦争の不法性の確認と当事者の不法意識から始まる。曰く、1928年のパリ不戦条約以来少なくとも侵略戦争は、「不法」である事実は否定できない。パリ不戦条約は、侵略戦争の犯罪的性格の原則を設定し、しかもその限りで、この国際条約の調印者達は、国際社会にとって拘束性のある立法機能を行使した。被告人の誰もが、他国に対する侵略戦争が一般的に宣言された国際法的犯罪と宣言された国際法の新たな構想を自己の意識の中で受け入れたことを否定できない。

「被告人は、ドイツ政府の中で有した地位に鑑みて、国際紛争解決の手段

としての戦争が不法であると宣言されたドイツが調印した諸条約について知っていなければならなかった。彼等は、完全に意識した侵略の意図を以って国際法に反する行為を行ったのだ。[42]」

裁判所は、再三にわたって国際法的裁判の国内刑事裁判との相違について指摘し、しかも、国際的空間で展開され、かつ慣習化される諸規範が立法者に欠けている現状からして、国内法以上に一般的かつ寛大に扱われなければならないとの証明を試みた[43]。

更に裁判所は、「罪刑法定原理（nulla poena sine lege）」が一般的に妥当する法規であり、かつ国際法を提示しいているとの考えを明白に否定した[44]。ここに裁判所が英米法の影響下に置かれている事実が明確に示されている[45]。

遡及禁止にこの裁判所で考慮されなかったことは、以下の主張から知られる。

「裁判所規約が侵略戦争もしくは国際条約に違反する戦争の計画及び遂行を犯罪と宣言している。従って、侵略戦争がロンドン協定前に犯罪であったか、しかもどの程度でであったかについて検討することは必ずしも不可欠ではない。これに関する法律問題の重要性に鑑み、裁判所は、検察側と弁護側の詳細な説明を聞いたので、この事項につき自らの見解を述べる[46]」。

つまり裁判所にとっては、規約の規定だけで、この規約に規定された国際犯罪の遂行を理由とした被告人の断罪にとって拘束的かつ充分な法基盤なのである[47]。

裁判所の見解によれば、裁判所規約は、この制定時点で有効な国際法の表明であり、従って、その限りで国際法への自らの寄与を意味する。しかしこの事実は、この規約のみが刑罰の法基盤であると見なされる状況に対しては、副次的意味しか持たない[48]。

結局裁判所は、専ら規約を法基盤とする事によって、この遡及法律を適用した。つまり、この規定がこの制定以前に行われた行為に対して適用されたのだ[49]。

弁護側が強調した罪刑法定原理が国内法及び国際法で有効である事実を無

第Ⅲ部　公法部門

視したことに対する裁判所の理由付けは、裁判所の以下の主張から帰結される。

「先ずは指摘されるべき事項は、『罪刑法定』の法規定が、主権の制限を設定しているのではなく、全く一般的正義の原則であることである。諸条約の違反下に隣国を警告なしに攻撃する者を罰することが不公正であるとの主張は、間違っている。何故なら、このような状況下において攻撃者は、自らが不法を行っていることを知っており、しかも、彼を罰することが不当ではなく、その邪悪な行為を罰しないことこそがむしろ不当なのだ[50]」

裁判所が適用する規約の立法者としての戦勝国の権限は、判決の以下の理由付けから帰結される。

「規約の適用は、ドイツが無条件降伏した諸国による主権的立法権の行使の中で行われ、しかも、占領地域の為に法律を制定する前記諸国の疑いなき権利は、文明世界によって承認されているところである[51]。」

「裁判所規約は、戦勝諸国による恣意的権力行使ではなく、規約制定時に存在する国際法の表明であり、その限りで、それ自体、国際法への寄与を意味する[52]。」

ニュルンベルク国際軍事裁判所の判決が、将来の国債軍事裁判制度への本質的寄与をなしたか否かに付いては、多分に疑問が提示されるが、しかしこの点に付いては、後に検討したい。

V　東京裁判

(1)　東京裁判管轄権の法的根拠

ニュルンベルク裁判の管轄権の法的根拠がロンドン４カ国協定であったに対し、東京裁判の管轄権の法的根拠は、占領軍司令長官の発した「極東国際軍事裁判憲章」であった。つまり、多少の地域的修正を加えた、ロンドン４カ国協定のコピーであった。

憲章第５条は、「人並に犯罪に関する管轄」につき、

「本裁判所は、平和に対する罪を包含せる犯罪に付個人として又団体構成

員として訴追せられたる極東戦争犯罪人を審理し、処罰するの権限を有す。

下記に掲る一又は数個の行為は、個人責任あるものとし、本裁判所の管轄に属する犯罪とす。

(イ) 平和に対する罪　即ち宣戦を布告せる又は布告せざる侵略戦争、若は国際法、条約、協定又は保証違反せる戦争野計画、準備、開始、又は実行、若は上記諸行為の何れかを達成する為の共同の計画又は共同謀議への参加、……

(ロ) 通常の戦争犯罪

(ハ) 人道に対する罪……」

ニュルンベルク裁判所規約におけると同様に、前記条項でも、侵略戦争の定義は行われていない。従って、必要な解釈にとって、その歴史的意味のみが決定的なものとなりえる。しかも、国際法学が、侵略戦争にとって一般的に承認された定義を行っていないかった事実については既に述べた[53]。同様に、前記条項では、「共同謀議」(Conspiracy) の定義も行っていない。この概念は、アングロ・アメリカ法文化に特徴的であって、主にコンツェルンやギャング対策に適用され、大陸法や国際法では、馴染みの薄いものであった[54]。つまり、国際法の適用というよりは、戦勝諸国法文化の適用を意味していた。

前記の裁判管轄に対しては、既に冒頭で、弁護側から動議が提出された[55]。曰く、

① 当裁判所は、平和に対する罪、人道に対する罪について裁く権限がない。

② 当判所管轄は、連合国が1945年7月26日付ポツダム（降伏勧告）宣言に含まれる、連合国の捕虜に対して残虐行為をなしたる者を含む全ての戦争犯罪人に対して峻厳なる裁判が行われるべし、という条規を根源としている。

③ ポツダム宣言は、同年9月2日付降伏文書で確認・受諾された。両文書は、連合国及び日本国双方を法的に拘束する（つまり無条件降伏ではなく、条件付降伏！）。

④　当裁判所は、つまりポツダム条項における戦争犯罪人についての裁判を行うことができても、同条項で戦争犯罪人と称せざる者の裁判をなす権限を持たない。

⑤　連合国は、憲章にある「平和に対する罪」、及び「人道に対する罪」に付いて起訴する権限を持たない。従って、連合国によって委任された最高司令官もその権限を持たない。自己の有せざる権限を他人に与えることあたわずとの法律格言は、国際条約解釈にも妥当する。

⑥　裁判所管轄において決定的な点は、ポツダム宣言（1945年7月26日）時点で、当事諸国が何を「戦争犯罪」と考えていたかを決定することである。

⑦　戦争犯罪とは、結局、戦争の法規、慣例（ius in bello）を犯した罪という意である。

⑧　平和に対する罪、つまり戦争自体を計画すること、準備すること、始めること、イニシエーティング，ウエージングそれ自体（ius ad bellum）を罪とすることは、1945年7月当時の文明国共通の観念ではない。

⑨　従って、裁判所規約は、「事後」法で、不法である。

この動議は却下され、その理由は、その時点後2年6カ月後の「判決」に留保された。

1948年11月1日付判決は、なかんずく、以下の根拠を述べる。

①　裁判所条例は、戦勝国側で権力を恣意的に行使したものでなく、その判定の当時に存在していた国際違法を表示したものである。

②　問題は、パリ不戦条約（1928年）の法的効果が何であったかということでもある。ニュルンベルク裁判では、この不戦条約違反行為を犯罪と見なした。

③　当裁判所は、ニュルンベルク裁判所の以上の意見とその意見に到達するまでの推論に完全に同意する。

裁判管轄の根拠についても、東京裁判が、全くニュルンベルク裁判のコピーであることが判明した。

(2) 起　訴　状

戦勝11カ国よりなる裁判所で、1人の主席検察官（キーナン）と11名の参与検察官よりなる検察団は、以下の起訴状を発表した。
① 1928年1月1日から1945年9月2日に至る期間に、日本政府を牛耳った「犯罪的軍閥」の「政策は、重大なる世界的紛議及び侵略戦争の原因たると共に平和愛好諸国民に利益並に日本国民自身の利益の大なる毀損の原因を成した。」
② 被告たちは侵略戦争の準備・遂行のための一つの共同謀議に加わった。
③ 共同謀議の「主たる目的は侵略国家による世界の支配と搾取との獲得及びこの目的の為本裁判所条例中に定義された平和に対する罪、戦争犯罪並に人道に対する罪を犯し又は犯す事を奨励するところにある。」
④ 被告たちは、「侵略戦争の計画、準備、開始乃至遂行を意図し且之を実行し（平和に対する罪）且通例の戦争犯罪や人道に対する罪も犯した。」

起訴状には55の具体的訴因が記載され、このうち、36が平和に対する罪、16が殺人、3が通例の戦争犯罪と人道に対する罪であった[56]。

(3) 判　　決

1948年11月4日から12日にかけて読み上げられた判決は、先ず自己の管轄に対する異議申立を退け、18カ年（1928年1月－1945年9月）に渡る日本の行動の事実（共同謀議）を認定し、個々の被告の罪状を明らかにした。

再び、弁護側の主張と判決を対比しよう。
① 弁護側：連合国は、最高司令官を通じて、「平和に対する罪」裁判所規約に含める権能を持たない。
　　判決：パリ不戦条約は、「政策の手段として」戦争に訴えることを「国際法上の不法」とした。
② 弁護側：侵略戦争は、それ自体不法ではなく、国家的政策野手段としての戦争を放棄したパリ不戦条約は、戦争犯罪の意味を広げず、犯罪としていない。
　　判決：侵略戦争は、ポツダム宣言のはるか以前に国際法上の犯罪であった。

③ 弁護側：戦争は国家の行為であり、これに対し、国際法上の個人責任はない。
　　判決：犯罪は個人責任を伴う。
④ 弁護側：裁判所規約の規定は「事後」法であり、不法である。
　　判決：遡及的（事後の）立法禁止は「主権を制限者でなく、一般的正義の原則で」あり、侵略国が「罰せられないで済まされる」ことは、より大きな不正である。
⑤ 弁護側：ポツダム宣言は通例の戦争犯罪のみを訴追され得るとした。
　　判決：平和に対する（侵略戦争）の罪は、ポツダム宣言以前に国際法上の犯罪であった。
⑥ 弁護側：交戦中の殺害行為は、殺人ではない。
　　判決：戦争が不法と認定されなかった場合、殺人という起訴事実は、不法な戦争野遂行という自訴事実と共に成立しなくなる。他方、その戦争が不法と認定されれば、それに伴って、戦争地域内の全ての場所と戦争期間を通じる全ての時期とにおいて、不法な殺害行為が生ずる。

　結論として、判決は、侵略戦争を遂行する共同謀議が存在し、侵略戦争が遂行された。日本の責任ある指導者たちは、捕虜の福祉を完全に無視したとした。

　25名の被告のうち、2名を除く全員が「侵略戦争を遂行する共同謀議に付いて有罪」とされた。絞首刑を宣言された7名のうち、松木大将のみは、平和に対する罪ではなく、通常の戦争犯罪で断罪された。

　判決は、11名の裁判官のうち、8名の賛同を得た。この8名のうち、2名（オーストラリアとフィリッピン）は、特定問題について、個別意見を提出した。反対した3名の裁判官（インド、フランス、オランダ）は、それぞれ個別意見を提出した。

　とりわけインドのパル判事は、共同謀議はいずれも立証されなかった、証拠規則が検察側に有利に曲げられた、侵略戦争は国際法上の犯罪ではない、通例の戦争犯罪さえも充分に立証されなかった、戦争責任は、国家に帰属し

ても、個人には帰せられない、従って全被告が全ての訴因について無罪であると主張した[57]。

VI 総合評価

ニュルンベルク裁判及び東京裁判に対しては、原則的に以下の疑義が提出される。

(1) ドイツ軍の無条件降伏もしくは日本の条件付降伏に際しても、占領法に対する国際法的誓約が存在する。占領国の権利は、戦時国際法を基盤とする。占領軍は可能な限り被占領国の法規を尊重しなければならない。占領法規も国際法の基づかなければならない。

(2) ドイツにおけるドイツ人に対する裁判も、日本における日本人に対する裁判も占領法規に基づくものでなければならない。

(3) ニュルンベルク裁判も東京裁判も占領法規を超えてドイツもしくは日本を法的に拘束する国際法的機関ではない。1945年8月8日のロンドン4カ国協定は条約当事国4カ国を拘束するが第三国たるドイツを法的に拘束しない（Pacta tetertiis nec prosunt nec nocent）。占領軍司令長官（SCAP）が制定した極東国際軍事裁判憲章は伝統的占領法規を遥かに超えている。

(4) ニュルンベルク裁判が戦勝4カ国の共同裁判であり、東京裁判が11カ国の共同裁判であることは事実である。しかし、4カ国もしくは11カ国の共同行為には、それぞれの戦勝諸国が持つ以上の権利は与えられていない。

(5) 戦勝国の裁判所として、ニュルンベルク裁判所もしくは東京裁判所は、本来的戦時国際法上の意味における戦争犯罪に対する裁判権のみを有するのであって、それ以上の権限を持たない。戦時国際法には「平和に対する犯罪」の概念は存在しない。

(6) 戦時国際法の適用に際しては、相互主義が適用されなければならない。自己の戦時国際法違反（例えば無差別爆撃或いは原爆投下）は断罪せず、

敗戦国の戦時国際法違反のみを断罪することは、「相互主義」の原則に違反する。ポーランドを分割し、フィンランドに侵略し、領土を併合し、バルト三国を併合し、中立条約にもかかわらず、満州で日本軍に攻撃を仕掛け、婦女子を暴行し、南樺太を含む北方領土を日本から取り上げ、日本軍60万人以上を不当に捕虜として強制収容所で強制労働させた（この内6万人以上が死亡）ソ連が、日本を裁く東京裁判に裁判官を送ることは言語道断で、国際法に対する嘲笑を意味する。ソ連の参加する裁判の管轄そのものに疑問が提示され、その無効が推定される。両裁判は、侵略戦争の犯で断罪されることを回避しようとする者が、その戦争勝利しなければならないことを示している。何故なら、両裁判は、侵略戦争そのものではなく、敗戦した侵略戦争を断罪したからである[58]。

(7) アングロ・サクソンの法的伝統である検察側と弁護側の平等の原則は、ニュルンベルク裁判でも東京裁判でも無視された。両裁判所では、弁護側の証拠採用が裁判所によって大幅に阻害された。

(8) これに対し、一般国際法化していないアングロ・アメリカ法文化に特有の「共同謀議」が適用された。

(9) 先進諸国裁判では、被告は、判決までは無罪の推定が成り立つ。しかし、ロンドン協定及び極東国際軍事裁判憲章では、既に被告が「主要戦争犯罪人」と標示されている。つまり犯罪者の処罰が予め決定され、後は裁判の外見を纏った戦勝諸国のリンチ行為の印象が拭い難い。

(10) 「平和に対する犯罪」は、当時の有効な国際法ではなかった。ロンドン協定第6条a（極東国際軍事裁判所憲章第5条「イ」）に従い、「侵略戦争の計画、準備、開始、実行の為に」「共同謀議」を行ったことが犯罪構成要件とされた。

しかし国際法は、1945年までのも、更にそれ以降も、「侵略戦争」を、その責任を有するとされる政府の構成員もしくは全ての参加者に対する刑事訴追を可能にする可罰的犯罪とはしていない。

ニュルンベルク裁判所は、1928年付パリ不戦条約を「平和に対する犯罪」の準拠法としている。結論として裁判所は、「世界の良心から要求

される侵略戦争の禁止は、裁判所が指摘した多くの諸条約の中に表明されている。」と述べている。この結論は曖昧で、厳密な法的裏付けに欠ける。その証拠にパリ不戦条約以外具体的に有効な条約のただ一つも挙げられていない。

確かに侵略（国策の手段としての）戦争がパリ不戦条約によって不法化され、この国際法違反が一般国際法によって、国家責任を誘発するとしても、これによって、責任機関（個人）の可罰性は発生しない。

このような個人責任は、国際慣習法や条約によって導入することは確かに可能であるが、裁判の時点ではこの種の国際慣習法も条約も存在しなかった。

従って、ロンドン4カ国協定（及び極東国際軍事裁判憲章）は、国際慣習法及び条約の確認とは認められない。

ニュルンベルク及び東京裁判以降、1974年に至るまで、国際連合は、「侵略」定義にさえ成功していない。しかも、国連総会で一国の反対もなく宣言された「侵略」の定義条項には、侵略戦争遂行機関（個人）の処罰規定は規定されていない。

更に、1998年付国際刑事裁判所に関するローマ規程は、確かに、その第5条第1項（裁判所の管轄に関する犯罪）で裁判所の管轄権が、重大な犯罪に限定されるとして、(a)集団殺害罪、(b)人道に対する罪、(c)戦争犯罪、(d)侵略の罪を挙げている。

しかし、同条第2項で、「裁判所は、侵略の罪については、この犯罪を定義し、かつこの犯罪に関する管轄権を裁判所が行使する条件を定める規定が、採択された後に、管轄権を行使する。このような規程は、国際連合憲章の関連する条項と両立するものでなければならない。」と規定されている。

つまり、「侵略の罪＝平和に対する罪」の適用は、20世紀の終りに無期限延期されたのである。つまり、平和に対する犯罪（侵略戦争遂行の犯罪）で、当面は個人責任の追及ができないことを意味している。その行為がいかに公共良心、国際良心、国際道徳に反し、唾棄すべき行為であっても、「平和に対する犯罪」は、現在でも、裁判所で、追及できる可罰行為とは看做されていないのだ。

それでは、ニュルンベルクと東京の裁判における「平和に対する犯罪」の適用とは一体何であったのだろうか。

Ⅶ　お わ り に

結局、ニュルンベルクと東京の裁判は、同様に、「罪刑法定主義」の違反の域にさえ達していない。何故なら、罪刑法定主義違反とは、「過去の行為を後の法で処罰すること」である。しかし、両裁判所は、「過去の行為を後の（そもそも存在しない）法によって処罰したからである[58]」。

この両裁判所の判決は、国際裁判の形式は採っているが、未だに存在しなかった法を適用したことからしても、まさに戦勝諸国による、法治国家以前の、そして、戦時国際法にも違反する報復行為に他ならない。

両裁判所の判決50年後の国際刑事裁判所規約において、平和に対する（侵略戦争の）罪が、依然として、適用外に置かれている現状は、当時の両裁判が国際法を適用しなかった事実の間接証拠を形成していることになる。

従って、なかんずく「平和に対する犯罪」によって断罪されたいわゆるＡ級戦犯は、国際法的にも、日本国民にとっても、「犯罪人」ではなく、戦没者として遇されるべきであり、国家もそのように遇している。

従って、国家元首及び政府首脳による靖国神社参拝は、憲法・国際法違反でないばかりか、行われるべき最低限の国家責務である。

日本が歴史的に過去の反省を行うべきものならば、じっくりと時間を掛けて、日本の過去のおける「帝国主義政策」及び「植民地主義政策」と取り組むことは必要であろう。

その際に欧米諸国の「帝国主義・植民地主義政策」との比較を行うことも、ある種の客観化のためには必要であろう。

しかし、東京裁判史観の根底となった「平和に対する犯罪」つまり、「侵略戦争の計画、準備、開始、実行の為に」「共同謀議」を行ったことの「個人責任」を戦後60年にして認め、これを理由として、ソ連も参加した戦勝国による、いわゆるＡ級戦犯断罪の正当性を承認することはしてはならない。

このような行為は、戦勝諸国の不法行為の事後承諾を意味する。

確かに周辺諸国との和解は必要である。しかし、このような形式での和解は、将来に禍根を残すことになる。

1) 松井石根大将のみは、「平和に対する犯罪」の訴因ではなく、「条約無視の責任無視」で死刑判決を受けた。児島襄「東京裁判」(下)(中公新書248)、1971、173頁参照。
2) 東京裁判における「A級戦犯」(主要戦犯)は、いわゆるB、C級戦犯も存在する事実からして、多分この第5条(A)「平和に対する犯罪」から派生した概念と推定される。
3) Clausewitz, Vom Krieg, I, S. 25.
4) Eberhard Schlepple, Das Verbrechen gegen den Frieden und seine Bestrafung, Frankfurt a. M. 1983 (Druck seiner Dissertation vom 1949), S. 15. 参照。
5) Clyde Eagleton, An Atempt to define Aggression, in: International Conciliation, No. 264, 1930, p. 585. „Thus, at the beginning of the present centurythe effort to fix responsibility off war, to say in which cases it was legal and in which it was illegal, seemed to have been abandoned;.."
6) Lloyd George, The Truth about the peace treaties, London 1933, S. 103ff.
7) "that, so far as the British Gogernment has the power, the ex-kaiser should be hald personally responsible for his crimes against international law." Lloyd George (注6) (1933), S. 114. 参照。
8) Lloyd George, 注6) (1933), S. 145f. 参照。
9) Kraus-Rödiger, Urkunden zum Friedensvertrag von Versailles vom 28. 6. 1919, I u. II. Teil in: Kommentar zum Friedensvertrag von Schücking, Berlin 1920-21. II, S. 1327. 参照。
10) Kraus-Rödiger, (注9) (1920-21), II, S. 1328. 参照。
11) Herrmann Siebenhaar, Der Begriff des politischen Delikts im Auslieferungs-Recht, Diss. Berlin 1939, S. 45f. 参照。
12) Maurice Travers, Le Droit pénal international et sa,ise en oeuvre en te, ps de Paix et en te, ps de guerre, Paris 1921, Tome IV, pp. 526ff. 参照。
13) Hans Wehberg, Das Problem einer internationalen Polizei,Berlin 1935, S. 12. 参照。
14) Hans Wehberg, (注13), S. 44ff.
15) Clyde Eagleton, (注5), S. 607; James T. Shotwell, Der Krieg als Mittel nationaler Politik, Stuttgart 1930, S. 142. 参照。
16) Clyde Eagleton, (注5), S. 607; E. Schlepple, (注4), S. 41. 参照。
17) Schick, AJIL, 1947, S. 778f.; Erhard, Der Nürnberger Prozeß gegen die Haupt-Kriegsverbrecher und das Völkerrecht, SJZ, 1948, Sp. 355f. 参照。

18) Das Urteil von Nürnberg (=Urteil), Baden-Baden 1946, S. 58; Balazs, in: Friedenswarte 1946, S. 369ff.; Q. Wright, War Crimes under International Law, in: The Law Quart. Rev. Bd. LZII, Jan. 1946, S. 41. 参照。
19) Herbert Kraus, Gerichtstag in Nürnberg, Hamburg 1947, S. 5. 参照。
20) Adolf Schönke,Einige Bemerkungen über die conspiracy im englischen und amerikanischen Strafrecht, in: Deutsche Rechtszeitschrift (DRZ), 1947, S. 331; dens., Materialien zum englisch/amerikan. Strafrecht, 4. Beiheft zur DRZ, Aug. 1948. 参照。
21) „Opening Statement for the USA ": dt. Fassung:" Grundlegende Rede von Robert Jackson'Dokumente der Zeit,Verlag "Das Forum" Frankfurt a. M. 1946, S. 58. "The reestablishment of the principle that there are unjust wars and that unjust wars are illegal is traceable in many steps."
22) Robert H. Jackson, The Case against the Nazi War Criminals, New York 1946, S. 78. "Would prolong the trial and involve the Tribunal in unsoluble political issues."
23) R. H. Jackson, (注21), S. 65.
24) Hartley Shawcross, Nürnberg. Die Rede des englischen Hauptanklagever-treters, Hamburg 1946; E. Schlepple, (注4), S. 72.
25) Hartley Shawcross, (注24), S. 22.
26) フランス及びソ連の見解については、E. Schlepple, (注4), S. 74 - 77. 参照。
27) H. Jahrreiss, Der Bruch des zwischenstaatlichen Friedens und seine Strafbar-keit, Plädoyer, Nürnberg 1946, S. 1f.
28) H. Jahrreiss, (注27), S. 2.
29) H. Jahrreiss, (注27), S. 5
30) Jean Ray, Commentaire du Pacte de la Société des Nations selonla politique et la jurisprudence de orgqnes de la Société, Paris 1930, p. 74 参照。
31) 集団安保体制の崩壊と大国の責任については、なかんずく、Fenwick, International Law and Lawless Nations, AJIL, Vol. 33, 1939, p. 734-745. 参照。
32) H. Jahrreiss, (注27), S. 7.
33) H. Jahrreiss, (注27), S. 12.
34) „The right of self-defense is inherent in every sovereign state and is implicit in every treaty. Every nation alone is competent to decide whether circumstances require recourse to war in self-defense." AJIL, Vol. 22, 1928, p. 161. アメリカ上院におけるパリ不戦条約の扱いについては、H. Jahrreiss, (注27), S. 13f. 参照。
35) H. Jahrreiss, (注27), S. 19.
36) John Fisher Williams,Sanctions under the Covenant, in: BYIL, 1936, S. 130f.; Hans Kelsen, Collective and Individual Responsibility, 1943, p. 531. 参照。
37) H. Jahrreiss, (注27), S. 20.
38) H. Jahrreiss, (注27), S. 20f.
39) H. Kelsen, (注36), S. 534, 538 ff.

40) H. Jahrreiss,（注27），S. 22.
41) H. Jahrreiss,（注27），S. 23.
42) Das Urteil von Nürnberg:Grundlage eines neuen Völkerrechts, Baden-Baden 1946（=Urteil）, S. 59.
43) Eberhard Schlepple,（注４），S. 82f.
44) Eberhard Schlepple,（注４），S. 161; Hans Kelsen, Peace through Law, Chapel Hill 1944, S. 87f.; Gross, in: A. P. Sc. R. Vol. XLI, April 1947, No. 2, S. 223; Glaser, in: Rev. Dr. p. et Crim. 28, Ann. Dez. 1947, Nr. 3, S. 230ff.; ders., La Charte du Tribunal de Nuremberg et les nouveaux principes du droit international, in: Schw. Zeitschr. f. Str. 63, Jahrg. 1, Heft, S. 13ff.
45) H. Donnedieu de Vabres, Le procès de Nuremberg : Extrait de la Rev. d. dr. p. et de dr. drim., Mars 1947, S. 2 参照。
46) Urteil,（注42），S. 59.
47) Urteil,（注42），S. 14, 58.
48) Urteil,（注42），S. 21.
49) Eberhard Schlepple,（注４），S. 84. 参照。
50) Urteil,（注42），S. 59.
51) Urteil,（注42），S. 58.
52) Urteil,（注42），S. 58.
53) Herbert Kraus,（注19），S. 5. 参照。
54) Adolf Schönke,（注20），S. 331 参照。
55) 清瀬一郎『秘録東京裁判』1986、46頁以下参照。
56) リチャード・H．マイニア『東京裁判　勝者の裁き』1985年、44頁参照。
57) Radhabinode Pal, International Military Tribunal for the Far East: Dessentient Judgment of Justice Pal, Tokyo（1952）1999; 東京裁判研究会「パル判決書」（1984年）田中正明「パール判事の日本無罪論」（1963年）参照。
58) Vgl. Michael Klonovsky, Der Jahrhundert-Prozess. Siegerjustiz? Gewiss - aber auch Gerechtigkeit: ImNovember 1945 stellten die Alliierten in Nürnberg 21 der deutschen Hauptkriegsverbrecher vor Gericht, in: Focus 47/2005, 21. 11. 2005. S. 100. 参照。ドイツは、ニュルンベルク裁判をこれまで正式に承認していない（前掲 S. 97）。
59) Friedrich Berber, Lehrbuch des Völkerrechts, Bd. 2, 1962, S. 258. 参照。

公法部門　ディスカッション（要約）
　　　　　　　　　　　　　　　　　司会　甲斐素直

　公法部門の質疑・討論に際し、まず、ベルリン自由大学側の報告者であるフーベルト・ロットロイトナーにより、戦争犯罪裁判とその結果、比較適合性の原則という公法部門で取り扱われた２つのテーマを結びつける２つの思考的試みが行われた。第１に、フィーリプ・クーニヒにより提示された比例適合性の原則の要素を1945年の状況と関連づけ、シンポジウム法哲学部門において行われたハンス・ケルゼンとカール・シュミットに関する議論を踏まえた上で、戦争犯罪に関する刑事裁判の見直しの意図と目的に関する問題を取り上げたのである。また、ロットロイトナー自身は、そのような戦争裁判の目的として、敗北した政権の非正当化と徹底的なエリートの入れ替えであったという自身の見解を示した上で、戦争裁判の措置の適切性と必然性に関する問題も指摘したのである。第２に、小林宏晨の報告説明に対して、２つの戦争裁判に対して、法的論考が、今現在なお、それどころか、裁判手続自体において議論の対象とされることに対して、ロットロイトナーは、現代史的な視点から、「一体いつ正当性の問題が歴史的な正義の問題へとなるのか」と言うことを問題にし、また、この点に関して、ドイツにおける現代史における議論、日本のおける現代史における議論の違いと言うものに関して問題提起を行った。

　ロットロイトナーの指摘に対し、クーニヒは、刑事裁判による過去の克服の「意図と目的」に関して、国連憲章に基づいてその正当性が疑念視されないからではなく、国際社会全体の承認を通して得られる現在の国際法廷の観点から補足説明を行い、さらに、過去に生じた出来事における法学的評価にとって、個々の出来事が目下おかれている法的状況と法において生じた変化を顧慮に入れた視点が明確に区別されなければならないということを指摘した。さらにまた、クーニヒは、日本とドイツにおける戦後の裁判と見方における相違性というものを強調したのである。

　アンドレーアス・フォン・アルノーは、同様に、ロットロイトナーの試み

を取り上げ、比例適合性の原則を「法律なくして犯罪なし」という原則、すなわち罪刑法定主義の原則と関連付けた。この点で、フォン・アルノーは、英米法的な見方とヨーロッパ法的な見方における違いを指摘し、ベルリンの壁を乗り越えようとしたものを射殺した東独兵士に関する裁判を例として取り上げ、罪刑法定主義という原則が、厳密に、形式的な性格のものであるか、もしくは、相互関連性を基礎とすることができるかという問題を、ベルリンの壁を乗り越えようとしたものを射殺した東独兵士に関する裁判を例として取り上げ、論じたのである。

小林宏晨は、まずもって、平和に対する罪と戦争犯罪あるいは人類に対する犯罪と峻別することを強調した上で、ニュルンベルク裁判及び東京裁判は、その「意図と目的」として平和の実現あるいは平和の回復を前提としていたが、しかし、ニュルンベルク裁判及び東京裁判において下された有罪判決によって、平和の達成あるいは平和の回復は、達成されなかったという見解を説明した。そして、小林は、ニュルンベルク裁判および東京裁判以降の現実から法的確信というものが生まれたということは、難しいとの判断を示したのである。

フィリップ・オステンは、自身が、その結果について無条件で肯定するニュルンベルク裁判及び東京裁判というテーマを取り扱うことの意義に関する問題を提起した。オステンは、この関連で、小林により指摘された、法律上の等級分け、いわゆる日本におけるA級戦犯に関して、また、ニュルンベルク裁判及び東京裁判の目的は、平和の実現あるいは回復であるという見解に対し疑問を呈した。オステンは、過去の有罪判決を真理の追究ということから説明し、両裁判には、明確な欠陥があったとことを指摘しつつも、全体としては、刑罰目的から照らして考えれば、「一定の効果があった」と両裁判を評価したのである。さらに、オステンは、フォン・アルノーと同様に、両裁判の意義に関して、デン・ハーグの国際刑事裁判所へつながっていく発展の出発点であるとの見解を示した。その上で、オステンは、国際刑事裁判所諸規定、国際裁判所（ICC）に対して日本がどのような態度を示すべきなのかという小林の見解を求めた。

公法部門　ディスカッション（要約）

　小林は、平和に対する犯罪に対して、日本が前向きに考えている証左になるとの理由から、刑事裁判所に対する日本の積極的な推進に関して強い賛同する見解を示した。

　小林は、まず戦争犯罪者の認定に関する問題について、戦争犯罪、人道に対する犯罪、平和に対する犯罪と3つに峻別することは、問題が複雑にならないようにするためであることを説明した。その上で、第1に、第2次世界大戦中は、行為者であり、第2次世界大戦後は、弾劾者であったソ連の役割を指摘した。第2に、相互主義の原則の観点から、裁判所の管轄権の有無に加えて、戦争犯罪の中に、平和に対する罪なるものが入っていなければ、とりわけ、東京裁判の場合、人道に対する罪と言うものが入っていなければ、相当に簡単な裁判が出来たという観点から、東京裁判に関して疑問を呈することは可能であるとの説明を行った。さらに、小林は、東京裁判で弾劾され判決を下された者達の戦没者としての国内における位置づけと結果を補足説明した。小林は、この点に関して、第1に、国会がA級戦犯を戦没者として決議したこと、第2に、日本が断罪された東京裁判の時点で、いまだ戦争状態が継続していたということから、その結果は肯定されえるものであるという見解を示したのである。

　マティーアス・マールマンは、小林により引き合いに出された相互主義の概念を取り上げ、今日的な観点から正当性の問題に関するフォン・アルノーの判断に賛同の意を示しつつも、正当性が事後ではなく「元々」あったのではないかとの見解を示した。マールマンは、この点に関して、近年の欧州裁判所の決定を引き合いに出し、例として、グスタフ・ラートブルフの観点から、例外的な状況における法倫理的な議論を進めることができるかを問題として提起し、国際裁判の目的に、象徴的な正義の実現というような役割を与えるものではなかったのかという見解を示した。

　小林は、マールマンの法倫理的観点という点に対して、戦争裁判における倫理的観点を重要視しながらも、戦争裁判において侵略戦争あるいは平和に対する罪というような形ではなく、歴史的な視野から、帝国主義、植民地主義という範疇で、第2次世界大戦というものを見るべきではないかとの見解

を示した。さらに、倫理的な問題としてみれば、20世紀中葉まで、植民地主義や帝国主義というものが横行し、植民地主義や帝国主義というものは、ある種の形で現在においても横行しているということを指摘した。また、小林は、侵略戦争の倫理的問題に関して賛同するが、植民地主義や帝国主義に目をつぶり、侵略戦争を議論すること、侵略戦争の倫理的な評価する試みは、実りをもたらさない、それゆえ、歴史的に長期的な視野に立って、植民地主義や帝国主義を法学的に分析することが、良い結果を生むとの見解を示したのである。

フォン・アルノーは、相互主義の観点を取り上げ、国際法、とりわけ、戦時国際法において、一方の規範違反が、簡単に、もう一方をその法的義務から解放するものではないということを指摘し、小林によって述べられた東京裁判およびニュルンベルク裁判における裁判手続にとって中核的な概念である不明確さに関する根本的な批判に対して、法の発展は、「創造的な認識」なくして、とりわけ国際慣習法の確立によっても生じないということを指摘したのである。さらに、フォン・アルノーは、少なくともドイツの見方から、ニュルンベルク裁判の正当性と合法性に関して疑念をもたれることはなく、少なくとも、承認が、「事後的に」行われたとの見解を示したのである。

入倉卓志により、第１次世界大戦の後のドイツ皇帝に対する戦争裁判が、ニュルンベルク裁判及び東京裁判にとって、先例になり得たのか、さらに、学問的な議論においてどのような見解があるのかということに関して質問した。

小林は、ドイツ皇帝に対する戦争裁判を先例として位置付けることはできないとの見解を示し、フォン・アルノーもこの点に関して、結果と言う点で、小林の見解に賛同の意を示した。しかし、フォン・アルノーは、既に、第１次世界大戦後、新たな法的確信の「芽生え」にとっての徴候というものを確認することができる、と野見解を示した。フォン・アルノーは、この関連で、国際法の発展的特徴というものを強調し、ナポレオン・ボナパルトにまで遡って、国際法の発展に関するその見解を示したのである。

司会の甲斐により、討論は、比例適合性という原則の国内法的問題へとそ

の対象が移された。

　マールマンは、比例適合性という原則が、ドイツの法秩序において議論の対象となる他の多くの原則と異なり、「輸出されたヒット作」としての特徴を示すものであり、欧州裁判所及びシュトラスブルクの欧州人権裁判所の裁判に関わりあうものであるとの見解を強調した。その上で、マールマンは、比例適合性という原理にとっての規範的な効力の根拠についての問題を提起し、この関連から、基本権と法治国家の原則についても言及した。

　クーニヒは、マールマンの問題提起に対し、まず国家行為の制限にとっての要因としての比例適合性の根本的な思想は、異なる起源を有していたが、決して「ドイツの現象」として特徴付けられ得るものではないということを強調したうえで、効力の段階というものを区別し、比較法的な分析において、ドイツにおいて比較適合性の問題の検討のために通例行われてきた中心概念とその歩みが一致可能なものであるのか、あるいは、どの程度一致するものなのかという問題を追及することは、価値のある研究対象であると評価した。また、比例適合性という原理を法治国家の原則から導き出すことに対しては、基本権として規定されている根拠に賛同する見解を示した。さらに、比例適合性の理念の核心的内容は、既に主体としての個々人の法的な承認と認定において、尊厳によって根ざされるという見解を主張し、尊厳と世界の宗教において反映される望ましい寛容に関する様々なイメージと関連付けた。

　このクーニヒの説明に対して、小林により、日本法の例を手がかりに、ドイツにおける比例適合性の限界に関しての質問がなされた。

　小林の質問に対し、クーニヒは、比例適合性の基準が全ての国家行為に対するものであるということを強調し、基本権の一般的な解釈学において、比例適合性を適応させ、ドイツ、とりわけ連邦憲法裁判所によって適用された基本権裁判に従えば、個々の基本権への展開において、また比例適合性の基準の個別領域的な修正も、とりわけ職業選択の自由、意見表明（言論）の自由、所有権の自由に対して、形成されてきたということを述べたのである。

　木村弘之亮により、日本における行政法や租税法の領域において比例適合性の原則が適用されているが、クーニヒにより提示された比例適合性の３つ

の判定基準は、日本においてはなかったとの見解が述べられた。

　聴講者である佐々木嘉彦（政治経済学科学生）により、その報告においてクーニヒにより提示された「２つ目の段階」として取り扱われた必要性あるいは必然性の問題に関して意見が述べられ、ドイツにおける比例適合性という原則の「必要性」が、第２次世界大戦の後、権力分立の制度という新秩序と関連するものであるのかどうか、そして、その点に関するドイツの州の役割に関しても質問がなされた。

　佐々木の質問に対し、クーニヒは、基本権全体は、ドイツ憲法史に対する回答として多様な観点において理解され得るものであり、その例を提示し、説明を加え、比例適合性という原則の実現性と均衡の取れた権力バランス間の関係に関する佐々木の評価に賛同の意を示したのである。州憲法に関する質問に対し、クーニヒは、同質性という連邦憲法の原則を解説し、基本権の意義と基本権に内在する比例適合性の基本原則が州法においても義務付けられていることを強調したのである。

　以上をもって、司会甲斐により、公法部門における報告・討論は、閉会された。

第Ⅳ部　私法部門

11　通常の消滅時効期間—特に主観的要素と客観的要素の結合について

クリスティアン・アルムブリュスター

Ⅰ　はじめに
Ⅱ　通常の消滅時効についての法律上の新たな規定
Ⅲ　法政策的評価
Ⅳ　結　論

Ⅰ　はじめに

　消滅時効は、法実務においては絶大な意味を持っている。それは一方では、ある相当な期間の満了によって、当事者間での（それ以後の）紛争を防ぐことができる、ということによって法的平穏という公的利益に資するものであるが[1]、同時に、消滅時効は債務者の保護を目的とするものでもある。即ち、債務者は、時の経過によって証明が困難となり、求償可能性が失われたような請求権と対峙させられるべきではないのである[2]。他方では、消滅時効は、請求権の実現可能性についての債権者の利害にも係わり合いがある。このように事柄が、消滅時効が成立するべき要件についての法政策的決定の際に考慮されなければならない。

　2002年のドイツ債務法の現代化の流れの中で、消滅時効法も根本的な点で新たに規定され直された[3]。30年という通常の消滅時効期間に代わって、今や3年という期間が適用されることになったのである（民法195条）。更には、この期間の起算点も変更を受けた。かつては、請求権の成立だけが決め手となっていたが、新しい規制では、客観的要素と主観的要素が組み合わされている（民法199条1項）。客観的要素は、これまでも必要であったが、請求権が発生したということである。これに加えて、債権者は、請求権を基礎づける事情について、かつ、債務者の人物について、覚知していなければならな

くなった。つまり主観的観点が付け加えられたのである。重過失による不知は、その点においては積極的覚知と同一視される。この要件が満たされるならば、消滅時効期間は当該の年の終了をもって開始するのである。

これに加えて、絶対的上限期間というものがある（民法199条2項ないし4項）。これによれば、請求権は遅くとも10年または30年の厳密に算定されるべき期間で消滅時効にかかることになる。

II 通常の消滅時効についての法律上の新たな規定

(1) 30年から3年への短縮

3年という原則的消滅時効の規定は、旧規定と比較すれば、27年の短縮を意味する。一見すれば、これによって公的な利益と債務者の利益だけが図られたような気がするかも知れないが、立法者は、債権者が短い期間のために自己の請求権の行使が期待できないほど困難にされることを防ぐために、消滅時効の起算点を主観的事情に結びつけたのであった。即ち、請求権を基礎づける事情および債務者の人物についての、債権者の覚知、または重過失による不知、をもって期間が開始するならば、請求権の行使を準備するためには、通常は3年の期間で十分であろうということである[4]。これにより、主観的要素の機能は明らかとなる。それは、即ち、相対立している保護すべき両利益が、お互いに均衡を保つ関係に立つということを保障するのである[5]。

この改正についての根本的動機は、消滅時効期間を短縮するということにあった。更にまた、消滅時効法をより見渡しをよくするように形成するべきであるということにあった。この目的は、消滅時効期間の可能な限り幅広い統一化によって達成されるべきであるとされたのである。これをもって、短縮化と統一化とが全面に押し出されたのであった[6]。

一般的な消滅時効は、法律上の通常のケースとして、大部分の請求権をその対象とする。しかし、重要な請求権のためには特別な規定が設けられた。実務にとって最も重要なことは、瑕疵担保請求権のための例外[7]（これについてはレーネン教授が詳しくお話をしてくださるはずであるが）及び物権的権利

から生じる請求権のための例外である（例えば、民法438条、197条1項1号など）。以下では、まず通常の消滅時効についての法律上の新たな規定を紹介し、続いて、その長所と短所を相互に対比して考察することにする。

(2) 通常の消滅時効の起算点（民法199条1項）

民法199条1項によれば、消滅時効期間は、請求権が発生し、かつ債権者が上述した事情を認識しかつ、重大な過失がなくても知りえたであろう年の終了とともに開始する。

(a) 客観的要素＝請求権の発生

通常の消滅時効期間の開始は、第1に、請求権が成立したことを前提とする[8]。これには、請求権を基礎づけるすべての要件が満たされ且つ請求権が訴えによって主張され得る状況になった場合が当てはまる[9]。原則的には、したがって、請求権の弁済期が到来したことも不可欠である。政府草案は、このことから、当初は、消滅時効の起算点を請求権の弁済期にかからしめていた[10]。

しかし立法手続が進行する中で、損害賠償請求権の場合の特殊性に配慮して、この弁済期の要件は削除された[11]。請求権の「発生」に依拠したことは、今後も損害統一の原則が適用され得るということを意味する[12]。損害統一の原則によれば、被害者の財産状態が損害を生ぜしめた出来事によって悪化し、この悪化が少なくともこの出来事によってもたらされるような場合、損害は既に発生していることになる[13]。このことは、次のような結果をもたらす。即ち、損害賠償請求権の消滅時効は、その損害の発生が予見可能であり、他の（部分的）損害が既に発生している場合には、未だ生じていない損害状態についても開始する[14]。このような場合に、消滅時効を免れるためには、被害者は早期に、将来の損害をも含めた加害者の賠償義務確認のための訴えを提起しておかなければならない。確認の訴えも民法204条1項1号によって時効を停止する効力がある。例えば、身体侵害による損害賠償請求権は、法益侵害の時点から既に消滅時効が進行するのであり、治療費が発生した時点から消滅時効が進行するわけではない[15]。

(b) 主観的要素＝覚知または重過失による不知

覚知または重過失による不知[16]という主観的要素は、旧規定に対する決定的な変更を意味する。この「起算日の相対化」[17]によってのみ ── 既に示したように ──、原則的消滅時効期間を3年間に短縮することが正当化されるように思われた。主観的状態との関連付けを、ドイツ法はかつては不法行為から生じた請求権についてのみ認識していた（ドイツ民法旧852条参照）。

どのような場合に、重過失による不知が肯定されるかという問題は、様々な困難をもたらす。一般的原理によれば、重過失は、取引において必要とされる注意義務を著しい程度に欠いており、そのような事情の下に置かれたら外の誰でもが気がついたであろうことがないがしろにされたときに存在することになる[18]。消滅時効の起算点についてのこの基準の適用は、実務にとっては広大な未開の地である。当面は、改正される前の民法852条についての判例が、指針を与えてくれるであろう[19]。確かに、条文の文言からすれば、積極的な覚知のみが、消滅時効の開始を引き起こすことになっているが、連邦裁判所は、既にして、この条文の意味における「覚知」を、被害者が「いわば明白である覚知可能性を認識することを怠り、且つ、総ての他者が被害者と同じ状況に置かれたならば覚知したであろうが故に、当の本人が不知であったかどうかは単なる形式に過ぎないと思われる場合」に認めている[20]。しかし、連邦裁判所は、旧852条については重大な過失による不知では十分ではないと、繰り返し強調してきたところからすれば、この基準は、民法199条1項2号の範囲としては、考慮されたケースの最小限のみが捕捉されていることになるのだと思われる[21]。新規制によれば、債権者は、補足的に、それが制限的なものとはいえ、調査義務を負うことになる[22]。

(c) 年の終了

客観的要件も主観的要件も満たされているならば、消滅時効は年の終了をもって開始する。この規定は立法手続の最終段階において始めて取り上げられたものであった[23]。決定的であったのは、この規定が、厳密な計算方法と比較して、侮ることのできない実際的長所があるということであった。す

なわち、訴訟においては —— それがまさに年の終わりに当たるのでない限り —— 覚知または重過失による不知が生じた具体的な日にちの証明はしなくてもよいということになるのである[24]。

(3) 客観的上限期間（民法199条2項ないし4項）
(a) 概観と基本原理
　既に述べたように、通常の消滅時効は客観的上限期間によって制限される。主観的制度が適用される場合に生じるであろう、無限に延長される消滅時効は、この方法で対処され得ることになる。実務においては、債務者は、通常の消滅時効のより早い開始の主観的要件と、それに伴うより早い時期の期間の満了とを証明することができないならば、上限期間の満了を主張するであろう[25]。債務者は、このようにして、消滅時効の抗弁を補助的に上限期間の満了で補強することができるのである。
　この上限期間の規制のために新たに作られた諸規定は、法律技術的には消滅時効を不必要に複雑にしてしまった[26]。原則的には、法律は、総ての請求権のために、10年間の上限期間を定め、この期間は請求権の発生とともに進行するとしている。この厳密に算定されるべき期間は、その開始を専ら客観的状況の存在に結びつけている。その上限期間は、一身専属的の法益の侵害のための損害賠償請求権が問題となっている場合のみについては適用を除外される。
　法律は、遅くとも請求権が発生してから10年後に、法的安定性の利益に、債権者の利害に対して、優先権を与えるのである。ここで注意を要するのは、もし途中で時効の停止事由が発生すれば、10年が経過した後でも請求権の行使は可能である場合があるということである。
(b) 損害賠償請求権についての補足的上限期間（民法199条3項2号）
　民法199条3項2号は、損害賠償請求権について、補足的な上限期間を定めている。これに従えば、総ての損害賠償請求権は、その発生（損害の発生）の時点を顧慮することなく、且つ主観的状態の発生を考慮することなしに、損害を引き起こした出来事以後30年で消滅時効にかかる。

この規定は、次のような考量から正当化される。即ち、損害を引き起こすべき行為の時点と、損害の発生時点つまり請求権の発生の時点、との間には、場合によっては非常に長い時間があることがあり得るということである[27]。この場合において、それにも拘わらず、公的には法的安定性に向けられた利益に配慮するために、損害の発生に依存しない、更なる客観的期間が予定されているのである。

(c) 一身専属的の損害賠償請求権についての特別規定（民法199条2項）

民法199条2項は、生命の侵害、身体の侵害、健康の侵害、または（身体的活動の）自由の侵害[28]に基づく損害賠償請求権についての特別規定を含んでいる。その文言によれば、この規定はその他の損害賠償請求権についても適用される30年の上限期間を繰り返し述べていて、その期間は、行為の時点、義務違反の発生の時点、またはそれ以外の損害を引き起こす出来事の時点から進行する、としている。

この規定の本来の意味は、この規定は請求権の発生から10年間という上限期間を決めてはいないということから逆に推論されて始めて導き出されるものである。即ち、一身専属的な法益の侵害のための損害賠償請求権については、他の総ての請求権の場合と異なり、例外的に[29]、請求権の発生から10年間という上限期間が進行するということはないのである。この特別扱いの理由は明白である。ここに規定されている法益は、法秩序により特に重要なものとして評価されているからである。

この関係から生じる問題について、もう少しだけ述べておきたい。民法199条2項の文言によれば、一般的人格権は、この特別扱いによって把握されていない。

したがって、文献においては、この条文の文言と例外的な性格に依拠しつつ、一般的人格権の侵害に基づく請求権は、民法199条3項の一般原則に従う、したがって10年間の上限期間に服する、とされている[30]。しかし、この特別扱いの意味と目的に注目するならば、一般的人格権は、その意味において、他の一身専属的な権利より後劣するものではない、ということが分かる。評価の矛盾をさけるために、民法199条2項は、一般的人格権の侵害か

ら生じた損害賠償請求権をも把握するものであるとしなければならない[31]。そもそも立法者は、一般的人格権については規範の中で特別に触れてはいない。結果的には、この一般的人格権は判例によって形成されてきて、いまだに民法823条1項においても明文の文言をもっては規定されていないのである。

III　法政策的評価

　新たな規定を旧法と比較するならば、今頃になってはじめて、その名に相応しい、かつ実務で通常に行われている通常の消滅時効が創出されたということがいえる。30年の通常の消滅時効期間は、―― それが1900年以降民法典において適用されてきたように ―― 必然的に多数の例外が予定されるべきであったのである。特に、経済取引においては、この期間は大抵は、お互いの利益の相当な調整をもたらしては来なかった。この対策を得るために、旧法は契約に基づく請求権についての、30年ではなく2年または4年という短期の消滅時効を規定した大規模なカタログを用意していた。これらの例外は、判例によって、それが経済的には履行請求権の代わりとなる場合に限っては、別の請求権にまで拡大されていた[32]。総じて、30年の「通常の」消滅時効期間については、既にもはや語ることさえできなくなっていたのであって、法律の規定は、実務においては例外となっていたのであった。このことの中に、改正の必要の明白な兆候があったのである[33]。

　このようにして期間の統一化が望まれていたわけであるが、そのためには、規定されるべきケースの幅の非常なる広さに対応して相当な解決をもたらす規定が見出されなければならなかった。その目的は、3年という比較的短い通常期間の導入に際して、起算点が債権者の側における主観的状態に照準を合わされることによってのみ達成されたのである。債権者はこれによって、短い期間にも拘わらず、彼の請求権を実現する公平な機会を得るのである。

　新たな消滅時効法は、このような方法で、比較的少ない例外で対処している。つまり、例外は、問題となっている請求権が、相対立する利益につき、通常型に対して異なる処理を強制すべき特殊性を有する場合のみに、必要と

なるとする。

　このことは特に、民法197条で規定された例外に妥当する。そこで列挙された請求権には30年の期間が適用され、その開始は専ら客観的状態と関連している。この例外についての動機は、いろいろである[34]。しかし、単純化して言うならば、そこでは大抵、特別に保護すべき請求権が問題となっている。それが物権的権利に基づいている（197条1項1号）からにせよ、確定力をもって確認されているからであるにせよ（197条1項3号）。特に後者の場合は、特別扱いの理由は明白である。確定力ある文書が存在するならば、争いのある手続が終了したことによって、法的安定性の利益は既に満たされていると言えるからである。したがって、この評価要素は、3年という「短期」消滅時効期間についてはもはや妥当しないものなのである。

　さらに、瑕疵担保請求権は、特別な様相を呈する。動産の売買の場合に、目的物の交付の時から2年の消滅時効期間が開始するのである（民法438条1項3号、2項後文）。従ってこの期間の開始は、専ら客観的状態の開始に依存する。この特別規定は、瑕疵担保の領域における消滅時効期間は、既に売主の責任の範囲を確定するものであるということから正当化される[35]。このようにして、主観的要素の放棄は、売主をして、彼が負担する責任の危険を相応にやりくりすることを可能にするのである。

　今まで述べて来たように、時効の起算点についての主観的要素と客観的要素の結合のみが、3年という比較的短い通常の消滅時効期間を設定することを正当化するものである。たった3年間という期間から生じ得る債権者の不公平な負担は、この起算点の規定によって防がれる。それと同時に、例外規定を最少限に止めることができるので、新たな一般的消滅時効法ははるかに見通しのきくものとなった。この点において、決定的な利点があるといわなければならない。

　起算点の基準としての主観的事情の導入は、もちろん短所ももたらす。当事者間で、どの時点で債権者が、請求権を基礎づける事情または債務者の人物について覚知に達したかの問題が争われているときは、原則的には証拠調べがなされなければならない。これについての立証責任は、法律の規定に

11 通常の消滅時効期間―特に主観的要素と客観的要素の結合について
　　　　　　　　　　　　　　　　　　　［クリスティアン・アルムブリュスター］

よって、債務者が負担するのであるが[36]、覚知または重過失による不知については、債権者の領域から生じる事情が問題となるので、この立証責任の配分に対する疑念が生じるのである[37]。

　認識が欠けていること（または重過失によらない不知）は、消滅時効の開始にとって重要ではなく、消滅時効の完成を妨げるだけである、と規定することも可能であろう。この場合、その主張・挙証責任は、債権者の側にあるとするのである[38]。その構成は、ランドー委員会の「ヨーロッパ契約法原理」で採られている[39]。

　この状況下において、否定的な事実の証明をどう扱うかということが問題である。否定的事実の証明は、様々な問題を投げかける。挙証責任を負っている者が、具体的な事実が存在しないということを証明するのは、必ずしも常にではないが、通常は無理である。この困難は、例えば挙証責任の転換をもたらすものではない[40]。この困難は、相手方に高められた主張責任が負わされることによって生じるのである[41]。彼は、あらゆる可能性かつ期待可能性の枠の中で係争事実の存在を語るあらゆる事実を述べなければならないのである[42]しかし、挙証責任を負っている者が、相手方によって主張された事実を否認することで責任を果たしたとすることによって、決定的な挙証責任の軽減が行われる[43]。挙証責任者が、これに成功すれば、否定の事実は立証されたとされる[44]。

　ランドー委員会によって出された構成は、債権者にとって、今述べてきた原則に依拠できるときにのみ、過酷ではないことになるが、実際には、そうではない。挙証責任を負わない当事者には、説明が可能でありかつ挙証責任を負う当事者が挙証しなければならない事柄について全く蚊帳の外に立たされていたとき以外には、より高められた具体化義務を負わせることはできない[45]。そして、まさに挙証義務者の覚知または重過失による不知が問題となっているときは、この要件が欠けている。従って、主観的事情が既に消滅時効の開始にとって重要であるという立法者の定めは正鵠を射ているといえる。このようにして挙証のテーマは積極的な事実の証明である。

　確かに、今や法律で企図されたこの立証責任の配分は、債務者を困難な問

題にさらす場合があるということは見逃されてはならない[46]。しかしこのことは、一方では、債権者に高度な具体化責任を負わせることで対処され、他方では、債権者の負担に帰する重過失の証明で十分なのである[47]。因みに、債務者は、補助的に上限期間の満了をもって自らを守ることができる場合もある。この通常の期間の客観的上限は、債務者が不相当に長い期間の後で請求権を行使されることはない、ということを保障するものである。

　全体としては、主観的要素の証明の必要性から生じる個々の問題は、統一的消滅時効規定を可能にするということから生じる長所と比べれば、あまり重要ではない、と言える。期間の主観化は、いわばその短縮と統一化のための対価なのである[48]。したがって、この改正は全体としては歓迎されるべきである。

Ⅳ　結　論

　立法者は、消滅時効法の改正によって、基本的に2つの目的を追求したのであった。即ち、期間の統一化と短縮化である。消滅時効の起算点を、覚知または知るべきであったことという主観的事情と結びつけることによって、この目的は達成されることができたのであった。この解決は、債権者の保護すべき利益も守られる、ということを保障するものである。

1）　RegBegr（Regierungsbegründung＝政府の改正理由）－ BT-Drucks（Drucksachen des Deutschen Bundestages＝ドイツ連邦衆議院刊行物）14／6040、100頁＝Canaris, Schuldrechtsmodernisierung 2002（2002年の債務法現代化）、607頁。Bamberger/Roth/Henrich, BGB, 2003 und Aktualisierung Januar 2005, § 194 Rn. 2。
2）　Bamberger/Roth/Henrich（注1）、Palandt/Heinrichs, BGB, 65. Aufl. 2006（Palandt, Kurz-Kommentar, das Bürgerliche Gesetzbuch＝パーラント 注釈民法典、65版、2006年）、Vor § 194 Rn. 9。
3）　日本における消滅時効法の発展については Uchiike, AcP（Archiv für die civilistische Praxis＝民事法実務雑誌）184巻（1984年）329頁以下。
4）　これについては非常にたくさんの消滅時効停止事由が予定されている。特に民法204条1項1号。
5）　Zimmermann/Leenen/Mansel/Ernst, JZ（Juristenzeitung＝法曹新聞）2001年、684、

686頁。
6) Leenen, DStR（Deutsches Streuerrecht＝ドイツ税法）2002年、34頁。Knops, AcP 205巻（2005年）821、822頁参照。
7) これについては、本書におけるレーネン教授の講演を参照。
8) Wertpapierhandelsgesetz（有価証券取引法）37a, d条による請求権の成立については Knops, AcP 205巻（2005年）821、839頁以下。
9) Mansel/Budzikiewicz, Das neue Verjährungsrecht（新しい消滅時効法）2002年，§3 Rn. 78。
10) Regierungsbegründung（注1）108頁＝Canaris（注1）、621頁。
11) BerRA（Beschlussempfehlung und Bericht des Rechtsausschusses＝法律委員会の決定提案ならびに報告）— BT-Drucks. 14/7052, 180頁＝Canaris（注1）1070頁。Mansel/Budzikiewicz（注9）§3 Rn. 81。
12) BerRA（注11）。Canaris（注11）。Mansel/Budzikiewicz（注11）。Mansel, NJW（Neue Juristische Wochenschrift＝新法律週報）（2002年）89、91頁。損害統一の原則は文献においては激しく批判されている（Staudinger/Peters, BGB＝シュタウディンガー注釈民法 2004年、§199 Rn. 37以下参照）。しかし立法者は明文の文言をもってこの原則を維持することを指示している。BerBA（注11）＝Canaris（注11）。
13) Mansel/Budzikiewicz（注9）§3 Rn. 80。
14) 旧法時代の確固とした判例である＝BGHZ（連邦裁判所民事判例集）50巻、21、24頁＝WM（Wertpapier- Mitteilungen＝有価証券情報）1968年、685頁以下。BGH（連邦裁判所）NJW 1993年、648、650頁。VersR（Versicherungsrecht＝保険法）2000年、331、332頁。
15) Leenen（注6） 34、35ページ。
16) その内容（例えば債務者の氏名、住所等、請求権の基礎にとって重要な全ての事実関係）については詳しくは Grothe, MünchKomm-BGB（ミュンヘン注釈民法）4. Aufl.（4版）2003年、§199 Rn. 25以下を参照。Mansel（注12）89、92頁。認識の代理については Grothe, MünchKomm-BGB、4版（2003年）§199 Rn. 33参照。
17) Leenen（注6）34、35頁。
18) RegBegr（注1）108頁＝Canaris（注1）622頁参照。
19) 政府の理由書もその見解である。即ち、「民法852条1項が要求する認識からはあまり隔たっていない」としている（RegBegr.（注1）＝Canaris（注1）622頁）。この判例の利用について賛成するものとして、Mansel（注12）。Birr, Verjährung und Verwirkung（消滅時効と権利の失効）2003年、Rn. 30も同旨。
20) BGHZ 133巻192、199頁＝NJW 1996年2933頁以下。
21) BGHZ 133巻192、198頁＝NJW 1996年2933頁以下。
22) Mansel/Budzikiewicz（注9）§3 Rn. 132。
23) BerRA（注11）＝Canaris（注1）1069頁。
24) BerRA（注11）＝Canaris（注1）1069頁。Grothe, MünchKomm-BGB, 4版、2003年、§199 Rn. 40. Leenen（注6）34、35頁以下。

25) Leenen（注6）34、36頁。
26) Leenen（注6）34、36頁（199条4項の原則が特に損害賠償請求権についての199条3項1号で繰り返されている）。
27) Leenen（注6）34、36頁。
28) 自由の概念は—民法823条1項におけると同様に—意思の自由を言うわけではない。
29) Mansel/Budzikiewicz（注9）§3 Rn. 152（「例外規定」）。
30) Mansel/Budzikiewicz（注9）§3 Rn. 152。
31) Staudinger/Peters（注12）§199 Rn. 67 も同旨。
32) RegBerg.（注1）100頁＝ Canaris（注1）608頁。
33) その他の点については、RegBegr.（注1）100頁以下＝ Canaris（注1）608頁以下。
34) Staudinger/Peters（注12）§197 Rn. 2。
35) Eidenmüller, JZ 2001年、283、285頁。Leenen（注6）、34頁。同じく JZ2001年552、554頁（「実体法的な売買法の問題」）。
36) 詳しくは Birr（注19）Rn. 37。Mansel（注12）、89、92頁。
37) Leenen（注6）34、35頁。
38) この構成に賛成するものとして、Zimmermann/Leenen/Mansel/Ernst（注5）684、686頁以下。
39) Principles of European Contract Law（ヨーロッパ契約法原理）17：105条（ZeuP=Zeitschrift für Europäisches Privatrecht（ヨーロッパ私法雑誌）2001年 400頁以下に掲載）。Leenen（注6）34、35頁も参照。この解決を優先させるものとして、例えば Mansel（注12）89、92頁。
40) Zöller/Greger, ZPO, 25 版、2005年、Vor §284 Rn. 24。
41) BGH NJW 1981年 577頁。Zöller/Greger（注40）。
42) BGH NJW-RR（NJW-Rechtsprechungsreport）（1993年）746、747頁。
43) BGH NJW 2001年 64、65頁。Schellhammer, Zivilprozess 11 版（2004年）Rn. 393。ここには判例についての広範な記述が掲げられている。
44) Zöller/Greger（注40）。
45) BGH NJW 1981年 577頁。Baumgärtel, Beweislastpraxis im Privatrecht（私法における挙証責任の実務）1996年、Rn. 349。
46) 債務者の立証責任に対する批判については、Leenen（注6）34、35頁。Mansel（注12）89、92頁。
47) Mansel はこのことを強調する− Mansel（注12）89、91頁。Mansel は立証責任の分配の中に債権者の優遇を見る（92頁）。
48) Ernst/Zimmermann（Hrsg）, Zivilrechtswissenschaft und Schuldrechtsreform（私法学と債務法改正）2001年に所収の Ernst の559、587頁。Leenen, JZ 2001年552頁。

（訳者注）引用法典で特に国名が付してないものはドイツの法典を指している。

［永田誠・山下良 訳］

12 日本における消滅時効法
――その生い立ちと客観的、主観的要素――

永 田　誠

I　テーマの設定　　　　　　Ⅳ　時効期間の起算点について
Ⅱ　現行民法典の規定　　　　　　―客観的、主観的要素―
Ⅲ　制 定 過 程　　　　　　Ⅴ　ドイツ法との比較

I　テーマの設定

　私のテーマは、「日本における通常の消滅時効法―その生い立ちと客観的、主観的要素」というもので、ただいま、お話下さったArmbrüster教授のDie regelmäßige Verjährungsfrist, insbesondere: die Kombination subjektiver und objektiver Elemente に対応するつもりのものである。

　アルムブリュスター教授のお話では、ドイツでは2002年に債務法の大改正が行われ、主観的要素を導入することによって、消滅時効法における規制の統一化と期間の短縮化に成功したということであった。

　これに対して、日本の消滅時効法は、ドイツと同じく民法典の中に既定されているが、明治29年（1896年）4月27日に制定され、明治31年（1898年）7月16日に施行されてから、消滅時効に関する部分は1回も改正されてはいない[1]。しかし、時代とともに、判例・学説の助けをかりて、消滅時効法の統一化は、ある程度行われてきたと思われるし[2]、主観的な要素も取り入れられてきている。

　とりあえず、最初に、日本における現行民法典の消滅時効について基本的な規定から話を始めることにする。

　ちょっとここでお断りをしておきたいのであるが、私は、たった今、「現行」民法といったが、実は、日本民法典は、1昨年平成16年（2004年）12月1日に現代語化され[3]、それが昨平成17年（2005年）4月1日から施行されて

いる。しかし、私が扱う学説、判例はすべて、この現代語化される前の条文についてのものであるから、このレファラートでは現代語化される以前の条文を引用することにする。

II　現行民法典の規定[4]

そうすると、日本民法典166条1項と、167条の1項、2項とが基本的な規定であり、先ず民法166条1項は、「消滅時効ハ権利ヲ行使スルコトヲ得ル時ヨリ進行ス」と規定し、167条1項は、「債権ハ10年間之ヲ行ハサルニ因リテ消滅ス」2項は、「債権又ハ所有権ニ非サル財産権ハ20年間之ヲ行ハサルニ因リテ消滅ス」とある。

ドイツの同僚の皆様は、ここでちょっと奇異な感じを抱くかも知れない。それは、「消滅す」と規定してあるからである。日本では、時効によって権利は「消滅」するので、ドイツのように Einrede の権利を与えるだけではない。しかし、「消滅する」といっても、それに基づいて裁判所で裁判をしてもらうためには、時効を「援用」しなければならないことになっている（民法145条）。そこで日本では「援用」の意味が問題となり、学説は多岐に分かれるが[5]、ここでは、それについて述べる時間は、残念ながら、ない。

III　制定過程

さて、ただいまの条文でお分かりのように、日本における通常の消滅時効期間は10年である。

ドイツ民法典が2002年の大改正を受けるまで、通常の消滅時効期間は30年であったということは、今、アルムブリュスター教授のお話にあったとおりであり、これが、主観的な要素を取り入れることによって3年間に短縮されることができた、というのも、今、お話があったとおりである。

さて、日本における通常の時効期間10年間というのは、しかし、曲折の産物であった。

もともと、日本の現行民法典の前身は、フランスの法律学者、当時パリ大学のアグレジェであったギュスタヴ・ボアソナアド（Gustave Boissonade）が、明治政府の懇請もだしがたく、明治６年(1873)、48歳の時に来日し、明治12年(1879年)３月に司法卿から日本の民法典の草案作成を任され、明治22年(1889年)、彼が64歳を迎えようという３月27日に完成させ、それが元老院と枢密院とを通過し、明治23年(1890年)３月27日付けの勅語を付され、法律第28号として同年４月21日付けの官報によって交付された[6]、それであった。しかし、「外国人」の起草した「旧慣無視」の法典であるとの批判があがり[7]、さらに東京帝国大学教授の穂積八束が、「民法出テテ忠孝亡フ」という論文を発表し[8]、これがさらに激烈な法典論争を捲き起こし[9]、第１回の帝国議会で、ボアソナアド民法典は、「其ノ修正ヲ行フガ為」施行を延期されてしまうことになる[10]。そして、明治26年(1893年)法典調査会が設置され、穂積陳重、富井政章、梅謙次郎の３人が起草委員に任命される。穂積陳重は、明治９年(1876年)、ロンドン大学・キングスカレッジ、ミッドル・テンプル留学、バリスターの称号を受けて、その後ベルリン大学〔Friedrich-Wilhelms-Universität Berlin〕入学、明治14年(1881年)にベルリン大学を卒業して、帰国する[11]。富井政章は、明治10年(1877年)リヨン大学へ留学、第２位の成績で法学博士の学位を取得して卒業し──テーマは、ローマ法については「支払いを受けざる売主の権利」フランス法については「支払いを受けざる売主の解除権」である──、明治16年(1883年)に帰国[12]、梅謙次郎は、明治22年(1889年)リヨン大学で最優等点で、「和解論」のテーマでドクターの学位を取得、リヨン市からヴェルメイユ賞碑を受け、その後ベルリン大学に１年間留学して明治23年(1890年)８月に帰国する。ベルリン大学では、コーラーの法哲学、エックのローマ法、ダンバッハの国際法と公法、ブルンネルの法制史を受講している[13]。

　さて、法典調査会ではボアソナアド民法を修正する形で審議が進められることになる。このボアソナアド民法典は、法典調査会では、既成法典と呼ばれており[14]、今われわれは、旧民法典と呼んでいるが[15]、この旧民法典では、時効についての規定は、証拠編の中に置かれており、時効は、権利の取

得または義務の免責の推定であるとされ（証拠編89条）、義務の免責時効は、特別の規定がない限り30年とされていた（証拠編150条）。これが、法典調査会の審議では、起草委員の梅謙次郎の言葉をかりれば、「既成法典ニハ時効トイウモノハ、……証拠ノ一ノ種類トシテアリマシテ証拠編ニ規定シテアリマス、……時効ト云フモノヲバ一ノ法律上ノ推定トシテ而シテ其法律上ノ推定ト云フモノハ一ノ証拠デアルト云フ説ヲ採ツタモノデアル、ケレドモ一体此所謂法律上ノ推定ノ反証ヲ許サナイモノハ之ヲ推定ト見ルト云フコトハ果シテ穏カデアルカ何ウカ吾々ハ大ニ疑ウノデアリマス」[16]、「斯クノ如ク時効ト云フモノハ理屈カラ考ヘテ見テモ法律上ノ推定トシテハ無理デアラウト思ヒマス」[17]、「沿革上カラ考ヘテ見テモ日本ニアッタカ何ウカ知リマセヌガ、兎ニ角今日云フ儘ノ時効ト云フモノハ無カッタラウト思ヒマス。然ウシテ見ルト是ハ西洋ニ行ハレテ居ル所ノ一ノ制度ニシテ如何ニモ便利ノモノデアリマスルカラシテ之ヲ我国ニ採ッテ来テ用イヤウト云フノデアリマセウガ、其西洋ノ沿革ヲ見ルニローマ法のウズカピオ、夫レガ取得時効ノ方ノ起リデ夫レカラ消滅時効ノ方ハ『テオドジウス』2世ガ創メテ拵ヘタ30年ノ時効と云フモノガ起リデアラウト思ヒマス」[18]、「所デローマ法ニ於テハ『ウズカピオ』ニシロ『テオドジウス』2世の30年ノ時効ニシロ、決シテ法律上ノ推定ノ説ヲ採ツタモノトハ思ハレマセヌ」[19]として、時効を推定とすることを取り止めた[20]。

そして、既成法典で義務の免責時効が30年となっていたのが、調査会の審議には、「財産権は所有権を除く外特別の規定なきときは20年間之を行わざるによりて消滅す」（168条）と20年に短縮されて上ってきた[21]。これは、起草委員の梅謙次郎によれば、「此30年ト云フ時効ハ外国ニ於キマシテハ昔カラ例ノアルコトデ今日ノ法律ニ於テモ最モ多イ、此30年ト云フノハ、フランス、オーストリア、イタリア、オランダ、スイスのカントンのうちでもヴォー、グラウビュンデン、チューリヒ、モンテネグロ、スペイン、ドイツ民法草案等デゴザイマス」、「又国ニ依テハ40年ト云フ長イ期限ヲ取ッテ居ルニ拘ハラス、本案ニ於テハ20年ト短縮致シマシタ理由ハ、開化ガ段々進ンデ往クニ従ヒ取引ガ段々頻繁ニナルニ従ッテ一方ニ於テハ交通ノ便ガ開ケマスル

ニ拠テ此遠隔ノ地ニ居リマスル者デモ自分ノ本国ニ在ル所ノ財産ガ如何ナル有様ニ於テアルカト云フコトヲ知ルニ苦シカラズ、又自分ノ身体ハ自分ノ住所ニ在ッテ其財産ガ遠キニ在ル場合デモ亦然ウデアリマス又一方ニ於テハ取引ガ頻繁ニナルニ拠テ其取引ニ拠テ生ズル権利ガ早ク確定シテ仕舞ハヌト……経済上甚ダ不便デ仕様ガナイ、斯様ナル場合デアリマスカラシテ本案ニ於テハ、ベルギー民法草案、インド出訴期限法ナドニ倣ヒマシテ之ヲ20年ニ短縮シタ」[22]ということであった。

　その後、衆議院民法中修正案委員会[23]で、谷澤滝蔵委員から、「是ハ貸金ノ如キモ既ニ20年間ト云フコトデアリマスカラ、全体此証拠ト云フモノガ20年間保持スルコトガ中々難カシイ。日本ノ如キ此土地デ、或ハ失火ナドガ多イ土地デアル」との理由で10年に短縮する案が提出され[24]、これに対して、梅委員から「日本ノヤウナ国柄ハ、国ノ広サガ広ガッテ往ク、就中日本ノ如ク、北ノ端カラ赤道ノ方ヘ寄ッタトコロマデ及ブトイフ国柄デハ、期限ナドニツイテハ斟酌シテモヨロシカラウト思フ」としながらも[25]、「併シナガラ若シ貸金ニツイテ是デ長過ギルトイフコトデアルナラバ、債権丈ニ就イテ短クサレルト云フコトハ、多少ノ理由アルコトト認メマス。ケレドモ物権ナドニ就イテマデモ、之ヲ10年トサレルコトハ余程御考ヲ願ヒタイコト」との説明があり[26]、さらに、沼田宇源太委員から「一体日本人ノ気性ハ、地形ハ如何ニモ南北ニ長クナッテ居ルガ、人ノ気性ハ急劇ニナッテ居ル、現ニ是程ノ大部ノ法典ヲ僅カ2、3日ニヤラウト云フ委員長ノ御見込ミモアッタ位ナコトデアル、斯ウ云フ急劇ノ日本人デアルカラ」10年案に賛成するという意見が出されるが[27]、10年案は否決され[28]、これに代って、15年案が出され、15年案が多数を占めることとなった[29]。ところが、その9日後の最後の委員会で、平田篤委員から、次のような修正意見が出される。すなわち、「167条につき修正意見の提出をします。即ち、『債権ハ10年間之ヲ行ハサルニヨリテ消滅ス』という1項を置いて、それから2項に『債権又ハ所有権ニ非サル財産権ハ20年間之ヲ行ハサルニヨリテ消滅ス』。こう2項に分ける。その精神は、要するに債権についての消滅時効は10年、その他の財産権についての消滅時効は20年とする意見であります。其ノ理由は詳しく申す必要はなか

ろうかと思います」30)。これが特に議論を待たないで賛成多数で確定したのであった31)。

このような経緯を見てくると、取引の迅速、証拠の保持といった理由で、ボアソナアド民法典が30年としていたのが、20年案、15年案を経て、債権については、10年、所有権を除くその他の財産権については20年に納まったことになる。

IV 時効期間の起算点について—客観的、主観的要素—

次に、消滅時効の起算点であるが、民法166条１項が、「消滅時効ハ権利ヲ行使スルコトヲ得ル時ヨリ進行ス」と規定しているのは前述したとおりである。すなわち、純客観的な基準が設けられている。尤も、これに対しては、不法行為に基づく損害賠償請求権については、民法724条の第１文で、「不法行為ニ因ル損害賠償ノ請求権ハ被害者又ハ其法定代理人カ損害及ヒ加害者ヲ知リタル時ヨリ３年間之ヲ行ハサルトキハ時効ニ因リテ消滅ス」と、ドイツ民法の2002年の改正前の852条と同様な規定が設けられており、この点では、主観的な要素は取り入れられていた。

さらに、詐害行為取消権についても426条の１文で、「取消ノ原因ヲ覚知シタル時ヨリ」と主観的な要素を取り入れているし、相続回復請求権についても、884条で、「相続権を侵害された事実を知った時から」と規定しているから、これも主観的要素を考慮していると云える。

しかし、原則は166条１項で、この規定は、正に客観的に解釈されるべしとされてきた32)。即ち、「権利ヲ行使スルコトヲ得ル時」について、学説・判例は、権利の行使の障碍として、事実上の障碍と法律上の障碍とに分け、法律上の障碍のみが、時効の進行を妨げるとしてきた。たとえば、権利者が不在であったり、権利者が疾病にあったりした場合でも、時効は進行する。また、天災その他の避けることができない事変があっても、時効は進行する。ただ、この後者の場合は、時効の停止（＝Hemmungen）という制度があるから、これで時効の完成を一時猶予させることはできる（民法161条)33)。

問題となるのは、権利者が権利の存在や権利行使の可能性を知らない場合である。これらの場合は、今述べた不法行為に基づく損害賠償請求権やその他２、３の特別の規定がある場合を除いて、一般的な債権の消滅時効についての166条１項が適用され、ここに問題が出てくるわけである。

　この問題については、学説、判例は、権利の行使についての障碍が単に事実的なものであるときは、時効の進行は妨げられず、権利者が権利について不知であるとか、権利の行使をなしうる時期が来たことを知らなかったような場合にも時効は進行するとしていた[34]。

　しかし、昭和に入って[35]、割賦払債務について、債務者が割賦金の弁済を１回でも怠った場合には債権者が直ちに債務全額を請求することができるという特約がある場合に、債務者が割賦金の支払いを怠った場合の消滅時効の起算点に関して、昭和15年（1940年）３月13日の大審院連合部判決が、「債権者ニ於テ全額ニ付一時ノ支払ヲ求メ期限ノ利益ヲ喪失セシメル旨ノ意思表示」をしないうちは、「債権全額ニ対スル消滅時効」は「進行ヲ開始」しないと判示して、権利者の現実の権利行使の可能性に配慮する立場を示した[36]。そして、主観的な要素を取り入れる方向への道を開いたのであった。

　この判例は戦後も最高裁判所によって引き継がれている[37]。

　供託金取戻請求権の消滅時効に関して、最高裁判所の大法廷は、昭和45年（1970年）７月15日に、主観的要素を加味する重大な判決を出した[38]。すなわち、「弁済供託における供託物の払戻請求、即ち供託物の還付または取戻の請求について『権利ヲ行使スルコトヲ得ル』とは、単にその権利の行使につき法律上の障害がないというだけではなく、さらに権利の性質上、その権利行使が現実に期待できるものであることも必要と解するのが相当である」[39]。そしてそう解釈すると「客観的な時効制度の本質に反する」との上告人の主張に対しては、「供託弁済は、もともと、供託者と被供託者との間の実体上の法律関係に基づいているものであるから、供託物の払渡請求権の時効の起算点を供託官と供託者との関係だけで画一的、客観的に決定されるものとすることはできないし、また、供託官において右の請求権の行使が期待できる時期を知ることができない場合のあることは、事実上やむをえない結果とい

うべきである」として、一蹴している[40]。平成13年（2001年）12月27日の最高裁判所第三小法廷判決もこれに従っている[41]。

　雇用者の安全配慮義務[42]違反によって被用者がじん肺にかかったことを理由とする損害賠償請求権の消滅時効について、最高裁判所は、平成6年（1994年）2月22日に[43]、起算点を、権利の行使が法律上可能となった時点からという客観的な視点は維持しながらも、本件のような、進行性の疾患の場合には、「けい肺第一症度からけい肺第四症度までのけい肺症状を決定する手続きによる最終の行政上の決定を受けた時から進行すると判示した[44]。この判決は、行政上の処分のうちで最終の処分があった時期でないと、損害賠償請求権の行使は、法律上可能でないと、したのであった。これは、消滅時効の起算点を、あくまでも、「法律上の可能」[45]という客観的な基準に置きながらも、権利行使の現実の可能性に配慮するもので、優れて主観的な要素を加味したものといえる[46]。

　また、自動車損害賠償保障法72条1項前段による填補請求権[47]の消滅時効の起算点について、最高裁判所[48]は、「自賠法3条による損害賠償請求権が存在しないことが確定したときから被害者の有する本件規定による請求権の消滅時効が進行するというべきである」と判示し、その理由として、「自賠法3条による請求権の不存在が確定するまでは、本件規定による請求権の性質からみて、その権利行使を期待することは、被害者に難きを強いるものであるからである」としてる[49]。ここでも、客観的な線は崩してはいないが、権利行使の可能性について、権利者の事情を考慮しているものといえる。

　更に、従業員の職務発明に関して、オリンパス光学工業株式会社の従業員であった者が行った発明について、特許法35条3項の「相当の対価額」と既に受領済みの額との差額を、主位的に金927,119,000円、予備的に1,005,900,000円請求した事件において、特許法35条3項の「相当の対価」を受ける権利の消滅時効に関して、最高裁判所第三小法廷は、平成15年（2001年）4月22日の判決[50]において、消滅時効の起算点を、「現実に被上告人が特許法35条3項4項による不足額を算定できる根拠となる工業所有権収入取得時報酬を受取ったとき」に設定して[51]、「起算点を、従業員が特許権

等を会社へ譲渡した時に求めるべきである」との上告人の主張を退けている[52]。これなども、客観的基準を維持しつつ、主観的要素を加えたものといえる。

更に、生命保険金請求権について、生命保険契約における約款では、保険金請求権は支払事由が生じた日の翌日からその日を含めて3年間[53] 請求がない場合には消滅する旨の定めがある場合に、被保険者の死亡が推認された時から3年を過ぎてはいたが、死亡を知ってから未だ11ヶ月しか経っていない時期に行った保険金請求に対して、最高裁判所は、平成15年（2003年）12月11日に[54]、166条1項の「権利ヲ行使スルコトヲ得ル時」というのは、「単に権利の行使について法律上の障害がないというだけでなく、さらに権利の性質上、その権利行使が現実に期待することができるようになった時から消滅時効が進行するというのが同項の規定の趣旨であることに鑑みると」として、前述の昭和45年（1970年）7月15日の供託金取戻請求権判決に依拠して、「その権利の行使が現実に期待することができるようになった時以降において消滅時効が進行すると解すべきである」と判示している[55]。

安全配慮義務違反によりじん肺に罹患して、死亡した場合の損害賠償請求権について、最高裁判所は平成16年（2004年）4月27日に[56]、「雇用者の安全配慮義務違反によりじん肺にかかったことを理由とする損害賠償請求権の消滅時効は、じん肺法所定の管理区分についての最終の行政上の決定を受けた時から進行すると解すべきであるが、じん肺によって死亡した場合の損害については、死亡の時から損害賠償請求権の消滅時効が進行すると解するのが相当である」と判示し、その理由として、「じん肺法所定の管理区分についての行政上の決定を受けている場合であっても、その後、じん肺を理由として死亡するか否か、その蓋然性は医学的に見て不明である上、その損害は、管理二〜四に相当する病状に基づく各損害とは質的に異なるからである」としている[57]。

このように、時効の起算点について、画一的、客観的処理という法的安定性の要請をベースにしながらも、判例は、次第に、主観的な要素を加味して、権利者の保護を図る努力をしており、特に生存権的側面をも兼ね備える損害

賠償請求権について、これが顕著である[58]。これは、高く評価するべきものである。この傾向を、金山直樹は、「戦後憲法における人権保護の理念が民法のレベルで受け止められたということができよう」と評価されているが[59]、全く同感である。

V ドイツ法との比較

以上でお分かりのように、日本における消滅時効法は、不法行為等わずかの特則を除いては、条文上での、客観的要素と主観的要素との Kombination というものは存在せず、条文上は客観的要素によって組み立てられている、そして、実務がそれに主観的要素を加味しながら修正を施している、ということになる。

将来日本の消滅時効法が、2002年改正後のドイツのように、主観的要素を導入して、時効期間を3年間に短縮する方向へ行くのかは、甚だ興味のあるテーマであるが、これは、法政策的な問題でもあり、現行法を扱おうとする私のテーマの域を超えるものである。

1) 正確に言えば、何回か小さな改正は行われていた。例えば、民法171条、172条には、かつては、「執達吏」が入っており、後に「執行吏」に変更されたが、昭和41年（1966年）に削除されたし、151条には、中断事由として「調停の申立」は予定されていなかったが、平成16年（2004年）の現代語化法によって、取り入れられたなど。
2) 民法167条2項の債権および所有権以外の財産権（本来は解除権とかその他の形成権とか）についての20年の消滅時効期間、および民法173条、174条の短期消滅時効期間が、適用を排除される傾向について、金山直樹「7 民法166条1項・167条（消滅時効）、173条・174条（短期消滅時効）」廣中俊雄・星野英一編『民法典の百年Ⅱ』379－427頁（有斐閣、1998年）。
3) 「民法の現代語化に関する法律」により、「民法の一部を改正する法律」が平成16年（2004年）12月1日に公布され（平成16年12月1日官報、号外第262号、10－51頁）、これによって、民法典は、条文の現代語化と保証契約の改善が行われた。しかし、私の目には、現代語化の域を超えた改正となっており、この改正は、後世に禍根の残すものと思われる。
4) 日本民法典は、明治29年（1896年）4月27日に総則編、物権編、債権編が、明治31

年（1898年）6月21日に親族編、相続編が、公布され、ともに明治31年7月16日から施行された。これについてドイツ語の文献としては、Hans-Peter Marutschke, Einführung in das japanische Recht, JuS Schriftenreihe, Ausländisches Recht, C. H. Beck, 1999, 87頁以下。日本民法典のドイツ訳としては、当時東京帝国大学教授であった Ludwig Lönholm のものが最初と思われる。これは、1986年3月、つまり、総則編等が公布される1ヶ月前のものであり、Yawo Shôten から発行されている。親族編、相続編は把握されていない。その次に出たものは、弁護士の Dr. Karl Vogt のもので、1921年に横浜で出版されている。これには親族編、相続編も訳出されている。平成16年の現代語化による改正をも踏まえた訳は、英文のものがあり、THE CIVIL CODE OF JAPAN として EIBUN-HOREI-SHA, INC. から2005年に出版されている。

5）　判例は、長い間、消滅時効期間の経過によって、権利は完全に消滅し、145条の「援用」は、実体法的な意味を持たない。それは、訴訟法上の攻撃防禦方法に過ぎないとしてきた（大審院明治38年＝1905年11月25日第1民事部判決、民事判決録＝以下民録＝11巻1581頁。大審院大正8年＝1919年7月4日判決、民録25巻1215頁等）。学説も当初は、時効期間の経過によって権利は実体法上消滅するとしながら、145条の「援用」の意味については異なったニュアンスで説明するようになっていった。富井政章は、145条は、「時効ノ効力ヲ制限シ之ヲ援用スルト否トヲ以テ当事者ノ良心ニ任セント欲シタルナリ」と説明し（富井政章『民法原論第1巻総論』636頁以下（有斐閣、第17版、大正11年＝1922年）、梅謙次郎は、145条を「公益上ノ理由ニ基キテ設ケタル制度」と説明し（梅謙次郎『増補訂正民法要義巻之1総則編』、373、374頁（有斐閣、第24版、明治38年＝1905年）、平沼騏一郎は、「援用ヲ必要トスル法則ハ裁判官ノ職権ヲ制限シタルモノニシテ敢テ時効ノ効力ヲ発生スルノ要件ヲ示シタルモノニ非ズ」として、「裁判所ノ職権ニ制限を加フルハ一般ノ法則ニ反ス」るから「立法論トシテハ疑ナキ能ハス」としている（平沼騏一郎『民法総論全』691、692頁（有斐閣、5版、明治44年＝1911年）。しかし、援用を、実体法的に意味を持たせるべきであるということを考える説が現れた。川名兼四郎は、「時効ニ因ル権利ノ取得又ハ消滅ハ当事者カ時効ヲ援用セサルコトヲ解除条件（而モ其成就ハ遡及効ヲ有スル）トスル」と説く（川名兼四郎『日本民法総論、訂正14版』、284、285頁（金刺芳流堂、大正13年＝1924年）。鳩山秀夫は、「援用ニ依リテ時効ノ効力確定シ、不援用ノ確定スルニ依リテ時効ハ初ヨリ効力ヲ生ゼザリシコトニ確定スルモノト解ス」と、不確定効力説を唱え（鳩山秀夫『日本民法総論（下巻）』、585頁（岩波書店、大正14年＝1922年）、穂積重遠は、「私モ亦時効ノ効果ガ条件的デアルト云フ見方ニ賛成スルガ、解除条件ノトウヨリハムシロ停止条件ノト説明スル方ガ了解シ易クハアルマイカ」と説く（穂積重遠『改訂民法総論』、457、461頁（有斐閣、昭和5年＝1930年）。我妻栄は、この穂積説を「最も適当と考える」とする（『民法総則』438頁、岩波書店、第15版、昭和18年＝1943年、《初版昭和8年＝1933年》）。『新訂民法総則』444頁、通し番号441、岩波書店、昭和44年＝1969年、第7版）。最高裁判所は、昭和

61年＝1986年3月17日判決で、「時効による債権消滅の効果は、時効期間の経過とともに確定的に生ずるものではなく、時効が援用されてはじめて確定的に生ずるものと解するのが相当であり」とし、不確定効力説を採用した（最高裁判所民事判例集＝以下民集＝40巻2号420頁）。その外の学説については、川井健『注釈民法(5)』38頁以下参照〔川島武宜編〕（有斐閣、昭和42年＝1967年）。

6) 大久保泰甫『日本近代法の父　ボアソナアド』、31、36、13、152、162頁（岩波書店、1977年）。正確に言えばボアソナアドは、財産法の部分だけの起草を委嘱され、親族法、相続法の部分は、日本人が起草を行った（大久保泰甫、135、136頁）。

7) 大久保泰甫（注6）168頁。

8) 大久保泰甫（注6）170頁。穂積陳重『法窓夜話』348頁（有斐閣、大正5年＝1916年）。この論文は、法学新報第5号（明治24年＝1891年8月25日発行）に掲載されたが、「我国ハ祖先教ノ国ナリ」とし「嗚呼極端個人本位ノ民法ヲ布キテ云々」と慨嘆している―同8頁、11頁）。

9) 大久保泰甫（注6）150頁以下。穂積陳重（注8）、333頁以下。この法典論争は、ドイツにおけるティボーとサヴィニーの法典論争に擬せられる（穂積陳重（注8）352頁）。

10) 大久保泰甫（注6）178、179、180頁。

11) 穂積重行『明治一法律学者の出発』101頁、146－151頁、163、164頁、213頁以下、225頁以下（岩波書店、1988年）。

12) 杉山直次郎「恩師富井先生」『富井男爵追悼集』127頁以下、68、69頁（日仏会館、昭和11年＝1936年）。

13) 東川徳治『博士梅謙次郎（伝記叢書274）』44、45頁、51－56頁（大空社、1997年）。

14) すでに1894年4月6日の最初の委員会において富井政章が既成法典と言っている―『法典調査会民法議事速記録1』、2頁下段（商事法務研究会、1983年）。

15) 新法律学辞典第三版、345、1361頁（有斐閣、1996年）。

16) 議事速記録（注14）406頁下段。

17) 注16。

18) 議事速記録（注14）407頁上段。

19) 議事速記録（注14）406下段，407頁上段。

20) 議事速記録（注14）408頁下段。

21) 議事速記録（注14）541頁下段。

22) 議事速記録（注14）514上段、513、514頁。この引用は取得時効に関するものであるが、梅謙次郎はこれを消滅時効の説明にも適用している（541頁下段）。

23) この委員会での審議は、廣中俊雄編著『第9回帝国議会の民法審議』（有斐閣、1986年）に詳しい。

24) 『第9回帝国議会の民法審議』（注23）144頁上段。

25) 『第9回帝国議会の民法審議』（注23）146頁下段。

26) 注25。

27) 『第9回帝国議会の民法審議』（注23）147頁上段。
28) 注27。
29) 『第9回帝国議会の民法審議』（注23）147頁下段。
30) 『第9回帝国議会の民法審議』（注23）250頁上段。
31) 注23）。なお詳しくは、金山直樹（注2）357頁以下。
32) 古い判例としては、例えば大審院明治39年（1906年）4月14日判決民録12篇539頁。大審院明治40年（1907年）3月16日判決民録13篇282頁。大審院明治43年（1910年）12月13日判決民録16篇937頁。戦後においても例えば最高裁判所昭和33年（1958年）11月6日判決民集12巻15号3284頁）。最高裁判所昭和46年（1971年）、4月23日判決民集102号597頁。
33) 注釈民法(5)（注5）、281頁以下。
34) 富井政章『民法原論』（注5）678、679頁。平沼騏一郎『民法総論』（注5）686頁。鳩山秀夫『日本民法総論（下巻）』（注5）621頁。沼義雄『総合日本民法論(3)』220、221頁（厳松堂、1933年）。我妻榮『民法総則』昭和18年＝1943年第15版《初版昭和8年＝1933年》（注5）はこれに触れるところがないが、『新訂民法総則』484頁、通し番号487（岩波書店、第7版、昭和44年＝1969年）は、この旨を明言している。川島武宜『民法総論（法律学全集17)』509頁（有斐閣、1968年）。四宮和夫『民法総論（第4版）』305、306頁（弘文堂、1986年）。大審院大正6年（1917年）11月14日判決、民録23篇1965頁。大審院昭和12年（1937年）9月17日判決、大審院民事判例集（以下大審院民集）16巻1435頁。

これに対して、星野英一『民法論集第4巻』310頁（有斐閣、昭和53年＝1978年）は、「従って、厳密に、法律上権利を行使することができる時から進行すると解しなければならない必然性はない」とし、166条1項を、「権利を行使しうることを知るべかりし時期」と解すべきとされている（同310頁）。

35) 昭和の時代は1926年から1989年までである。
36) 大審院民集19巻544頁。従来の判例は、二つに岐れていた。大審院明治40年（1907年）6月13日判決は、割賦払債務の消滅時効の起算点について、「本来一個ノ債権ト雖モ時期ヲ定メテ数回ニ之ヲ分割弁済スヘキ場合ニハ各弁済期ノ到来ニ因リ其期ニ弁済セラルヘキ部分ニ応シ一部ツツ時効ニ罹ルモノトス」としていた（民録13篇643ページ）のに対して、学説からの批判に会い、大正7年（1918年）には、過怠約款を付した割賦払債務につき、「債務者カ第一回ノ月賦弁済金ノ支払ヲ延滞スルニ於テハ債権者ハ其時ヨリ債務全部ノ弁済ヲ請求スルコトヲ得ヘク時効ハ此時ヨリ債権全部ニ対シ進行ヲ始ムメルヘキモノトス」と判示して（大審院大正7年8月6日判決民録24篇1570頁)、その後の判例は、帰一するところを知らなかった。本連合部判決は、この争いに終止符を打ち、未払いの割賦金債権について債権者の権利行使の意思がなければ、その部分については時効は進行しないとしたのである。この連合部判決に讃するものとして、柚木馨『判例民法総論下巻』432頁（有斐閣、1952年)、末川博民商法雑誌（以下民商）12巻3号58頁、特に561、564頁。反対するものとし

て、我妻榮（注5）488頁、通し番号489。遠藤浩民事研修1994年449号41頁。四宮和夫（注34）307、308頁。なお、この連合部判決に対する解説として、森綱郎「56 いわゆる過怠約款を付した割賦払債務の消滅時効の起算点」法曹時報19巻9号193頁以下。

37) 最高裁判所昭和42年（1967年）6月23日第2小法廷判決民集21巻1492頁。判例時報（以下判時）488号56頁。判例タイムズ（以下判タ）209号141頁。この判決に賛成するものとして、金山直樹「244 いわゆる過怠約款を付した割賦払債務の消滅時効の起算点」法律時報（以下法時）463号137頁、特に139頁。吉原省三「48 割賦払債務の懈怠と消滅時効の起算点」『民法判例百選総則・物権（第二版）』108頁、特に109頁。

38) 最高裁判所昭和45年（1970年）7月15日大法廷判決民集24巻771頁。この判例に賛成するものとして、遠藤浩「弁済供託における供託金取戻請求権の消滅時効とその起算点」『1971年6月25日ジュリスト臨時増刊号』42頁、特に44頁。水田耕一「1 弁済供託の性質と供託官の行為を争う訴訟の形式、2 弁済供託における供託物払戻請求権の消滅時効期間とその起算点」判例評論144号124頁、特に127頁。この判例の解説としては、藤原淳一郎「弁済供託金取戻請求事件」『1971年6月25日ジュリスト臨時増刊号』24頁以下を参照。

39) 民集24巻776頁。

40) 注39）。

41) 民集55巻1334頁。

42) 日本では「安全配慮義務」という表現が使われている。この概念は昭和50年（1975年）2月25日の最高裁判所によって（民集29巻2号143頁）、最高裁判所レベルで承認されたものである。

43) 民集48巻2号441頁。この判決は判決文だけで14頁、上告代理人の上告理由書は実に218頁に及んでいる―判時1499号32頁、判タ853号73頁。

44) 民集（注43）449、450頁。

45) 民集（注43）449頁。

46) この判例については賛否両論がある。肯定するものとして、前田達明「判例批評」民商1995年113巻1号70頁以下、特に75頁。牛山積「じん肺訴訟と時効論」法時61巻13号45、50頁。この牛山論稿は、本最高裁判所判決の原審である、けい肺症状を決定する手続きによる最初の行政上の決定があったときから時効が進行するとした福岡高等裁判所の判決を批判するものである。松本克美「第一章 じん肺訴訟と時効問題」『時効と正義』305頁以下（日本評論社、2002年）。特に308頁では福岡高等裁判所のこの判決を批判し、「極大化した損害の賠償請求権の消滅時効は、被害の進行がやんだその時点で初めて進行するはずではないだろうか」とされている。井上薫「消滅時効の起算点に見る公平」判タ844号、38頁以下。特に43頁では、「消滅時効の抗弁をめぐる債権者と債務者の各利害が丁度正反対であり両者の利益は鋭く対立する」との前提で、「この対立関係を解決するためには『裁判は法律に基づくことを要

する』から、その『判断のための基準は、法律でなければならない』とするが、自らはその基準となる法律についての言及を避けている。新美育文「じん肺防止の安全配慮義務不履行による損害賠償請求権の消滅時効の起算点」私法判例リマークス1995（下）32頁以下は、これに対して、本最高裁判所判決を批判し「客観的可能性説」に依拠するべきであるとする（34頁）。しかしながら「事案の具体的解決の妥当性という視点から」、「現行法の解釈としては民法724条を本事案のような場合にも適用することがもっともふさわしいと思われる」（35頁）とされている。判決については東京大学判例研究会の最高裁判所民事判例研究、法協1995年112巻12号140ないし155頁が詳しく分析を行っている。

47) 自動車損害賠償保障法72条1項前段は、自動車の運行によって生命、身体を害された者が、その自動車の保有者が明らかでないことによって自賠法3条による損害賠償を請求できないときは、政府に対して、一定額の限度でその損害を填補するよう請求できることを定めている。

48) 最高裁判所判決平成8年（1996年）3月5日民集50巻3号383頁。

49) 民集（注48）388、389頁。賛成する者として、徳本伸一・判例評論455号190頁以下。特に、194頁。そして、「権利行使を期待しうるか否かは権利者の個性を捨象した通常人を基礎として判断すべきである」とする松久説（松久三四彦・判例評論303号181頁）に賛意を表している（195頁）。吉村良一「ある者が交通事故の加害自動車の保有者であるか否かをめぐって争いがある場合における自動車損害賠償保障法72条1項前段による請求権の消滅時効の起算点」民商116巻2号109（287）以下、特に120（298）頁。後藤勇「加害自動車の保有者か否かが争われている場合と自賠法72条1項前段の時効起算点」私法判例リマークス1997年15号78頁以下、特に81頁。信澤久美子「政府の自動車損害賠償保障事業における被害者の損害てん補請求権の消滅時効」判タ926号94頁以下特に98頁。加藤新太郎「自賠法72条1項前段に基づく請求権の消滅時効の起算点」判タ945号122頁以下、特に123頁は、本判決を「「自賠法72条1項前段に基づく請求権の消滅時効の起算点について模範を提示するもの」としている。野山宏「ある者が交通事故の加害自動車の保有者であるか否かをめぐって争いがある場合における自動車損害賠償保障法72条1項前段による請求権の消滅時効の起算点」ジュリスト1095号163頁以下は、この判決を「注目すべき判例」としている（164頁）。

50) 民集57巻4号477頁。

51) 民集（注50）、480頁。賛成する者として、高林龍「職務発明をした従業者の対価請求権と消滅時効」ジュリスト1996年6月10日臨時増刊1091号、232頁、特に233頁。基本的には賛成であるが、本判決のルールを適用しても、具体的にいつが時効の起算点となるか特定できない」と、問題を提起するものとして、金山直樹「特許法35条3項の規定による『相当の対価』の支払いを受ける権利の消滅時効の起算点」判タ1145号95頁以下、特に97、100頁。

52) 通説は、特許を受ける権利もしくは特許権の移転またはその設定の時が起算日で

第Ⅳ部　私法部門

　　　あるとしている（紋谷暢男「第8講　職務発明とはなにか、またその法的規制について述べよ」『特許法50講』39頁、特に43頁（有斐閣双書、第4版・1997年）。中山信弘『注解特許法（第三版）上巻』354頁（青林書院、2000年）。田村善之、柳川範之「職務発明の対価に関する基礎理論的な研究」民商128巻4・5号556頁。
53）　商法上の消滅時効期間は、本件生命保険契約が締結された当時（1990年）は、2年であったが（商法旧663条、683条）、多くの場合時効期間を3年とする契約が締結されていた。因みに、現在では、2年または1年となっている（現行商法663条、683条）。
54）　民集57巻11号2196頁以下、判時1846号106頁以下。
55）　民集（注54）2196頁、特に2199頁。通説は、保険金支払請求権の消滅時効の起算点は、保険事故発生時としている（原島宏明「4　保険金支払義務」金融・商事判例986号120頁、特に122頁。西島梅治『保険法（新版）』88頁以下、特に88頁（悠々社、1991年）。石田満『商法Ⅳ（保険法）〔改訂版〕』（現代法律学講座19、青林書院、1997年）189頁は、「被害者が客観的にみて保険事故の発生を知らないこともやむをえないような事情があれば、保険事故の発生を知った時をもって消滅時効が進行するものと解するのが妥当である」とされている。これは、本判決と同旨である。竹濱修「24　生命保険金家の支払義務」塩崎勤、山下丈編『保険関係訴訟法（新・裁判実務大系）』373頁（青林書院、2005年）。
56）　判時1860号152頁以下、判タ1152号128頁以下。
57）　判時（注56）154頁、判タ（注56）130頁。この最高裁判所判決の原審は、福岡高等裁判所2001年7月19日判決であり、この高等裁判所判決は、「じん肺を原因とする死亡に基づく損害も、管理2、管理3、管理4の各行政上の決定に相当する症状に基づく各損害とは、質的に異なるといわざるをえず、じん肺を原因とする死亡による損害賠償請求権の消滅時効は、死亡の時から進行すると解するのが相当である」と判示したものであるが、これに賛成するものとして、松本克美「じん肺訴訟における消滅時効の起算点と援用制限」法時74巻10号97頁以下、特に100頁。
58）　金山直樹『民法典の百年Ⅱ』（注2）452頁。
59）　金山直樹（注58）。

246

13 瑕疵担保請求権の消滅時効

デートレフ・レーネン

Ⅰ 法的規制の内容についてのあらまし
Ⅱ 瑕疵担保請求権の消滅時効のための特別の規定の目的論的な正当性
Ⅲ 新規定の適用の問題点の重点
Ⅳ 比較法的要約

Ⅰ 法的規制の内容についてのあらまし

　民法195条、199条による「通常の」消滅時効の期間については、既にArmbrüster教授らお話があったが、それに対して「他の」消滅時効期間（民法200条）は、異なった様相を呈している。その「他の」消滅時効期間に共通なことは、消滅時効の期間の起算点が客観的に定められているということである。ここで決め手になるのは、基本的には、請求権の成立ということである（民法200条1文）。

(1) 原則——売買契約および請負契約における瑕疵担保請求権の客観的消滅時効

　この種の規定は、実務上最も重要な役割を演じるが、特に重要なのは、売買契約法および請負契約法における瑕疵請求権の消滅時効に関する特別の定めである。即ち、民法438条1項・2項（売買契約）および民法634a条1項1号・2号（請負契約）がそれである。民法438条による特別の消滅時効は、物の瑕疵を理由とする買主の後履行請求と（民法437条1号、439条）、損害賠償請求に関するものである。民法634a条は、さらに、請負契約における、自ら修繕した場合の費用償還請求権（民法634条2号）を規定している。売買における期間は一般的には2年である（民法438条1項3号）。工作物およびその材料については、5年で（民法438条1項2号）、438条2項に従って、期

間は売買目的物の引渡し[1]のときから開始する。請負における仕事の一部についても、同じような規定は、その請負の目的が、ある物の製作、維持、あるいは変更、または企画、ないしは監督の仕事を行うことの中にある場合に存在する（民法634a条1項1号）。ここでも、期間は原則的に2年である（民法634a条）。工作物の場合には5年で（民法634a条1項2文）、製作物を受け取ったときから開始する（民法634a条2項）。

(2) 例外——売買契約および請負契約における瑕疵担保請求権の消滅時効についての通常の期間の適用

この客観的な期間は、しかしながら、瑕疵担保請求の全てについて適用されるわけではない。むしろ、瑕疵を理由とする請求権も、通常の消滅時効のもとに置かれるのである（民法195条、199条）[2]。このことを、法律は、民法634a条1項2号の意味における「有体的な」結果に向けられていない、例えば、鑑定の作成を目的とする請負上の仕事について規定している（民法634a条1項3号）。他方、法律は、売主や請負業者に故意があるような場合も、通常の期間に立ち戻っている（民法438条3項、634a条3項）。このような場合における通常の期間の適用は、売主や請負業者を客観的な期間の適用と比較して本質的に弱くするものである。買主または注文者が、長期間の後に初めて発見するような隠れた瑕疵のために、売主または請負業者の責任は、民法199条2項ないし4項の客観的な最長の期間の満了まで延長される。もし、売主または請負業者に認識された瑕疵が、売買の目的物ないしは製作物の受領後30年を過ぎる直前に、買主または注文者を身体的または健康上の侵害に導くならば、買主または注文者に、瑕疵担保法に従ってまだ時効にかかっていない損害賠償請求権（民法280条1項との関連における民法437条3号ないし634条）が帰属することになる（民法199条2項）。瑕疵を理由とするその他の損害賠償請求権については、期間は依然として10年であり、損害の発生が非常に遅い場合も30年である（民法199条3項）。

(3) 専門用語の明確化

以下に、瑕疵担保法の客観的な期間（(1)に述べた意味においての）の適用範囲を確定するために、「瑕疵担保請求権の消滅時効の特別な期間」、「特別な瑕疵担保法的な消滅時効」または「瑕疵担保請求権の消滅時効のための特別の規定」について述べることにする。

II 瑕疵担保請求権の消滅時効のための特別の規定の目的論的な正当性

瑕疵担保請求権の消滅時効について、そもそも何故特別な規定が必要なのか、という問いが出てくる（この問いは、また正に日本の観察者にとっても特別な興味があると思われる）。この問いは2つの視点を持っている。1は、何故瑕疵担保請求権が、特別な、比較的短い時間的な限定の下に置かれるべきかという問題と、いわば法政策的に望まれた特別の時間的な限定が正に法技術的に時効という道の中で実現されるべきか、という問題である。

(1) 瑕疵担保責任の短期の時間的限定の必要性

最初の問題、つまり、瑕疵担保請求権およびその他の瑕疵担保法上の権利[3]について何ゆえに、短い期間への特別の時間的限定が必要なのかという問題は、2つのそれぞれ別々の視点から答えられるべきものである。1つは、時効の一般的な目的設定に結び付けられ、この一般的な目的設定を瑕疵担保責任の特殊性に適合させようとする試みであり（後述(a)）、他は、逆には瑕疵担保責任の特殊性から出発して担保責任を短期に限定することを契約当事者間における瑕疵の危険を分配する技術と理解するものである（(b)で述べる）。

(a) 法的平和への特別な必要性

文献において支配的な見解は、売主は目的物を引渡した直後から、その物の瑕疵のゆえに契約からの責任を追及されないという、保護に値する利害を有しているというものである[4]。売主は、直ちに帳簿を閉じて、売買代金の取得を最終的なものと見ることができ、この金員を自由に使い更なる営業活

動に資することができなければならないとする。さらに、時間の経過とともに真実の法律関係が不明確となってゆき、それとともに、危険の移転の際に売買の目的物に全く顕在していず、買主のその物の扱いに帰せられるべき瑕疵について売主に責任を負わせることになってしまうのはおかしいではないかというのである。物の引渡しの際に瑕疵があったことの挙証責任は買主にあるわけで、買主がこの挙証責任を果たすことは時とともに難しくなる、ともいう。これらのことから、そして共通項として、瑕疵担保請求の場合に速やかな「法的平和の回復」の特別の必要性が出てくることになり、(民法の改正前の477条についての) 判例は、次のように判示していた。すなわち、「瑕疵担保法上の時効の法政策的意味は、売買法において契約の履行後できるだけ速やかに法的平和を回復すること、そして、危険移転の際に瑕疵が存在していたか、存在していたとしてどの程度のものであったか、そしていかなる損害が引き起こされたか、ということについて、時の経過とともに困難になってゆく真相追究を不必要にするということである」と[5]。

(b) 瑕疵の危険の分配

しかしながら、このような見方は、瑕疵担保法上の消滅時効の特殊性を説明するのに、余り当を得たものとは云えないのではないか。なるべく速やかに責任を恐なくても済む状態になりたいと思わない債務者はいないであろうし[6]、仮に挙証の責任及び挙証の必要を節約することによって、買主が請求権を失ってしまうならば、買主はこれをむき出しの皮肉と感じることであろう[7]。法律が自ら定めた売主ないしは請負業者の瑕疵のための責任がどのように法的平和を害することになるのであろうか。

買主ないしは注文者は、瑕疵のない物 (民法443条1項2文)、瑕疵のない仕事 (民法633条1項) に対して請求権があるのに、何故、瑕疵請求権を実現できないのか。

そのような明らかな疑問を考慮して、瑕疵担保請求権の時間的な制限は瑕疵の危険から売主の負担を軽くしようとする技術と理解する考えがある[8]。期間経過後に始めて出現した瑕疵は買主の負担に帰するべきだとするのである。買主は、物が有する瑕疵可能性について危険を分かち合うべきだとする

のである。なぜなら、約定された代金額は通常は発生するであろう費用をとてもまかなうものではないからである。売主は、目的物を詳細に検査して、買主に引渡すときに瑕疵があるわけがないということを確保したいであろう[9]。買主が瑕疵の危険に加わることは買主に不相当な負担を強いるものではない。というのは、瑕疵の発生の大多数は、利用を始めた最初の時期であり、瑕疵担保期間の範囲に収まっているからである。従って比較的短い期間でさえも（従来のドイツ民法に従えば僅か6ヶ月という期間、現在は2年となっているが）、動産の場合は瑕疵の危険は圧倒的に売主が負担しているのが実情であった。物の営業の通常の利用期間を見込んだ長い期間は、瑕疵の危険を分配するには不適当で、それが適当といえるのは、危険が売主ないしは請負業者にのみ帰属させられるべきときだけであるといえる（特に故意で瑕疵を黙秘した場合のように。これについては既に、I(1)、(2)で述べてある）。そのような危険の分配は、買主に、発見できる瑕疵を直ちに発見し、そうでない場合でも、後からの請求が拒絶されるのを防ぐために、目的物を注意深く扱うという心構えを与えることになる[10]。

(c) 私の見解

瑕疵担保責任の時間的制限が、買主の瑕疵の危険への参加に役立つという考えは、多くの賛同を得た[11]。

瑕疵の危険の分配は、契約上の等価の約定の一部であり、一次的には当事者に属する事柄である。詳しい明示の約定がないが故に、契約上の等価の約束の尺度によって瑕疵の危険を分配するのは、裁判所の使命に属するが、裁判所が通常の時効期間を適用したとしても、それは法律上の短い期間に対する裁判所の不服従を意味するものではなく、通常の時効期間選択は、特定の場合に瑕疵の危険を売主に全面的に負わせるための技術的な手段なのである。

この考えに内在する最も重要な制限は、もし売主が瑕疵を知っており、あるいはその覚知が正に期待されるべきであったときは、説明不能な危険は存在しないから、売主に瑕疵担保法上の消滅時効の利益を与えてはならないとするものである。

これと同じ規定が、売主が瑕疵を知りながら故意に告げなかった場合につ

いて、新旧両法に見られる（これについては、既に、Ⅰ⑴、⑵で述べた）。文献は、438条3項、634a条3項を逆から解釈して、故意という隠れ蓑の下で、過失がどんなに大きい場合でも、短い客観的な消滅時効が適用され、売主の利益になるとしている。旧法時代の判例は、この逆からの解釈ということを問題にせず、結果において、この規定をいろいろな方法で回避し[12]、このやり方で、瑕疵の危険の相当な分配という尺度の下で完全に満足な結果を導き出していた[13]。新法は、立法者が多くの信頼できる「逃げ道」を遮断した限りにおいて、この判例の継続に対してかなりの障害を作り出した（例えば、434条3項で、「他人の物」と「瑕疵」とを同一に扱っていることによって）。これに加えて、瑕疵についての一般的な有責責任が売買法においても認められ（民法437条3号）、特典的な消滅時効の中に明文をもって採り入れられた（民法438条1項）。

従って、瑕疵担保責任の時間的な制限を瑕疵の危険の相当な分配という考えに投げ返すことは、新法における短い期間の適用範囲をぴったりと復元することにはならない。しかし、この考え方は、新法の解釈と適用における事物に即した納得のいく結果を見出し[14]、且つ新法における法政策的な批判を形成する[15]助けにはなり得る。カナーリスは、この理論が、新法についても基本的に当てはまるけれども多くの補充を必要とする、ということを論証している[16]。特別の時効の「一つだけの」意味というものが存在するのではなく、時効には「部分的には全く異質の性格」を持っている「いろいろな側面から出てくるいろいろな評価の結合」がその基礎に横たわっているというのである[17]。

⑵　請求権の「時効」という方法での時間的制限の技術的構成

このように、瑕疵担保請求権の時間的な制限という目的設定が一般的な請求権の時効のそれと本質的に異なっているということであるから、消滅時効という法制度が責任の時間的な制限のために適した技術かということが問題となる。そして、これは、極めて問題があるといわざるを得ない。

⒜　請求権の時効という方法での責任の時間的限定の法律構成の問題点

現行法上時効に服するのは、請求権だけである（民法194条）。その他の権利は時効に服さない。しかし、瑕疵担保法は、瑕疵のある物の給付を受けた買主、あるいは瑕疵のある仕事を受取った注文者に請求権（民法437条１号、439条、634条１号、635条による後履行請求権、民法634条２号の請負における自ら瑕疵を除去した場合の費用償還請求権、437条３号、634条４号の無駄になった出費の賠償請求権など）を与えるだけではなく、形成権、つまり解除権、代金減額に対する権利（民法437条２号、634条３号）をも与えている。形成権の場合は、その行使によってはじめて請求権が発生する。これらの権利の行使は、瑕疵担保請求権の実現が可能である期間だけという時間的な制約を受けるということは明白である。民法218条がそう規定している。これによれば、瑕疵のある給付を理由とする解除は、後履行請求権が時効にかかり且つ債務者（売主または請負業者）が、これを主張すれば効力がなくなってしまう。給付された物が、契約締結時に著しい瑕疵があるので（例えば、無事故車として購入した中古車が実は事故車であった場合）、はじめから後履行請求権が成立していなかった場合は、民法218条２文によれば後履行請求権が発生したと仮定して、その請求権の消滅時効という仮定的な時点を設定している。法律の規定はこのように複雑になっているが、これに加えて契約の解除から発生する買主の返還請求権はどのような期間で消滅時効にかかるのかという問題が生じる。民法438条が（類推）適用されるのか、それとも民法195条、199条の通常の期間が適用されるのかという問題であるが、これについては、後で述べる。

(b)　1つの選択肢としての実体法的除斥期間

これらの問題の多くは、売主または請負業者の瑕疵担保責任が、その期間内に買主ないし注文者が売主ないし請負業者に対して瑕疵担保権を行使しなければならないとする実体法的な除斥期間によって時間的に制限されるということになれば、解決される。この期間の経過後に始めて発見される瑕疵については、売主ないしは請負業者は、はじめから責任を負わないのである。買主ないしは注文者が、この期間内に瑕疵担保請求権を行使したときは、この請求権を、通常の消滅時効期間に服させることができるとするのである。

そして、この除斥期間後に発生するかもしれない責任の拡大については売主ないしは請負業者は心配する必要がない、つまり、売主が負担するべき瑕疵の危険の範囲は、専らこの、瑕疵が発見されなければならない期間の長さだけによる、とするのである。

このような規制の雛形は、消費財貨売買指針[18]に基づくものである[19]。

指針5条1項1文では、「消費財貨の給付後2年以内に契約違反が明らかとなったときは」、指針3条に規定する法的救済に従って責任を負う、と規定している。

これは、国連売買法（CISG）39条2項に範をとったものであるが、それによれば、買主は、給付の後遅くとも2年以内に売主に告知しなければ、物についての契約違反を主張する権利を失うと、規定されている。

しかし、特にドイツでは、このような規定については馴染もうとはせず、売主の瑕疵担保責任の時間的制限のためにドイツの消滅時効による解決を維持することが、指針に適合するものであることを明確にすることに非常な価値をおいた[20]。従って、指針5条1項2文は、「3条2項による請求権について国内法では消滅時効が適用されるときは、給付のときから2年の期間の経過の前には時効期間は終了しない」と規定している。

Ⅲ 新規定の適用の問題点の重点

瑕疵担保請求権の特別の消滅時効の新規制にはいろいろな異質な考えが横たわっていることは、すでに現段階で新法の適用について、表面化してきている。

(1) 生命、身体、健康、所有権の侵害を理由とする請求権について、民法438条、634a条の目的論的縮減を行うべきか

買主が瑕疵のある物の有責な給付によって、注文者が瑕疵のある仕事の有責な完成によって、自分のその他の財貨に受けた瑕疵損害の請求権は、いつ消滅時効にかかるのかという問題から始めることにしよう。カナーリスが提

示している例の1つをとると[21]、購入した機械が、売主の被用者が有責に引き起こした製造中の瑕疵によって給付後2年以内に爆発を起こした。そして、買主が負傷し、同時に、または、それとは別に、買主の工場が壊されてしまった。カナーリスは、「民法437条、278条との結合による280条から出てくる損害賠償請求権は、――それは、極めてありふれた保護義務違反に基づくものであるが――民法438条1項3号の時効に服する」とすることには目的論的な見地から十分に納得できる理由は見出せないとしている。ここで重要なのは、カナーリスが、241条2項による保護義務違反のための一般的な責任規定を引き合いに出していることである。281条1項から導き出される一般的な損害賠償請求権については、民法195条、199条が適用される。身体の侵害に対しては、加害者は、199条2項に従って侵害があったときから30年の間、責任がある。しかし、危険な物の給付の場合、その瑕疵性を売主が知ることができたはずであり且つ知るべきであったときは、その給付の中に義務違反が存在するならば、責任の期間は、90パーセントは、2年に短縮されるであろう。身体とか、健康とかいう生活上の財貨の保護の特別の必要性は、立法者に民法199条2項で10年の最長の期限（民法199条3項4項）を30年に延長せしめたとしても、物に瑕疵があるが故に民法438条を適用すると、物の瑕疵を理由とする契約からの責任をもはや追及され得ないことを逸早く知るという売主の利害に席を譲ることになってしまう。しかしながら、これは理解に苦しむとし、カナーリスは、これを修正するために438条の目的論的縮減を提唱する。すなわち、民法823条1項で保護されている法律上の財貨（生命、身体、健康、所有権）の上の瑕疵後続損害の賠償の請求権については、438条は適用されるべきではないとするのである[22]。ゲアハルト・ワーグナーは、ほぼ同じく、不可侵性の利益の侵害の故の請求権は、438条の適用範囲から除外されるべきと主張している[23]。

(2) 民法438条、634a条の、買主ないしは注文者の瑕疵による解除後の返還請求権への類推適用

最初に、買主が目的物の瑕疵を理由として契約を解除した場合、どのよう

な時効期間が、買主が支払った代金の返還請求権について適用されるかという問題を扱おう。

このような単純な且つ現実に重要な問題について新法上争いが成立し得るということは、驚くばかりであり、それぞれの立場の人が、自己のために重要な論証を展開している。民法346条に基づく返還請求権を通常の期間（民法195条、199条）に服せしめようとする者は、立法者の文言に依拠する。というのは、適用除外を示すような特別の法律上の規定が欠けているからである。法律をこのように解釈する立場は、物の瑕疵による買主の返還請求権は通常の瑕疵担保請求権に適用される期間の経過後3年以上行使されうる、と考える。ここには、すべての瑕疵担保請求権についての統一的な時効という従来のシステムから一つひとつの期間へのシステムの変更、さらに言ってみれば実体法的な除斥期間と通常の消滅時効期間の結合をめざす新規制に対するシステムの崩壊が潜んでいるといってもよい（これについては、前に、Ⅱ(2)(b)で述べてある）。立法者が、解除後の返還請求権のために、そのようなシステムの変更を規定したかったのかどうかは、少なくとも文献には出てきていない。この問題はむしろ見落とされたのであろう[24]。立法者のこの見落としを、今になって修正することは勿論難しいことである。瑕疵による解除後の民法346条による返還請求権の時効期間を民法438条を類推適用して修正したとしても、代金減額の意思表示に基づく買主の請求権の時効については、そのような特別の扱いはできない。代金減額をして余剰がある場合その余剰の返還を請求する権利は、民法441条4項に規定されているが、この条文は、民法438条で言及されてはいない。従って、多分、この請求権については、通常の期間の適用にとどまらなければならないであろう[25]。そして、瑕疵担保請求権についてのドイツの新しい消滅時効法が、内部的な正当化は困難と思われる「システムの混合」からでき上がっていることは甘受されなければならないことである。

(3) 瑕疵担保請求権についての時効期間の適用を回避する特約

3番目の難問として、瑕疵担保請求権についての時効期間の適用を回避す

る特約について述べることにする。売主は、買主に対して瑕疵の責任を短期に縮小しようとし、大型の買主、特に商社は、逆に買入れの条件として瑕疵による供給者の責任を長期に設定したいと思う。このような特約が原則として可能であるべきだということは、期間の長さが当事者間で瑕疵の分配を操作し、それに契約上の等価関係がかかわってくる、それを決めることは、契約当事者の純粋な専門知識の中にある、ということから、疑いもなく帰結する。従って、すでに改正前の民法では、時効を困難にする特約を禁止していたが（民法旧225条）、瑕疵担保請求権については、これを止め、より長期の期間の特約を許していた（民法旧477条1項2文）。

普通取引約款における瑕疵担保請求権についての消滅時効の期間の延長は、非常に微妙な領域に関係する。個人的な話し合いを必要とする代価──給付関係──の確定ということに関係してくるからである。もし期間を延長すれば、等価関係は、その約款を利用する買主の有利に動くことになる。これは、判例によれば、非常に狭い範囲でのみ認められていた。債務法改正前の時代の連邦裁判所は、3年という長さの期間への延長は不相当であり効力がないとしていた[26]。新法の下では、連邦裁判所は、3年間の延長を認めるに至った[27]。つまり、時間的な期間について、何が適切かということについて絶対的な基準はなく、それは法律によって認められた期間との比較において決められるべきものなのである。この期間は、改正前の法律では周知のように6ヶ月であった。3年への延長は6倍の責任の拡大を意味した。しかし、新法では、法律で決められている期間が2年であるから、僅かに1.5倍の価値ということになる。売主の危険は必ずしも期間の長さだけに比例するわけではないが（大概の製品では、利用の最初の時期に最も多く瑕疵が発生する）、責任の6倍もの長さということであれば、それは著しい危険の増加を意味する。連邦裁判所が、かつてかかる長期を定めた普通取引約款を契約の基礎として十分でないと判断したのは正しいことであった。

瑕疵担保責任の時効期間の短縮は、消費財貨売買（民法13条、14条との結合における474条）においては、新法の下では、中古品の場合にのみ可能で、1年を限度としてのみ有効である（民法475条2項）。これは、特に中古の自

動車との営業的取引において重要な新規定で、これについては、法政策的に争いがあるところである。旧法時代には、連邦裁判所は中古の自動車の営業的取引では普通取引約款における瑕疵担保責任の完全な排除すら有効としており[28]、買主には不当に不利益な扱いであった。

IV　比較法的要約

ドイツでは、瑕疵担保責任の消滅時効について異議が続々と差し挟まれている。指針による消滅時効の期間の延長を巡って、激しい意見の対立が生まれたのである。経済団体は、期間が4倍になったことによる製造と取引の負担を許容することはほとんど不可能であると批判した。この新しい法律の下での最初の出来事は、多くの商事企業が2年という負担を、買主は6ヶ月の経過の後で、目的物にすでに給付のときから瑕疵があったということを証明しなければならないとする特約という余地を利用し尽くすことによって縮減しようと試みていることである。

ドイツにおけるこのような厳しい戦線に対して、日本における規制を見ると田園詩を読んでいるようである。なるほど、買主は、給付された物に瑕疵を認めたときは、その瑕疵を、彼の権利を維持するために、1年内に売主に主張することが義務付けられている（日本民法566条3項）[29]。しかし、この義務は、すべての買主が問題なく履行することができ、且つ、瑕疵担保請求権の逸早い解決と実現という自らの利益のために日常的に履行するであろう。売主の実体法的な負担の範囲は、瑕疵担保請求権の行使ができる期間の上限によるが、日本では、通常の消滅時効期間は、私の理解が正しければ10年となっている（日本民法167条1項）[30]。日本での通常のケースは、ドイツでの売主または請負業者の故意という（すでにⅠ(2)で述べておいた）例外のケースに当たると思われるが（ドイツではこの例外に当たる故意はなかなか証明できないが）、買主の瑕疵の危険への参加という考えは（前述のⅡ(1)(b)）、著しく後退していて、売主が瑕疵の危険を基本的に一人で負担している。この買主にとって親切な定めは、もちろん「隠れた」瑕疵の場合にだけ適用される

が、その「隠れた」瑕疵とは、買主が契約締結のときに、取引に要求される注意を尽くしても発見できない瑕疵をいうとされている[31]。この点で、日本法においては、買主に課せられる責任追及の要件は、ドイツ法におけるよりはるかに厳しくなっている。ドイツ法では、買主の瑕疵担保請求権は、買主の著しい過失による不知のときだけ排除され、この買主の著しい過失は、売主が保障を引き受けた場合または瑕疵を故意に告げなかった場合には顧慮さえされないとされている（民法442条1項）。

　これから行われるディスカッションが、ドイツ法と日本法の異なった見方について、いかなる原因でそうなったのかまたその背景が何かなどを、明るみに引き出すか、非常に楽しみである。

1）　民法438条2項は動産について、Verbrauchsgüterkauf-Richtlinie＝消費財貨売買指針（1999年5月25日の欧州議会および欧州理事会の指針1994/44/EG）に依拠して"Ablieferung"（交付）という表現も用いているが、それは実務ではほとんど"Übergabe"（引渡し）と同じである。差がある場合については Faust, Bamberger/Roth, BGB（バンベルガー／ロート　注釈民法、§ 438 Rn. 30）。

　　訳者注：Richtlinie は指令と訳されているようであるが、Richtlinie の規定は基本的には直接、法的効力を有しないので、私はこれを指針と訳している。

2）　これについては Leenen, Comparative Law Vol. 19, 2002年、71頁以下、特に83頁以下。

3）　「瑕疵担保法上の権利」（„Mängelrechte")としては減額請求権や物の瑕疵による解除権などがある。これについてはⅡ(2)(a)を参照。

4）　Münchener Kommentar BGB 4. Aufl.（ミュンヘン注釈民法第4版）　2004年、Westermann, § 438 Rn. 2。Jauernig, BGB, 11. Aufl.（ヤウエルニヒ注釈民法第11版）2004年、Berger, § 432 Rn. 2。Handkommentar BGB（小注釈民法）、Saenger, § 438 Rn. 1。

5）　1998年3月8日 Bundesgerichtshof＝BGH（ドイツ連邦裁判所）判決＝NJW（Neue Juristische Wochenschrift＝新法律週報）1999年、1675、特に1676頁。

6）　Medicus, JuS（Juristische Schulung＝法学教育）1998年、289頁以下、特に295頁。

7）　すでに、民法典の施行直後からそのような見解があった。Mueller, DJZ（Deutsche Juristenzeitung＝ドイツ法律新聞）1906年、703欄以下、特に705欄。

8）　Leenen, § 477 BGB（1995）：Verjährung oder Risikoverlagerung?（消滅時効か危険の移転か）, Schriftenreihe der Juristischen Gesellschaft zu Berlin（ベルリン法律家協会叢書）, Heft 148（1977）所収。

9） 詳しくは Leenen, Die Verjährung von Mängelansprüchen（瑕疵請求権の消滅時効）、Barbara Dauner-Lieb / Horst Konzen / Karsten Schmidt 編集、Das neue Schuldrecht in der Praxis（実務における新債務法）2003年、105頁以下、特に110頁以下。

10） この"Moral-Hazard"の見方については、Eidenmüller, JZ（Juristenzeitung ＝ 法律新聞）2001年、283、285頁（Fußnote 13）。

11） それを裏付ける文献については、Leenen, Comparative Law Vol. 19、2002年、71頁以下、特に80頁の脚注36。2002年以後でも、特に、Westermann, Die Mängelhaftung im neuen Schuldrecht（新しい債務法における瑕疵担保責任） 2004年、278頁。

12） この判例の各種の「回避の戦略」についての簡潔な批判的な概観は債務法現代化法についての政府の立法理由の中に見られる。BT-Drucksache（連邦衆議院刊行物 14／6040、228頁）。

13） 例として1992年3月12日 BGH 判決、BGHZ（連邦裁判所民事判例集）117巻、318頁を挙げることができる。この判決は2004年11月30日の BGH によって認められた － NJW 2005年、893頁。

14） この使命は、例えば、民法634a条1項1号の意味における"körperliche Werke"「有体的製作物」を民法634a条1項3号の意味における"übrige"「その他の」製作物から区別する場合に生ずるものである。

15） そのような批判は、なかんずく438条3項を故意に限定することに対するものである。この意味において、Canaris, Die Neuregelung des Leistungsstörungs- und des Kaufrechts, Karlsruher Forum 2002（給付障害、および売買法についての新規制、カールスルーエ フォールム 2002年）、5頁以下、94頁以下も同旨である。

16） Canaris（注15）93頁。

17） Canaris（注15）96頁。

18） Richtlinie 1999 / 44 /EG des Europäischen Parlaments und des Rates vom 25. Mai 1999 zu bestimmten Aspekten des Verbrauchsgüterkaufs und der Garantien der Verbrauchsgüter（消費貨物売買ならびに消費財貨保証を特に顧慮するとの視点からの1999年5月25日ヨーロッパ議会・評議会の指針 1999 / 44 /EG）。

19） Hondius, Stefan /Bianca, Grunmann, Cesare Massimo Bianca 編集、EU-Kaufrechts-Richtlinie（EU 売買法指針） 2002年、Art. 5 Rn. 5。

20） Staudenmayer, Die EG-Richtlinie über den Verbrauchsgüterkauf（消費貨物売買に関する EU 指針） NJW 1999年、2393、2396頁（指針5条1項2文の規定は、「ドイツの代表の同意を取り付ける」ことを予定している）。

21） Canaris（注15）95頁。

22） Canaris（注15）98頁以下。

23） Gerhard Wagner, Mangel-und Mangelfolgeschäden im neuen Schuldrecht（新しい債務法における瑕疵損害並びに瑕疵後続損害）JZ, 2002年、475頁以下、479頁。Wältermann は、もっと極端である。注11）の文献の279、289頁参照。Wältermann は、瑕疵後続損害による損害賠償請求権を全て438条から除外するとする。

13 瑕疵担保請求権の消滅時効［デートレフ・レーネン］

24) これについては、Wagner, Die Verjährung gewährleistungsrechtlicher Rechtsbehelfe nach neuem Schuldrecht（新債務法による瑕疵担保責任法上の法的救済の消滅時効），ZIP（Zeitschrift für Wirtschaft und Insolvenzpraxis＝経済法・倒産実務）2002年、789、790頁以下。
25) 例えば、Grothe, Münchner Kommentar BGB, 4. Aufl.、2001年、§218, Rn. 4。Heinrich, Palandt BGB（パーラント註釈民法）, 65. Aufl., 2006年。2006年2月9日 OLG Koblenz（コーブレンツ高等裁判所判決）— Zeitschrift für das gesamte Schudlrecht（総合債務法雑誌）、117頁（法的確定力なし）。
26) 1990年1月7日 BGH 判決、BGHZ 110巻、88頁＝ NJW 1990年、2065頁。
27) 2005年10月5日 BGH 判決、BGHZ164巻、196頁以下＝ NJW2006年、47頁以下。
28) 1979年6月11日 BGH 判決、BGHZ 74巻、383頁＝ NJW1979年、1886頁。
29) Igarashi, Einführung in das japanische Recht（五十嵐清・日本法入門） 1990年、72頁。Kitagawa, Doing Business in Japan, Vo. II（北川善太郎・日本ビジネス講座、2巻）、228頁。Baum/Drobnig, Japanisches Handels-und Wirtschaftsrecht（バウム／ドロープニヒ、日本の商法および経済法）1994年、331頁。
30) 内田貴・民法II　債権各論第2版、1997年、138頁。
31) Tamotsu Isomura, Sachmängelhaftung und Nichterfüllung im japanischen Recht（磯村保・日本法における瑕疵担保責任と債務不履行責任）、Leser, Hans G. / Tamotsu Isomura, Wege zum japanischen Recht, Festschrift für Zentaro Kitagawa（レーザー・磯村・日本法への道、北川善太郎記念論文集）1992年、396ページ。Marutschke, Einführung in das japanische Recht（マルチュケ・日本法入門）1999年、171頁。

（訳者注）　引用法典で特に国名が付してないものはドイツの法典を指している。

［永田誠 訳］

14 瑕疵担保責任における消滅時効ないし除斥期間

益 井 公 司

I　はじめに
II　日本民法566条3項とその起草理由
III　1年の期間制限の法的性質
IV　「事実を知ったとき」とはいつか
V　おわりに

I　はじめに

　本稿は、シンポジウム「ドイツと日本における法律学的対話」において、Leenen 教授の Die Verjährung von Mängelansprüchen という講演に対応させるかたちで、日本の瑕疵担保責任における期間制限の状況を明らかにし、ドイツとの法律学的対話をなすために書かれたものである。

　日本の現行民法制定以後今日に至るまで、ドイツの判例・学説は、日本民法の個々の条文の解釈論に非常に大きな影響を与えてきた[1]。これは、瑕疵担保責任、消滅時効（Verjährung）、除斥期間（Ausschlußfrist）についても同様である[2]。近年、ドイツでは、債務法の現代化（Schuldrechtsmodernisierung）により瑕疵担保責任が債務不履行責任（給付障害）に統合され、また消滅時効法が改正された。これらのことは日本民法のあるべき姿を考えるにあたって大きな意味を有し、一般消滅時効の改正との関係で瑕疵担保責任の消滅時効規定をどのように捉えて改正に至ったのかを検討しておくことは、来るべき日本民法の改正[3]にとっても重要な意味を有することになる。

　ところで、ドイツの瑕疵担保責任の法的性質（契約責任か法定責任か、特定物ドグマを承認するか否か）およびその法的責任内容（とりわけ損害賠償）をめぐる議論が日本民法の解釈論に与えた非常に大きな影響に比べると、ドイツの瑕疵担保責任の消滅時効（旧 BGB477条）は、現在の日本民法の判例・

通説を形成するにあたってそれほどまでの影響を与えていないように思われる。つまり、瑕疵担保責任の期間制限の規定（日本民法566条3項）に関する解釈は日本独自の構造を有するものとなっている。

そこで、日本における瑕疵担保の期間制限（通説・判例によると除斥期間）をめぐってどのような議論がなされているかを具体的なケースを通して紹介・検討することにより、この問題をめぐる日本の法状況を明確にし、この後に予定されているドイツと日本の法学的対話をなすための前提を示したい。日本における瑕疵担保責任の期間制限の意義を明確にするために、ここで取扱うのは、①日本における瑕疵担保責任の期間制限の条文とその起草理由（以下のⅡ）、②1年の期間制限の法的性質（Ⅲ）、③「事実を知ったとき」とはいつか（Ⅳ）、④瑕疵担保責任の期間制限と民法総則に規定されている一般の消滅時効との関係（Ⅴ）である。

Ⅱ　日本民法566条3項とその起草理由

日本民法570条は、「売買の目的物に隠れた瑕疵があったときは、第566条の規定を準用する。……」と規定し、566条3項は「前2項の場合において、契約の解除又は損害賠償の請求は、買主が事実を知った時から1年以内にしなければならない。」とすることにより、瑕疵担保責任を追及するについて短期の期間制限を設けている（なお、同様の期間制限を「一部他人の物の売買」・「数量不足ないし一部滅失」・「他人の用益権の付着している物の売買」の担保責任にも設けている）。

まず、この規定の成立史を簡単に見てみたい。この規定を起草するにあたってまず最初に検討されたのは、現行民法制定前にフランス人ボワソナードを中心として作られていた旧民法の財産取得編99条であるが、これは次のように規定していた[4]。

「①　売買廃却、代金減少及ヒ損害賠償ノ訴ハ左ノ期間ニ於テ之ヲ起スコトヲ要ス

　　第一　不動産ニ付テハ六ヶ月

第二　動産ニ付テハ三ヵ月
　　第三　動物ニ付テハ一ヶ月
②右期間ハ引渡ノ時ヨリ之ヲ起算ス
③然レトモ此期間ハ買主カ瑕疵ヲ知レル証拠アリタル日ヨリ其半ニ短縮ス但其残期カ此半ヲ超ユルトキニ限ル
④買主カ意外ノ事又ハ不可抗力ニ因リテ右期間ニ隠レタル瑕疵ヲ覚知スル能ハサリシコトヲ証スルトキハ其期間ノ満了後ニ於テモ訴ヲ為スコトヲ得此場合ニ於テハ意外ノ事又ハ不可抗力ノ止ミタル時ヨリ通常期間ノ三分ノ一ヲ以テ新期間ト為ス」

　この規定の起草者であるボワソナードは、フランス民法（Code civil）1648条によらず[5]、当時のイタリア民法1505条[6]にならい（但し、不動産の1年を6ヶ月に変更）この規定を起草した。というのは、フランス民法1648条は「短期間内」に訴えを起こさなければならないとするだけであるため、買主は自己の訴えが受理されるのかそうでないのかを判断するのが困難となると考えたからである[7]。起算点を引渡の時としたのは、引渡を受けてその物を占有しなければ瑕疵を知ることができないからである（目的物の瑕疵を認識しうるのは、買主がその占有を得たときのみだからである）という[8]。また、買主が瑕疵を知った場合にはその期間を半分に短縮したのは、この期間は、買主が隠れたる瑕疵を発見することを可能にし、そうした瑕疵を認識する機会を有するであろうためのものであるから、引渡後すぐに瑕疵を発見した場合はこのように長い期間は必要としないからであるという[9]。

　しかし、現行民法566条3項は、このボワソナードによるものとその姿を一変させるものとなっている。変更された点ですぐ目に付くのは、①目的物の種類に応じて期間を変えるということをやめ一律に1年としたこと、②その起算点を引渡の時としていたのを「事実を知ったとき」としたこと、③その期間内に訴えを提起しなければならないという文言をなくしていることである。④さらに起草者（梅謙次郎）は「右ノ期間ハ所謂予定期間（délai préfixe）ニシテ敢テ時効ニ非ス故ニ之ニ時効ノ中断若クハ停止ノ規定ヲ適用スルコトヲ得ス」[10]として、この期間を消滅時効ではなく除斥期間と捉えて

いる。これは、起草者が、民法総則の消滅時効の説明において、消滅時効と除斥期間との区別を条文上「時効ニヨリ」と規定していないものは除斥期間であるとした[11]とすることとも符合するものである。こうした除斥期間を設けた理由は、「権利ノ特ニ速ニ行使セラレンコトヲ欲シ」たからであるという[12]。つまり、1年という短期の期間制限を設けた理由は、その瑕疵が売買の当時存在したのかあるいは売買の後に生じたのかを知ることは難しく、数年後にこの訴えが起こされるとその当否を判断するのが困難になるからというのである（証明の困難性）[13]。なお、この規定を起草するにあたっては、当時のドイツ（第1草案）、フランス（code civil）、オランダ、イタリア、スイス（スイス債務法）、スペイン、ベルギー、モンテネグロの立法状況を参考にしているが[14]、これらとはかなり異なったものとなっている。

　現行民法566条3項の規定は起草の段階でいくつかの問題点を残している。①まず、立法者自身に捉え方によっては矛盾があるということができる。というのは、この期間を除斥期間とすることにより速やかな権利関係の確定をはかるということを求めたのに、その期間の開始時をその物が引渡された時とするのではなく、「［担保責任の原因たる］事実ヲ知リタル時」[15]とすることにより短期間に法的関係を処理してしまうことのできない可能性を残している。②次に、瑕疵が初めからあったのかそれとも売買後買主のもとで生じたのかの判断（瑕疵がいつ生じたのかの判断）が困難になるという理由だけでは、こうした1年の短期の期間制限（起草者によれば除斥期間）を民法総則に規定する普通の消滅時効とは別に設ける十分な理由にはならないように思われる。というのは、こうした目的を達成するのなら、検査・通知義務を買主に負わせるか、特別な検査義務を負わせないにしても瑕疵発見後ただちに瑕疵があった旨を明確なかたちで相手方に通知する等によって対応できるからである。③さらに問題なのは、何の理由も示すことなく期間内に訴えを起こさなければならないとする文言を削除してしまったことである[16]。こうしたことが後に見るようにこの条文をめぐって判例・学説が対立する原因となっているように思われる。

Ⅲ　1年の期間制限の法的性質

　担保責任に関する紛争は、目的物引渡時の諸事情が重要であり、長期間がたった後に担保責任を追及されると売主としてはその防衛手段に苦しむことになるので早期に権利関係を確定させる必要がある。そのため、この1年の期間を通説・判例は除斥期間と捉えるのである。この期間を除斥期間と捉える理由（早期に権利関係を確定させたい）を徹底するとその期間内に訴えまで提起する必要があることになる[17]。しかし、そうした必要はなく裁判外の権利行使（つまり、裁判外で担保責任を追及する旨を明確に告げること）で足りるとする見解[18]が判例・通説となっている。これによると、この1年の期間に売主の担保責任を問う意思を裁判外で明確に告げれば足り、この権利行使によって爾後は通常の原状回復請求権または損害賠償請求権が発生することになり、これは一般の消滅時効にかかるとする（つまり、1年の除斥期間と10年の消滅時効との2段階構成をとる）。最高裁平成4年10月20日判決（民集46巻7号1129頁）は、この見解を採ることを再確認するとともに[19]、「売主に対して具体的に瑕疵の内容とそれに基づく損害賠償請求をする旨を表明し、請求する損害額の算定根拠を示すなどして、この売主の担保責任を問う意思を明確に告げる必要がある」として、この裁判外での権利行使の意味内容を明確にしている（これは通常の消滅時効において時効を中断させるに等しいものを要求しているといってよい）。この判例・通説を支えているのは、1年内に訴えを提起しなければならないとすると、瑕疵ある目的物の価格との関連で訴訟をおこすことが躊躇される場合や訴訟を好まない日本の国民意識を考えると実質的に買主を救済する道を閉ざしてしまうということにある。つまり、売買目的物に瑕疵があった場合、買主は裁判外で売主と交渉をなすのであり、その交渉をしている間に1年が経過してしまい、買主が売主の担保責任を追及できなくなるということを防ぎたいのである。これは非常に説得力のある理由となっているが、担保責任を問うという権利を行使した後の原状回復請求権や損害賠償請求権は普通の消滅時効にかかるというのであるから、担保

責任に関する紛争を通常の債権関係の紛争以上に長期間にわたって存続させることになる。例えば、売買目的物の引渡を受けた後、10年近くの期間が経過したあとで、瑕疵を買主が知った場合、瑕疵担保責任を追及するという意思を明確に売主に伝えるならば、それから10年の消滅時効にかかることになるので、最長では20年未満の長期になる可能性がある。これでは、この期間を除斥期間と捉えたことの意味がなくなってしまう。そのため、これを権利行使後の原状回復や損害賠償を含めて1年の消滅時効期間であると捉えるべきであるとする見解が出てくることになる[20]。さらには、裁判外で瑕疵担保責任を追及するための交渉をなしているときは、この1年の期間は停止していると考えることによってこの問題を解決すべきであるとの見解も主張されている[21]。

IV 「事実を知ったとき」とはいつか

事実を知ったときとは、通常は買主が単に売買目的物に瑕疵があるということを知れば足りるのであろうか。この点については、権利の一部が他人に属する場合の担保責任の権利行使期間の制限に関する日本民法564条の「事実を知ったとき」に関して、最高裁平成13年2月22日判決（判例時報1745号85頁）は、事実を知ったときとは、買主が売主に対し担保責任を追及しうる程度に確実な事実関係を認識した時をいうとし、土地の買主が当該土地の一部の所有権の帰属をめぐる裁判手続においてこれが隣接地に属する旨の隣地所有者の主張を知った時点ではないとした。ここで問題にしている物に瑕疵がある場合（570条）についても同じようにこの「事実を知ったとき」を捉えることができる。造成地および地上建物を購入したところ建物が傾いたり壁に亀裂がはいったり雨漏りがするなどの欠陥が生じたケースにつき、瑕疵担保の除斥期間の起算点を買主が単に被害を認識した時点ではなく、「問題となる瑕疵がある程度進行し、瑕疵の内容や程度が明確化したときから進行するものと解すべきである。なぜなら、瑕疵担保責任に基づく解除の意思表示や損害賠償請求を行うか否かの判断を合理的に下すためには、瑕疵の原因

までは知る必要はないとしても、少なくとも、一般通常人が右判断をなしうる程度に瑕疵の内容や程度を知る必要があるというべきであって、そのためには、瑕疵がある程度進行してその内容や程度が明確化していることが必要だからである。」という（京都地判平成12年10月16日判例時報1755号118頁（特に132頁））。これは、一般の消滅時効につき実際に権利を行使することが可能になったときに進行を始めるとする最近の判例と歩調を合わせたものとなっているのである（最判平成8年3月5日民集50巻3号383頁、最判平成13年11月27日民集55巻6号1335頁、最判平成15年12月15日民集57巻11号2196頁など）。

V 瑕疵担保責任の期間制限と一般の消滅時効との関係

売買された土地に隠れた瑕疵があり、買主がこの瑕疵を発見してから1年内であったが、土地の引渡（Übergabe）から20年以上たっていた場合に買主は売主に瑕疵担保に基づく損害賠償を求めることができるであろうか。最高裁平成13年11月27日判決（民集55巻6号1311頁）は、瑕疵担保による損害賠償請求権も債権であるから目的物の引渡時から10年の一般の消滅時効（167条1項）にかかるとして買主の請求を認めなかった。このように考える実質的理由として、①瑕疵担保による損害賠償請求権に消滅時効の規定の適用がないとすると買主が目的物の瑕疵に気づかない限り、買主の権利が永久に続くことになって売主に過大な負担を課すことになる、②他方、買主は目的物の引渡を受けた後であれば、遅くとも通常の消滅時効の期間が満了するまでに瑕疵を発見して損害賠償請求権を行使することを期待されても不合理ではないということがあげられている。起草者である梅謙次郎は、こうした問題にすでに気づいており、権利の一部が他人に属する場合の担保責任の権利行使期間（564条）についてではあるが、普通の消滅時効の適用を認めている[22]。

VI おわりに

　まだ検討すべき論点はたくさんあるが、——例えば、①瑕疵担保責任の法的性質やその要件・効果をどのように捉えるかによって、日本民法566条3項の解釈論は異なってくるのか、②566条3項と短期消滅時効や長短2つの期間制限を設けている規定（例えば、724条）との関係をどう捉えるか、③ここで問題となっている除斥期間は本来考えられていた除斥期間と同じなのかなどであるが、——結論だけを簡単に述べると次のようになる。

　どのように考えたとしても、（Ⅲで述べた）判例・通説の見解は、実質的に消滅時効にかかる期間があまりにも長期に及ぶことが考えられ、採ることができない。この問題を解決するには2つの方法が考えられる。第1の方法は、566条3項の1年の期間制限は、買主が瑕疵を発見してから1年内に「契約の解除又は損害賠償」を請求するというかたちでどういった瑕疵があったかを売主に通知しなければ瑕疵担保請求をすることができなくなる、という要件を規定しているにすぎないと捉える方法である。つまり、この1年の期間制限は、瑕疵発見後1年内にそれを確実なかたちで売主に通知することを買主に課しているにすぎず、瑕疵担保についても引渡時から普通の消滅時効のみが適用されると捉えるのである。この通知により瑕疵がどこで生じたのか等の証拠の保全やその後の処理などの機会をできるだけ早く売主に与えるのである[23]。第2の方法は、566条3項の1年の期間制限は権利行使の結果生じる原状回復や損害賠償を含めて1年の消滅時効あるいは除斥期間にかかると捉えるが、瑕疵発見後1年内に裁判外で権利行使の意思を確実なかたちで売主に知らせ、裁判外で問題の処理の交渉をなせば、この期間の進行は停止すると捉える方法である。すでにドイツ民法（BGB）203条は交渉による停止を認めているが、日本民法にはこうした交渉による停止の規定は存在しないので、信義則によりこれを導き出すのである。除斥期間にも最高裁判所は停止を認めていることからすると（最判平成10年6月12日民集52巻4号1087頁）、この期間を除斥期間と捉えても十分処理できる。しかし、売主の承認による

中断を認めるべきであるとするのであれば、この期間を1年の消滅時効と捉えるべきであろう。

　第1、第2のどちらの解決策を採るにせよ、こうした短期の期間制限を設けることを正当化するのは、瑕疵担保責任が無過失責任であることにより、売主は自己に過失がなくても責任を負わされるということにあるのではなかろうか。そうだとするならば、この問題は、瑕疵担保責任の法的性質およびその要件・効果をどのようなものと捉えていくかということと関連させながらさらに短期の期間制限を設けた意味をも検討する必要性を示している[24]。

1） 北川善太郎『日本法学の歴史と理論』24頁以下（日本評論社、1975年、初版1968年）、日本評論社編『日本の法学』38頁以下（日本評論社、昭和47年、初版は昭和24年）。
2） 北川善太郎『契約責任の研究』98頁以下（有斐閣、昭和38年）、星野英一「瑕疵担保の研究」『民法論集第三巻』173頁以下（有斐閣、昭和47年）、柚木馨『売主瑕疵担保責任の研究』117頁以下（有斐閣、昭和38年）
3） 債権法の改正に当たってどのようなことが考えられているかについては、特別座談会（内田・大村・角・鎌田・窪田・潮見・道垣内・山本）「債権法の改正に向けて（上）（下）」ジュリスト1307号102頁、1308号134頁を参照。
4） これはボワソナードの草案1247条をうけたものであり、その内容は旧民法99条とほぼ同じものとなっていた（ボワソナード民法典研究会編、ボワソナード『再閲修正　民法草案注釈　第三編』447頁以下（雄松堂、2000年）。
5） 現在では2項が規定され、その内容は次のようになっている。「①解除の原因となるべき瑕疵に基づく訴えは、取得者によって、その原因となるべき瑕疵の性質及び売買を行った地の慣習に従って、短い期間内に提起されなければならない。
　　② （1867年7月7日の法律第547号）1642条の1に定める場合〔建築予定不動産売買の特例〕には、訴えは、売主が明白な瑕疵について免責を受けることができる日から1年内に提起しなければならない。これに反する場合には、失権とする。」（法務大臣官房司法法制調査部編『フランス民法典—物権・債権編—』（法曹会、昭和57年）。
6） 現行イタリア民法は1495条で次のように規定する。「買主は発見後8日以内に売主にその瑕疵を告知しない場合には、担保に対する権利を失う。但し当事者または法律によりこれと異なる期間が定められている場合はこの限りではない。
　　前項の告知は売主がその瑕疵の存在を認めまたはそれを隠蔽した場合にはこれを必要としない。
　　訴権は、そのあらゆる場合に、引渡後1年にして時効によって消滅する。しかし、

契約の履行につき被告とされている買主は、物の瑕疵が発見後8日以内に告知され且つ引渡後1年を経過する前である限り、常に売主の担保を主張することができる。」(風間鶴寿『全訳　イタリア民法典〔追補版〕』(法律文化社、1977年)。

7)　前注4)　448頁。
8)　前注4)　449頁。
9)　前注4)　449頁。
10)　梅謙次郎『民法要義　巻之三　債権編』509頁、502頁 (有斐閣、昭和59年9月20日　大正元年版復刻)。
11)　梅謙次郎『訂正補正　民法要義　巻之一　総則編』370頁 (有斐閣、昭和59年9月20日　明治44年版復刻)。
12)　前注4)　370頁。
13)　梅謙次郎『日本売買法』313頁 (新青出版社、平成13年復刻 (明治24年)) において、旧民法財産取得編99条の説明として述べていることが、現行民法にも引き継がれているように思われる。もっとも、この期間内に訴えを起こすべきものとしていることにも注意する必要がある。
14)　日本近代立法資料叢書4『法典調査会　民法議事速記録四』77頁以下、15頁 (商事法務、昭和59年)。
15)　『民法修正案 (前三篇) の理由書』553頁 (有斐閣、昭和62年) によると、「実際ノ便宜ヲ計リ通シテ一年トシ総テ買主カ事実ヲ知リタル時ヨリ之ヲ起算スヘキコトトセリ」とする。さらには、「事実ヲ知リタル時」というようにしたのは、権利の一部が他人に属する場合の担保責任の場合権利の一部が他人に属するか否かは裁判によって確定されなければならないから、裁判の確定した時としてもよいが、裁判をするまでもなく権利関係が明らかな時には裁判がなくても事実を知った時とするほうが良いと考え (前注 (4) 民法議事速記録四15頁)、これが数量不足・物の一部滅失についての売主の担保責任の場合の期間制限 (564条、565条) や瑕疵担保責任の期間制限に影響を及ぼしたのではないかと思われる。
16)　岡松参太郎『注釈　民法理由』次99頁以下 (明治33年、有斐閣) は、「本法ハ独逸法系ト反対ノ主義ヲ採リタルノミナラス権利ノ行使ハ必スシモ起訴ニ限ラストスルカ故ニ売主ニ対シ一年内ニ請求又ハ解除ノ意思ヲ表示スルヲ以テ足レリトス」とするが、梅謙次郎は特に出訴期限でないということを明確にしているわけではなく、旧民法のそれを受けているのであるから現行民法においても出訴期限であるということを維持していると捉えるか見解が分かれている。
17)　我妻栄『債権各論中巻一 (民法講義V_3)』279頁以下 (岩波書店、昭和32年)、柚木・高木『新版　注釈民法 (14)』404頁以下 (有斐閣、平成5年)、柚木馨前掲注 (2) 355頁以下。
18)　鳩山秀夫『増訂日本債権法各論上巻』326頁 (岩波書店、大正13年)、末川博『契約法下〔各論〕』46頁 (岩波書店、昭和50年)、松坂佐一『民法提要 (債権各論) (第四版)』106頁 (有斐閣、昭和56年)、半田吉信『担保責任の再構成』287頁 (三笠書

房、昭和61年)。
19) 最判昭和63年11月25日判例時報1320号30頁「最高裁民事破棄判決の実情(2)」の【19】判例、大判昭和10年11月9日民集14巻1899頁、最判昭和48年7月12日民集27巻7号785頁、最判昭和51年3月4日民集30巻2号48頁。
20) 川島武宜「判例批評」判例民法昭和8年度18頁、広中俊雄『債権各論講義（第六版）』64頁、61頁（有斐閣、1994年）、鈴木禄弥『債権法講義』163頁（創文社、昭和55年）（もっとも昭和62年の改訂版より平成16年の四訂版では、「この1年を損害賠償請求権ないし解除請求権ないし解除権行使の結果生ずる請求権についての消滅時効期間とみて、中断事由が生ずればこれらの期間は更に一年間存続する」とし旧説を改めている）。
21) 曽野裕夫「売主担保責任の裁判外追及と期間制限」『民法学と比較法学の諸相Ⅱ』57頁（信山社、1997年）。
22) 梅・前注10) 502頁、前注14) 46頁以下（梅謙次郎の説明）。
23) 通説・判例によると、買主は売買目的物を引渡された際に目的物に瑕疵があることを知らず、知らないことに過失がない場合でなければ売主の瑕疵担保責任を追及できない（隠れたる瑕疵の解釈として）。つまり買主は通常の取引において要求される注意でもって瑕疵があるか否かを検査する必要があることになる。それを尽くさなければそもそもその瑕疵は「隠れたる」瑕疵とはいえず、売主の責任を追及できないのであるから、商法526条のみが買主に調査・通知義務を課しているわけではない。
24) 本稿は、ドイツ民法における瑕疵担保責任の消滅時効と日本の瑕疵担保における期間制限を対比させて議論するためのものであり、日本におけるこの条文の最終的な解釈論を展開しているわけではない。瑕疵結果損害における期間制限はどうなるのか等を含めて再度この問題を検討することを予定している。

15 消滅時効の停止と新たな期間の進行
—— 民法203条以下 ——

マルティーン・ホイプライン

Ⅰ　民法203条〜213条の規定の関心と体系
Ⅱ　個々の停止事由
Ⅲ　消滅時効の再開 —— 民法212条
Ⅳ　終わりに

Ⅰ　民法203条〜213条の規定の関心と体系

このシンポジウムで私の同僚は、消滅時効期間が債務法改正により部分的に劇的に短縮されたということを話した。これは、とりわけ法的平穏の利害を考慮したものであるが、一方、法秩序は、債権者がおよそ自己の権利を行使する公平な機会を得ることへの配慮をもしなければならないから、債権者は一定の状況のもとで請求権の消滅時効から守られなければならないことは疑いを容れない。たとえば、債務者が自己の行為によって、請求権を存在するものと見ていることを明確に示したような場合がそれであるが、そのほかにも、債権者がその請求権の行使を妨げられ、それがやむをえないような事情が存在するときとか（例えば不可抗力）、自己の請求権の行使のために既に適切で明白な行動をとったような場合もこれに属する[1]。かかる問題は、法律が通常の時効期間を3年への短縮したことに伴って、著しく重要性を増したといえる。

既に旧法のもとでは、列挙された事情の存在が消滅時効の進行を妨げるとする規定（民法旧202条以下[2]）が存在していた。消滅時効の停止と消滅時効の満了の停止がそれである。前者は、停止されている期間は時効期間に算入されない（民法旧205条＝民法209条）という効力を有するものであり、後者は時効の停止の特別の場合で、時効が一定の時点の前に到来するのを防ぐも

のである[3]。これと並んで、時効の中断というものもあった。中断の効果として、中断までに進行していた時間は計算に入らなくなる。新たな消滅時効は、中断事由が消滅してから始めて開始できたのである（旧217条）。つまり、事柄の性質上、中断事由は「消滅時効の再開」を規定していたことになる。立法者は、現在ではこの概念を民法212条に取り入れているが、旧217条の実質的な内容を引き継いでいる[4]。

このような些細な専門用語の変更以外に、債務法の現代化法は、特に、停止事由の根本的な拡大を定めている。これは、消滅時効の中断ないしは新たな開始を圧迫するものである。特に、裁判上の権利の行使（旧209条）は、いまや消滅時効の中断をもたらすのでなく、その停止をもたらすのみである。これについては後で再び取り上げることにする[5]。

更に、新規制によって、これまでは統一的に規定されていなかった停止事由ないし中断事由が、一般化されたとされる。これは、既に判決によって部分的には下地が作られていたものである。例えば、当事者の交渉によって引き起こされる消滅時効停止などは、従来は、個々的に、特に旧852条2項という条文において規定されていたに過ぎない（Ⅱ(1)参照）。同様に、独立の立証手段を裁判所に持ち込むことによって時効の中断をもたらすところの消滅時効の中断事由も「ばらまかれて」いたに過ぎない（民法旧477条2項、旧639条1項、548条3項[6]、現行204条7号、Ⅱ(2)参照）。加えて、民法における競合する請求権についての消滅時効の問題は、売買契約および請負契約における瑕疵担保請求権についてのみ規定されていた（旧477条3項、639条1項）。この請求権競合の問題は、今や民法213条において、中心的な位置で統一的に規定されることとなった。この規範はいくつかの問題を投げかけることになるが、ここではそれについて探究する余裕はない[7]。

今から、個々の規定についてより詳しく扱うことをお許しいただきたい。私は、ここで、一方では規定の実際的な意味に従いつつ、他方では新たなのを掴み取ることを試みたい。時間が限られているので、変更されていない規定（例えば民法206、210、211条）にははじめから触れないとしても、この試みを完璧にやることには無理があるのが残念ではあるが。

II 個々の停止事由

(1) 交渉の場合の消滅時効の停止

当事者がある請求権について交渉している限りは、通常は、何人も、合意の上での紛争解決の目的を、訴えの提起やそれに類するものによって脅かされることを欲しないであろう。従って、民法203条が、これまで不法行為のために定められていた（旧852条2項）交渉による消滅時効の停止を、一般原理に格上げするのは、まことに尤もなことである。

(a) 後述する比較的新しい特別な規範（旧651ｇ条2項3文または商法439条3項）と並んで、既に、特に判決は、解決を目指しての交渉に基づく消滅時効の停止を、旧852条2項の規定を競合する（賃貸借）契約上の請求権に拡張することによって、拡大してきた[8]。更に判決は、債権者が共通の交渉によって請求権の行使を妨げられていたにも拘わらず、債務者が消滅時効を持ち出すことを、信義則違反とみなした[9]。

この、信義誠実に基づいた応急的解決は、とりわけ連邦裁判所が言及したように、ある問題を投げかけた[10]。即ち、交渉が失敗に終わった場合、どのような期間内に賠償請求権者は訴えを提起しなければならないか、ということである。この答えは、現在では民法203条2文が与えてくれる。即ち、消滅時効は、どんなに早くとも停止事由の終了後3ヶ月で発生する、ということである。この満了停止は、もともとは2ヶ月であったのが、結局3ヶ月に変更された。それでも、ヨーロッパ契約法のためのランドー委員会が1年を予定していた（ヨーロッパ契約法原理14条304参照）[11]のに比べればかなり遠慮したものである。

信義誠実の原則は、停止が終了する時点を確定することが問題となる場合には、これからも役割を演じていくであろう。例えば、いつ満了の停止の開始を告げる停止の原因が終了するのかを確定する必要が生じるような場合にも役割を演じるであろう。原則的には、当事者による交渉の継続の拒否が要点となる（民法203条1文）。立法者が意識的に、時効の停止を一定の書面に

よる意思表示にかからせることを取りやめたため、交渉が「眠り込んだ」場合、いつそれが終わったのか、という問題が生じる。

政府の立法理由[12]は、この場合判例の見解に依拠して、次の行動が信義誠実の原則により行われるべきであろう時期を考えている。

(b) 新たな規定は、将来非常に幅広く解釈され得る交渉概念に影響を与えるであろう。判例は交渉ということを、これまでも広く解釈していた。即ち、請求権についての当事者のあらゆる意見交換の意味において、理解していた[13]。将来的には、この概念は、立法者の意思によれば、それよりも広く、次のような場合をも把握するべきである。即ち、瑕疵担保債務者が、債権者との合意の下で、瑕疵の存在を調査し、その除去を行う、という場合である。このケースを定めていた旧639条2項の規定は、今や、民法203条に取り入れられ、廃止されることとなった[14]。

(2) 法的追及による消滅時効の停止

(a) 中断事由の削減が今回の改正の目玉の一に数えられるということは、すでに述べたとおりであるが、立法者は、Peters/Zimmermann[15]の旧法への批判を引き合いに出した。それは、Peters/Zimmermann の鑑定意見によるものであるが、そこでは、いずれにしても債務名義を取得するに相応しい手続きにおいては、時効の新たな開始は必要がないというものである。なぜなら、手続きが現実に債務名義の取得に導くのならば、債権者はその請求権を行使するのに十分な時間を持つからである。つまり、この場合は、消滅時効期間は、— 新法（民法197条1項3号）によっても — 30年だからである。手続きが、例えば、訴えの取下げなどという方法で終了した場合は、請求権の存在についての最終的な決定を、消滅時効の再開によって更に延長する理由は存在しない。

(b) 更に、停止をもたらす法的追及措置の規準が拡大された。これまで特に旧209条、220条で定められていた手続きと並んで、今では民法204条1項が、— ごく簡単に言うと —

・独自の立証方法の持込みの申立の送達（7号）、

15 消滅時効の停止と新たな期間の進行 ［マルティーン・ホイプライン］

・仮処分、仮差押さえ、または仮命令の交付の申立の送達（9号）、
・訴訟費用救助の交付の最初の申立の公示の申出（14号）

をも掲げている。

前2者の事由の場合は、例えば建築法における独自の立証方法、特に競争法や出版法における処分手続き[16]など民事法の特殊分野において重要な意味を持つのであるが、訴訟費用救助（「救貧法」ともいう）においては、幅広く散りばめられた現象が問題となるため、民法204条1項14号については、更に詳しく述べる必要がある。日本法においても救助を必要とする当事者に同様に経済的な援助の可能性が与えられているが、私の理解ではドイツにおけるとは異なり、ある団体によって運用されているようである。いずれにしても、ドイツにおいても日本においても、救助を必要とする当事者が費用のかかる訴えを提起する前に必要な救助に向けられた手続きを開始していなければならない。

(c) 成文法（lex scripta）上の訴訟費用救助の交付の申立が消滅時効に影響しない、ということは旧法の短所[17]に属していた。判例[18]は、この貧しい者の保護についての—憲法の光に照らしても—憂慮に値する欠陥を除去しようとし、最初は躊躇していたが、後には「不可抗力」（旧203条2項）という要件を用いた。

この補助のための構成は民法204条1項14号によって克服されることとなった。しかし、この新規定はいくつかの問題を投げかける。中でも目を引くことは、その規定は — 訴えの提起や、1項における多くの他の事由と異なって — 相手方における出来事ではなく、公示の申し出[19]を照準としているということである。公示の申し出では、確かに相手方は、停止の生じる時点を、もはや容易には確認することができない。しかし、決め手となる停止時点は、裁判手続における書類の中で調べることができる。相手方は、ドイツ民事訴訟法によれば、形式的な送達によって裁判所への費用救助申請の到達についての情報を与えられるのではなく、単に民事訴訟法118条1項1文の要件のもとでのみ情報を得ることができ、それを強制的に知る方法はなく、したがって停止の発生についての争いは初めから予定されていたことで

ある[20]）。

　このような理由から民事訴訟法167条[21]も適用され得ないので、民法204条１項14号は、訴訟費用救助の申立書の提出があれば、それが裁判所によって「直ちに」[22]公示される限りは、その提出だけで例外的に十分であると規定している。この期間を遵守した申立にとっては、注釈書などの見解によれば[23]、将来的には、それが適法に理由づけられているか、完全であるか、ということは、もはや問題とならない。こういった見解は政府の立法理由の説明の中での或る発言を拠り所とするが[24]、しかし私の見解によれば相対化されなければならない。民事訴訟法167条についての判決によれば、裁判所による訴訟費用救助申立の公示の申出が、書類の不備のために（当面は）行われない場合には、その遅滞は申出者に不利益をもたらすことになる。つまり、訴訟費用救助の申出は、原則的には完全な書類にのみ基づいて決定され得るわけであるが、裁判所は、その申出を認めようとするときにのみ、その公示を義務づけられているのである（民事訴訟法118条１項１文）。このことから、公示の申出の少しだけの遅れ（約２週間）は別にして、遅滞が申出者の怠慢に基づいている限りは、申出の書類提出をした時点に合わせられ得ない、ということになる。

　また、立法者は憲法の次元での解釈の必要性を、新規定によって実際に除去できたか否かという問題も未解決である。文献では[25]、これに関して十分に根拠のある疑念が述べられている。このことは、訴えは勝訴の見込みがなくてなされたものでも送達されなければならないのに対して、費用救助申立の公示は、十分な勝訴の見込みがない場合にはなされなくてもよい、ということと関連している（民事訴訟法114条参照）。しかし、裁判所による相手方への申立の公示が全く申出られなければ、時効の停止は生じ得ない。このことは、まさに申立が却下されたときにこそ消滅時効に頼ることができる筈の裕福でない当事者を不利に扱うことになる。このことから、これからは見込みのない申立も（形式的に）他の当事者へ送達することが推奨されている。それは、従来から行われていた法に書かれていない部分の実務に合致するものである。それは、さらに、実体法と訴訟法の相互作用を明らかにするもの

であり、後から行われる遠藤教授の報告への橋渡しをするものでもあろう[26]。

(3) 性的な自主決定権の侵害のための請求権および家族的、準家族的理由から生じる請求権における時効の停止

更に別の新規定について、大まかに言及しておこう。民法208条1文は、性的な自主決定権の侵害の故の請求権の消滅時効は、債権者が満21歳に達するまで停止すると規定している。第2文は、この規定を、満了停止で補っている。つまり、債権者が消滅時効の開始の際に、債務者と家族共同体の中で生活しているならば、消滅時効もその終了まで停止する。立法者にとっては幅広い被害者保護が課題であったので、草案に反して、停止を性的自主決定の保護の規定に対する違反の事例に限るとすることはしなかった。したがって、一般的な請求権であっても（例えば民法823条1項）、それが自己決定権を侵害することを理由とするものである限り、208条の対象となる[27]。民法208条1文によって把握された請求権の具体化の課題は、裁判所に帰せられることになった。

現行民法208条の停止事由は、民法207条2項によれば、「家族的な理由」から生じる消滅時効と並行して生じる。この、現在では民法207条1項に定められている独立の停止事由は、婚姻期間中の夫婦間の請求権の時効の停止を規定した旧204条を、もっと広い人的な範囲を設定するために拡大したものである。私の知るところでは、旧204条は、日本民法159条におけると同様のものであった。民法207条1項2文は、今や、生活共同体（1号）や成立している監護（4号）ないし世話（5号）の期間にも、時効の停止を予定している。同様のことが、民法207条1項3文によれば、後見人に対する子供の請求権についても当てはまる。

Ⅲ 消滅時効の再開——民法212条

(1) 専門用語

「消滅時効の再開」という文言によって、立法者は、確かに、従来の中断の概念よりも良い法的効果を具体化する表現を選んでいる。しかし、この明確化は、要件の側面からみれば、ある程度の不明瞭さの対価を支払わされたと云える。即ち、新法は、およそ再開が考慮される可能性を残すために、消滅時効は未だ満了になってはならない、ということを、もはや、表現していない。それは事柄の性質上昔も今も同じことである。しかし、新規定のこのような短所は、法的効果の具体化に成功したということを考えれば、甘受され得ることである。

(2) 212条で把握された中断事由

新法に残された2つの「中断事由」は、改正立法者の創造物ではない。今では民法212条1項1号に定められている承認は、旧208条由来のものである。承認については絶大な実務の重要性からすぐ後で詳しく述べなければならないが、消滅時効の再開についての2つ目の事由として、民法212条1項2号は、旧209条2項5号と内容的に同一であり[28]、裁判上または公的機関の執行措置の実行または申立を掲げている。

民法212条の中で、完全に異質な事由が規定されることになった。その結果として、民法212条の2項および3項（これらは旧216条に相当するが）は、民法212条1項1号とは結びついてはいない。それはむしろ美学的瑕疵といえる。既にして、承認の帰結は、他の全ての消滅時効規定とは理想的な形で調和させられてはいないということ、したがって、二重の結果を生んでしまうであろうということは、きわめて重要である。これから、そのことを2、3例を挙げながら説明することにする。

(3) 履行の交渉および支払猶予の約束による承認

まず最初に、民法212条1項1号の意味における承認は、債務者が明確に請求権の存在についての認識を言葉で表現する総ての実際の行動である、ということをはっきり認識することが重要である[29]。問題となり得る実際の行動方法の範囲は相応に広いものである。従来から[30]、法律によって掲げられている分割金や利息の支払い、担保の供与などと並んで、特に、給付行為による推断的承認が問題になる。連邦裁判所の見解によれば[31]、例えば売主の後履行行為の実行の中に承認が存在し得、消滅時効の再開をもたらす。決め手は、債務者が契約相手方から見て、存在する後履行義務を認識して行った、そして、単に好意から、または穏やかな紛争の解決のために後履行行為を行ったのではない、ということである。そのような履行行為の存在の間接事実として、連邦裁判所は、瑕疵除去活動の範囲、期間、費用を挙げている。このような基準から債務の承認ありと認められる場合は、時効の再開は、しばしば民法203条の時効の停止と競合し、話し合いによる瑕疵の除去がなされるまで、再開した消滅時効期間は停止されることとなる[32]。

更にまた、履行行為の実行による承認については、長時間を要する履行行為ないし譲渡の手続きなどの場合に、問題が出てくる。例えば、土地取引の場合がそれである。土地の取引は、その履行に数年かかるということもあり得る。例えば、人は、誠実な債権者として、売主側の不動産移転の合意、あるいは、買主側の売買代金の融資を受けるための担保権設定についての代理権の利用を、債務者がその義務を定めた契約に全体として結び付けられるという風に理解することが許されるであろう。即ち、判決の文言をかりれば[33]、「債権者の信頼は、債務者は消滅時効期間の満了後、ただちに消滅時効を主張することはない、ということを根拠づける」ということになる。債権者は、即ち、債務者の行為の結果、自己の請求権を裁判上で行使する理由をまったく持たないのである。それは、期間の長さの問題ではなく、期間がどのように進行していくかの問題である、ということを示している[34]。民法196条の10年間の期間は、このような背景の下では長くなりすぎるかもしれず批判されるべきかもしれない。なぜなら、土地売買契約から生じた請求

権の債権者が、その請求権が既に発生後直後から債務者によって争われている場合にも、そのように長い期間そのままにしておくことができるということは、理解できないからである。

債務者が債権者に「より多くの履行のための時間」、即ち、例えば請求権の弁済猶予を願い出るケースにおいても、誠実な債権者は、この無理な要求を基本的には推断的な承認と理解することが許され、それは消滅時効の再開をもたらすことになる。これに対して民法205条は、「債務者が債権者との約定に基づいて、一時的に給付の拒否の権限を与えられている限りは」、請求権の時効は停止される、と定めている。このため法律は、民法205条はその限りにおいては特別規定として優先するか、という問いを生じさせるが、私はそうは思わない。もっとも私の見解によれば、部分的には不必要な規定として批判されてきた時効の停止と再開の結合が生じる可能性があることにはなるが[35]。

(4) 再開の起算点

土地取引の履行の場合の実際の状況も、弁済猶予の約定の場合も、結局は次のような問題を生じさせる。即ち、承認は債務者が請求権の存在を否定するまで作用し続けるのか、また、消滅時効の再開 ― 年の終わりでの消滅時効を別にして ― は、厳格にその承認の時点をもって開始するのか、ということである。

後者は、支配説[36]ならびに法律の構想に適合する。強制執行手続（民法212条1項2号）のような承認は、自然計算的要件と見なされる。そのためかつての旧217条後文に含まれていた規定 ― 消滅時効は中断事由の終了後に初めて再び開始する ― は新法では抜け落ちている[37]。債権者が、承認の表示の存続を信頼して、請求権を新たに始まった全消滅時効期間の間に行使することを思いとどまっていた場合については ― そういうことはきっと稀であろうが[38] ― 現行法には保護の不備が認められると言えるかもしれない。しかしながらこのことは、多分重要なことではない。なぜなら、新たな承認行為は、繰り返しの消滅時効の再開をもたらすからである[39]。そして、

その承認行為の認定については、不当な結果を阻止するために裁判所に十分な裁量の余地が残されているからである。

Ⅳ 終わりに

民法203条以下を突破した私の強行軍は、一方では、「文化財民法典」[40]におけるいくつかの改正が不可欠であったことを証明しようとするものであった。日本民法典についても同様のことが云えるのではないかと思われる。

私はまた他方で、新法におけるいくつかの傷ついた箇所を指摘し、例えば債務の承認が、ドイツにおいて提案されたように[41]、消滅時効法の規定の連結点として何らの補充なしに削除されることができるのか、あるいはそうではなくして、それが単なる消滅時効の停止事由として形成されることができるのか ── その消滅時効の停止事由は債務者が債権者に（再び）請求権の実現へのきっかけを与えたときにはじめて消滅するわけであるが ── ということについての議論を喚起したいと望んだものである。もし、このことが功を奏したのならば、私のこの講演は目的を達したと言えるであろう。

1） 債務法の現代化に関する法律案に対する連邦政府の理由、BT-Drucks（Drucksachen des Deutschen Bundestages＝ドイツ衆議院刊行物）、14/6857=14/6040 参照。ここでは、Canaris の Schuldrechtsmoderunisierung（債務法の現代化）2002年 569 (627) 頁に従った引用がされている。
2） ここで「旧」というのは、2001年末まで有効であったドイツ民法典を指すことをお断りしておく。
3） この満了の停止というのは停止の特別の種類であって、その停止のために定められた期間が通常の時効期間の経過の中に入り込むのである。したがって満了の停止は、単にストップするという意味しかない。Pohlmann, JURA（Juristische Ausbildung＝法学教育）、2005年1号7頁参照。Simmel, JA（Juristische Arbeitsblätter）2002年977、984頁参照。
4） Mansel/Budzikiewicz, Anwaltskommentar-BGB, 第1巻、第1版、2005年、§212 Rn. 2 参照。
5） 詳しくは、Ⅱ2を参照のこと。
6） この548条3項は、2001年9月1日の賃貸借改正法によるものであるが、2002年1

月1日まで僅か4ヶ月の命であった。Eckert は既にその予測を立てていた― NZM（Neue Zeitschrift für Miet-Wohnungsrecht ＝賃貸借・住居法雑誌）2001年、413頁。

7）　Zimmermann/Leenen/Mansel/Ernst, JZ（Juristenzeitung ＝法曹新聞）2001年、684頁以下、特に697頁。この政府案に対する批判（規範の文言は「行き過ぎである」という）は、法務委員会で、内容的に考慮された。Canaris（注1）438頁。同時にBT-Drucks. 14/7052　10頁、182頁。

8）　1984年11月28日 BGH（Bundesgerichtshof、連邦裁判所、以下 BGH）判決 VIII ZR 240/83―BGHZ（＝連邦裁判所民事判例集）93巻特に66頁以下。

9）　1977年2月1日 BHG 判決、VI ZR 43/75、Versicherungsrecht（保険法）1977年、619頁。

10）　1984年11月28日 BGH 判決、VIII ZR 240/83、BGHZ、93巻64頁、特に69頁。

11）　Ole Lando 編集、PECL（ヨーロッパ契約法）、Part III、2003年、Chapter 14, Section 3.,

12）　Canaris（Fn. 1）629頁＝ BT-Drucks. 14/6040, 112 頁。

13）　多くの判例のうち2001年2月20日 BGH 判決― IV ZR 179/00, NJW（Neue Juristische Wochenschrift ＝新法律週報）2001年、1723頁。

14）　詳しくは Mansel/Budzikiewicz（注4）§203 Rn. 29ff.。批判として Lenkeit, BauR（Baurecht ＝建築法）、Sonderheft 1a（別冊 1a）2002年、219頁。

15）　Bundesministerium der Justiz（Hrsg.）（ドイツ連邦法務省編集）、Gutachten und Vorschläge zur Überarbeitung des Schuldrechts, Band I（1981）（債務法改訂のための鑑定および提案、第1巻1981年）260頁以下、特に308頁。

16）　これについては例えば Mauer, GRUR（Gewerblicher Rechtsschutz und Urheberrecht ＝工業所有権保護および著作権）2003年、208頁以下。

17）　この批判は既に Peters/Zimmermann、注15に前掲書255頁および308頁以下に見られる。

18）　基本的なものとして1978年1月19日 BGH 判決、II ZR 124/76, BGHZ70巻235頁（これは、BGHZ17巻、199頁、37巻113頁と異なるものである）。

19）　民法204条1項4号が民法旧209条2項1 a）号を拡大して、業界の調停所あるいは商工会議所や手工業組合の調停所なども含むとしたのと同様である。

20）　Erman/Schmidt-Räntsch, BGB, 11版（2004年）, §204, Rn. 36。

21）　この条文は送達の遡及効を規定したもので、「送達によって期日が設定される場合、あるいは時効が新たに進行する場合、あるいは民法204条の規定に従って時効の停止が発生する場合は、この効果は、送達が遅滞なく行われた場合には申し立てのあった時あるいは意思表示が行われた時に遡る」と、定めている。

22）　この概念については MünchKomm/ZPO, 3. Aufl., Band 1（ミュンヘン注釈民事訴訟法、3版、1巻）、§167 Rn. 9 ff.。

23）　Erman/Schmidt-Räntsch（注20）, §204 Rn. 35。MünchKomm/Grothe, 4. Aufl., Band 1a, 2003年（グローテ、ミュンヘン注釈民法、4版、1 a 巻、2003年）§204 Rn. 58。

24) Canaris（注１） 637頁＝ BT-Drucks 14/6040, 116頁。
25) Peters JR（Juristische Rundschau、法律展望） 2004年、137頁。
26) Peters JR 2004年、137, 138頁。
27) 詳しくは、Mansel/Budzikiewicz（注４） §208 Rn.9 f.。立法者による規範の広範な規定の仕方に対する批判がなされている。
28) その限りで、Witt, Jus（Juristische Schulung＝法曹教育） 2002年、105頁、特に112頁は、旧209a条で規定されていたすべての中断事由がいまや204条によって規定されたとするが、これは、正しくはない。同じ論文の脚注68において、旧209条2項2ないし5号が全体として新212条1項2号規定されたとするが、これも正しくはない。
29) 多くの判例があるが、特に2002年6月20日BGH判決—IX ZR444/00, NJW2002年、2872, 2873頁、1999年1月27日判決—XII ZR 113/97, NJW 1999年、1101、1103頁。
30) 相殺の意思表示を法律上の承認に加えるべしとの提案は、立法者によって明示的に拒絶された。Canaris（注１）644頁＝ BT-Drucks, 14/6040, 120頁。
31) 1999年6月2日ＢＨＧ判決—VIII ZR 322/98, NJW1999年、2961頁。
32) Mansel/Budzikiewicz（注４） §203 Rn. 32 参照
33) 2002年6月20日ＢＧＨ判決—IX ZR 444/00, NJW2002年、2872, 2873頁。
34) Peters, JZ 2003年、838, 839頁。
35) Peters, JZ 2003年、838、839頁。支配説はこの結果を承認している- Münch-Komm/Grothe（注23）, §205 Rn. 3; Palandt/Heinrichs, BGB, 65. Auflage（2006）（Palandt, Kurz-Kommentar, das Bürgerliche Gesetzbuch＝パーラント、注釈民法典、65版、2006年）, §205 Rn. 1。
36) 1999年6月2日、BGH判決- VIII ZR 322/98, NJW1999年、2961頁。MünchKomm/Grothe（注23）, §212 Rn. 2。Mansel/Budzikiewicz（注４）, §212 Rn. 29以下。その際1975年3月2日BGH判決- VIII ZR 230/73, WM（＝ Wertpapier-Mitteilungen＝有価証券情報）1975年、559頁に従って承認の表示があったことが決め手とされる。しかしこのことは債権者の利益が十分に顧慮されないことになる。従って1989年5月5日KG（Kammergericht＝ベルリン高等裁判所）-5 U 6596/88, NJW-RR（NJW-Rechtsprechungsreport）、1990年、1402、1403頁は異なった見解を示している。
37) Canaris（注１） 644頁以下＝ BT-Drucks. 14/6040, 120頁以下。
38) 考えられ得るものとしては民法548条における6ヶ月といった短期の時効期間などの場合であろう。
39) （注31）。
40) Flume, ZIP（Zeitschrift für Wirtschaft und Insolvenzpraxis＝経済法・倒産実務）2000年、1427, 1429頁。
41) Peters/Zimmermann（注15） 255頁および308、324頁。

（訳者注） 引用法典で特に国名が付してないものはドイツの法典を指している。

［永田誠・山下良 訳］

16 消滅時効法における訴訟法上の問題点

遠 藤   功

I　日本法の建前
II　日本法上の時効の中断事由
III　時効中断と「訴訟上の請求」概念・訴訟告知・参加・一部請求など
IV　時効中断と保全・執行法上の権利行使

I　日本法の建前

(1) 法　　規

日本民法145条は、「時効は、当事者が援用しなければ、裁判所がこれによって裁判することができない。」と規定する。また、通常の民事訴訟の審理において、処分権主義・弁論主義が行われているので、時効援用の主張がなければ、裁判の資料とすることができない。債権は消滅時効の完成と共に当然消滅し、当事者が時効を援用するのを俟って初めて消滅するものではなく、ただ当事者が援用しないと裁判所はこれによって裁判をすることができないにすぎない[1]。しかし、時効による債権消滅の効果は、時効期間の経過とともに確定的に生ずるものではなく、時効が援用された場合に初めて確定的に生ずる[2]。債務者が時効を援用しないで敗訴し、判決が確定した後、別訴において債権が時効によって消滅したことを主張することはできない[3][4]。そこで、釈明権・釈明義務（民訴149条）の問題が登場し、その役割、演じ方が議論される。釈明権行使に関しては、職権主義的積極釈明モデル→古典弁論主義的消極釈明モデル→手続保障志向釈明モデルへと、段階的な発展を遂げているといわれる[5]。その間で、釈明権について釈明義務の範囲をめぐって議論がかわされてきた[6]。ここでは、その集約として、一般的には、評価規範としては釈明権行使の違法ということはないのであるが、裁判所の

行為規範としては、当事者を誤って誘導し事案をゆがめることのないように自戒すべきであり、釈明権行使にも限界があると考えるべきである[7]。消滅時効についての釈明に関して、裁判官の伝統としては、それですぐに訴訟の決着がついてしまう時効については釈明を控えるといわれる[8]。これに関して、理論的には、釈明したとしても、時効を援用するかは、当事者の自由であるから釈明して、なるべく事実状態に則して判断をすることに意義を見出す見解があるが、一方で、釈明しないというのも実務の知恵であるとして有意義とする立場がある[9]。

(2) 判　例

判例を考察すると、取得時効に関してであるが、最判昭和31年12月28日民集10巻12号1639頁は、時効に関して援用がなかった以上、釈明しなくても違法ではない、と判示する[10]。しかし、この判決に対して、行為規範としての法律問題指摘義務の観点から、指摘義務の範囲の確定について重要なのは、指摘後の結果としての、訴えの変更、時効の援用や形成権の行使といった当事者の対応の態様ではなく、指摘を必要とするに至った懈怠の原因であるとして、鋭い傾聴すべき批判がされている[11]。一方、最判平成7年10月24日判例集未登載がある。すなわち、XがYに対しX耕作地がX所有の某市某町某字○○番地に属する旨確認を求め、Yは、X耕作地の一部（以下、本件係争地）はY所有の同字△△番地に属するとして争った。第1審では、Xの請求が全部認容された。Xは、控訴審（原審）の第1回期日において所有権確認の範囲を本件係争地に減縮し、次回期日において予備的にX耕作地につき取得時効を主張したが、第3回期日において上記主張を錯誤によるとして撤回した。原審は、X耕作地をXが長年その所有地であるとの認識の下で平穏に耕作してきた事実を認めながら、Y所有の△△番地の全部又は一部がX耕作地内に存在する疑いをぬぐえないとしてXの請求を棄却した。上告審は、事件の経緯に照らせば、公図の記載等によれば、本件係争地がすべて○○番地に属するとのXの主張が認められないとしても、Xの取得時効の主張が維持されておれば請求認容の余地があり、Xによる上記主張の撤回は誤解又は不注意に基づくとみられるから、主張撤回の真意の確認を怠った原審の措置

には釈明権不使の違法がある、と判示している[12]。

II　日本法上の時効の中断事由

(1)　時効の中断事由

時効中断事由として、①請求、②差押え、仮差押えまたは仮処分、③承認がある（民147条）。請求には、裁判上の請求（民149条）、支払督促（民150条）、和解及び調停の申立て（民151条）、破産手続参加・民事再生手続参加・会社更生手続参加（民152条）、催告（6ケ月以内に裁判上の請求等をする必要あり、民153条）が規定されている。

(2)　時効中断の効果

時効中断の効果は、原則として訴えを提起した時に発生する（民訴147条前段）。したがって、訴状の提出（受付）時（民訴133条1項）または裁判所書記官に対する口頭起訴の陳述時（民訴271条）に時効中断の効果が生じる。時効中断の効果発生の基準時が訴訟係属発生時でなく、訴え提起時とされているのは、訴状送達までの時間の経過が原告に不利に働くのを防ぐためである。ただし、訴え提起がなされても、中断の効果は訴えの却下または取下げによって消滅する（民149条）。請求の棄却は、民法147条には表現されていない。しかし、訴えの却下に請求棄却が含まれると解されている。なぜなら、民法の立法当時は却下という言葉を棄却の意味でも使っていたし、実質的に考えても、棄却とは請求している権利の不存在が裁判上確定されるわけだから、もはや時効は問題とならず、したがって、中断の効果が生じようがないからである[13]。

(3)　訴え提起

時効の中断は給付の訴えでなされるのが通常である。積極的確認の訴えでも中断効が生じる[14]。相手方の提起する消極的確認の訴えで被告が請求棄却の本案判決を求める答弁書を提出したときには（または口頭で権利主張をしたときに）、時効中断の効力が生じる[15)16]。連帯債務者・連帯保証人に対する裁判上の請求は、他の連帯債務者・主たる債務者の債務の消滅時効を中

断する（民434条・同458条）。主たる債務者に対する履行請求は、保証人の保証債務に対しても時効中断の効力を有する（民457条1項）。

(4) 訴え提起と消滅中断効の根拠

訴え提起に消滅時効中断の効果が認められる根拠として、基本的には、3つの考え方がある。その1は、権利行使説と呼ばれ、債権者が長年にわたって権利の行使を怠ってきたことの結果として権利消滅という効果が時効によって生ずると理解し（時効の法的性質に関する実体法説の考え方）、中断の根拠は権利行使がされたことに求める。他方、その2は、権利確定説と称され、時効の法的性質に関する訴訟法説に立脚し、消滅時効の根拠は法律で定める長年の権利不行使が権利の不存在を推定させる点にあるから、その推定を破り、権利の存在が確定されることに消滅時効中断の根拠を求める。2つの学説、すなわち、権利行使説と権利確定説のいずれが秀れているかについて議論がめぐらされてきたなかで、さらに、その3は、時効制度と同じように、消滅時効中断の根拠も、いずれか一方の根拠によるのではなく、多元的に考察すべきであると主張する立場である。この考え方は、多元説・折衷説とも呼ばれ、日本の判例が採用し、学説のなかにも賛同する見解が見出される[17]。

(5) 「請求」と「催告」

民法147条が時効の法的中断事由としてあげる典型的なものとして「請求」がある。債権者が債務者に弁済しろと「請求」することは権利行使といえるから、権利行使説の立場から容易に理解できる。しかし、民法149条以下の規定をみると、ここでいう「請求」は単なる履行の請求と等しいものでないことに注意しなくてはならない。すなわち、「中断事由としての請求」は、訴訟を提起して支払を求める場合のようになんらかの形で裁判所が関与する手続が要求されている。催告は、単に債務を弁済しろと請求することである。催告は6ケ月以内に裁判上の請求その他裁判所の関与する手続をふまなければ中断の効力を生じない（民153条）。ちなみに、催告は繰り返すことはできない（判例）。したがって、催告は、6ケ月の期間内に訴訟を提起するまで効力が維持される。いったん提起された訴えが取り下げられ、または却下された場合、その訴えの手続終了とともに中断の効力が消滅するのではなく、

取下げ時または却下判決確定時から6ケ月の期間内にあらためて裁判上の行為がされる限りで、効力が維持される[18]。したがって、催告は、一種のつなぎの役割を果たすにすぎず、内田貴教授の説明に依拠すると[19]、裁判に訴えなければ権利行使にならないというのは、権利行使説から一般的に説明するのは難しく、なぜそのような限定（裁判上の行使のみ）の合理性・必要性が新たに別の原理で説明されねばならなくなる。とすると、「確定」要求への必然性の道が開かれる。当然のことながら、債務者が争うかぎり、裁判等による権利の確定が必要だからである。後述の判例のように、時効中断の効力を受けるべき権利が直接に訴訟物となっていない場合であっても、その権利の存在を基礎としてこれが肯定されたうえで判決の結論が出された場合には時効中断効が生じることを認めるのが相当である。いずれにしても裁判上の請求として中断効を肯定するためには、権利の存在が判決という形式で確定される必要があるが、その権利の確定は訴訟物に関して生じる既判力ほどしっかりしたものでなくてよい。すなわち、確定の強さは訴訟物→既判力という程ではないのである[20]。この点については、後述(6)参照。

訴えを却下されたときに中断の効果が生じない理由は、時効の法的構成について、実体法説をとるか訴訟法説をとるかによって異なる。実体法説から導かれる権利行使説によれば、訴えも適法でなければ権利行使として認められないからである、と説明される。一方、訴訟法説から導かれる権利確定説では、中断事由としては事実状態の継続によって生じた推定を破るだけの権利の確認が必要であり、却下では十分ではない、と理由づける。権利確定説では、取下げの場合も、権利の存否の公的な確定に結びつかないから、中断の効果が認められない。権利行使説では、取下げにより権利行使がなかったことになる。また、民法147条3号があげる中断事由としての「承認」は、債務者の行為であり、債権者の行為そのものではない。おもうに、訴えの提起自体が強力な権利行使であるから、権利行使説は、時効中断の入り口・玄関口の説明には向いていても、そこに入る目的の最終的な効果についての説明は十分でなく、首尾一貫しない[21]。

以上の理由および、消滅時効の存在理由に関してシンポジウムでのドイツ

側のホイプライン教授の考えや星野英一博士の発言による示唆から、その存在理由を公益、公序、さらに裁判所の利益のためと把握できることになり[22]、また後述の中断事由としての「裁判上の請求」の概念の拡張も考慮すると、権利確定説によるべきである。

(6) 中断効の客観的範囲

中断効の客観的範囲は、定型化された手続を介した権利行使ないしは確定にこだわらないかぎりで、権利行使説が権利確定説より広くなる。判例は、権利主張の一態様とみなしうる場合と、実質的に権利が確定される場合とを混在させており、権利行使説に傾斜しつつ、といって、権利確定説を排除するのではなく、前述の多元説的折衷説を採用している[23]。

裁判上の請求とは、典型的には債権者が原告となって債務者を被告として訴えを提起し、特定の請求権を行使することを意味する。しかし、これまで日本の学説・判例は、この典型例の周辺に、直接の訴訟物とはならない場合でも民法149条に準ずる場合、あるいは民法153条の催告にあたる場合を徐々に拡張してきている[24]。すなわち、訴えの却下・取下げは、裁判上の請求という中断事由にはならないが、訴えを提起している以上催告の意味はもつから、催告としての効力（裁判上の催告）を認めるべきである、と解するのである。訴えの取下げに関して上述を明言する判例がある[25]。この考え方では、訴え提起から訴えの却下・取下げまで催告が続いていることになるから、訴えの却下・取下げの時点で民法153条の6ヶ月の期間が始まる。裁判上の催告は、訴えが却下や取下げによって失効した場合に別の中断事由である催告に転換するために用いられる場合のほか、「裁判上の請求」の外延を補充的に拡張する場合にも使用される。前者の場合か、または後者の場合かについて裁判所は必ずしも明示的に統一して使用しているわけではない。上述のような拡張が生れる理由は、その請求権を直接行使していないため、訴訟物とならない権利主張をした場合または訴訟中の攻撃防御方法として権利主張がされたような場合であっても、当事者の関係と当事者の訴訟活動・態度からみて、当該権利行使と同視でき、中断効を拡張することが妥当と判断されるためである。要するに、訴訟物となっている権利と時効の中断効が生

じる権利とのあいだにおいて牽連関係があること、すなわち、訴訟当事者としての地位の等価性・相似性・共通性が認められることによる[26]。

　しかし、司法上の先決関係についてではなく、訴訟物との関係でのみ、時効中断効を認めるべきである、とするのが内国法上の伝統的見解である。消極的確認の訴えは原告の勝訴判決の確定により、被告の同一請求権を行使する給付の訴えを妨止するが、消極的確認の訴えに対する防御が、給付請求権の消滅時効を中断するものではない、と主張する有力説がある[27]。この場合、時効中断の対象となるべき請求権について、十分、攻撃防御がつくされ、それについて裁判所が Feststellung（確認ないし認定あるいはその判断）しているか、また、手続保障がされているかなどが重要なポイントになると思われる（債務不存在確認控訴中に給付訴訟を別訴提起することは重複起訴にあたる、東京地判平成13年8月31日判タ1076号293頁）。その際、既判力の遮断効果論や争点効発生の基準が参考になると思われる。

III　時効中断と「訴訟上の請求」概念・訴訟告知・参加・一部請求など

(1)　時効中断における「訴訟上の請求」概念の拡張

(i)　判例の概観　　判例を概観すると、最大判昭和43年11月13日民集22巻12号2510頁は、所有権に基づく登記手続請求訴訟において、被告が自己に所有権があることを主張して請求棄却の判決を求め、その主張が判決によって認められた場合には、裁判上の請求に準じるものとして、原告の取得時効の中断効が生ずるとした。最判昭和44年11月27日民集23巻11号2251頁は、設定者からの抵当権設定登記抹消登記手続請求に対して、債権者が応訴し、被担保債権の存在を主張したので、裁判上の請求に準じて被担保債権の中断効を肯定した。以下、平田健治教授の判例研究によると[28]、不当利得返還請求が不法行為に基づく損害賠償請求と基本的な請求原因事実を同じくし、両者が経済的に同一の給付を目的とする関係にあるときは、損害賠償を求める訴えの提起により不当利得返還請求権についても催告が継続していると解され、後者についての訴えが追加されることにより、中断の効力が確定的に生じ

る[29]）。目的物の引渡しを求むる訴訟において被担保債権の存在を理由として提出された留置権の抗弁をもって該被担保債権について訴えの提起に準ずる中断の効力があるとはいえないが、訴訟係属中中断の効力は認められ、訴訟終結後6ケ月内に他の強力な中断事由に訴えれば、時効中断の効力は維持される[30]）。代理人が本人のためにすることを示さずになした商行為上の債務につき、本人が相手方に対しその履行を求める訴えを提起したのに対し、相手方が債権者として代理人を選択したときは、本人の請求は、上訴訟が係属している間、代理人の債権につき催告に準じた消滅時効中断の効力を及ぼし、代理人は、上訴訟係属が終了した時から6ケ月以内に訴えを提起することにより、自己の債権についての消滅時効を確定的に中断することができる[31]）。

　(ii)　判例の検討　　不法行為に基づく損害賠償請求訴訟の係属と不当利得返還請求権の消滅時効の中断に関する事案[32]）は、複数の請求権が密接な関連性を有し、一方の権利行使が同時に他方の権利行使とみなしうる場合に一例を加えるものといえる。この類型に属する例として従来存在したのは、境界確定の訴えから所有権確認の訴えは係争地域が自己の所有に属するとの主張は前後変わることなく、ただ単に請求を境界確定から所有権確認に交替的に変更したにすぎない場合には、前訴提起によって生じた中断効には影響がないとする例である[33]）。また、農地の所有権移転登記請求と知事への許可申請手続請求[34]）、手形金債権と原因債権[35]）などもこの類型に属する。不法行為に基づく損害賠償請求訴訟の係属と不当利得返還請求権の消滅時効の中断に関する事案[36]）は、基本的な請求原因事実の同一性と経済的にみた給付の同一性という二つの要件を設定した上で、一方の権利行使に他方の権利の裁判上の催告を認めた点で、先例のどれにも当てはまらない。これは、一般的に請求権競合の事例と解されている場合であり、請求ないし訴訟物の異質性が認められ、従来の理解ではこの類型に属するとは考えられていなかった場合に、なお中断効を認めた点に意義がある[37]）。

　(2)　時効中断の利益と確定判決の存在

　　確定判決が存在する場合でも、他に方法がないときには、時効中断の必要

のため再度の給付の訴えを提起することができる[38]。

(3) 訴訟告知

訴訟告知には、実体法上の時効中断の効力が認められる（手形法86条1項、小切手法73条1項)[39]。訴訟告知は被告知者に対する「裁判上の請求」（民149条）ではないが、訴訟告知の趣旨が被告知者に対する権利の保全を目的としているときは、「催告」（民153条）に類するものとして、訴訟終了後6ケ月以内に裁判上の請求などをすることによって時効中断の効力を生じる[40]。

(4) 独立当事者参加の場合

独立当事者参加では、原則としてその申出書の提出の時に、時効中断の効力が生じる（民訴147条）。訴訟承継にもとづく独立当事者参加では、訴訟の係属の初めにさかのぼって時効の中断の効力が生じる（民訴49条）。訴訟係属前の承継を理由とする独立当事者の権利主張参加については明文の規定はないが、訴訟係属中の承継と同様に考えるべきである（民訴49条の類推適用)[41]。

(5) 一部請求の問題

一部請求の適法性に関しては議論がある[42]。一部請求との関係で、1個の債権についての一部のみを訴求したときに、債権全体について時効中断の効力が生じるかどうかという問題があるが、先に述べたように、一部請求の場合にも債権全体が訴訟物と解する立場をとると、時効中断の効力も債権全体について認められる。ただし、日本の判例は、いわゆる明示の一部請求理論を前提として、一部であることが明示されているときには、その一部についてのみ時効中断の効力が生じるとする[43][44]。しかし、最判平成10年6月12日民集52巻9号1127頁は、一部請求の場合でも債権全部についての審判が必要になるとの理由から、残部請求を信義則によって排斥した。すなわち、1個の金銭債権の明示的数量的一部請求を全部または一部棄却する判決は、債権全部を審判したうえで、後に残部として請求しうる部分はないとの判断を示すもので、その判決確定後の残額請求は実質的に前訴のむし返しであり、被告の合理的期待を裏切るものとして、信義則に反し、許されないとしている。なお一層、一部請求の適法性について検討の余地が生じたことにな

る[45]。今後は、一部請求全面否定説の方向に進むのであろうか[46]。

(6)　債務不履行と不法行為の関係

　債務不履行による損害賠償請求権と不法行為による損害賠償請求権との間では、一方の請求権が訴訟上行使されると他方の請求権の消滅時効が中断される効果があることは、一般的に肯定されてもよいように思われる。すなわち、国や企業は、公務員または従業員についてその生命および健康等を危険から保護するよう配慮すべき安全配慮義務を負うからである[47][48]。しかし、安全配慮義務に関する原告の主張・立証責任について最判昭和56年2月16日民集35巻1号56頁を考慮すると、速断はできない。安全配慮義務の内容を特定し、かつ義務違反に該当する具体的事実を主張・立証する責任は国の義務違反を主張する原告にあると判示しているからである（自衛隊救難ヘリコプター墜落事故事件）。

　安全配慮義務違反を理由とする債務不履行に基づく損害賠償請求権の消滅時効は民法167条1項により10年と解すべきである[49]。

(7)　建築請負関係

　請負代金請求権の消滅時効中断に関して、建築請負人からの注文者に対する請負契約に係る建物の所有権保存登記抹消登記手続請求の訴えの提起は、訴訟物たる請求権の法的性質も給付内容も異なるので、請負代金請求債権の消滅時効中断事由である裁判上の請求に準ずるものとはいえず、その訴訟の係属中請負代金について裁判上の催告として催告が継続していたということもできない[50]。

(8)　以上の要約

　以上の裁判例を見て気がつくことは、裁判所が当該権利の時効の中断効を認めても、訴訟物となっている権利よりも大きい負担を相手方に生じさせないことと訴訟物となっている権利（請求権）と消滅時効の中断効を受ける権利（請求権）との間に請求原因の共通性があることを認めていると見受けられる。同じ紛争における同質・同類型に属する権利のひとつが行使されているときには、他の権利も保存されることをうかがわせる[51]。

Ⅳ　時効中断と保全・執行法上の権利行使

(1)　仮差押えによる時効中断

仮差押えによる時効中断（民147条 2 号・民154条・民155条）の効力（民157条 1 項）は、仮差押えの執行保全の効力が存続する間は継続し、被保全債権につき本案の勝訴判決が確定したとしても、仮差押えによる時効中断の効力がこれに吸収されて消滅するものではない[52]。この判例は、仮差押えの執行手続終了時（仮差押えの登記と仮差押命令の債務者への送達の時）に仮差押えにある時効中断の効力が終了するとする非継続説に依らないこと、中断事由として仮差押えと請求とを同列に扱う民法の規定から、本案の債務名義に吸収されるものではないとして、いわゆる非吸収説を採り、下級審の裁判例や学説において争いがあった問題に、実務上結着をつけたもので、債権管理上も重要な判例といえる[53]。

(2)　競売の申立て

抵当権の実行としての競売の申立ては差押えの効力があるので、時効中断する（民147条 2 号・民執188条・46条）。

物上保証人に対する不動産競売において、被担保債権の時効中断の効力は、競売開始決定正本が債務者に送達された時に生じるが、時効期間経過後の同正本の送達は時効中断効を生じない（最判平成 8 年 7 月12日民集50巻 7 号1901頁。なお、法協117巻10号1518頁の評釈参照）。最二小判平成 8 年 9 月27日民集50巻 8 号2395頁（重要判例解説平成 8 年度民法 2 事件の評釈参照）は、抵当権設定による物上保証の被担保債権が主たる債務の連帯保証である場合、物上保証人に対して債務者が競売を申立て、その手続が進行すること（主たる債務者には進行は通知されない）は主債務の時効中断とはならないとする。原審は、競売開始決定正本の債務者への送達は民法153条の催告にあたり、競売手続進行中も催告の効力が維持されるとしていた。最判平成 8 年 9 月27日は、その理由として、抵当権の実行としての競売手続においては、抵当権の被担保債権の存否及びその額の確定のための手続が予定されておらず、競

売開始決定後は、執行裁判所が適正な換価を行うための手続を職権で進め、債権者の関与の度合いが希薄であること、執行裁判所による債務者への競売開始決定正本の送達は、本来債権者の債務者に対する意思表示の方法ではなく、競売の申立ての対象となった財産を差し押さえる旨の裁判がなされたことを競売手続に利害関係を有する債務者に告知し、執行手続上の不服申立ての機会を与えるためにされるものであること等を挙げている。最判平成11年9月9日判時1689号74頁は、限度額を超える全額の被担保債権を請求債権とする根抵当権の実行としての競売申立てをし、競売手続開始決定の正本が債務者の送達された場合、時効中断の効力は、当該限度額の範囲にとどまらず、請求債権として表示された被担保債権の全部について生じる、と判示している。

なお、競売申立て以外の方法による執行手続への加入、たとえば、強制競売において催告を受けた抵当権者がする債権届出（民執50条）は時効中断事由とはならないし（最判平成元年10月13日民集43巻9号985頁）、また、第三者の申立てに係る担保競売手続における抵当権者の届出に係る債権の一部に対する配当の受領が債権の残部についての差押えその他の時効中断事由に該当しないとする（最判平成8年3月28日民集53巻4号840頁）[54]。

(3) 民事執行上の催告[55]

訴えが取下げられたり、却下された場合に、訴え提起に催告としての効力を認めている（破産申立ての取下げに関して最判昭和45年9月10日民集24巻10号1389頁）。訴え提起から取下げまたは却下まで催告が続いていることになるから、却下等の時点で民法153条の6ヶ月の期間が始まる。

裁判上の催告は、訴訟の中で訴訟物になっていない権利の主張をした場合や攻撃防御方法として権利が主張された場合に「裁判上の請求概念を拡張する道具としての用いられる（最大判昭和38年10月30日民集17巻9号1252頁、最判昭和48年10月30日民集27巻9号1258頁、最判昭和43年12月24日集民93号907頁）。

これに関して、確定的な時効中断効を否定される債権届出（民執50条）について、なお民法153条の催告として暫定的な時効中断効を肯定すべきか、議論されている。

民事執行手続では、それぞれ手続行為はその本体的な手続上の性質・効果と共に、個別にあるいは包括的に実体法的性質・効果を有する。すなわち、競売申立て、債権届出・計算書提出を経て配当金を受領するまで被担保債権に関する権利主張が包括的に継続しているのである。そして、それは民事執行という包括的権利行使システムに参画した者にも及ぼされてよい[56]。履行を請求する意思の通知を認めることのできるものとして、催告について、「裁判上の催告」に相当する「執行上の催告」が承認されて然るべきである。そのわけは、民事執行の競売手続は、申立債権者の執行債権の行使なり執行担保権の実効だけにとどまるものではなく、他の権利者の有する債権についても履行効果が導かれる仕組をもっており（民執49-52条・87条1項など）、その効果を導くための能動的行為として債権届出がなされている場合に、それにもかかわらず消滅時効の期間進行・完成を許すのは当をえないからである。一方、「裁判上の催告」が当該権利につき訴訟等に直接かかわる当事者にのみ認められていることや、競売開始後の競売手続の係属・進行において、債権者（抵当権者）が個別権利について債務者に対して個別継続的に行使しているとみることは擬制にすぎるとして、民法153条の催告を競売開始決定正本の送達に認めることはともかく、執行上の催告として利害関係人間に及ぼすことを否定的に解する見解がある[57]。

一般的にみても、訴訟法は、訴訟係属の私法上の効果を手つかずのままにさせ、民法も他の審査手続も基準とさせえないかぎりで、以前の法律がその他の訴訟過程を決定的なこととしていたとしても、その効果を（民法によって要求され、時効中断の要件とされている）訴え提起行為に結びつけている。瑕疵のある訴え提起の場合、訴え提起の私法上の効果がその瑕疵が実体法によって重要でないかぎり発生するし、また瑕疵の程度に応じて訴え提起の失効が予見される状態で発生する。しかし、消滅時効の中断に関しては、訴え取下げや訴え却下という訴訟手続の終了とともに終らない。催告（民153条）という道がつけられているからである[58]。

強制執行手続の開始への主導やすでに存在する強制執行手続への参加について実体法上の効果も肯定することは、強制執行手続が扱う対象が事案とし

第Ⅳ部　私法部門

て民法その他の実体私法に近いのである。また、強制執行手続という形式を民事執行法を規定して、実体私法の内容・効力を発揮させんとしているのであるから、強制執行手続への関与によって実体私法上の効果が発生することを認めるのは合理的である[59]。以上の理由により、競売手続における債権届出は、「執行上の催告」として暫定的な時効中断事由となると解すべきことになる。債務者の手続保障の面からみても、債務者に債権届出の通知は必要とされてないが、債務者は執行手続の当事者としてそれなりの手続保障を受けているので、差支えない[60]。ただし、配当金の受領や債権計算書の提出（民執規60条）はあくまで付随的な行為であり、暫定的な中断効を認める「執行上の催告」に含まれない[61]。

1) 大判大8年7月4日民録25巻1215頁。
2) 最判昭和61年3月17日民集40巻2号420頁、重判昭和61民三……農地の買主が売主に有する県知事に対する許可申請協力請求権について、その消滅時効が援用されるまでの間に当該農地が非農地化したときは、農地の売買契約は当然に効力を生じ、許可申請協力請求権の消滅時効を問題とする余地はなくなったとした例。
3) 大判昭和14年3月29日民集18巻370頁。
4) 大判昭和10年12月24日民集14巻2096頁。
5) 小島武司「釈明権行使の基準」新堂幸司編『特別講義民事訴訟法』（1988年）332頁以下、335頁以下。
6) さしあたり、園部秀穂＝原司「釈明権及び釈明処分」青山善充・伊藤眞編・民事訴訟法の争点　第3版（1998年）186頁、原竹裕「裁判官の法的観点の指摘と心証の披瀝」前掲争点第3版188頁、小林秀行「裁判所の釈明権」、伊藤眞・高橋宏志・高田裕成編民事訴訟法判例百選第3版（2003年）124頁、加藤新太郎「裁判所の釈明義務」前掲判例百選第3版126頁参照。なお、山本和彦『民事訴訟審理構造論』（1995年）221頁以下、231頁以下、中務俊昌「釈明権」現代法5　現代の裁判61頁以下参照。
7) 高橋宏志『重点講義民事訴訟法（上）』（2005年）395頁以下。
8) 武藤春光「民事訴訟における訴訟指揮について」司法研修所論集56号（1975年）73頁以下、84頁。奈良次郎「釈明権と釈明義務の範囲」鈴木忠一＝三ケ月章監修・実務民事訴訟講座Ⅰ（1979年）222頁は、時効を釈明しなくとも義務違反でないとする裁判例の背景には、時効の完成によって問題を決するのは余り望ましくないとする微妙な態度があるのではないか、と指摘する。
9) 高橋・前掲書注（7）396頁。

10) 最判昭和31年12月28日民集10巻12号1639頁。
11) 山本和彦『民事訴訟心理構造論』（1995年）314頁以下、317頁、323頁注（17）。同「判批」法学協会雑誌103巻8号1674頁。
12) 最判平成7年10月24日判例集未登載。
13) 伊藤眞『民事訴訟法第3版再訂版』（2006年）146頁、194頁、616頁、622頁。内田貴『民法Ⅰ第2版補訂版　総則・物権法総論』（2002年）313頁。
14) 大審院判決昭和5年6月27日民集9巻619頁。
15) 大審院民事連合部判決昭和14年3月22日民集18巻238頁。
16) 大審院昭和16年2月24日民集20巻106頁。
17) 平田健治・私法判例リマークス2000年（上）10頁以下、12頁。なお、内田：注13) 301頁、318頁以下参照。
18) Rosenberg/Schwab/Gottwald, Zivilprozessrecht, 16. neubearbeitete Aufl.（2004）S. 660.
19) 内田・注13) 313頁。
20) 内田・注19) 同所。
21) 内田・注19) 310頁以下、312-315頁。
22) Carl Heymanns Verlagから刊行される予定のProf. Dr. ArmbrüsterとProf. Dr. Heubleinの論考参照。
23) 平田・〔判批・最判平成10年12月17日判時1664号59頁〕、注17) 10頁以下。
24) 平田・注17) 11頁以下。
25) 破産申立てに関して、最判昭和45年9月10日民集24巻10号1389頁。
26) 平田・注23) 12頁以下。
27) Rosenberg/Schwab/Gottwald, Zivilprozessrecht, 16. neubearbeitete Aufl.（2004）S. 660.
28) 平田・注23) の研究による。
29) 最大判平成10年12月17日判時1664号59頁。
30) 最大判昭和38年10月30日民集17巻9号1252頁。
31) 最判昭和48年10月30日民集27巻9号1258頁。
32) 最大判平成10年12月17日判時1664号59頁。
33) 最二小判昭和38年1月18日民集17巻1号1頁。
34) 最三小判昭和43年12月24日民事93号907頁は前者の訴訟係属中に後者の請求を追加した事案。前者の請求は、後者の裁判上の催告が含まれ、係属中は後者の時効は進行しないとする。原審は、後者は前者の不可欠の前提要件と表現し、前者の提起で後者の時効も中断するとする。
35) 最二小判昭和62年10月16日民集41巻7号1497頁は経済的には同一の給付を目的とし、前者は後者の支払の手段として機能しこれと並存するにすぎず、前者の訴えは、後者に関し、裁判上の請求に準ずるものとして中断効があるとする。
36) 最大判平成10年12月17日判時1664号59頁。

37) 平田・注17) 10頁以下。
38) 大判昭和6年11月24日民集10巻1096頁。
39) 伊藤眞『民事訴訟法第3版再訂版』2006年616頁。
40) 大阪高判昭和56年1月30日判時1005号120頁。
41) 伊藤・注39) 622頁注（104)。
42) 中野貞一郎「一部請求論の展開」『民事訴訟法の論点Ⅱ』(2001年) 87頁以下、124頁以下、高橋宏志「一部請求」『重点講義民事訴訟法上』(2005年) 90頁以下、104頁以下参照。
43) 前掲最判昭和34年2月20日民集13巻2号209頁。
44) 最判昭和45年7月24日民集24巻7号1177頁〔百選第3版44事件〕。
45) 中野・注42) 同所。
46) 高橋・注42) 同所。
47) 最判昭和50年2月25日民集29巻2号143頁。
48) 最判昭和59年4月10日民集38巻6号557頁等。
49) 最判昭和50年2月25日民集29巻2号143頁。
50) 最判平成11年11月25日判時1696号108頁。
51) 平田・注23) 12頁以下。
52) 最判昭和10年11月24日民集52巻8号1737頁。
53) 民事執行・保全判例百選118事件〔松久三四彦〕の解説参照。
54) 差押えの付随的効力として、中野貞一郎『民事執行法第5版』(2006年) 385頁以下参照。
55) 「シンポジウム・民事執行手続と消滅時効中断効—民事執行法の観点からの検討—」での伊藤眞・竹下守夫発言・金融法研究15号1頁以下、13頁以下、19頁、22頁、38頁以下。伊藤進『民事執行手続参加と消滅時効中断効』(2004年) 147頁以下参照。中野・前掲注54) 387頁。
56) 中野・注54) 385頁、伊藤進・前掲注55) 147頁以下、153頁以下、山野目章夫「民法判例レビュー51」判タ893号35頁、39頁、同「民法判例レビュー」判タ757号57頁、櫻井英喜「差押えを取り下げた場合の時効中断効の帰趨」金法1398号56頁、60頁注7)、佐久間弘道「連帯保証債務を被担保債権とする根抵当権の実行と主債務の消滅時効の中断（下)」金法1450号73頁、清水暁「連帯保証債務の物上保証人に対する担保権の実行としての競売手続の申立・追行が、主債務の中断事由となるか」判時1403号168頁、角紀代恵「連帯保証人の物上保証たる抵当権の実行と主たる債務の消滅時効の中断」金法1364号17頁、浦野雄幸「最近執行・倒産事情（中)」NBL462号48頁、半田吉信「一 物上保証人に対する不動産競売において被担保債権の時効中断の効力が生じる時期、二 連帯保証債務の物上保証人に対する抵当権の実行と主債務の消滅時効の中断」評論459号42頁、菅野佳夫「連帯保証債務の物上保証人に対する競売開始決定の連帯保証人への送達と、主債務の消滅時効中断の効力」判タ760号36頁、東京地判平成2年8月23日金判867号30頁、金法1281号28頁、判タ733号115

頁、東京地判平成2年10月22日金法1294号26頁、判タ756号223頁、東京高判平成7年5月31日金法1425号41頁、判タ895号134頁、高民集48巻2号149頁。
57) 最判昭和8年9月27日民集50巻8号2395頁における河合裁判官の少数意見（物上保証人に対する競売開始決定正本の債務者への送達は民法153条の催告に当たるが、その後の競売手続の係属・進行は裁判上の催告にはならないとする）。詳細は、松岡久和「抵当権の実行と消滅時効の中断」金法1485号22頁、27頁。
58) 前掲注56)の文献参照。
59) Rosenberg/Gaul/Schilken, Zwangsvollstreckungsrecht 11. Aufl.（1997）S. 7ff.
60) 中野・前掲書385頁。
61) 中野・前掲書385頁。

以上の文献に加えて、次に掲げる文献も参照した。
安達三季生・ジュリスト増刊民法の争点Ⅰ、加藤一郎＝米倉明編（1985年）74頁以下。
生熊長幸・私法判例リマークス30（2005年）、14頁以下。
上田徹一郎『民事訴訟法第4版』（2004年）150頁、470頁。
遠藤厚之助・ジュリスト増刊民法の争点Ⅰ、加藤一郎＝米倉明編（1985年）88頁以下。
大木康「不当利益返還請求権の消滅時効」奥田昌道先生還暦記念『民事法理論の諸問題下巻』（1995年）478頁。
岡本坦・ジュリスト増刊民法の争点Ⅰ、加藤一郎＝米倉明編（1985年）85頁以下。
小島浩・判時1036（2000年）32頁以下。
加藤雅信『新版注釈民法（18）』（1991年）375頁。
金山直樹・別冊ジュリスト175民法判例百選星野英一＝平井宜雄＝能見善久編（1990年）96頁以下。
金山直樹・民法典の100年Ⅱ、広中敏雄＝星野英一編（1998年）357頁以下。
金山直樹・ジュリスト1126（1998年）225頁以下。
島田誠・判タ1154（2004年）32頁以下。
早田尚貴・〔判批、①最（大）判昭和43年11月13日民集22巻12号2510頁、②最判昭和45年7月24日民集24巻7号1177頁〕民事訴訟法判例百選第3版44事件（2003年）
平井一雄・別冊ジュリスト175民法判例百選星野英一＝平井宜雄＝能見善久編（2005年）100頁以下。
松久三四彦・別冊ジュリスト175民法判例百選星野英一＝平井宜雄＝能見善久編（2005年）94頁以下。
松本博之＝上野泰男『民事訴訟法第4版』201頁、272頁。
三藤邦彦・ジュリスト増刊民法の争点Ⅰ、加藤一郎＝米倉明編（1985年）78頁以下。
森田宏・別冊ジュリスト175民法判例百選星野英一＝平井宜雄＝能見善久編（2005年）92頁以下。
山本豊・民法典の100年Ⅱ、広中敏雄＝星野英一編（1998年）257頁以下。

私法部門　ディスカッション（要約）

司会　永田　誠

　まず、最初の発言者としてコージマ・メラーが、デートレフ・レーネンと永田誠の講演との関連で、瑕疵担保責任法における消滅時効規定の法歴史的背景を指摘した。即ち、メラーは、「旧ドイツ民法典、日本民法典、また新しいドイツ民法典のこの規定の、見本、もしくは方向付けは、ローマにおける kurulische Ädile という特別な役人の市場裁判権に由来する担保責任解除や代金減額の制度であった、そして担保責任における解除においては6ヶ月間の、代金減額においては1年間の除斥期間が通用していた。損害賠償請求権については、売買訴訟という方法で争われていた。これを通じて、別の消滅時効の観点、過失責任の見地から別の請求権の根拠が生まれた。そして、これについてはレーネンも話をしたところである」との指摘を行った。

　他方でメラーは、消滅時効規定の目的設定は一体どこにあるのか、と問いかけ、活発なディスカッションを呼び起こした。メラーは、「消滅時効をめぐる全ての規定において、債務者と債権者の利害調整が目的とされていることを注視しなければならない」とし、拠ってクリスティアン・アルムブリュスターの講演にあったように、時効の規定における公益というものを債務者側だけに設定するということに懸念を呈した。むしろ、「『認識しなければならない』という主観的な要素を取り入れることによって、また時効の停止規定を大幅に増やしたことによって、2002年1月1日のドイツ民法典が、短い客観的な時効期間を拡大したことは、その限りにおいて、債権者の側の公益に役割を与えたことになるのではないか、なぜならば、債権者がそれによって、権利を行使する可能性が保護されるからである」と述べた。

　これを受けて、永田は、「日本で普通にいわれている消滅時効法が拠って立つ理由は、3つあり、1は証拠の保全、2は、「権利の上に眠るものはこれを保護せず」、3は長い間の事実関係が真実を証明するということで、特に公益ということは時効との関係ではあまり言われていないのではないか」と補った。

第Ⅳ部　私法部門

　マルティーン・ホイプラインは、公益という観点はドイツでもあまり前面に出すべきものではない、と指摘する。なぜかというと、裁判官に、債務者に時効についての指示を与えることは、現行法上許されていないからである。
　星野英一は、「本日のシンポジウムで非常に重要なポイントが指摘された」とし、「時効にとっては単なる理論だけではなく、法政策的な意味が重要である。最近のドイツの改正において、そのような考慮がされていること」を評価し、「時効期間の主観的要素を加味して思い切った短縮を行ったドイツの今回の改正を大変バランスの取れた良い解決である」とし、フランスでも現在債権法の改正が企てられ、時効が3年に短縮されるという事情及び、日本においても債務法の改正が企てられている事情を紹介する。そして、「時効は債権者のための制度か、債務者のための制度か、あるいは第三者のための制度か、公共の利益とは一体何なのか、法的安定というものは一体どれほど保護に値するのか。これについてのアルムブリュスターとホイプラインとの若干の見解の相違を重要だとし、公共の利益を前面に出すべきではないとするホイプラインに賛成するとしつつ、法的安定というものは結局は裁判所の便宜ではないか、という疑問を表明したのち、アルムブリュスターが言及した公共の利益とは具体的に何を意味するのか」という質問を提示した。
　アルムブリュスターは、これに対して、「債権者、債務者の利益のほかにやはり公的な利益というものは存在する」とし、「それは『法的満足』（Rechtsbefriedung）と言い換えることができる。いずれにしても、債権者、債務者の個人的利益が前面に出てくるのであり、その点ではホイプラインと同意見である。債務者の利益が考慮されていることは「抗弁」（Einrede）という制度を見ても分かる。つまり債務者は自ら活動しなければ、不利益を除去することができないのである。国家は個人の不利益を補うために紛争を解決できる制度、すなわち裁判権を与えており、裁判費用がかかるわけであり、公共の金銭がそこで使われることになる。従って権利を行使する可能性を持っていた当事者が何年も経った後に裁判制度を利用できないようにするのはやはり公益を慮るということになる。債務者が20年後に領収書を持っていなければ、もはや証拠提出させるのは酷であろう。もちろんこれは債務者の

利益を慮る議論だが、一般的な利益を考慮していることにもなる」と述べた。

　ホイプラインから、訴訟救助について質問が提起され、入倉卓志が、日本における制度を紹介した。「日本においては民事訴訟法82条で救助を必要とする当事者に訴訟救助が与えられる。救助は、法律扶助協会が行うが、これは国の機関ではない。訴訟提起の際に、貼用印紙と郵券を裁判所に収めなければならないが、貼用印紙分の費用は、免除してもらえる。また必要な鑑定費用とか証拠調べの費用は免除してもらえる。この場合、訴訟に勝てば負けた方がこの部分を負担する。弁護士費用は肩代わりしてもらえるが、月々5000円から10000円という割合で返さなければならない」と説明した。

　ホイプラインが、ドイツにおける訴訟費用救助手続について、「この手続きは２段階に分かれており、最初に裁判所に訴訟費用救助の申立てをする。このとき、経済状態についての必要事項を述べなければならない。この段階ではまだ訴訟の提起はすることができない。なぜなら、訴えの提起に必要な費用が欠けているからである。従って最初に訴状の案だけを裁判所に出しておく。これによって裁判所は、訴えの勝訴可能性を見積もることができる。なぜなら、民事訴訟法114条に従えば、救助のためには訴訟の追行が十分な勝訴への可能性を持っていなければならないからである。裁判所がこの申立ての資料に基づいて、費用救助の申立てを許可したときに初めて本来の訴えの提起がなされる。新しいドイツの法律は裁判所による申立ての審理中は ─ 一定の要件のもとに ─ 時効は停止される、と規定する。」と説明した。ここでホイプラインは日本においても民事訴訟法82条による費用の免除を裁判所に請求した場合に、または法律扶助協会に申立てをした場合に、時効は停止するのかどうかの問いを投げかけた。

　これを受けて、飯倉卓志は、「日本においてはまず当事者間で裁判所に行く前に紛争解決のための話し合いが行われるが、この話し合いは消滅時効の停止をもたらさない。しかし、請求の後６ヶ月以内に訴えの提起をすれば時効は中断する。もし、本来の消滅時効期間が経過して６ヵ月後に訴訟が提起された場合はその請求権は消滅時効にかかる」と答えた。

　ここで、永田誠がディスカッションの終了を宣した。

第Ⅴ部　刑事法部門

17 詐欺罪について
――解釈論と政策論の側面からの考察――

クラウス・ゲッペルト

Ⅰ 序
Ⅱ 一般的な刑事詐欺（刑法263条）
Ⅲ 特殊的な詐欺法的特殊構成要件
Ⅳ 終わりに

Ⅰ 序

　私のテーマは詐欺である。正確には「一般的な刑事詐欺及び特殊的な詐欺法的特殊構成要件についての法解釈学的、法政策的論考」である。
　はじめに、なぜ私がこのテーマを選んだかを簡単に説明しようと思う。
　私は残念なことに日本の刑法については粗い輪郭しか心得ていない（驚嘆すべきことに、多くの日本の同学の士はドイツ語を使いこなすのみならず、ドイツ刑法について驚くほど正確に知っている！）。私は、日本にも詐欺罪の構成要件というものがあり、この犯罪構成要件は ― 立法者が構想するものではあるが ― その基本的特徴においては我が国のものと本質的には大差がないということからスタートする。さらに、私は、そうした中心的な詐欺の犯罪構成要件には、国による差異はあっても、似通った解釈論上の難点が多く含まれており、両国にそれぞれその解決方法があり、他国の法制度の下で解釈論を蓄積して作った財産をお互いに使用して近づきあうことができるということからもスタートする。
　私は刑法の領域でこのテーマを選んだのは、この比較法シンポジウムの参加者（「刑法研究者」のみではないが！）の好奇心をできるかぎりそそりたいと思ったからである。それで、私は、まず犯罪学についても考えた。というのは、とりわけ、詐欺というテーマは、現行法の運用についても、あるいは

法政策的な新たな解決についても、犯罪学の特殊領域に役立つ機会を与えるのにうってつけなのである。本講演は被害者学に関するものである。正確には、被害者学の考察によってもたらされた、いわゆる「被害者学的解釈論」に関するものである。それは、周知のとおり、すでに現行法の解釈において成果をあげている、被害者の双方責任の思想をもたらそうとするものである。

刑法的意味の詐欺は、ドイツ民法123条の悪意の詐欺（それによれば「悪意の詐欺」による意思表示は取消すことができる）の刑事的保護という以上の意味をもっており、このテーマは、民法の（広い）課題と刑法秩序の（意識的に狭めた）目的との違いを特別な方法で明定することにも向いているといえる。

詐欺の特殊構成要件の長い行列について考えると、それらをドイツの立法者は、刑法263条の刑事政策的隙間をふさぐために必要なものだとしているが、詐欺というテーマは、究極的には侵害犯を純然たる危険犯に変換することの限界を問うのにも向いているのである。それによって、類型的な予備段階での刑法の拡張（場合によっては、憲法的なものにもなってくる）に反対することにもなるのである。

II 一般的な刑事詐欺（刑法263条）

本講演の第一部は「一般的な刑事詐欺」すなわちドイツ刑法263条を中心にしてはじまる。ドイツ刑法263条によると「自己又は第三者に違法の財産的利益を得又は得させる意図をもって、事実を虚構し又は真実の事実を歪曲又は隠蔽して、錯誤を惹起し又は持続せしめ、よって他人の財産を害した者」は、5年以下の自由刑か罰金に処される。この仰々しくて（それでいて完全ともいえない）法文は、私のドイツの学生達以上に外国の聴衆にはよくわからないであろう。そこで、私は、この講堂においては、さしあたり、次のように説明したいと思う。詐欺（刑法263条）の客観的構成要件要素は、(1)事実についての欺罔を前提とし、(2)欺罔された者に錯誤を、(3)同様にそれにより（任意の）財産的処分行為[1]を生じさせること、その際、この錯誤に

よる財産的処分行為は、相手方において、(4)直接的に（行為者のそれ以上の他者侵害行為を介することなく、という意味で）（欺罔された者又は第三者の）財産上の損害を生じさせるものでなければならない、と。さらに、主観的構成要件において要求されるものとしては(5)当然のことながら四つの客観的構成要件該当事実の全て（それらの因果連関も含む）についての故意（表象、認容）、それから(6)自己または第三者に、違法で ─ 素材の同一性のある[2] ─ 財産上の利益を得させる意図があるといわれている。

(1) 被害者学的予備考察

そもそも被害者のいない詐欺は構造上ありえないのである。それどころか、ここではしばしば二人の被害者が登場する。一人は欺罔された者、もう一人は財産を害された者である。─ 一人が両方を兼ねることは否定しない ─。被害者の存在が詐欺のまさしく必要条件であるとすると、このテーマの被害者学的予備的考察にも意味があるように思われる。実際、詐欺における被害者の役割が「明らかに当罰性に関連してくる」ことは、すでに1983年にヴィンフリート・ハッセマーが考えているところであるが[3]、（正しくもますます認められつつあるように）必要的関与者の可罰性関連的な役割と比較し、その裏側の問題として同じように考えてみるべきものである[4]。同様に、ここでは以下のような問いを立てることにする。そのような被害者の役割から、むしろどのような刑法理論的結論が引き出せるのか、と。ドイツ語圏の文献における ─ はじめに述べたように被害者学的解釈論の主張者の ─ 個々の意見は、もはや20年にもなるが、とくに詐欺罪において、被害者との双方責任は、量刑において考慮されるのみならず[5]、不法構成要件の限定に役立つ目的論的モデルになる、としている[6]。

そのうえ、これに関連して、とくに詐欺の被害者のサイコグラムは、犯罪現象学的視点からすると、およそ耳に快く響くようなものではないということも指摘しておかなければならない[7]。詐欺のたくらみの被害者は、往々にして、とくにだまされやすいとか、ときとして、そのうえさらに愚か者であるのみならず、しばしば欲張りなのである。すでに教皇使節ジャンピエト

ロ・カラファ、後の教皇パウロ 4 世（1476〜1559年）は見抜いていたのである[8]。"Mundus vult decipi,ergo decipiatur" と。同様のことを約400年後にギブソンが書いている。つまり「誠実な人はだませない」と[9]。さらに、これはハンス・フォン・ヘンテイッヒのいうところにも対応する[10]。彼は、東アジアの諺を伝えている。それは、「中国人をだますことは全く不可能だ（といわれている）。なぜなら中国人はきわめて誠実だから」というものである。最後に、近年のチューリッヒでの調査によると、そこで評価対象になっている詐欺犯人のほぼ半数は、特殊な、すなわち詐取された利益への買主ないし売主の関心を利用しており、約15パーセントは被害者の詐欺的な利欲にまさにつけこんでいたのである[11]。

　これで、おそらく、被害者学的解釈論による詐欺構成要件の限定について、ともかく熟考する用意ができたであろう。それはそうとして刑法解釈論が、現代の帰属理論の構想を（総論のみならず）各論においても役立つものにするための慎重な試みである被害者学的解釈論の萌芽の方を向いているのは明らかである。

　結局、この種の被害者学的解釈論の思考の背後には、犯罪行為の被害者にも責任があり、被害者に加えられた侵害についての責任は ― はっきり強調して言うと、最も狭い範囲で ― 被害者が自己を守ることが困難でないときは、刑罰制度をもつ国家に転嫁することが強いられるべきものではない（刑法の補充性）という考えが存在する[12]。換言すると、被害者は、双方責任にかんがみて、"不法"なものとして加えられた侵害を相手に帰属させてもよいのかを明らかにする、という問題なのである。

(2) 刑法263条についての考察　個々の構成要件メルクマールを手がかりにして、被害者学的解釈論の見地から

　時間不足のため、被害者学的解釈論の新たな主張を刑法263条の枠内で全面的に展開することは不可能である。模範的な新たな主張は十分しなくてはならないが。

(a) 事実についての欺罔

詐欺の行為は事実についての欺罔である（法文はもっとわかりにくく「事実を虚構し又は真実の事実の歪曲又は隠蔽」となっている）。欺罔行為は、人に対してなされ、(最終的には) 自然人に表象を与えることに向けられたものでなければならない。人が相手でないと刑法263条によって処罰することはできなくなるのである。立法者は、刑法265 a 条（給付の不正取得、自動販売機悪用、不正乗車）や、とくに263 a 条（コンピュータ詐欺）の特殊構成要件で補っている。(価値判断や将来の予測ではなく) 事実についての欺罔は、作為によっても、不作為によっても — ただし、この点については議論のあるところではあるが — 、開始されうる。しかし、後者は、総則の規定により、すでに存在する（行為者が惹起したものではない）錯誤を除去する保障者義務のある限りで、ということになる。では、本題に入ることにする。

① 推断的行態による欺罔

作為による欺罔は（文書によるにせよ、口頭によるにせよ、身振りであらわすにせよ）、明白な虚偽表現でありうる。しかも外的行態が、取引上の観方から、(明らかに) 一定程度の表明をしたといえる限りで、推断的行態によっても実現できる。これは原則として誰も疑わないところである。

例：レストランで食物とグラスワインを注文する者は、もとより、注文によって支払能力も意思もあることを表明し、それにより推断させているし（飲食詐欺）、物を買わないかと勧める者は、暗黙のうちに、所有権者であるか、すくなくとも譲渡権限を付与されていることを表明している。宝くじを売る者は、空くじのみではなく当たりくじもあることを、表明しているのである[13]。しかし、あらかじめ、競馬の騎手を買収して自分に有利になるように勝率をあげているのを隠して、賭けをするというのも作為による欺罔といえるだろうか[14]。あるいは、公開取引に申し込みをする企業家は事前談合をしていないことを推断させていると、取引上の観点から、いえるだろうか[15]。最後の例：(実際にはまったく生じていない) 支払い義務が生じたという印象を与える請求書に似た様式の申込用紙（たとえば、支払期限を強調したもの）に意識しつつ記入し、そして多くの場合、それで成果を得られた商人

は、推断的所為(作為)により欺罔されたといえるだろうか16)。

これらの全ての事案について、連邦通常裁判所は、作為による欺罔があるとしたのである。これは、最初の五つの事例については正しいといえよう。推断的欺罔の際に、行為者は、ある特別の事情に関連させており、かつ、このような事情があれば取引慣習や関係者の合意によって、述べることが特殊な意味をもつことを知っていて、これらを表明に取り入れている。最後の事例の事情(再度申し上げると、請求書に似せて作られた契約申込書による欺罔)については、私は相当疑問がある。そうした事案について、長い間推断的欺罔から出発していた連邦通常裁判所の民事部とは異なり17)、同刑事部は、黙示の欺罔をまず排斥し、つぎに、(法的)告知義務の欠如により、詐欺罪として処罰される可能性を原則として否定したのである18)。その背景には、まぎれもなく、"Leges vigilantibus scriptae sunt" 平たく言えば、だまされやすい者は自分で注意しなければならない、という考えが存在する。したがって、明らかに、刑事部は、民法123条による民法的保護(悪意の欺罔による取消)で十分であるということから出発したのである。

そこで、なぜ変わったのかという問題が残る。多くの関連判例を読んでみると、実務では、それを用いれば一定の行態を、作為の欺罔になるように解釈を変えられる、「取引観念」というマジックワードを、処罰を導くためによく利用するという印象を禁じえない。そうした既存の錯誤を除去する保障者義務がないという障害についての(迂回する)方法によれば、明らかに望まれている、詐欺による処罰の可能性が出てくるということである19)。ここには法政策的な配慮が存在する！

② 不作為による詐欺？

最後に、我々は、不作為による詐欺において、同じく法政策的な考えに出会う。この法的形象が認められるのは、詐欺行為(事実についての欺罔)が不作為によって、すなわち、既に存在する錯誤を排除しないか又は発生する錯誤を阻止しないことによって実現されるときであるとされている。他方、また、これは、刑法13条という総則規定によって、既に生じた錯誤を回復させる保障者義務があり、そして、「不作為による構成要件実現が所為によっ

てそうしたというにふさわしい」ときにのみ、認められる。このことは、確固たる判例がしばしば述べるところであり[20]、文献においてなお支配的な見解が基本的に肯定しているところと一致する[21]。

　文献の中で増加している意見は、それでもしかるべき理由をもって、「不作為による詐欺」という法的形象をひたすら拒むか、不作為による欺罔を結果的にはほとんどとどめなくなるほど狭い範囲に限定するというものである[22]。不作為による詐欺の承認は、可罰性の限界を際限なくあいまいなものにし（ヘルムート・マイヤー）、憲法上の明確性原理（基本法103条2項）に合致しないことになる（ナウケ）との指摘が以前から存在する[23]。

　この法的形象を拒絶する根拠は、本質的に、保障者義務に反して、既存の錯誤を阻止しないことや、発生する錯誤を除去しないことが、必ずしも（ドイツ）刑法13条の予定している「構成要件実現が所為によってそうしたというにふさわしい」には当たらないということである。

　それにもかかわらず、現在の（ドイツ）裁判実務は、不作為による詐欺も原則として可罰的であるとしている。せいぜい認められるのは下位にある刑事裁判が、連邦通常裁判所の圧力によって、約20年の間（そして、そうでないのは早期の「気前のよい」裁判ということである[24]）、まさに、双務契約の契約上の付随義務による、そしてとくに信義則（民法242条）による、保障者義務について、明らかに意識的に厳格な基準をあてがっている、ということである。実に特殊な信頼行為のみが詐欺に必要な保障者義務を基礎付けるのである。パートナーが、相手に、いわば全幅の信頼をおいて、特別に財産を自由に処分できる可能性を認めたということでなければならない。ただ不快な沈黙をしている、というのでは十分とはいえないのである[25]。

　ところで奇妙なのは、不作為による詐欺という法的形象を基本的に承認している論者も、はなはだしく厳格な要件を定立していることである。ティーデマンは、はっきりと、保障者義務を財産保護そのものと関連させているのである[26]。ホイヤーも錯誤を除去する保障者義務は「結局は財産保護義務（として）のものである」と指摘しており、正しくも、そのためには「少し重い義務」が必要だとしているのである[27]。

こうした見解については、最後に、少なくとも、次のようにいうことになる。本当に特殊な財産保護義務があるときとしては、ドイツ財産刑法の体系では背任条項（刑法266条）が予定されており、おそらくは、ともかくそれで十分であるということである。私は、次に述べるような考えを変えない。私達の刑事刑法は不作為による詐欺を（付け加えてドイツ刑法266条を）必要としていない。民法の秩序罰の可能性を認めるだけで、ともかく十分なのである！

　(b)　錯誤の惹起・持続

　欺罔行為は、──ここで詐欺罪の第二の（客観的な）構成要件メルクマールのことになるが──「錯誤を惹起又は維持する」ものでなければならない。ここにいう「錯誤」とは、現実的で具体的な誤った表象を意味する[28]。事実を偽られても一般に表象を生じない者（いわゆる"ignorantia facti"つまり純粋に何も知らない者）は錯誤に陥っているとはいえない。

　しかして、欺罔と錯誤は連絡関係にある事象である。行為者が、こうした連絡関係にある事象を招来しないと（例、無賃乗車）刑法263条によって処罰することはできない。立法者は場合によっては特殊構成要件を作らなければならないのである（ドイツでは265a条である）。

　しかるに、激しく議論されているのは、事実の主張についてどの程度の疑いを被害者がもつと、詐欺罪に必要な錯誤が排除されることになるか、である。そこで、我々は、またも、詐欺の構成要件の解釈についての、被害者学的解釈論の争点のただ中に入ることになる。

　(1)　被害者が疑っているときは保護の必要性が減るため詐欺の構成要件が使えなくなるという、結局のところ被害者学的にのみ理由のつく見解は、ここでも少数説にとどまっている。こうした見解の背後には、もう一度申し上げると、刑法による法益保護の補充性に裏付けられた考えが存在するのである。その考えは疑った者（主張されていることと反対のことの「可能性がある」、又はさらに「蓋然性がある」と考えた者）は、疑うことに具体的な根拠があるときは、どのみち自分を保護することができるであろう、そして、そうした場合は欺罔された者は疑いを自分で追求することができ、刑法（ウルティマ

ラチオ！）による厳しい方法によらずに、損害を被る前に自らを保護できるであろう、というものである[29]。

(2) 被害者学的解釈論の見解は、ここでもストレートには進むことができなかった。

それを続けてゆくうちに、文献によって広く承認された判例が、連邦通常裁判所の考えを早期に固めたのである。疑いというものが刑法263条についてどういう意味を持つかは不明極まり、その者が自分に対し主張されている事実が真実である可能性が少なくともあると考えている限り、疑いというものは重要ではない、というのである。被害者が「偽られている事実が可能的なものであると思っているが、内心は真実性についての疑問に対する態度を決めておらず、真実であってもなくてもよく、財産的処分行為が、それが真実であることに依存していない」[30]ときになって初めて（ちなみに、私の立場から補足すると、錯誤と錯誤にとらわれた財産的処分行為との間に、おそらく、因果関係も欠如するということによって）行為者の策略は、被欺罔者を被害者にしているとはいえないのである。

(3) 私見によれば、説得力のある刑法解釈上の答えを出すことは、私には不可能のように思えるのである。全ての論拠の得失は、帰するところ、欺罔された被害者の側からすると、なおとくに刑法的保護を必要とする危険領域はどこまでか、そして、たとえば軽率だとか盲信的である被害者は保護する価値が少ないのではないか、逆に、詐欺者がだまされやすい被害者を選び出すのを常としているところでは、より保護する価値があるのではないか、といったことについての問題になる。

しかし、私は、ここでは被害者学的解釈論の解答に共感するところにより判例や支配的見解に反対するということはしない。それは少なくとも法政策的には、被害者が自己侵害となる財産的処分行為から刑事刑法的に保護されるべきなのは、経済学で考えられた"homo oeconomicus 経済人"の反映したものが、疑いをもったにもかかわらず最終的に（いまいちど言うと、作為による欺罔によって）敗れたときである、ということは支持できる。そのほかに、文献において部分的に説かれているように、「蓋然性」— 又は「可能

性」― の程度のデリケートな区別を確たるものにする必要があり、これは事実審裁判官が証拠採用によってなしうることの限度をこえる。

　欺罔された被害者が保護に値するといえる限界は、疑いが、いわば「故意的なところ」まで達しているか（すなわち、被害者が、条件付故意と同じように、虚偽の可能性を考慮しているとき、そして、それを受け入れているとき）、自己答責的に引き受けた危険から特別の危険緩和策で資金的に守られているというところにある31)。換言するならば、一般的な帰属準則にしたがって、そうした被害者の法益の侵害は自己の責任となり、他者が与えた「不法」であることは理解されないのである。

　(c) 錯誤による財産的処分行為

　欺罔された者の錯誤は ― 詐欺の客観的構成要件の第三の要素ということになるが ― まさにその者の「財産的処分行為」と因果的であったものでなければならない。ここに記述されざる構成要件要素が存在するのである。これは自己侵害犯である詐欺の本質から生じるものである。そして、その結果として以下のような課題がある。自己侵害的な詐欺（再度申し上げると、任意の「財産的処分行為」）と他者侵害的な窃盗（「奪取」意思によらない所持の侵害）との区別である。さて、詐欺に必要な財産的処分行為は、民法的に厳格に解されるものではない。したがって、（行為能力などは必要ないが）法律行為的な行為でなくても、もし、結果的に財産を減らすことになるならば、事実的行態で十分なのである。加えて、欺罔された者は自分の行態の財産を減らす作用を意識している必要もない。被害者に、こっそりやらせた行態に、事実上財産を減らす作用があれば十分である（例：サインの時間に、映画スターに、サインと思わせて、実は彼に1000ユーロの債務を負わせる借用証に、署名させたとき）。

　これと切り離すべき問題がある。欺罔された者は自分の行態の財産を害する性質を知っていてもよいか、又は、詐欺は無意識の財産的損害のあるときのみ肯定されるのか（問題のあるのは「乞食詐欺、寄付金詐欺、又は補助金詐欺」）、である。それで我々は新たに法解釈学的になお激しく争われている問題に入ることになる。これには、また被害者学的解釈論に保護法益から近

づくことになる。

(1) 広く行き渡っているのは、かつての支配的な見解である。それは、詐欺に必要な財産的処分行為を、当然とはいえ、意識的な自己侵害のあるときに肯定するものである。ここから、無償の献呈、たとえば、乞食にコインを与えるとか、公益団体に寄付金を出すときだけに、財産的処分行為があり、まさに、これらの金員を喪ったことが「財産上の損害」にあたるとみることになるのに困難はない[32]。

(2) しかし、このような見解は、そうこうしているうちに圧倒的な承認を得た見解に及ばなかったのである[33]。判例は次のように批判されている。判例の解釈は特殊な財産上の損害であるという詐欺罪の性格に適合しないというのである。そして、単に処分の自由を害する場合も可罰的な詐欺と把握する。そのような論考からは、詐欺は、今日、広く本質にあわせて、広く錯誤に陥っての（強制的な）「意識せざる」自己侵害として理解され、意識的な自己侵害は詐欺の構成要件にはあたらないと理解されるのである。

しかし、詐欺罪の構成要件を徹底して切り詰めて無意識の自己侵害に限定すると、乞食詐欺、寄付金詐欺、補助金詐欺のほか贈与詐欺を一般に不可罰とする結果になる。それでは、ある場合には必ず、刑事政策的に十分でないものがいたるところにあらわれることになる。このような状況下でいわゆる目的失敗論が「発明」された。それは、法解釈論としては個別に激しく争われているが、（ドイツ連邦の）実務において法政策的に合理的な妥協をしたものとして広くストレートに進んだ。経済的又は社会的目的失敗の理論は、無償の給付を騙し取った事例についての、不可罰（処分の自由が害されたのみ）と原則的可罰（経済的価値についてあやまった投資による財産上の損害）の妥協を、明白に目指して努力するのである。意識的な無償の又は法的義務がないのに捻出した財産的価値的給付は、寄付者に対する欺罔のために給付の経済的又は社会的目的が失敗したときにのみ、それに応じた財産上の損害を生じることになるのである。このような場合に、被欺罔者の財産上の損害は（そして、それ故、無意識の自己侵害は）、被害者が、財産の価値を、それによって追求しようとした目的が達成できないことにより、いわば「より乏しく」

してしまったというところにある。なぜ判例が（純粋に観念的なものと区別して）「経済又は社会政策的な」目的のあやまちに限定するのかについては、法解釈学的な理由はつけられず、結局、おそらく法政策的にのみ説明することができる。

この準則は、大刑事部（BGHSt 19. 206 ff：優先株の引き受けについてダミーを使った詐欺）を経て、そうこうするうちに連邦通常裁判所もしたがうものとなった。初期の判決で第4刑事部は次のようにいっているのである[34]。

「なるほど、いわゆる寄付金詐欺、乞食詐欺、贈与詐欺の事案では、欺罔による錯誤によった損害は認められない。被欺罔者…は財産に対する処分行為の不利な作用を意識しているからである。（意識された）財産上の損害は、贈与者の観念では財産的でない特定の目的の達成によって埋め合わされるのである。こうした目的が失敗すると、財産的な被害者は、欺罔に基づいて、経済的にも無思慮な給付をすることになる。確かに、刑法263条は処分の自由を保護する性格の規定に改変されるものではなく、欺罔による動機の錯誤の可罰性を認める理由とはならない。むしろ、処分者について具体的な状況の下で不可欠で意味があるように思える、社会的なものであろうと、直接経済的な事柄に関わらないものであろうと、追求される目的の失敗が必要になる。」

(d) 財産上の損害

被害者法的観点から、最後に、財産上の損害についても考えてみようと思う。これで、我々は第四の、そして最後の、詐欺の客観的構成要件のメルクマールに至ることになる。被害者学的解釈論の考えは、ここでは二重の観点をもつことになる。一般に、保護に値するにふさわしい「財産」の刑法的意味はどのようなものになるか？これと切り離して、もっとも依存関係にあるが、このような意味の財産が詐欺の完成に必要なだけ「害される」のはどのようなときか、である。

(i) 「財産」概念についての論争

さしあたり、争いのある刑法的「財産」概念について、ごく手短に述べることにする。

(1) 連歩通常裁判所によって — すくなくとも言葉の上では — 支持されている「経済的」財産概念は、ある者の経済的（すなわち金銭であらわせられる）資産から債務を差し引いたものの全体である。実質的な効力や訴訟において達成できる可能性があるかは考慮しないのである[35]。財産には、その提供が普通は対価を得てのみなされるものである限り、人の労働力も含まれることになる[36]。

(2) 純粋な形ではもはや維持できない（というのは狭すぎるからであるが）のは「法的」財産概念である。それは、法的に有効で権利としても主張できるものの全体を財産であると理解する[37]。

(3) 今日、支配的なのは「経済的、法的」財産概念である。それによると、財産とは、ある者の、法秩序の下で保護されるか、すくなくとも保護を拒絶されることがなく実質的に権利があるとされ、訴訟において主張可能な経済的価値の全体になる。それ故に、財産の実質は、結局、経済的観点から判断されることになる。それに対して、（刑法的にも）保護に値する財産の限界は、法秩序全体に照らして決定されることになる（法秩序の統一性！）[38]。

(4) 新しい文献の中でますます広まっているのは、「人的」財産概念である。これは、財産概念を把握するために被害者の人格を援用するものである。このような見解は、標準的に、バイロイトの同学の士ハロー・オットーまでさかのぼることになる[39]。次のように述べている[40]。

人的財産概念は「財産を人的構造をもった統一体とみる。それは、その人格の発展を客観的領域で保証するものである。これは、法秩序によって承認された、客体（財物）への人の支配関係で構成される。それは、『金銭と交換』する法律行為の対象足りうるが故に、法的社会によって経済取引の自立的な対象として承認されるのである。」

これらのことは全て、たいへん「学問的」に聞こえるかもしれない。ある事例にそって、背後にある議論を説明することによって、わかりやすくなるとよいのだが、それは、ベルリンの上級地方裁判所のつい最近の判例の事案である[41]。当時問題になったのは、もう一度みると、自分の所有する財産を、違法又は倫理に反する取引に供する者は詐欺に必要な財産上の損害を

被ったといえるか、ということであった[42]。判断の対象になった事案は、被告人は、17万5000ユーロの支払があれば依頼者の妻の殺害を承認するという意思を表示し「内金」として前払金3000ユーロを請求して受領した、にもかかわらず、彼は最初から行為を遂行しないつもりであった、というものである。この者は、依頼人に損害を与えたことについて詐欺として処罰されるべきなのだろうか？

これに類する事案では[43]、詐欺として処罰されるかは、明白に、どの「財産」概念から出発するかによる。経済的財産概念を前提にする者は（上級地方裁判所もそのようにしてきたし[44]、連邦通常裁判所も多くしたがったのであるが[45]）違法又は倫理違反の取引に際し、又はそのために財産を投じただけでは財産保護の限界をこえるとする気にはならない。したがって、詐欺による処罰は、明らかに、法的空白を作らないようにするという目的にも奉仕することになる[46]。また、人的に財産を理解する者も同様の結論、すなわち詐欺罪で有罪判決に達することになる。この見解からすると、被欺罔者は、支払によって得ようとした経済的結果に達することができず、そのため所有する金銭を浪費しており、それにより損害を被ったということになるのである。

しかし、「経済的、法的」財産概念の支持者は（多くの場合）意識的に異なった結論を好むということになる[47]。確かに、彼らも違法又は倫理違反の目的を達成することになるときは浄財をささげることも財産減少を意味する、ということは疑えない。しかし、彼らは法秩序の統一性にかんがみて、そのような浪費を保護する必要性を否定できるのである。私の見る所では、正しくは、民事的に請求できず、そして、通らないものは、刑法によっても（すくなからずいわれているところでは、ましてやそれによっては）保護されるべきではないということになる[48]。

(ii)　「損害」の問題

このような（刑法的）意味の財産は、直接的に（すなわち、行為者がさらに他者侵害行為をすることなく）「損害」を被っていなければならない。これは、財産的処分行為によって、そして（因果的に）そのために、経済的に見て、

財産が、処分行為の前に比べてより少ない総価格になる場合である。これは、基本的に借方が減るのでも貸方が増えるのでも同じである。このように、財産的損害は債務の負担によってもたらされるものである。ある種の財産的損害は、等価の利益によって排除される。これはむろん処分行為の反対給付である利益による限りで、である。そこから欺罔行為者に対する被害者の損害賠償請求、不当利得返還請求、又はその他の精算の請求は、こうした決算の際には考慮されないということになる。決算のための価値算定には、さしあたり、そして原理的にも、客観的基準があてられるべきである。欺罔された被害者の主観的期待は、制約的にのみ考慮されるべきである。さもなくば、詐欺の財産侵害犯としての特質が失われてしまうのである。再度申し上げると、刑法236条の意味する詐欺は、処分の自由の侵害をまさにこえるものなのである。処分の自由は（ドイツ）民法123条の取消可能性を認めることで民法的に十分保護されるのである。ここでもまた、「経済的」観察方法が刑法的財産観念論争で勝利するのに用いるのが、被害者学的観点である、ということがわかる。このことは二つの例で明らかにされるだろう。

① 「主観的」損害傾向をめぐる論争

「経済的」観察方法が勝利するなら、「主観的」損害傾向を承認するかについての論争においても、厳格に経済的観方[49]で一貫するというのが、結局、理にかなっているということになる。連邦通常裁判所は、すでに1961年に、ドイツの受験生の間では「搾乳機」判決[50]としてよく知られているものを出している。それは、給付と反対給付が等価であるときであっても、経済的に見て「損害」があるといわしめるには、被害者の処分の自由の侵害が重要になりうるというものである。第4刑事部は、当時、次のようにいっている[51]。

「『個別化の原則』は、財産的損害の有無の判断において、被欺罔者による損害があったとの評価が重要であるという、否定されるべき意見に譲歩する余地をもたない。むしろ、客観的判断をしようとする者の見解によって、その物が契約上の前提になっている目的にとって、全面的に又は他の期待可能な方法の範囲では役に立たないか、が判断される。そのような、役立つ可能

性がないとなると、それだけで、そこに被欺罔者の給付に反対給付の販売価格が相応するものであったときであっても、財産上の損害を見い出しうるのである。」

まさにこの方針が、以来ずっと更新され強められ、そして、現行の判例法として強化されたのである[52]。それは、見た所では、使用不可能性の判断は、被害者の個人的評価によるのではなく、よくいわれる「中立的な第三者」に任せ、主観的な期待を裏切られた被害者には、すくなくともその物の価値に見合った価格のものとして期待可能な転用を要求するということで妥協するものである。これは結論としては筋が通っている。とはいえ、処分の自由が害された場合にも部分的に刑法263条の刑法的保護を与えようとする努力の背後にある、純粋に刑事政策的観方だけからの結論であることがわかる。見た所ではここでも消費者保護が重要なのである。

ところで、同様の結論に例の「人的」財産概念の支持者も到達する。まさに人的に財産を考察することの本質からそのようになるであろう。欺罔された被害者の主観的期待をも財産概念に取り入れ、そして、そこから損害概念にも取り入れることができるのである[53]。

(2) 切迫した財産危殆化による損害について

第二の例として、財産を減少させる処分行為は、財産価値の位置の移転でありうるのみならず、債務を負うことでもありうるので、損害が発生したかについての時間的決定についても難しい問題が発生する。未遂の詐欺と既遂の詐欺の境界設定の問題である。判例は、ここでも再び経済的観察方法から出発して、長いこと、個別事案の状況から見て、具体的な財産の危殆化が実質的には財産上の損失をすでに意味しているといえるときには、切迫した「財産の危殆化」があれば、詐欺罪が完成するには十分であるとしている。なかでも問題があるのは、いわゆる「契約締結の詐欺」である。そこにおいては（「履行の詐欺」と異なって）、両者が引き受けた（債務法的）義務がお互いに等価であるかが考慮され、そして、それ故に、引き受けられた給付の現実の提供の有無は問題ではない[54]。判例は（すでにライヒ裁判所[55]において、後には連邦通常裁判所[56]にも支持されたが）、経済的観点から、切迫した財産

の危殆化を現実に損害が生じたのと同様に扱っている。これは、(私の考えでは、重大な)タイプの未遂行為を既遂と同様に扱うことになる。

　最終的な解釈論上の解明はここでもまだ達成されていないのである。連邦通常裁判所の明確な方針も、これに関しては、同じく、まだわかっていないのである。ただ、次のようなことは認められている。それは、明らかに文献による批判がもたらしたもので、近年連邦通常裁判所が苦心していることであるが、「切迫した」財産の危殆化とするには、より厳格な要求がされるべきであり、すくなくとも、たとえば、債務契約の取消可能性がなく、隠れた不足があるとか、そのほか、証明の上で極度に不利な状況に置かれるというときに、はじめて既遂に達したとみなす、ということである[57]。

(e)　行為の内的な面の問題

　さらに追加すると「自己又は第三者に(素材の同一性のある)違法の財産的利益を得又は得させる意図」があったというためには、詐欺の行為者に、全客観的構成要件要素(それらの各々の因果的結合を含めて)と、(自己又は第三者のために)利得を追求することの違法性について、故意(表象と意欲)のあることが、最後に証明されなければならない。事実審の裁判官は、発生した財産上の損害の証明に関して、財産上の損害が切迫した財産の危殆化による財産の価値の減少であるというときには、とりわけ重大で困難な問題にぶつかることになる。これに関しては、現代的な被害者学的解釈論の考えにしたがう用意のある者は、むろん、詐欺の可能的完成を、被害者に自己を保護する可能性があるか、そして、それとともに、被害者に最終的な損害発生を回避する「回避力」があるかに、依存させることになる(例、同時結付することで、つまり、詐欺者に先履行義務を負わせることで、その他のこれに類するもので)[58]。それに比べて、しかし、より難しい問題が判例にはある。判例では、危殆化[59]という損害の発生は、欺罔の瞬間にすでに「当然損害を与える可能性」があるかの考慮に結びつくことになる[60]。この見解からは、損害についての故意があるとするには、危殆化を基礎づける事情を認識しているだけでは十分ではない。それに加えて、欺罔者が、そのことがおきて損害が現実に財産所持者に発生することを計算に入れていて、そしてそれを受

け容れていたということの証拠が必要である[61]。あわれなるかな裁判官よ！といえるのみである。

III 特殊的な詐欺的特殊構成要件

中心的な詐欺構成要件の解釈と適用についても十分困難な問題が存在した。本講演の第二部を行うことにする。「特殊的な詐欺的特殊構成要件」のことである。ここで、私にとって重要なのは、個々に描かれた犯罪ではなく、むしろ、これらの詐欺的特殊犯の意義の背景を探ることだけである。これらをドイツの立法者は、明らかにこの30年来、導入不可欠のものだとしてきている。私は、日本の立法者がこのような受皿犯罪を必要とするかを知りたいという好奇心をもっているのである。

(1) 関連犯罪

関連犯罪について簡単に述べることにする。

(a) 無賃入場・自動販売機悪用（刑法265 a 条）

時間的にもっとも古いのは刑法265 a 条である。この条文化は1935年にさかのぼる。そして、給付の不正取得（たとえば、公の電話通信ネットの、交通手段の、又は催し物への入場）と自動販売機悪用が処罰される。これは、受皿構成要件にかかわる問題である。それは、明らかに詐欺の構成要件（刑法263条）は、人である相手が表象を形成することに向けられた欺罔行為、それによる錯誤、そして錯誤に基づく被欺罔者の財産的処分行為がないので、実現できない、ということに基づいているのである。

(b) 1976年の第一経済犯罪制圧法

1976年7月29日の経済犯罪を抑止するための第一法（1. WiKG）[62]は、詐欺の特殊構成要件をさらに二つ取り入れた。

① 補助金詐欺（刑法264条）

補助金詐欺（刑法264条）は、中心的な詐欺構成要件では、さまざまな理由から、とくに、補助金の不公正な取得を裁けない、ということを考慮した

ものである。法解釈論上、過ぎ去った世紀の70年代に激しく争われた（今も争われている）のは、損害概念を「社会的目的失敗の理論」の意味するところによって解釈すべきか、ということである。これに関して、実務では、多くの補助金詐欺の事案で、事実審裁判官が、行為者について、とくに財産上の損害とそれについての故意の心証を得ることが難しい、ということが認められている。このような理由から、立法者は70年代中頃、当時はじめて抽象的危険犯を詐欺の前段階にもってきたのである。ここでは、犯罪が完成するのに必要なものは、ただ欺罔行為だけである。そして、その上、故意という要件は放棄されている。軽率（重過失の形式）でも十分とされているのである（4項）[63]。

② クレジット詐欺（刑法265b条）

類似した目的はクレジット詐欺（刑法265b条）にもある。当時新しく導入された構成要件でも、クレジット行為との関係で、くわしく規定されているように欺罔行為を理解する。つまり、財産上の損害の発生、そして、その上、具体的な財産危殆化の要件が放棄されているのである。この犯罪も明らかに抽象的危険犯として構成されているのである。それは必要なことだとされている。とくに、クレジット詐欺犯の効果的な制圧は刑法263条だけでは保証されないというのである。（クレジットを与えた者の客観的危殆化？故意の証明？）[64]

(c) 1986年の第二経済犯罪制圧法

10年後、立法者は、1986年5月15日の経済犯罪制圧のための第二法（2. WiKG）を擁するようになり、詐欺領域で、さらに二つの構成要件が必要になった。

① 投資詐欺（刑法264a条）

投資詐欺（刑法264a条）について述べようと思う。この構成要件のできた刑事政策的きっかけは、70年代に増大したドイツ投資市場の悪用であった（いわゆる、建築主モデル（Bauherrenmodelle）そして、類似の自己資本を節減して税負担を免れるための ─ しばしば怪しげな ─ 申出）ここでも立法者の万能薬は、またしても抽象的危険犯であった。構成要件を制限して単なる欺罔

行為のみでよいということにしたのである（ひどくあいまいである。「広範囲の人に対して不正な申出をするか又は不利益な事実を秘匿する」とは何であろうか）。そして、錯誤、処分行為、損害、利得の意図を切り捨てて、またも、詐欺のとびきりの前段階に構成要件を作ったのである[65]。

② コンピュータ詐欺（刑法263a条）

コンピュータ詐欺（刑法263a条）では、刑法263条という道具で単純にコントロールしきれない[66]、財産に関するコンピュータ操作の防止と制圧が問題になる。この新しい構成要件は、データを制御するコンピュータの使用による情報の受け入れ、加工、伝達には、もはや人間による判断過程はない、ということを考慮したものである。これは真正の結果犯のままになっている。すなわち、財産上の損害の証明が必要とされるのである。刑法263条が前提とするような、人を相手とする欺罔、錯誤、財産的処分行為にあたるものに、ここでは、データ処理の結果に影響を及ぼすこと（「又は、その他〔データ処理〕無権限で進行に影響を及ぼすこと」）が入れ替わってくるのである。

(d) 保険悪用（新・刑法265条）

1998年11月26日の刑法改正に関する第六法（6. StrRG）[67]により、数十年存在してきた保険悪用（§ 265 StGB）[68]の構成要件が、ついに、相当拡大された。「犯罪」（改正前の刑法265条がそうであった）からのレベルダウンによって、問題なのは、そこでは保険と称されている財産に過ぎず、これに加えて、いわゆる財産物保険業界の信頼性への一般的な信頼ではない、ということが、はっきりした。しかし、他方、構成要件の面については相当拡張され、再度、抽象的危険犯が作られたのである。それによって再度、刑法的保護は、詐欺による処罰可能性よりずっと前段階に置かれたのである。今では、処罰されるには、保険事故をおこすために対象物に条文にくわしく書いてあるような操作をすれば十分である。

(2) 法政策的評価

最後に、これらの六つの新しい詐欺的特殊構成要件の法政策的評価が残っている。三つのカテゴリーを区別することができる。

(a) コンピュータ詐欺（刑法263a条）

コンピュータ詐欺（刑法263 a 条）関係の評価は最も容易にできる。この条文は、刑法263条と全く同様に純粋な財産侵害犯として、（故意に覆われた）現実に生じた財産上の損害を、加えて要求される違法な意図を含めて、前提にするものである。コンピュータ制御のデータ処理設備の使用の増大にかんがみると、刑法263条と同様に、こうした条文に刑事政策的に差し迫った必要性のあることは誰も真面目には疑わない。多数の新しい上級審の判断に基づいて批判すれば、もしかすると条文技術的な欠落があるかも知れないが、個別に説明することは、一つの比較法のコロキウムの課題にできうるものではない[69]。

この犯罪は、構造的に、そして、価値的に、刑法263条と同等になるように方向づけられている。そして、それ故、詐欺に近い解釈が求められているのである[70]。理解されているのは、プログラム操作（対案1「— データ処理 — プログラムの不正な作成」）と、それと同様に、インプット又は入力操作（対案2「不正な又は不備のデータの使用」）である。実務上難しい問題は、とくに、対案3と4（「データ処理の結果に…無権限のデータ使用、そのほかに進行に無権限で作用させることによって、影響を与えた」）に与えられている。無権限者が、盗用又は偽造されたカードで、確かに正しい秘密番号を使って金銭を引き出したときは、連邦通常裁判所とともに、ここで詐欺罪固有の解釈の方を採り、そこから「詐欺に関連する」欺罔の値を要求しても、刑法263 a 条の使用を是認できる[71]。同様のことは、自動賭博機のゲームプログラムについての違法に入手したデータを用いて適切な時に危険なキーを操作して機械を負かす、というのにもあてはまる[72]。しかし、入手した金額を精算する気がないか、それが不可能な状況にあるのに、小切手保証カードを使用して、正しい秘密番号で現金自動支払機から金銭を引き出した、権限ある所持者については、刑法263 a 条で処罰することはできない。この場合は、詐欺に関連する欺罔行為がないのである[73]。

(b) 抽象的危険犯（刑法264、264 a、そして265 b 条）

比較的に、詐欺の前段階に置かれた抽象的財産危険犯であることが明らかになっている犯罪についての評価は困難である。ここで、我々は、最終的に

はどこの法秩序の下でも解決しなければならない、かの中心的な問題の前に立つことになる。ここでは、互いに逆方向の、全てがともに調和しようとして、満足することのない、二つの刑事政策的願望にぶつかるのである。かくして、全く権利侵害にならないものを刑事刑法に組み入れる努力がなされ、傾向としては、とくに抽象的危険犯の形式での刑法の拡張がなされるが、とくに刑事刑法に「ウルティマラチオ」の役割を与えようとする、現代的な非犯罪化の傾向及びリベラルな法秩序を作るもくろみと調和させることがかえって困難になる。この目的の葛藤について、私は、すでに別の機会に詳しく（もっとも詐欺や特殊的詐欺犯罪に特化せずに一般的にではあるが）述べているので、ここでは繰り返さないことにさせていただく[74]。私は、そこで、立法者が刑罰で武装された抽象的危険犯の規格化において考慮すべき、憲法的な限界についても注意を促すべきだという、ドイツの文献の意見も示してきた[75]。それにもかかわらず、私は ― 法政策の議論においては稀ではないが ― いたるところで「人気のある」自称憲法違反という武器は使わないようにしたいと考える。それは、刑事政策的な願いをかなえるためである。しかし、私は、次のような私の評価に同意をいただきたいと希望する。それは、個々人又は社会の、とくに保護に値する利益のある所では、事後的な安全対策では近似の安全性を提供できないときには、すくなくとも、すでに法益侵害よりも前段階にある抽象的財産危険犯も許容できるというものである。

　ここから、私の方からは、法政策的に、刑法264条、264ａ条、265ｂ条（補助金詐欺、投資詐欺、クレジット詐欺）の一般方針に異を唱えるということはしない。

　しかし、次のことには疑いをもてる。刑法264条（補助金詐欺）が、6項の定義に基づいて経済的援助の補助金に限定され、より広い領域のその他の補助金（失業補助金、社会福祉金、子女養育補助金、教育補助金など）が、この危険犯の構成要件的保護範囲から全く取り除かれていることは賢明といえるか、ということである。だが、この領域で抽象的危険犯の犯罪構成要件を作るのを原則にしている[76] 根本的な理由は、全ての三つの場合には、個々の財産の保護のみではなく、経済全体の財産的利益が問題であり、それは、さまざ

まな構成要件上の問題、とくに立証上の問題が付着している刑法263条という道具では上首尾の保護ができない、という認識から出てきているのである。

ところで、とくに、犯罪予防の理由から、強い同意の得られるのは、三つの場合にのみ、行為者が欺罔により補助金が認められること又は申請された給付が提供されることを「任意に阻止」したたときに（刑法264条5項1文、264a条3項1文、265条2項1文）、「有効な悔悟」の途を開いて刑を免除することにした、立法者の判断である。

おそらく、立法者の判断に疑いのもたれるのは、補助金詐欺の場合（この場合のみであるが！）に軽率に行った者も処罰していることである（刑法264条4項）。私は、そのような処罰は刑法的責任主義と矛盾するとまで主張する気はないが[77]、多くの文献における意見とともに、過失的なものに過ぎない軽率（それ故、行為不法が乏しい）と詐欺の予備領域に置かれた結果不法が同じく乏しい単なる法益の危殆化とを結びつけると、全体として疑わしいものになってしまうと考える[78]。ここでは単なる秩序違反に格付けされるもので十分であるとされているのである。

(c) 保険悪用（刑法265条）

似たようなことは、新しく設けられた保険悪用（刑法265条）にも当てはまる。ここで私は以前明らかにした批判的な問いを繰り返すことにする。そこにいう保険業界の社会的な給付可能性という利益についてのみ、予備的段階にまで広く刑法的保護を移すこと、刑法的法益保護の補充性の原則との間に葛藤を生じさせることが、刑事政策的に本当に必要なのか、というものである。そうなるのは、とくに、「詐欺的な（すなわち、違法の財産的利益を志向する）意図」という、かつてのメルクマールを放棄することにより、いまや、保険事故をおこすことにより、保険受取人に保険で保証された保険給付を請求する可能性を与えた行為者をも処罰できるようにしているからである[79]。そのうえ、ここには早期の（任意の）撤退により処罰を免れることを可能にする、行為による有効な悔悟についての特別の明文もない。条文を広く拡張した代わりに、立法者は、条文の無代替の抹消を考えることができたであろう[80]。

(d) 無賃入場（刑法265a条）

　最後に、刑法265a条で処罰の対象とされている自動販売機悪用と給付の不正取得についてまで述べたいと思う。少なくとも犯罪構成要件が財産を侵害する結果犯として理解され、詐欺に近づけて解釈されるのであれば、この罰則は、詐欺の受皿構成要件として意味のあるものであり、相応のものであるといえる。そうした「詐欺に近づけた」解釈ということであるならば、犯罪構成要件は、無償の給付の無権限利用であるというだけで実現されないのみならず、欺罔類似の策動、すなわち、管理措置の遮断又は意識的な迂回であるというだけで（たとえば、建物に侵入するとか、非日常的な立ち入りの利用、まちがいなく隠れて、管理者をおびきよせる、といったようなもの）での「入手」であるかに従属せざるをえない、ということになる。このように、前提を限定すると、特別の保護装置の遮断又は意識的な迂回は、刑法263条の処罰に必要な「事実についての欺罔」のような、詐欺に関連する偽りと必要的に等価のものになる。

　そもそも外国の聴衆は、どうしてわがドイツの上級裁判所が、文献では正しくも広く要求している制限的構成要件解釈を採用していないのかについては、とくに興味をもたないかもしれない[81]。彼らは、おそらく、純粋な「不正乗車」も刑法265a条で処罰するであろう。なぜなら、行為者は、ここでも「たとえば、乗車券を購入しないとかパンチを入れないといった行態によって、規則に合っていると周りに見せかけている」[82]からである。むろん、こうした行態が刑事刑法で処罰するに値するものかは、私のみならず他の者からも強く疑われている[83]。ドイツの連邦参議院の二草案は、こうした考えを取り上げ、繰り返しなされるか、管理措置を迂回してなされた輸送の詐取に構成要件を限定することを提案したのである。いわば「単純な」不正乗車はただの秩序違反の段階に下げるべきだ、というのである[84]。しかし、このような提案は、今日まで議会で多数の賛成を得ていない。一般的な法意識が蝕まれるのを危惧しているのである[85]。もっとも、それにもかかわらず実務においては、すでに、単なる不正乗車の非犯罪化が行われている。つまり、初めて発見された「不正乗車」は通常はいずれにしても違約罰を加え

られていると推測される。そして、繰り返したとしても、多くは刑事手続的に片付けられることになる。すなわち、取るに足らぬもの（乏しい不法、乏しい責任！）であるため、何の制裁も加えないか（刑事訴訟法153条）、又は、刑事訴訟法153 a 条により、ともかく過料（Geldbuße）の「任意の」支払いと引き換えに停止することになる。これによると、悪質な行為者も刑事罰を科されないままになり、依然として「前科がない」と称されるのである。

Ⅳ　終わりに

　これで、私はテーマの中心に戻ることにする。そして、私の講演は終了する。私にとって、我々の比較法的シンポジウムの講演では、次のことが重要であるといえる。詐欺罪の例を使い、そして、それとともに、それなくしては確かに社会も法秩序も罰則の手がかりにして、どこに刑事刑法による解決の限界を置くかについて、共同して熟考できるように問題提起することである。増大する制裁化の圧力は、本当に、必然的に改良された予防に到達するのか、についても熟考しなければならないであろう。しかし、私は次のことにも関心がある。可能な非犯罪化の議論は刑事手続きのみに支えられるのではなく、実体刑法もそのために労力を要求されるべきものであるということである（被害者学的解釈論的解決論）。私は、日本の同学の士から、このテーマについて何を教えていただけるかについてたいへん興味がある。

1) ここでは、他者侵害的な窃盗（他人の動産の『奪取』）と自己侵害的な詐欺を区別するために必要である、記述されていないが、しかし、広く一般に認められており、かつ欠かすことの出来ない構成要件要素が問題となる。
2) 自己のために（「自己」）または他人のために（「第三者」）得ようとした利益の「素材同一性」は、第二の、記述されていないが、同じく一般に広く認められている詐欺構成要件の要素である。それは、行為者と被害者との間の直接的な財産の移転という詐欺の本質から生じたものである。発生した財産上の損害と得ようとした利益は、同一の財産的処分行為を原因として生じたものでなければならない。すなわち、行為者は、得ようとした利益が、発生した損害のいわば裏面又は鏡に映ったものになるように、侵害された者の財産から直接に財産上の利益を、得ようとしなけ

ればならないのである（すでに BGHSt. 6, 116, そして最近のものとしてもなお、BGHSt. 34, 379 ff）。

3） „Rücksichten auf das Verbrechensopfer", in: Festschrift für Ulrich Klung Band II (1983), S. 219.

4） 発展させたものとして、Sowada, „Die, notwendige Teilnahme'als funktionales Privilegierungsmodell im Strafrecht" (1992). *Groppe*, „Deliktstypen mit Sonderbeteiligung: Untersuchungen zur Lehre von der notwendigen Teilnahme" (1992).

5） しかし、そのように（限定的に）いうのは、*Hillenkamp* の教授資格論文 „Vorsatztat und Opferverhalten" (Göttingen 1981) 及びそれに続く、同著者の進んだモノグラフィー、„Der Einfluss des Opferverhaltens auf die dogmatische Beurteilung der Tat-einige Bemerkungen zum Verhältnis zwischen Viktimologie und Dogmatik" (1983) である。

6） とくに、*Raimund Hassemer*, „Schutzbedürftigkeit des Opfers und Strafrechtsdogmatik. Zugleich ein Beitrag zur Auslegung des Irrutumsmerkmals in § 263 StGB (1981) 及び最近のものとして、*Frank Hennings*, „Teleologische Reduktion des Betrugstatbestandes aufgrund von Mitverantwortung des Opfers unter besonderer Berücksichtigurg des Kapitalanlage-und Kreditbetrugs (2002) がある。„Zukunft der Viktimo-Dogmatik : die viktimologishe Maxime als umfassendes regulatives Prinzip zur Tatbestandseingrenzung im Strafrecht" について は、*Bernd Schünemann* の in der Festschrift für Hans Joachim Faller (1984), S. 357 ff の寄稿論文及び同著者の „Einigen vorläufigen Bemerkungen zur Bedeutung des viktimologischen Ansatzes in der Strafrechtsdogmatik" in: Das Verbrechensopfer in der Strafrechtspflege, herausgegeben von Hans Joachim Schneider (1982), S. 407 ff. を参照。

7） 潜在的な詐欺被害者の抵抗力のなさに関して、*Middendorff* („Die Opfer des Betruges" ,in: Viktimologie, herausgegeben von der Schweizerischen Arbeitsgruppe für Kriminologie, 1984, S. 101) によれば、主に四つの被害者の形態が区別できる。(1)たとえば、乞食詐欺における同情的な被害者。(2)たとえば、お茶のみドライブのような場合に、自分にとって都合のいいチャンスだと考えた被害者。(3)たとえば、結婚詐欺における恭順でかつ情動的な被害者。(4)最後に、とりわけ、私欲にかられた被害者。さらに、特に詐欺被害者の心理学について、*Hans von Hentig*, „Zur Psychologie der Einzeldelikte, Band III:Der Betrug" (1957) を参照。同じく、*Amelunxen*, „Das Opfer der Straftat. Ein Beitrag zur Viktimologie" (1970). また、*Kaiser*, Kriminologie (10. Aufl. 1997), S.316 f. *Lüderssen*, Kriminologie (1984), S. 143 を参照。

8） *Middendorff* aaO (Fn. 7), S. 101. より引用

9） „The fine art of swindling" (New York 1957), S. 245.

10） Band III: Der Betrug (1957), S. 196.

11） *Middendorff* aaO (Fußnote 7) S. 110 から再び引用：さらにそこで指摘している *Göppinger*, Kriminologie (4. Aufl. 1980), S. 659.

12) これに関しても、*Winfried Hassemer*, Festschrift für Klug Band II, S. 223.
13) BGHSt. 8, 289 ff.
14) これを肯定したものとして BGHSt. 29, 169 ff.
15) これを肯定したものとして BGH NStZ 2001, 514（これに賛成している見解として、*Otto*, JK, StGB § 263/63.
16) 同じく、これを肯定したものについて BGH NJW 2001,2187. 賛成している見解として、*Otto*, JK,StGB § 263/62. これに対して、むしろ懐疑的な見解として、*Geisler* NStZ 2002, 86 ff.
17) BGHZ 123, 330ff, BGH NJW 1995, 1361 ff. ならびに BGH WRP 1998, 383 ff.
18) BGH NStZ 1997, 186, OLG Frankfurt a. M. NStZ 1997, 187. もそうである。
19) この欠点について、LK-*Lackner*, StGB（10. Aufl.), Rdn. 28 ff zu § 263. 最近ではとりわけ *Frank Hennings*, „Teleologische Reduktion des Betrugstatbestandes"（obige Fußnote6), S. 94 ff.
20) すでにそのようにいうものは RGSt. 70, 151（155) や BGHSt. 6, 198（信義誠実による保証者義務について）ならびに近時の BGH NJW 2000, 3013, BayObLG NJW 1987, 1654, OLG Hamm NJW 1987, 2245. OLG Stuttgart wistra 2003, 276: 全てに他の文献の紹介がある。
21) 同様のものとして、多くの見解に代えて、*Lackner/Kühl*, StGB825. Aufl.), Rdn. 12, LK-*Tiedemann*, StGB（11. Aufl.), Rdn. 51 ff, *Schönke/Schröder/Cramer*, StGB（26. Aufl.), Rdn. 19ff. SK-*Hoyer*, StGB（Stand: Februar 2004), Rdn. 53 ff-je zu § 263. そして、全てに他の文献の紹介がある。
22) すでにそのようにいうものは、*Hellmuth Mayer*, Strafrecht: Allgemeiner Teil（1953), S. 152, *Naucke*, „Zur Lehre vom strafbaren Betrug"（1964), S. 214, *Grünwald*, Festschrift für Hellmuth Mayer（1966), S. 291, *Samson/Horn* NJW 1970, 596. SK-Samson/*Grünther*（Vorauflage) Rdn. 43 zu § 263. 詳しくは *Maaß*, „Betrug verübt durch Schweigen"（1982), S. 6 ff.
23) この方向にあるものは、たとえば、*Bockelmann*, Festschrift für Eberhard Scmidt（1961), S. 437.（不作為による詐欺は、行為者が保証者義務に違反して錯誤の発生を阻止しなかった場合にのみ、法的に可能であるとしている）そして、*Herzberg*, „Die Unterlassung im Strafrecht und das Garantenprinzip"（1972), S. 70 ff（特別な『説明価値』があるとき、そうした不作為は詐欺に関連するとされている）である。
24) とくに、BGHSt. 6, 198 ff. を参照
25) より近時のものとして BGHSt. 39, 392 ff そして、BGHSt. 46, 196, ff.（記帳漏れによる銀行に対する不作為の詐欺について）も参照。
26) LK-*Tiedemann* aaO Rdn. 51 zu § 263 StGB.
27) SK-*Hoyer* Rdn. 56 zu § 263.
28) もとより、誤った表象の「具体性」は厳格に要求されるものではない。可能的行為者が意思疎通をした管理者（たとえば、銀行窓口の従業員またはデパートのレジ

第Ⅴ部　刑事法部門

係）における、「なんら問題なし」という感覚で十分である。これは、むろん、この安全だというこの安心感が、その人にとって、そう受け取るようにされた欺罔行為の結果である場合のみである。(再度申し上げるが、無賃乗車の場合はそうではない)

29)　このような方針の見解として、*Giehring* GA 1973, 1 (21 ff)、とくに *Amelung* GA 1977, 1 ff, *Raimund Hassemer* aaO (obige Fußnote6)、S. 131. ならびに *Kurth*, Das Mitverschulden des Opfers beim Betrug (1984)、S. 175 ff. がある。賛成の傾向のものとして、*Winfried Hassemer*, Klug-Festschrift (obige Fußnote 3)、S. 222. もある。*Schünemann*, Faller-Festschrift (obige Fußnote 6)、S. 362 f. In NStZ 1986, 439. 最近では、*Mühlbauer* NStZ 2003, 652. もそのようである。

30)　BGH NJW 2003, 1198: これについて、*Krack* JR 2003, 384 ff. もあり、そして、*Beckemper/Wegner*, NStZ 2003, 315. がある。すでにそのようなものとして、BGHSt. 47, 83 (88)。BGH wistra 1990, 305. 文献において、支配的な見解もこの方針である。多くの見解に代えて、そして他の文献において紹介があるものとして、*Schönke/Schröder/Cramer* aaO Rdn. 40. LK-*Tiedemann* aaO Rdn. 84 ff-je zu § 263. を参照。これについて、詳しいものとして、とりわけ、*Hillenkamp*, Vorsatztat und Opferverhalten (obige Fußnote 5)、S. 21 ff, *Frank Hennigs* aaO (obige Fußnote 6)、S.140 ff. ならびに SK-*Hoyer* aaO Rdn. 68 ff zu § 263.

31)　的確にそのようにいうのは、So zutreffend NK-*Kindhäuser*, StGB (2. Aufl.)、Rdn, 178. SK-*Hoyer* aaO Rdn. 74: je zu § 263.

32)　そのようなものとして、明らかに、すでに RGSt. 4, 352. があり、最後に RGSt. 70; がある。それ以降、BGHSt. 2, 325 ff. でも、同じく最近のものとして BGHSt. 19, 45 ff. がある。これらと同様の立場をとる文献として、*Herzberg* MDR 1972, 93 ff. *Ellscheid* GA 1971, 161 ff. がある。しかし、それから大刑事部のその後の判決において、理由付けの変更がなされた。それに関しては BGHSt. 19, 206 ff. 参照。

33)　多くの見解に代えて、*Schönke/Schröder/Cramer* aaO Rdn.41 und 100 ff, LK-*Lackner*, StGB (10. Aufl.)、Rdn. 171 ff. 及び LK-*Tiedemann*, StGB (111. Aufl.)、Rdn. 177 ff. そして SK-*Hoyer* aaO Rdn. 209 ff. : alle zu § 263.

34)　1994年1月10日判決 -4 StR 331, 94: NJW 1995, 539 (これについては *Otto*, JK 95, StGB § 263/43). より早期のものとして BayObLG NJW 1994, 208. 及び OLG Düsseldorf NJW 1990, 2397. も参照。

35)　すでに多くのものに代えて RGSt. 44, 230 ff. ならびに BGHSt. 1, 262 (264)、BGHSt. 8, 254 ff (「泥棒への背信」). BGHSt. 16, 220.

36)　すでにそのようにいうのは、RGSt. 25, 3371 (375)；これに関する最近のものとして BGH NJW 2001, 981.

37)　すでにそのようにいうのは、*Binding*, Lehrbuch des Gemeinen Deutschen Strafrechts: Besonderer Teil Band I (1905)、S. 238; 現在なおこれと同様の立場をとるものとして、*Naucke*, Zur Lehre vom strafbaren Betrug (1964)、S. 215.

38) すでにそのようにいうのは、*Welzel*, Das deutsche Strafrecht（11. Aufl. 1969), S. 372 ff. *Lenckner* JZ 1967, 105 ff. 同様のもので、多数の文献紹介のあるのは、LK-*Tiedemann*, StGB（11. Aufl.), Rdn. 132, *Lackner/Kuhl*, StGB（25. Aufl.), Rd. 34. そして *Schönke/Schröder/Cramer* aaO Rdn. 82: je zu § 263.
39) 人的財産概念の発展について、とくに、*Harro Otto*, Die Struktur des strafrechtlichen Vermögensschutzes（1970), S. 26 ff. これ以前からすでに同様の立場をとるものとして、*Hardwig* GA 1956, 17 ff. 及び、それ以降のものとして、*Maiwald* NJW 1981, 2780 ff, *Labsch* JuS 1981, 47 ff, *Alwart* JZ 1986, 564 ff, *Geerds* JURA 1994, 311.
40) Grundkurs Strafrecht: Die einzelnen Delikte（7. Aufl. 2005), Rdn. 54 zu § 51（S. 243).
41) 2000年9月28日判決 -1 Ss 44/00=NJW 2001, 86（これに対する論評として *Hecker* JuS 2001, 228 ff. 及び *Gröseling* NStZ 2001, 515）：これに関して *Otto*, JK 01, StGB §253/59.
42) これに関して詳しくは、とくに、*Harro Otto*, „Betrug bei rechts-und sittenwidrigen Rechtsgeshäften", JURA 1993, 427 ff.
43) たとえば、BGH JZ 1987, 684（BGHSt. 4, 373 により確認：売春婦は、その報酬を詐取されえないとするもの)、BGH NStZ 2001, 534（ある犯罪行為の共犯者は、その犯罪行為の仲間に対し、盗品の分配について、法的に保護される要求をすることはできない。)、BGH NStZ 2002, 33 ならびに BGH NJW 2002, 2117（いずれも現金払いの買人に ─ はじめから計画的に ─ 売却したヘロインを交付しなかったという、麻薬取引者の詐欺による有罪判決についてのもの）認めないのは *Kindhäuser/Wallau* NStZ 2003, 151, *Mitsch* JuS 2003, 122, しかし、賛成するのは、*Engländer* JR 2003, 163）ならびに BGH NStZ 2004, 37（麻薬商からのある『請求』の強制的な実現についてのもの。賛成するのは、）*Kühl* NStZ 2007, 387)
44) これに賛成する見解として *Gröseling* NStZ 2001, 515 ff, しかし、認められないのは、*Hecker* JuS 2001, 228 ff.
45) In Fußnote 43 に掲げられた文献を見よ。
46) すでにそのように、とくに明確にいうのは、BGHSt. 8, 254 ff（泥棒を欺いた者の可罰性について）
47) そのようにいうのは、たとえば、*Cramer* JuS 1966, 477, *Renzikowski* GA 1992, 175, ならびに SK-*Günther* Rdn. 149, 及び *Schönke/Schröder/Cramer* aaO Rdn. 150: zu § 263.
48) これに関しては、*Bergmann/Freund* JR 1988, 189 ff, ならびに *Hecker* JuS 2001, 229. もある。
49) ちなみに、そしてそれ故、今日、文献において支配的となっており、私にも支持されている「経済的、法的」財産理論も含まれる。なぜならこれらもまた、決定的に経済的観察方法に基づいているからである。
50) BGHSt. 16, 321 ff.

51) BGHSt. 16, 321（326）
52) たとえば BGHSt. 23, 300 ff、ならびに OLG Köln NJW 1976, 1222, 及び NJW 1979, 1419, OLG München NJW 1978, 435, そして、NJW 1987, 2452 ならびに OLG Hamm NStZ 1992, 593. 参照。
53) 要約しており、そして、敷衍的な文献紹介のあるものとして LK-*Tiedemann*, StGB（11. Aufl.）, Rdn. 30 vor § 263.
54) 多くのものに代えて、BGHSt. 32, 211 ff を見よ；要約し、そして敷衍したものとして、LK-*Tiedemann* aaO Rdn. 173 ff zu § 263.
55) これについてはすでに RGSt. 16, 1 ff 及び、最後に RGSt. 68, 379 f.
56) 近時のものとして、とくに BGHSt. 21, 384 ff（代理人の仲介手数料詐欺）, BGHSs. 23, 300 ff ならびに BGHSt. 45, 1 ff（雇用詐欺）. を見よ。
57) 敷衍的な文献紹介のある、LK-*Tiedemann* aaO Rdn. 173 ff, *Schrönke/Schröder/Cramer* aaO Rdn. 128 ff ならびに SK-*Hoyer* Rdn. 228 ff: je zu § 263.
58) この方針にあるのは、たとえば *Hefendehl*, Vemögensgefährdungen und Exspektanzen（1964）, S. 259 ff. これに関し詳しくは、LK-*Tiedemann* aaO Rdn. 171 zu § 263.
59) 「危殆化損害」の概念について最近の BGH NJW 2004, 375 ならびに BGHR § 2263 Abs. 1 Vermögensschaden 3. を見よ。
60) BGH NStZ 1996, 203. 同様の方針のものとして、BGHSt. 34, 394（395）具体的な財産の危殆化により、詐欺が既遂に至るには、「個別事案において処分行為により財産が具体的に危殆化されたかどうか、それ故、経済的な損失が本気で考慮されるべきものかどうか」が決定的な問題なのである。
61) 多くのものに代えて BGH StV 1985, 186, BGH StV 1986, 203, BGH StV 2002, 133（これについては *Otto*, JK 6/02, StGB § 263/66）ならびに BGH NJW 2004, 375（これについては *Otto*, JK 8/04, StGB§ 263/73）. 参照。
62) BGB1. I/2034 ff.
63) Bundestagsdrucksache 7/5291, S. 4 を見よ；これについて詳しいものとして *Tiedemann* ZStW 87（1975）, S. 271 ff. もある。
64) Bundestagsdrucksache 7/5291, S. 16, 及び Bundestagsdrucksache 7/3434, S. 17 f を見よ；これについては *Müller/Emmer/Maier* NJW 1976, 1651. もある。
65) Bundestagsdrucksache 7/5291, S. 16. を見よ。
66) Bundestagsdrucksache 10/318, S. 16. を見よ。
67) BGB1. I/164 ff.
68) これについて詳しくは、*Geppert* JURA 1998, 382 ff, *Rönnau* JR 1998, 441 ff.
69) これに関しては、とくに *Lackner*, Festschrift für Tröndle（1989）, S. 41 ff ならびに *Haft* NStZ 1987, 6 ff; 統一的な展望を与えるものとして、*Otto* in JURA 1993,612 ff.
70) 新しい犯罪構成要件に対して、そのように表明した最初の原則的な判決として BGHSt. 38, 122 ff.
71) BGHSt. 38, 120 ff.

72) BGHSt. 40, 331 ff.
73) そのようにいうのは、BGHSt. 47, 160 ff ならびに OLG Dresden StV2005, 443.
74) *Geppert*, „Vorverlagerung der Strafbarkeit in den Bereich von Vorbereitung und Versuch unter besonderer Berücksichtigung moderner Gefährdungstatbestände", in: Einflüsse deutschen Strafrechts auf Polen und Japan. Zweites Deutsch-Polnisch-Japanisches Strafrechtskolloquium 1999 in Osaka, herausgegeben von *Albin Eser* und *Keiichi Yamanaka*, 2001, S. 65 ff. 参照。
75) とくに *Lagodny*, Strafrecht vor Schranken der Grundrechte. Die Ermächtigung zum strafrechtlichen Vorwurf im Licht der Grundrechtsdogmatik, dargestellt am Beispiel der Vorfeldkriminalisierung（1996）, S. 184 ff, S. 430 ff, 及びあらゆる所を見よ。要約されているのは、同著者の aaO S.534 である。「抽象的危険犯は、自己答責性の主張を明文をもって弱めて行くものであるから、刑法的制裁条項の証明の基礎を考慮して、特に正当化を要するという圧力を受けるのである。相当性判断の基準は具体的な非危険性の「最小の」場合である。なぜなら、法を適用するものは、権力分立の原則を根拠に、抽象的危険犯をこのような「最小の」場合に限定的に解釈することを妨げられるからである」。
76) これに関して詳しくは *Tiedemann*, Wirtschaftsstrafrecht und Wirtschaftskriminalität Band 1:Allgemeiner Teil（1976）, S. 81 ff.
77) この論争についての他の文献紹介のあるものとして、SK-*Hoyer* Rdn. 12 zu § 264 StGB.
78) この論争について多数の批判や賛成の文献を紹介しているものとして、*Schönke/Schröder/Lenkner/Perron*, StGB（26. Aufl.）, Rdn, 2 zu § 264.
79) すでに批判として *Geppert* JURA 1998, 382 ff, *Tatjana Hörnle* JURA 1998, 176, *Rönnau* Juristische Rundschau 1998, 441 ff, 及び *Stächelin* StV 1998, 100.
80) これに関してすでにそのようにいうのは、*Tiedemann* ZRP 1976, 261.
81) 他には AG Hamburg NStZ 1988, 221, そのように文献中の多数の意見もいう。多くに代えて、*Alwart* JZ 1986, 563 ff, *Schall* JR 1992, 1 ff, *Ranft* JURA 1993, 87 f. 参照。
82) 最近のものでもう一度そのようにいうのは、OLG Düsseldorf NJW 2000, 2120（これを拒絶するものとして *Geppert*, JK, StGB § 265a/3）. それ以前にこれと同様の立場に立つものとして OLG Hamburg NJW 1987, 2688, OLG Stuttgart NJW 1990, 924, OLG Düsseldorf NStZ 1992, 84; 賛成する文献として *Rengier*, Strafrecht:Besonderer Teil Band I（7. Aufl. 2005）, Rdn. 6 zu § 16（S. 271）, *Otto*, Grundkurs Strafrecht: Die einzelnen Delikte（7. Aufl. 2005）, Rdn. 19 zu § 52（S. 266）.
83) *Arzt/Weber*, Strafrecht: Besonderer Teil（2000）, Rdn. 21 zu § 21（S. 538）, *Schönke/Schröder/Lenckner/Perron* aaO Rdn. 1 zu § 265a StGB.
84) Bundestagsdrucksache 12/6484 und 13/374.
85) Bundestagsdrucksache 13/4064, S. 1 f.

［杉山和之 訳］

18 日本刑法246条（詐欺）の解釈について

設楽裕文

Ⅰ 序—法解釈におけるドイツと日本
Ⅱ 被害者学的解釈論について
Ⅲ 詐欺罪の構成要件の限定について
Ⅳ 日本刑法246条の解釈について
Ⅴ おわりに

Ⅰ 序—法解釈におけるドイツと日本

あらためていうまでもなく、ドイツ刑法学の日本刑法学に対する影響は大きい。とはいえ、両国の刑法典・刑法学には差異がある。だからこそ、比較する意味もあるといえる。

刑法典を比べてみよう。ドイツ刑法典は358条から成り、第１条は、法律なければ犯罪なしの原則を宣言している。日本刑法典は264条から成り、罪刑法定主義を直接に宣言した規定はない。

詐欺についての規定にも差異がある。ドイツ刑法236条１項は次のような規定になっている。

　　自己又は第三者に違法の財産的利益を得又は得させる意図をもって、事実を虚構し又は真実の事実を歪曲又は隠蔽して、錯誤を惹起し又は持続せしめ、よって他人の財産を害した者は、５年以下の自由刑又は罰金に処する。

これが基本規定で、以下、263条は７項までである。

これに対し、日本刑法246条は、次のような規定になっている。

　１項　人を欺いて財物を交付させた者は十年以下の懲役に処する。
　２項　前項の方法により、財産上不法の利益を得、又は他人にこれを得させた者も、同項と同様とする。

これだけである。概して、日本の刑法典は簡潔で抽象的であるといってよい。これは＜犯罪行為を抽象的に描き表わし法定刑の幅も広くしておいて、個々の事案に応じて裁判官が適宜犯罪事実を認定し量刑をすればよい＞と考えたためと思う。これを近代学派の思想の影響と見ることもできる。しかし、"日本的なもの"のあらわれともいえる。古来、日本では、簡潔であいまいな言葉を用いることが好まれる。日本の有名な法社会学者である川島武宜は、その著書『日本人の法意識』の中で、われわれの国の文学者は「わざとおほまかに、いろいろの意味が含まれるやうなユトリのある言葉を使ひ、あとは感覚的要素、即ち調子や字面やリズムを以て補ひます」という、文豪谷崎潤一郎の言葉を引用している。そして、川島によれば、このような「言語習慣」は日本の法現象や法解釈にも特色を与えている。「西洋では、法律のことばの意味は本来確定的・固定的のものであるということが一般の信念として予定されている」のに対し、日本では「裁判所はあらゆる努力をはらって、すべての法的判断基準（実質的には裁判の理由づけ）を、法律のことばの意味の中に本来含まれていたものとして、『解釈』することによって説明するのであり」「『解釈』というのは単なる見かけの説明でしかないこと、実際にはかなり多くの場合に当該の判断基準ないし裁判の理由づけは、裁判官ないし法律家が法律のことばの意味にもとづいてではなくて『条理』によって、考案したものであること、を肯定しない」という[1]。

日本刑法246条についても、日本の法律家は、いろいろなものが含まれていると「解釈」できる条文を手がかりに、個々の事案における具体的妥当性ある結論を目指して、解釈・適用をしてきたといえる。そのふところが深い判断枠組については後に述べる。ここでは、解釈の方向づけをするのはどのような考えなのか、ということを考えてみたい。＜詐欺罪の規定は拡張する方向に解釈すべきなのか、限定する方向に解釈すべきなのか＞、＜そうした方向に解釈すべきなのは何故なのか＞ということである。

Ⅱ 被害者学的解釈論について

　クラウス・ゲッペルト論文の「被害者学的解釈論」の背景には、「被害者が自分で法益を保護できるときは補充性（Subsidiarität）をもつ刑法が介入するべきではない」といった考えがあると思う。この考えに対して、私は、次の疑問を提示してみたい[2]。

第１：日本では「正直者はだませない」というよりも「正直者は（だまされて）損をする」という考えが強いと思う。そして、「正直者」をだますのは「悪い奴」であり、悪い奴は厳しく処罰されるべきだ、という考えがある。

　　たとえば、最近の日本でよく話題になる「振り込め詐欺」ないし「オレオレ詐欺」の被害者の65％は50歳以上の女性である。「振り込め詐欺」の典型例は、電話をかけて「私は警察官だ。あなたの息子が痴漢事件を起こしてつかまった。すぐ示談金200万円を指定の銀行口座に振り込んでくれれば釈放できるから、振り込んでくれ」などと申し向けて金員をだましとるというものである。こうした電話を１本かけられただけで数百万円を振り込んでしまうというのでは「軽率な被害者」といえなくもない。しかし、実際にはこうした事件が多発している。警察庁のサイト（http://www.npa.go.jp/safetylife/ seianki31/2_oreore.htm）に出ている統計によると、2005年中のこうした詐欺の認知件数は6854件、うち既遂は5682件で、既遂事件の被害総額は128億6201万3578円である。このような現象を前にして「だまされた方が軽率なのだから刑法は介入しない」ということはできないと思う。それはかえって法秩序に対する不信を招くことにもなりかねない[3]。

第２：＜詐欺罪の成立をためらわせるほど「悪質な被害者」の事案は、法廷にまで上がってこないから、被害者学的解釈論を用いて詐欺罪の成立範囲を限定する必要はないのではないか＞という疑問もある。
　自分自身何らかの罪で処罰されてもやむをえないような「悪質な被害者」

は、そもそも警察に被害を訴えたりしないであろう。また、日本には、検察官の起訴猶予裁量を認める制度がある（刑事訴訟法248条）。「悪質な被害者」の事案が起訴されないのなら、被害者学的解釈論を展開する必要もない。もっとも、被疑者に前科があったり被害金額が大きいときには、検察官は被害者に落ち度のある事案でも起訴してしまう傾向がある。したがって、この疑問は絶対的なものではない。

第３：被害者学的解釈論による限定解釈は、不法レベルではともかく、構成要件レベルでおこなうのは無理であると思う。

　たとえば、誰が見ても偽物とわかる通貨を作った場合は、通貨偽造罪（日本刑法148条１項）の「偽造」にあたらないという解釈は可能である。しかし、これは、この罪の保護法益が通貨に対する社会的信用であり、ほとんどの人が偽物だとわかる物を作っても法益を害しないからである。詐欺罪の保護法益は個人の財産（の所持ないし本権）であるから、普通の人はまずだまされないようなことをいって財産をだましとった場合でも法益侵害は認められる。それは、普通の人なら容易に開けられるロッカーの中の財物を盗んでも窃盗罪が成立するのと同じことである。被害者が疑いをもっていたとか、普通の人はだまされないようなことをいって欺いたといった場合でも、詐欺罪の構成要件該当性は否定できない。もとより、被害者が嘘を見破っていたようなときには、錯誤と処分行為の因果関係を否定するといったことにより詐欺罪の既遂の構成要件該当性を否定することができる。それは被害者学的解釈論によらなくても可能なことである。

第４：＜詐欺の場合は、被害者はだまされているのだから、自分の自由意思に基づいて法益を危険にさらしたとはいえず、刑法による保護の必要性は否定できないのではないか＞という疑問もある。

　被害者が自己の意思により自らの法益を危険にさらし、危殆化する者と同程度に危険を見通しているとき（たとえば、危険なレースに自己の意思により出場したとき）には違法性が阻却されるといえる（危険を引受けたといえるから）。しかし、詐欺の事案においては、被害者はそのような立場にあるとはいえない。

Ⅲ 詐欺罪の構成要件の限定について

　以上のように被害者学的解釈論には疑問点がある。それでは、日本刑法246条の解釈は今のままでよいのか、というと、私はそうも思わない。詐欺罪が基本的に財産侵害犯であることを考慮し、詐欺の認定が適切に確実にできるように、詐欺罪の要件を確定するべきである。取引上の通念や慣行、あるいは行為者・被害者の主観の領域に属する故意や処分意思・目的などを重視して、「それひとつが認められれば詐欺罪の成立が認められる」というようにすることは望ましくない。客観的な"チェックポイント"を複数設けて、いくつかハードルをこえなければ「詐欺罪成立」というゴールに到達できないようにするべきである[4]。そして、そのような方向に詐欺罪の規定を解釈しても詐欺事犯が抑止できないといった刑事政策的不都合が生じるとは必ずしもいえないと思う。

Ⅳ 日本刑法246条の解釈について

1 通説的見解

　一般に、日本刑法246条1項の「人を欺」くとは、他人をだまして錯誤に陥らせることであり、「財物を交付させ」るとは、その錯誤に基づく財産的処分行為によって財物の占有を取得することであると解釈されている。錯誤に陥らせて、それにより処分行為をさせ、その処分行為によって財産を移転させるのが詐欺罪の構成要件の実現であるというのである。そして、当該個別財産を移転させられて失うことが「財産上の損害」にあたるとする。これが通説的見解であるといわれている。図式化すれば次のようなものになる。

　　　　欺罔→錯誤→処分行為→財産喪失＝財産上の損害

　そこで中心となるものは、財産の移転に対する因果性である。判例にも、

「真実を告知すれば相手方が財物を交付しないような場合において、真実に反する事実を告知して相手方を錯誤に陥れ、財物の交付を受けたときは詐欺罪を構成する」とするものが見られる5)。もっとも、学説はともかく判例においては、「真実を告知すれば財物を交付しないような場合」とは「真実を告知されたら交付をためらう」という程度ではなく、「交付を拒絶できるような場合」でなければならないとされているようである6)。

いずれにしても、ここでは被害者の交付目的などは、すくなくとも"表舞台"には登場しない。処分行為者が自己の行為が財産を害することを意識していようといまいと、交付目的がなんであろうと、詐欺罪の構成要件該当性は認められるということになる。これは、確かに明快で実務においても使いやすい判断枠組ないし公式であると思う。

日本においても、近年、ドイツの目的失敗論（Zweckverfehlungslehre）の影響を受けたためか、錯誤ないし財産上の損害を認めるについて交付の経済的・社会的目的や交付によって達成しようとした目的を重視する見解があらわれている。ただ、私見では、詐欺罪の成立範囲を明確にするため、交付目的は、前述の因果性の公式を前提に、詐欺罪の成立を妨げる方向に考慮されるべきものである。

2　不法原因給付と詐欺

ここで、日本の「不法原因給付と詐欺」の問題に若干触れる。たとえば、最初から売春をする意思がないのに前払いしてくれといって現金をだまし取った場合、日本刑法246条1項の詐欺罪が成立するか。売春契約は公序良俗に反するゆえに無効であり、現金をだましとられた者は不当利得返還請求ができるはずである。しかし、日本民法708条は、そのような請求は原則として認容されないとしている。そこで、＜民法上返してもらえないものをだまし取られたからといって詐欺罪の成立を認めてよいのか＞という問題になる。判例、通説は詐欺罪の成立を肯定する。「財物の所持を害している以上、詐欺罪は成立し、民事上返還請求できるか否かは詐欺罪の成立に影響しない」という"刑法の独自性"を承認する考えによるものと思う7)。私見では、「刑法上保護に値するか否かと民法上保護に値するか否かとは一応別である」

ということを承認するとしても、なお、「刑法上保護に値するというのはどういう場合なのか」をより明確にすることが必要である。また、「民法的に保護されないものを刑法が保護してよいのか」という視点は常に確保されてしかるべきである。チェックポイントは複数必要なのである。

3　不作為による詐欺

　最後に不作為による詐欺について少し述べる。日本においても、学説、判例は、不作為による詐欺の成立の可能性を認めている。告知義務があるのに告知しないときに不作為による詐欺があるとする[8]。告知義務の存否の判断については、取引における信義誠実の原則や事実を告知すれば相手方が取引に応じないような事実か、といったことが考慮される。しかし、私見では、不作為による詐欺の認められる範囲はより限定されるべきである。一般的な不真正不作為犯についての議論に関し、日本でも、民法などによる「法律上の義務」があるだけで不真正不作為犯の成立を認めるという考えは支持されない。詐欺罪についてだけゆるやかに解釈する理由はない。

Ⅴ　おわりに

　論述が不充分であることは認識している。もとより、ここでとりあげたもののほかにも多くの問題がある。今後、より深く研究して行きたい。

1）　川島武宜『日本人の法意識』34〜41頁（岩波書店、1967年）参照。
2）　これらの問題の提示をするについては、*Claus Roxin, Strafrecht, AT, Band I, 3. Aufl., 1997,* § 14 Ⅲ を参考にした。
3）　ちなみに、経済犯罪の研究者である神山敏雄は、『経済犯罪の研究　第一巻』246頁（成文堂、1991年）で、経済上の自己責任の原則を老人や主婦を被害者とする事件に導入することには疑問があるとし、「〔判断力の〕ある人が欲の皮のつっぱりから安易に取引に応ずる場合」は「錯誤と処分の関係から詐欺罪の成立が制限されるか否かを検討すればよいであろう」としている。
4）　詐欺罪における錯誤と損害に関する私見については、設楽裕文「詐欺罪における錯誤と損害」日本法学71巻4号359頁以下（2006年）を参照。
5）　一例として、最決昭和34年9月28日刑集13巻11号2993頁をあげることができる。

6) たとえば、医師ではないのに医師であると偽って売薬を定価で売ったという場合には、偽りがあることを知れば買主は金を渡すことをためらうか取引を中止することになりそうである。しかし、大決昭和3年12月21日刑集7巻772頁は詐欺罪の成立を否定している。
7) 一例として、最判昭和25年7月4日刑集4巻7号1168頁をあげることができる。
8) 一例として、大判昭和4年3月7日刑集8巻107頁をあげることができる。

19 電子計算機使用詐欺およびインターネット詐欺等の現状
　　　　——詐欺をめぐる今日の日本の状況と問題点——

　　　　　　　　　南　部　　篤

　　　　Ⅰ　はじめに
　　　　Ⅱ　「電子計算機使用詐欺」の登場
　　　　Ⅲ　ネットワーク利用犯罪としての詐欺
　　　　Ⅳ　犯罪統計に表れた近時の詐欺の動向
　　　　Ⅴ　おわりに
　　　　　　　　〔補遺〕

Ⅰ　はじめに

　わたくしのテーマは、詐欺をめぐる日本の現状と問題点に関するものである。

　もう少し具体的に言うと、第1に、日本刑法246条の2の「電子計算機使用詐欺」——これは、約20年ほど前に本来の詐欺罪（同246条）から分かれて新設されたもので、ドイツ刑法におけるコンピュータ詐欺とほぼ同様のものであろう——、について考えてみたい。第2に、それから約10年を経て、情報テクノロジーと通信テクノロジーの急激な発展にともなって登場したインターネット詐欺等に目を向けてみよう。次いで、第3に、近時の、統計に表れた詐欺の動向を眺め、そこから何が読み取れるのかについて検討をすすめたい。最後に、詐欺をめぐる問題状況を総括し、どのような対応が行われつつあるのかにつき若干のコメントを加えようと思う。

　以上の詐欺および詐欺周辺の罪を検討するにあたり、わたくしは、与えられた時間の制約の中で、理論的・解釈論的視点よりも、このような犯罪現象の社会的・時代的背景と刑事政策的な側面に重点をおき、ささやかな考察を

試みたい。

II 「電子計算機使用詐欺」の登場

1 事務処理のコンピュータ化が生み出した犯罪

日本において、コンピュータ犯罪として最初に注目を集めたのは、金融機関の内部者によるオンラインシステム悪用のケースであった。これは、今から約20数年を遡る、1980年代に入ったころに多数発生したものである。たとえば、銀行の職員である犯人が、行内のコンピュータ端末から銀行のコンピュータシステムを操作し、顧客Aの名義の口座から、犯人が開設したB名義の口座に宛てて架空の振替入金操作を行い、後にそのBの口座から現金を引き出して金銭を奪うという手口で行われた[1]。

このようなケースでは、最終的に現金を手にした時点で処罰することは容易であった。銀行窓口で引き出せば詐欺に、ATM（現金自動預け払い機）で引き出せば窃盗に問うことができるからである。しかし、2つの点で不都合が指摘された。第1に、架空の入金操作により犯人の口座の預金残高が増加すれば、その時点でいつでも残額の範囲で引き出すことも、振替等による支払いを行うことも可能な状態となっているのに、未だ何罪にも問えないのである。それは、「物」を盗っていないので窃盗にはあたらず、「人」を騙していないので詐欺利得（利益詐欺（刑法246条2項））にもあたらないからである。犯人の口座から公共料金等の引き落しが行われ続けたとしても、罪責を問うことは困難であった[2]。

第2に、引き出しが行われた段階では処罰は容易と述べたが、問題が生じる場合もあった。たとえば、架空入金以前に口座に犯人自身の預金100万円があり、そこに100万円の架空入金が行われ残高が計200万円となった後に100万円が引き出されたときは、最後の犯人により引き出された100万円が不正な架空入金による金銭といえるかどうかは、論理的に判別不可能なのである。

2 刑事立法による対応

このように、財産的事務処理の過程に人間の判断作用が介在しない仕組みを悪用した不正行為が登場したことから、その当罰性が誰の目にも明らかなのに、窃盗でも詐欺でも処罰できない事態——処罰の間隙——が生じたのである。そこで、これに対処すべく1987年に刑法の一部改正によって、「電子計算機使用詐欺」の規定が設けられた。これは、＜他人のコンピュータに、虚偽の情報や不正の指令を与えて財産権に係わる不実の記録を作り、または、財産権に係わる虚偽の記録を用いることによって、不法の利益を得た場合＞を、10年以下の懲役で罰することを定めたものである。これにより、前述の例に挙げたような銀行オンラインシステムを悪用した不正行為の多くは、現金の引き出しを待つことなく、虚偽の入金記録がなされた時点[3]で処罰できるようになったのである。

3 「詐欺」と「電子計算機使用詐欺」

ところで、この「電子計算機使用詐欺」は、厳密には「詐欺」ではない。刑法上の詐欺は、人を欺くことを手段に財産を侵害する犯罪、すなわち、「人を騙す」という要素を本質部分とする犯罪である。しかし、既に述べたように、電子計算機使用詐欺は、事務処理がコンピュータにより自動化されたため人の判断作用を介さずに行われる機械的プロセスを利用して不正に利益を得る犯罪である。それ故、1987年に新設されたこの罪は、後に、1995年の刑法典の現代用語化の際に、立法者によって「電子計算機使用詐欺」と名づけられたが、正確には、「電子計算機使用不法利得罪」とでもいうべき実質を持つ、詐欺とは異質の犯罪と考えられるのである。その意味で、立法者の命名は不正確のそしりを免れないのではないだろうか。

わたくしが強調したいのは、事務処理のコンピュータ化という技術革新によって、外形的には従来の詐欺に類似した、しかし、本質的にはまったく異なる性質の不正行為が処罰範囲に取り込まれ、詐欺の規定の周辺に位置づけられた、ということである。その分だけ、詐欺的行為の処罰の拡張が行われた、と考えられるのである[4]。

Ⅲ　ネットワーク利用犯罪としての詐欺

1　「インターネット元年」から広がったネット社会の影

ところで、このような電子計算機使用詐欺行為は、オンラインシステムという金融機関内部の、あるいは金融機関相互の、いわば「閉じたネットワーク」を舞台に生じた不正行為であったわけであるが、それから約10年の後にやって来た事態は、インターネットの爆発的な発展・普及というグローバルなネットワーク化を背景にした不正行為の脅威であった。今日の日本では、自宅でインターネットを利用している世帯が、2005年2月の時点で55.4％に達したということである[5]が、今から約10年前、1995年を「インターネット元年」と呼ぶことが多いようである。そして、このころから、ネットワーク自体を侵害対象とする犯罪と並んで、ネットワークを悪用する犯罪が頻発するようになる。

歴史を遡れば、テクノロジーの進歩は、犯罪者たちに、自動車や電話、航空機、携帯電話などの新しい強力な犯行の手口を次々と提供して来た。コンピュータ・ネットワークもその事情に変わりはない。今日、「ネットワーク利用犯罪」といえば、ありとあらゆる種類の犯罪行為を挙げることができるが、そのようななかで、「ネットワークを利用した詐欺」は、常に最も件数が多い。警察庁のハイテク犯罪検挙件数の統計によれば、ネットワーク利用犯罪に占める詐欺の割合は、2000年から2004年までの間で、もっとも少ない年でも約28％、多い年は、約40％に達している[6]。

次に、インターネット悪用型詐欺に関して、全国の警察に寄せられた相談件数は、警察庁によれば、2000年の2,697件から2004年の48,864件へと、5年間で約18倍に増加している。このインターネット詐欺の内訳を見ると、近時注目を集めているネットオークション詐欺は、5年間で約10.4倍に増加し、架空請求メール等の事案に関する相談件数は、5年間で約25.3倍に跳ね上がっているのである[7]。

2 インターネット詐欺の特徴

インターネット、電子メールというテクノロジーの特性を考えてみると、第１に、広範囲に多くの人々を相手にできること、第２に、マスメディアや郵便などと比べてはるかに低コストで、しかも、第３に、匿名性が高い方法で被害者へのアプローチが可能であることが指摘できる。匿名での金銭のやりとりに用いる架空口座すらインターネットで売り買いされている。また、第４に、もっぱらディスプレイ上で犯行の大部分が行われ、直接被害者と対面することがないので犯行に出る際の規範的障害が期待しにくい。更に、第５に、ネットオークションなどは、リアルタイムの双方向のコミュニケーションが気軽に、たやすく実現できること、など多くの点で従来とは比較にならないほど強力な詐欺の手段となりえていることが指摘できる。

このような警察への相談件数の変化から読み取れる今日のインターネット詐欺の現状に関しては、刑事立法を含めた適切な対応を怠ると、今後も事態が悪化し続けることは火を見るより明らかであると言って過言ではないと思われる。

Ⅳ　犯罪統計に表れた近時の詐欺の動向

さてここで、詐欺が現在どのような状況にあるのかを犯罪統計から検討してみよう。

1　詐欺の件数の急増

【資料１】認知件数の推移

	1995	2000	2001	2002	2003	2004
全刑法犯	2,435,983	3,256,109	3,581,521	3,693,928	3,646,253	3,427,606
殺人	1,281	1,391	1,340	1,396	1,452	1,419
詐欺	**45,923**	**44,384**	**43,104**	**49,482**	**60,298**	**83,015**

※犯罪白書（平成８年版～平成17年版）による。

詐欺の認知件数は、【資料１】にみられるように、2002年以降増加に転じ、

2004年は前年の37.7%増となり、1960年以降最多を記録している。念のため数字を挙げると、2000年に44,000件あまりであったものが、2002年に約49,000件、2003年約60,000件、2004年には約83,000件に達している。5年間で約1.87倍であるから、かなりの増加といえる。

同時期の刑法犯全体と比べてみよう。刑法犯全体の認知件数は2000年に約325,0000件、2004年に約342,0000件であり、5年間の推移は1.05倍であることがわかる。殺人はさらに安定していて、あまり件数の変化はみられない。詐欺の増加がいかに急激なものであるかが分かる。

2　詐欺の検挙率の急低落

【資料2】検挙率の推移

	1995	2000	2001	2002	2003	2004
全刑法犯	57.7%	42.7%	38.8%	38.8%	41.3%	44.7%
殺人	96.5%	95.0%	94.1%	95.7%	94.1%	94.6%
詐欺	**93.5%**	**79.4%**	**69.6%**	**63.8%**	**50.4%**	**32.1%**

※犯罪白書（平成8年版～平成17年版）による。

次に、検挙率はどうであろうか。

その検討に入る前に確認しておくと、先ほどの「認知件数」とは、「犯罪について、警察が発生を認知した事件の数」をいう。実際に発生した犯罪件数ではない。しかし、犯罪情勢を知るための手がかりとなる数字ではある。そして、「警察が検挙した事件の数」を「検挙件数」と呼ぶが、前者の認知件数に対するこの検挙件数の割合、つまり、警察が発生を認知した犯罪の内どのくらいの割合を検挙したかを百分比であらわした数字を「検挙率」と呼び、しばしば警察の捜査能力を示す数字として引合いに出されることの多いものである[8]。

さて、この検挙率は、【資料2】にみられるように、10年ほど遡ると、1995年には93.5%であったが、2000年には79.4%となり、以後大幅に低下を続け、2004年には32.1%と、戦後最低を記録した。同時期の刑法犯全体の検挙率と比べてみよう。刑法犯全体では、1995年は57.7%、2000年は42.7%、

2004年は44.7％であるから、詐欺の急激な低下ぶりは明らかである。参考までに他の犯罪の検挙率を見てみよう。たとえば、殺人は、1995年に96.5％、2000年95.0％、2004年94.6％と変化が少なく、比較的安定していることがわかる[9]。

3　認知件数の顕著な増加と検挙率低下の意味するもの

さて、詐欺に戻ることとしよう。問題は、近年、詐欺がこのように急激に増加し、かつ、著しく検挙率が低下するという危機的な状況に陥った原因である。

まず、詐欺の件数を急増させた要因として、「振り込め詐欺」などと呼ばれる詐欺事犯の頻発があることは疑いない。直前の報告で設楽教授も言及されたが、これは、電話による脅しと騙しを巧みに組み合わせた手口の詐欺や架空請求詐欺などの総称である。犯罪白書によれば、この電話による詐欺の件数は2004年に14,459件で前の年の2.2倍に増え、被害総額は約185億円、前の年の4倍以上に増えている。

また、今月9日に発表された警察庁生活安全局の資料[10]は、高齢者などを対象とする悪質商法・詐欺的商法被害が猖獗をきわめる様子を描き出している。それによれば、2001年に約51億円であった詐欺的商法の被害額は、2005年には350億円と約7倍に増え、被害者の数も2.4倍に増えている。こういった詐欺被害のうち、とくに注目されるのは高齢者を狙った訪問販売詐欺で、「リフォーム詐欺」と呼ばれているが、これは、2005年の被害総額が222億円、前の年の実に16倍以上に急増している。

以上のことから、こういった高齢者や不特定多数を対象とし、次々と新しい手口を考案して敢行される不正行為の増加と、最初の方で述べたインターネット詐欺などのネットワーク利用犯罪としての詐欺の急増が、統計上の詐欺の件数を増加させつつある主要な原因であると思われる。

検挙率の急落の方はどのように考えるべきであろうか。この点を読み解くヒントは、意外なところ——たとえば殺人の高い検挙率の理由——にあると思われる。

殺人の検挙率が常に高いのは、それが生命侵害という重大犯罪の典型なの

で、捜査に最も大きな警察力が投入されるからであることは常識的にも疑いないところである。しかし、もう1つの大きな要因が考えられる。これは、仮説の域を出ない、あまり実証的でない議論かもしれないが、殺人の検挙率の高さは、それが偶発的・機会的な例外を除けば、普通、一定の人間関係のあるところに動機が生じ、また、犯行の痕跡が消えにくいことなどから、捜査機関の追及を逃れることが困難な性質を持っているからではないだろうか。

他方、詐欺も、かつての伝統的な犯行態様は、多くの場合犯人が被害者と対面し、緊密な接触を保ちながら相手を欺いて錯誤に陥れ財産を騙し取るというものであって、そこには人間関係や犯罪の痕跡等の点で捜査機関の追及の手がかりが少なくなかったと想像される。すでに述べたように、約10年前の詐欺の検挙率は93.5％という殺人とほぼ同水準の数字であった。これは、詐欺が、被害の申告がなければ警察に認知されることが少ない犯罪であって、被害の訴えがなされるときは、普通「誰に騙されたのか」という情報を伴っているため、認知した事件はほぼ検挙可能であったからではないかと考えられる[11]。

以上より、詐欺の犯行態様に大きな変化が生じていることが、検挙率の急激な低下の要因となっていることは否定できないように思われる。したがって、このような変化の内容を分析し、検挙の困難さをもたらした要素がどのようなものなのかを解明することが、有効な対策を探る作業の出発点になると考えられるのである。

V　おわりに

ところで、詐欺の犯行態様に生じた大きな変化とは、すでに認知件数の急増の要因として指摘したところの、また、それに先んじて報告の中で指摘してきたところであるが、最後に、整理し確認しておきたいと思う。

まず、情報処理技術の応用により、電子的決済や資金の移動が人間の手作業によらずに行われるようになった結果、それまでの法制度の予想しなかった新手の詐欺的不正行為が登場した。やがて情報処理技術は高度な電気通信

19 電子計算機使用詐欺およびインターネット詐欺等の現状 [南部 篤]

というコミュニケーション手段と結びつき、際限もなく増殖を始め、ネットワーク化が急速に進むと、そのネットワークを悪用した詐欺が跳梁跋扈する事態となる。電話という通信手段も進化し、匿名で加入する携帯電話の使用や、被害金入手手段としての匿名口座の売り買いなども行われるようになる。支払命令など訴訟制度を悪用する手口すら見られるのである。他方、悪質商法も組織化・効率化が進み、高齢者をはじめ詐欺的行為への抵抗力の弱い層を狙い撃ちする傾向が顕著となる。不特定の、多数の公衆を狙うなど、詐欺被害の広範化・大規模化にも注意しなければならない。

このような事態に対しては、たとえば、2000年に施行された組織犯罪処罰法が、組織的詐欺の加重処罰を行っている。これは、一般の詐欺の法定刑が最高10年の懲役であるところ、これを有期懲役の上限（当時は15年、現在は20年）まで引き上げた刑事立法である。伝統的な詐欺の構成要件が、果たして今日多発する詐欺的不正行為に十分に対応しているかどうかも検討を要するところであろう。こういった立法的対応が急務であることを指摘して、わたくしの報告を終わりにしたいと思う。

〔補遺〕　詐欺の認知件数について、警察の統計から認知の端緒別の件数の推移をみると、過去数年間に劇的な変化が生じていることに驚かされる。

次の【資料3】にみられるように、約10年前、1995年ころを境に、認知件数総数に占める「被害者・被害関係者からの届出」によるものの割合が増加し始める。1995年に30％台であったものが、2000年40％台、2001年50％台、2002年60％台、2003年70％台、2004年80％台、と著しい——規則的ともいえるような——増加を続けていく。反対に、能動的認知である「警察活動」によるものの割合は、1995年に約65％であったものが、2000年約49％、2001年約37％、2002年約33％、2003年約25％、2004年約14％、と大きく低下し続ける。詐欺の認知の端緒が、取調べを中心とする警察活動によるものから被害者等の届出によるものへとシフトしていく様子が見て取れる。そして、この変化と軌を一にして詐欺の検挙率も急降下を辿る。認知件数の方も、数年おくれて2001年以降増加を始め、2004年には2001年の2倍近い83,000件あまり

に達しているのである。

検挙率急低落の原因が、上のような認知の端緒に生じた変化にあることは疑いない（吉岡教授の見解を参照[12]）。問題は、そのような認知端緒の変化がなぜ生じたのかと、それが認知件数の増加とどのように関係しているのか、である。この点が、有効な対策を探る上でもっとも重要な鍵になるものと思われる。

【資料3】詐欺に関する認知の端緒別認知件数と検挙率（1980年～2004年の推移）

	詐欺認知件数（総数）	認知の端緒別認知件数の割合							検挙率
		告訴・告発	被害者・被害関係者の届出	警備会社・第三者等からの届出	警察活動（うち「取調べ」）		自首	その他	
1980	58,958	4.46%	30.81%	0.65%	62.64%	(56.50%)	0.07%	1.36%	95.3%
1985	74,424	2.98%	27.66%	0.42%	68.14%	(63.39%)	0.13%	0.66%	97.1%
1990	50,919	2.19%	24.32%	0.37%	72.66%	(67.08%)	0.04%	0.40%	96.1%
1995	45,923	2.08%	31.54%	0.39%	65.41%	(59.84%)	0.07%	0.50%	93.5%
2000	44,384	1.77%	47.66%	0.69%	49.42%	(44.26%)	0.09%	0.37%	79.4%
2001	43,104	2.36%	58.75%	0.74%	37.66%	(32.86%)	0.13%	0.36%	69.6%
2002	49,482	3.20%	62.24%	0.69%	33.39%	(28.14%)	0.11%	0.35%	63.8%
2003	60,298	2.30%	71.53%	0.67%	25.10%	(20.38%)	0.11%	0.29%	50.4%
2004	83,015	1.64%	83.28%	0.58%	14.24%	(10.44%)	0.09%	0.17%	32.1%

※警察庁の統計（「昭和55年の犯罪」～「平成16年の犯罪」）による

1) このようなケースの実例としては、銀行の女子行員が愛人と共謀のうえ、架空入金操作を行い、1億3000万円を奪った「三和銀行茨木支店事件（大阪地判1982・7・27判時1059号158頁）」が有名である。
2) 前掲の「三和銀行茨木支店事件」注1）でも、架空入金総額は1億8,000万円であったのに、犯罪の成立が肯定されたのは実際に引出しが行われた1億3,000万円についてだけであった。
3) 正確にいうと、虚偽の入金データを入力しようとした時点で実行の着手が認められ未遂の罪責を問うことができ、入力により預金元帳ファイルに不実の記録が作られて、引出し・振替等が可能になった時点で既遂として処罰が可能になる。この点について、改正作業に携わった立案担当者による解説である、米澤慶治編『刑法等

一部改正法の解説』立花書房（1988年）133頁、を参照。
4） 電子計算機使用詐欺の規定の問題点について詳細に論じたものとして、鈴木左斗志「電子計算機使用詐欺罪（刑法246条の2）の諸問題」法学会雑誌（学習院大学法学部）37巻1号205頁以下（2001年）がある。
5） 勤務先や携帯電話でのインターネット利用者も含めると、82.8％に達するとのことである（財インターネット協会（＜http://www.iajapan.org/iwp/＞visited on Apr.8, 2006.）。
6） 平成17年版犯罪白書44頁（2005年）。
7） 平成17版警察白書130頁（2005年）。
8） 検挙率を警察活動の効率を示す数字と考える見方に対しては、従来から批判のあるところである（吉岡一男「警察の犯罪統計における検挙率について」法学論叢（京都大学法学部）98巻5号1頁（1976年））が、この報告では、むしろ犯罪の種類によって検挙率に著しい差異が見られることの理由はなぜかを問題にするので、検挙率自体の意味については深入りしない。
9） ちなみに、この殺人の検挙率は、1999年まではドイツ・イギリス・フランス・アメリカと比べて日本が最も高かったが、翌2000年以降はドイツが第1位となり、以後、日本はドイツに次ぐ第2位の位置を保って現在に至っている。
10） 警察庁生活安全局生活環境課「平成17年中における生活経済事犯の検挙状況について（＜http://www.npa.go.jp/＞visited on Apr.8,2006.）」による。
11） 検挙率は、認知の端緒（態様）により大きく影響を受ける。例えば、被害の届け出があれば認知件数としてカウントされるが、その事件が検挙されるか否かは捜査活動の成否にかかっており、もとより認知された全てが検挙されるとは限らない。これに対して、ある事件の取調べ中に未発覚の別事件が自白等により明らかになれば、それによる認知事件は直ちに検挙事件となるので、その場合は、つまり検挙率100％である。このように、警察の能動的認知による場合（警察官現認、職務質問、聞込み、取調べ等）は、認知活動と検挙活動とが不可分であって、その場合の検挙率はほぼ100％に近い数字となることが予想される。

　　吉岡教授は、詐欺が90％を超える検挙率を維持していた時代の統計データを前提に、詐欺の（その当時の）検挙率の高さは、取調べ等（全認知件数の46％）の警察の能動的認知活動によるケースが多いことによるとし、また、犯人の検挙につながり易いものが選択的に届出、認知されているのではないか、という推測を述べている（吉岡・前掲論文（注8）248頁、251頁）。これは、詐欺が職業的犯罪者によって反復的累行的に敢行されることの多かった時代の犯行態様の反映とも見られるかもしれない。
12） 前掲注11）参照。

20　詐欺罪について
――あらたな刑事規制の必要性――

岡 西 賢 治

Ⅰ　近年における刑事立法の動向
Ⅱ　振り込め詐欺に対する刑事規制

　本報告は、短い2つのパートによって成り立っている。まず前半では、日本における最近の刑事立法の動向とその評価について述べる。ここでは特にこの10年から15年のあいだの、刑法あるいはそれに関連する法律の改正等をみたうえで、その背景およびその評価について検討を加えることとする。後半は、2人の共同報告者からの紹介があった、「振り込め詐欺」対策のための立法例をとりあげつつ、詐欺罪に対するあらたな刑事規制のあり方について提言を行う。

Ⅰ　近年における刑事立法の動向

　近年、日本の刑事法学において注視されているテーマのひとつに「刑事立法の動向」がある。
　これは、この10年くらいのあいだに、あらたな犯罪規定の設置や、法定刑の引き上げ、さらに刑事手続きの改正（これは、あえていうなら被害者の観点に立った改正というべきもの）などが頻繁に行われ、研究者たちは、従来の刑事立法とは異なる現象について、現在、様々な議論をしているところである。一般に、日本では、重要な法典であればあるほど改正されることは極めてまれで、たとえば、刑法についていうならば、1973年に最高裁判所が、刑法第200条の尊属殺人罪の規定が憲法に反すると判断し、さらにその後はこの条文によって起訴されることがなかったにもかかわらず、この規定が刑法典から削除されたのは22年後の1995年であった。

では、なぜ立法に対してこのような消極的態度がとられるのであろうか。先ほど共同報告者の設楽裕文が指摘されたように、日本ではこれまで、詳細な規定を持たずとも「判例による事案の解決」が適正に行われることで、刑法ないし法律が解釈されてきた。また、立法も、法の解釈における、そうした判例の役割を前提にして行われる傾向があった。したがって、法の内容を簡潔に表現する条文が好まれ、個別具体的で煩雑な条文を設けることは避けられてきた、と考えられている[1]。そして、このような思想・行動の原因としては、文化的に同質の構成員からなる共同体では、構成員が共通の認識や感覚を有し、相互に理解することが容易であることから、詳細な規定を必要としなかった、ということがあげられるのである。

しかし、国際化あるいはグローバル化といわれる状況のなかで、日本社会が、日本とは異なった文化の、物心両面からの影響を強く受けることによって、人々のあいだでは、これまでのような文化的同質性を前提にした共通認識や相互理解というようなものが希薄になってきている。したがって、現在では、これまでのような立法の形式や解釈の方法が機能しなくなりつつある状況にあるといってよいだろう。

さらに、私は、近年の刑法の領域で立法が活発になってきている現象を理解するうえで、重要なものと思われることが2点あると考える。

まず、1つは日本の経済活動にかかわる環境が大きく変化したことである。日本経済は1980年代の半ばから終わりにかけて、いわゆるバブル経済という好況期をむかえたが、これが崩壊したのちに非常に長い不況に陥ることになる。同時に、経済のグローバル化ということが叫ばれ、経済活動に関する様々な法やルールが国際標準に合わされてゆき（しかし、ここでいう国際標準はアメリカ標準を意味する）、「規制緩和」という名の下で、次々と法改正や制度改革が行われた。これによって、企業をはじめとする経済の主体は、自らの新しい行動指針や基本理念を策定しなければならなくなった。しかし他方では、この間、証券金融不祥事とよばれる一連の事件や、社会あるいは一般消費者の信頼を損なう事件などが多発し、企業などの経済活動に対する社会の目がより厳しいものになり、そのことが法改正の契機にもなっていた。

たとえば、当時は商法典に、株式会社の役職員が「株主の権利の行使に関し」「会社の計算において」財産上の利益を供与したとき、およびそうした「情を知って」その利益の供与を受ける行為を処罰する、利益供与罪の規定がおかれていた[2]が、これは1997年に発覚した、その当時預金高において日本最大の銀行であった第一勧業銀行が、不正融資によって総会屋[3]に100億円以上の利益供与をしていたという事件をきっかけに、利益供与罪の刑が、それまで「6月以下の懲役または30万円以下の罰金」であったのが「3年以下の懲役または300万円以下の罰金」に引き上げられたものであり、さらに、利益供与を要求した者も処罰する規定が新たに設けられたものであった。また、一般的にそれまでは、企業が関連する犯罪では、中間管理職者らの刑事責任が問われることは多かったが、この頃から、大企業の経営のトップが逮捕され起訴される事案が増えはじめたともいえる。このように、日本経済をとりまく情勢の大きな変化や、企業活動による様々な事件が多発したことが、経済活動に対する刑事規制を活発化し強化する方向にむかわせたと考えてよいだろう。

　もう1つ、刑事立法を活発にしている原因としてあげられるのは、社会に対する不安である。人々がこれまで持っていた、物の安全性に対する信頼や、治安に対する信頼というものが揺らぎ、崩れてきた状況のなかで、多くの人が「悪い行為」や犯罪に対してより厳しい態度を示しはじめたということである。また、先に南部篤が報告されたように、近年の犯罪の検挙率が低下は、治安に対する人々の不安感を増幅させている大きな原因でもある。そして、こうした不安は、さらに別の問題に派生しているともいえる。その犯罪が身近に生じうるものであればあるほど、自分もいつ巻き込まれるかわからないという不安が募り、他方では、被害者あるいはその家族への同情も過度となって、さらにそれが犯罪者に対する憎悪へとつながる、という点である。ここでは、犯罪者は自分たちの敵であり、敵に対しては適切な攻撃な加えるべきであり、自分たちは犯罪者ではないので処罰されることはない、という発想だけがある。このような考えは「敵味方刑法（Feindstrafrecht）」となるとされ、近年、日本においても批判されている[4]。しかし、研究者たちの批

判にもかかわらず、多くの人々はこのような考え方を受け入れているように思える。それを示す2つの例をこれからあげてみたい。

1つは、2001年の刑法改正によって、あらたに危険運転致死傷罪が規定されたことである。この罪は、アルコール等の影響や、高速運転・信号無視などの危険な運転によって、傷害を生じさせた場合には10年以下の懲役、死亡させた場合には1年以上15年以下の懲役の刑が科せられるものである（なお、2004年の刑法改正により、傷害の場合が10年から15年に、死亡の場合の上限が15年から20年に引き上げられた）。この規定が新設されるまでは、酒酔い運転などの交通事犯に対して適用しうる刑法典の規定は、業務上過失致死傷罪のそれであり、刑の上限は懲役5年であった。しかし、交通事犯が多発し、この時期は交通事故による死亡者が増えていた時期でもあったことから、マスコミ等においては業務上過失致死罪の刑の軽さに対する不満が報じられ、さらに、こうした不満は、ある事件をきっかけとして悪質な交通事犯に対する法改正を求める署名運動へと発展していった。その事件は1999年に起きたもので、高速道路において酒酔い運転をしていたトラックの運転手が、前方を走っていた乗用車に追突したため、乗用車が炎上し、後部座席にいた幼い2人の子供が死亡するというものであったが、この運転手が処せられた刑が懲役4年であったことから、両親が中心になって罰則強化にむけた運動をはじめ、やがてこれが盛んになっていったものである。こうした動きを受けて危険運転致死傷罪は新設されたのである。

もう1つの例として、2000年の少年法改正がある。これは、それまでの少年法では、ある一定の犯罪について犯罪の性質および行為の態様に照らして刑事処分が相当であると判断できるときは、16歳以上の少年を成人とほぼ同様の刑事手続きによって刑事責任を問うことができたが、1997年に起きた、残虐な連続殺人事件の実行犯が15歳であったことから、この事件の少年を刑事処分にできない法の規定に対する批判が高まり、やがて法改正へとつながっていく。少年法は、20年以上にわたって、研究者および実務家のあいだで様々な議論が行われてきたにもかかわらず、改正にまでは至らなかったのであるが、事件後は2年足らずのあいだに改正がされてしまったことを考え

ると、世論がもっている影響力は大きいといわなければならない。

　なお、ここでは詳細を論じないが、この２つの事案について興味深い共通点がある。それはどちらの法改正でも国会議員が主導的な立場にあったということである。一般的に日本では、国会議員が法律案を作成・提出し、さらにそれが法律として成立する、ということは少ない。平均すると成立した法律の10％前後が議員による提出法案であるにとどまっている。にもかかわらず、この２つの法案については、議員が積極的に関与し、しかも短期間のうちに立法化された、という点はさらに分析する必要があると思われる。

　さて、このあたりで、これまでの部分についての簡単な総括して、少し長くなった前半部を終わりにしたい。この10年ないし15年の刑事立法を説明するうえで重要なものとなるのが、厳罰化または重罰化という概念であろう。しかし、殺人罪の刑をどんなに重くしたところで殺人の件数が劇的に減らないことは明らかであるように、いくら世論を背景にしたものであったとしても、いたずらに重罰化することには賛成できない。たとえば、悪質なドライバーを減らしたいのであれば、道路交通法の違反行為を厳しく取り締まることや、殺人罪や傷害罪の故意を認めつつ、故意犯の適用を積極的に行うべきであって、現行の規定を活用しないまま、立法による解決のみに過度の期待を寄せることは危険であろう。

II　振り込め詐欺に対する刑事規制

　いま、私は、近年の刑事立法について、いささか唐突に批判を加えた。しかし、このことは、これから検討する詐欺罪およびその周辺にある違法行為について、新たな刑事規制は必要でない、ということを意味するのではなく、むしろ積極的な立法が必要であること主張するものである。

　そこで、詐欺に関してさらなる刑事規制が必要であることを、振り込め詐欺を題材にしながら検討する。警察庁は、振り込め詐欺を大きく３つの類型に分けている[5]。第１が、オレオレ詐欺とよばれるもので、身内や警察になりすまして電話をかけ金銭を騙し取ろうとするものである。オレオレ詐欺の

(表1) 振り込め詐欺事件（恐喝事件を含む）

	2005年						
	計	1月	2月	3月	4月	5月	6月
認知件数	19,840	2,846	1,810	1,658	1,705	1,539	2,009
検挙件数	2,539	148	207	133	130	167	316
被害総額	25,151,867,404	2,555,722,280	1,679,586,242	1,679,508,183	1,867,941,706	1,629,779,126	2,412,427,670
		7月	8月	9月	10月	11月	12月
		1,675	1,353	1,487	1,767	1,854	1,909
		166	206	256	373	274	163
		1,968,495,600	1,534,386,826	1,923,397,851	2,211,456,635	3,106,151,490	2,525,718,795
	2004年						
	計	1月	2月	3月	4月	5月	6月
認知件数	25,667	1,479	1,706	1,664	1,755	1,704	2,098
検挙件数	1,305	46	22	39	194	214	153
被害総額	28,378,657,974	8,642,654,768					
		7月	8月	9月	10月	11月	12月
		2,314	2,964	2,673	2,473	2,230	2,607
		60	145	90	87	172	83
		2,912,951,551	3,687,716,933	3,892,153,957	3,070,359,748	2,957,174,765	3,215,646,252

＊警察庁ホームページより

　2005年の被害総額は128億円を超えている。第2の、架空請求詐欺は、インターネット等を通じて不特定多数の者に、事実でないことを根拠にして送金等をさせるものである。同じく被害総額は、56億円である。第3は、融資保証金詐欺で、融資をする旨の文書を送って、融資の申込をしてきた者から保証金などを騙し取ろうとするものである。被害総額は67億円である。なお、これら被害額は既遂によるもののみであり、未遂は含まれていない（表1参照）。
　では、なぜ警察の広報活動やマスコミの報道が盛んに行われていたにもかかわらず、振り込め詐欺が短期間のうちに多額の被害を生じさせることになったのであろうか。その最大の要因は、振り込め詐欺が極めて匿名性が高

いという特徴を持つことにあるといえる。そのために捜査は困難となり、検挙率も極めて低い状況ある。そこで、効果的な対応策を講じるために、振り込め詐欺をささえている、2つの要素に対応させるように、あらたな処罰規定がおかれるようになった。

まず、1つ目は、振り込め詐欺には不可欠である振込先の預金口座を維持できなくしようとするものである。2002年に成立した、いわゆる本人確認法は、顧客が口座を開設する際に金融機関は本人であることを確認しなければならないとし、これに違反する行為を処罰する旨の規定をおいていた。これは本来マネーロンダリングの防止のために制定された法律であったが、2004年の改正によって、あらたに、他人になりすまして預金通帳などを譲受け、あるいは譲渡す行為をした場合には50万円以下の罰金に処し、さらに「業として」行った場合は加重する規定を設けている（2年以下の懲役若しくは300万円以下の罰金）。また、この改正を機にして、法律の名前にも「預貯金口座不正利用防止」という名称が加えられている。つぎに、振り込め詐欺を行うことを容易にしている、もう1つの要素、契約者を特定できない携帯電話の使用を阻止するため、2005年にあらたに「携帯電話契約における本人確認および不正利用防止法」が制定された。これによって、携帯電話の使用についても、金融機関における口座の開設および維持等について同様の処罰規定が設けられたことになる。この結果、振り込め詐欺の入口と出口を押さえるための立法措置が講じられたことになる。

ところで、振り込め詐欺は、本来、刑法上の詐欺罪には該当しない行為形態であるかといえば、その反対で、むしろ典型的な詐欺行為というべきものである。にもかかわらず、これとは別に前段階的行為あるいは周辺行為を犯罪化しようとすることに対しては、単なる捜査・取締り上の便宜を図るために処罰される行為が広がってもよいのかという批判が予想できる。しかし、詐欺罪は、その具体的行為態様において幅の広い犯罪であり、また、立証が困難なものであることを考えるならば、そのような刑事規制は許されるべきものであろう。たとえば、無限連鎖講防止法、商品先物取引法、特定商取引法、出資法などの法律においても、詐欺行為の前段階的あるいは周辺行為と

もいうべきものを処罰する旨の規定を置いているが、これらの法律もその時々の犯罪の情勢に見合ったかたちで立法がなされてきたといえる[6]。また、詐欺には至らない行為を類型化することによって、かえって、詐欺罪自体の輪郭もはっきりしてくると考える。

1) 川端博「刑事立法の時代のキーワード」刑法雑誌42巻2号265頁（2004年）。
2) なお、会社法970条参照。
3) 警察庁が把握している総会屋の数は、2004年で370人となっている。
4) たとえば、松宮孝明「積極的一般予防論と刑事立法の限界」『光藤景皎先生古稀祝賀論文集下巻』996頁（成文堂、2001年）参照。
5) 『平成17年度版警察白書』116頁（2005年）。
6) なお、第Ⅱ部の法史学部門のディスカッションにあるように、規制のあり方について、アメリカ型の個別具体的な規定か、ドイツ型のゆるぎない体系に基づく規定か、ということに即していうならば、詐欺のような、新しい手口や形態が次々に現れくる犯罪については、アメリカ型の規定が有効なのではないか、と考える。

刑事法部門　ディスカッション（要約）

座長（司会）板倉　宏

　杉下俊郎から、日本においては罰則の強化や犯罪化という近時の傾向が明らかであるが、ドイツを含むヨーロッパにおいては、むしろその逆の傾向、非犯罪化・非刑罰化が顕著である。例えば、ヨーロッパでの死刑廃止であるが、日本ではそのような方向性は見られないといってよい。EUというのはいろいろな国の寄せ集めであって、異なる法文化が存在しており、刑法に関する法文化も全て違う。それにもかかわらず、非犯罪化・非刑罰化という方向で一致しているように見える。ところが日本においては、均質的な社会という特徴が強いにもかかわらず、厳罰化が進んでいる。その違い、落差というものについて、クラウス・ゲッペルトはどのように考えるか、という質問があった。

　ゲッペルトは、この質問を受け、まず、岡西賢治の報告にあらわれた「敵味方刑法」という言葉に言及した。すなわち、ギュンター・ヤーコプス（ボンの退職刑法教授）は、ドイツでは「敵味方刑法」の支持者として広く知られているが、すでにそれから離れたことを繰り返し表明している、ということを明らかにした。そして、法治国家であるということは、むしろ国家の敵（テロリストなど）との闘いにおいてこそ、そうであることが試されるのである、と述べた。

　ゲッペルトは、とくに非犯罪化について考えるとき、――岡西はさきほど詐欺の領域のみならず、道路交通における過失犯においても反対を表明したが――自分は、交通刑法の領域においては、まさに刑法の可能性と成果は過大評価されるべきではないと考える、旨述べた。すなわち、ドイツでは、60年代には年間約18,000であった交通事故死者数を約6,000に下げることに成功した。この成果は、――もとより6,000の死者はなお多すぎるけれど――一般にいわれているように、これは刑法的規制・禁止規範の厳格化によるというよりもむしろ、道路建設工事の技術、とりわけ、車両製造の際の安全基準が高められたと考えられ得る。

次いで、「被害者学的解釈と詐欺」という言葉(キーワード)について、ゲッペルトは、報告の中で詐欺領域における原則的な非犯罪化を支持したのではなく、この領域における構成要件の目的論的制限による解決の試みた、ということを明らかにした。すなわち、実体領域におけるそうした制限的な解決は、結果的に警察や検察庁の努力を優先させることとなり、——手続打切や「任意の」罰則金の支払により（ドイツ刑訴法153条、153 a 条）——刑事司法が、刑罰にあたいしない詐欺の事案が刑事訴訟による手続きにのぼってくるのを減すことになる、負担軽減と述べた。

さらに、ゲッペルトは、日本の詐欺罪の構成要件とドイツ刑法263条とを比較すると、欺罔行為、それによって惹起された相手方の錯誤、被害者の錯誤による財産的処分行為、そして、財産的損害をいずれも要求している点で、よく似ていることを確認した。しかし、明らかな違いは、ドイツの法律上の状態では、まさに、違法な財産的損害が生ぜしめられ、行為者の側に（素材の同一性のある）違法な財産上の利益が得られなければならない、というところにある。そして、この点に関して、ゲッペルトは、「法的・経済的財産概念」についての見解を——それも（民法、刑法の）法秩序の統一を援用して——繰り返し述べ、そこから、刑法も民法以上のものは守れないし、そうするべきではない、とした。最後に、ゲッペルトは、ドイツにおいても、立法者は1998年に詐欺の領域にも厳罰化規制と名づけられるものを導入し、——中でも、そして、とりわけ組織犯罪の関係に——より厳しい制裁の可能性がもたらされた、ということを明らかにした。

続いて、板倉宏から、実際にあったケースで有罪とされたものとして、「保険に入っている自分の夫を殺してくれる者を募集したところ、組織暴力団の者が、殺害する意思は全く無いのに『殺してやる』と嘘をついて、その妻から多額の金品をせしめたような場合」は、ゲッペルトの見解では、まさに不法原因給付のケースであって詐欺罪は適用されないということになるのか、という質問があった。

これに対して、ゲッペルトは、少し前に実際に起こったドイツの事案に触れながら、自らの見解に変わりのないことを述べた。つまり、法秩序の統一

性の観点から、だまされた依頼者が自称殺し屋に報酬の返還を請求することはドイツ民法によってもできないからである——民法817条を挙げて——、とした。加えて、ゲッペルトは、自分の報告において重要なことは、詐欺犯人が守られ、だまされた正直な被害者が刑法的保護から切り離されるべきだということではない。しかし、実生活で各自が利益に注意を払わなければならない限度というのは疑いなく狭いもので、そこでは民法の民事——すなわち損害賠償——または補償法的な可能性で被害者に十分な保護が与えられる、ということを重ねて述べた。

この点ついて、設楽裕文から、不法原因給付と詐欺との関係について詳しい判例の検討を行うことができなかったが、おそらく実務では、その財産の占有所持が悪質なものか否かということが考慮されているのではないかと思う、とした上で、例えばテロリストから爆弾をだまし取ったという場合に詐欺罪の成立を認めてよいかは疑問である。やみ取引に関与した者が統制物品をだまし取られたというような場合に詐欺を認めるというのが日本の判例であって、本当に悪質な被害者については、それが不法原因給付であっても、詐欺の成立を認めるという結論になるかどうかは、かなり疑問であると思う、という見解が述べられた。

ここで、フィーリプ・クーニヒが議論に加わり、ゲッペルトが詐欺法的な抽象的危険の構成要件とその法政策的な評価に関連して憲法的限界を指摘したことに賛成する旨の発言を行った。クーニヒは、刑法の同僚のこの発言は、その方向性において彼が前日の公法の報告で比例適合性原則に関して述べた彼自身の考えと一致するものであり、憲法の見地から、彼が、今一度自分の展開した比例概念にふさわしい段階を示したものである、と指摘した。本来の目的葛藤においては、立法者がある目的または他の目的を追求すべきかという問題では、憲法も比例適合性原理も当然助けにはなり得ないのである。それは、第1に、目的の追求が正当されうるかどうか決定しうる場合にのみ可能になる。第2に、適性でありうるか、すなわち、まさに、刑事処罰の強化が望まれている目的に寄与しうるものかという問題である。憲法の要求はここではとくに高度のものではない。それは、ある行態を刑罰の下に置くこ

とに十分な見通しがあるのなら、あるいは、ある犯罪行為を防げるのなら、その要求は満たされるのである。しかし、憲法的な比例適合性原理の観点から決定がされたとしても、必要性という第3の段階がある。少なくとも同程度の成果が期待できて、該当者がより少ない負担で済む方法が存在するときは、ここで比例適合性原理違反となることになりうる。

クーニヒは、さらに、設楽が報告で述べた日本の伝統にも言及した。設楽によれば、法規はできる限り簡潔に表現されうる、というよりそうならざるをえないが、しかし、裁判官には個別事案において正しい結論を悟る責務がある、という。しかるに、憲法的な明確性のある規制（基本法103条2項「法律なければ犯罪なし」）を背景に、少なくとも刑法の領域においては、他の法分野よりも高度の明確性の要求があるとするのが当を得ている。憲法的に要求された明確性の問題は、公法やここ、とくに憲法において浮かび上がってくる。これらのどの場合も、どの程度まで裁判官の決定に関する裁量の余地を法律または行政の基準によって制限するか、そして逆に、どの程度まで裁判官に行政の決定をコントロールする可能性を与えるか、という問題が重要である。クーニヒは、最後に、これらのどの場合も、法律による拘束と裁判官による法形成との間での司法の機能が重要であること、そしてこの点に関して、自分も、他の報告者、討論者と同様に、今一度、麗しき1875年の太政官布告103号が、それを、最終的に「裁判官の条理」に委ねていることを想起する、と述べた。

クーニヒは、比類のない刺激的な数日にわたるこの比較法のシンポジウムが終わりに近づいており、これ以上このディスカッションを続けることはできないが、問題提起はしておきたい、とした上で、この「裁判官における法律の拘束と法形成」というテーマででも、「来週とは行かないが、できるならば来年に！」専門の境をこえた、より進んだシンポジウムを行えないものか、そしてそこでは、個々の法律学の領域にとって境をこえた指導的テーマが求められるであろうし、また十分それは見つかるであろう、と述べた。

この発言は、会場の大きな拍手で応えられた。

ゲッペルトは、この提案と、抽象的危険犯による処罰の導入に際しての憲

法的限界についてのクーニヒの論述に強い賛意を表した。ゲッペルトは、法政策的議論において、それが望ましい解決であってもなくても、「憲法違反という棍棒」は決して使うべきでなく、むしろ、「個々人又は社会の、とくに保護に値する利益のある所では、事後的な安全対策では近似の安全性を提供できないときには、すでに法益侵害よりも前段階にある抽象的財産危険犯も許容できる。」ということを指摘したい、という見解を重ねて強調した。

設楽は、日本人は、裁判官というものは人の心をみんな分かってくれて、正義について正しく判断できるというイメージを持ってきたと思う。時代劇によく出てくる江戸時代の大岡越前守という奉行——これは裁判官と行政官を合わせたような公務員であるが——は、庶民を助ける非常な名裁判官として講談とかいろいろな話に描かれている。おそらく日本人は、裁判官とはああいうものであると考えてきたし、また、実務法曹も、裁判官の理想はああいうものである、ああいうふうになるべきであると考えて実務に対応してきたのではないかと思う。ところが現実の裁判実務はどうかというと、もし大岡越前守が見たらぶん殴ってやりたくなるような法律家がいる。そういう法律家がいるということを考えると、やはり裁判官、検察官、弁護士を信頼していればよいとは言えなくなっているのが日本であるといわざるをえない。したがって、詐欺罪の構成要件の明確化も必要であると考えているわけである、という見解を述べた。

川又伸彦は、クーニヒのコメントに対して、——いま設楽が言及したこととも関連するところであるが——日本の憲法学者として一言付け加えたい、とした上で、設楽が日本人の文学的な感覚として簡潔を好むと述べたことに対してクーニヒが明確性の原則という憲法の視点からコメントしたと思うが、日本の憲法学でも、もとより刑罰法規に関しては憲法31条の「適正手続き」の内容として、刑罰法規の明確性ということが述べられていること、そしてその明確性を実際に文章表現にするときに、おそらく日本とドイツとで若干感覚が異なるということはあっても、法に関するものの考え方としては、明確性そのものは憲法上の要請としてもあるのだということを念のために確認しておきたい、という指摘を行った。

第Ⅴ部　刑事法部門

　最後に、刑事法部門のシンポジウム終了にあたり、座長の板倉宏から関係者への感謝の言葉が述べられた。

●資料　ドイツ刑法典関連条文抄訳

＊本資料作成の際、法務資料439号『ドイツ刑法典』(昭和57年、法務大臣官房司法法制調査部司法法制課)を参照した。

§1　法律なければ犯罪なし
　　所為を処罰できるのは、所為が開始される前に法律によって処罰されると定められているときのみである。
　　　＊なお、基本法（GG）103条2項も同文である。

§13　不作為による実行
　(1)　刑罰法規の構成要件に属する結果の防止を怠った者は、その者がその結果が発生しないように法的に保障すべきであって、その不作為が法規の構成要件の実現を行ったことに相当するときのみ、その法規にしたがって処罰される。
　(2)　刑は49条1項により軽減することができる。

§263　詐欺
　(1)　自己又は第三者に違法の財産的利益を得又は得させる意図をもって、事実を虚構し又は真実の事実を歪曲又は隠蔽して、錯誤を惹起し又は持続せしめ、よって他人の財産を害した者は、5年以下の自由刑又は罰金に処する。
　(2)　未遂は罰する。
　(3)　とくに重大な場合は、自由刑は6月以上10年以下とする。次の場合は、通常、とくに重大な場合にあたる。行為者が
　1.　常習として、又は、文書偽造又は詐欺の連続犯行のために結成した団体の構成員として、実行したとき
　2.　財産の喪失を大規模に惹き起こし、又は、詐欺の連続犯行によって多数の人間の財産価値に損失を与える危険をもたらす意図をもって、実行したとき
　3.　他人に経済的困窮をもたらしたとき
　4.　その権限又は公職上の立場を濫用したとき、又は、
　5.　保険事故を装う目的で、自己又は他の者が、重要な価値のある物に放火し又は放火によって完全に又は部分的に破壊し、又は、船舶を沈没させ又は座礁させた後で、そのように装ったとき
　(4)　243条2項並びに247及び248a条を準用する。
　(5)　263から264条まで又は267から269条までの犯罪行為を連続して行うために結

● 資料　ドイツ刑法典関連条文抄訳

合した団体の構成員として、常習的に詐欺を行った者は、1年以上10年以下の自由刑に処し、重大でない場合は6月以上5年以下の自由刑に処する。

(6)　裁判所は行状監督を命じることができる（69条1項）。

(7)　43a及び73d条は、263から264条又は267から269条までの犯罪行為を連続して行うために結成された団体の構成員として実行したときに適用する。73d条は行為者が常習的に実行したときにも適用する。

§263a　コンピュータ詐欺

(1)　自己又は第三者に違法の財産的利益を得又は得させる意図をもって、プログラムを不正に作出することにより、正しくない又は不完全なデータを使用することにより、又は、その他無権限で進行に影響を及ぼすことにより、データ処理の結果に影響を与え、よって他人の財産を害した者は、5年以下の自由刑又は罰金に処する。

(2)　263条2項から7項までを準用する。

(3)　第1項の犯罪を行う目的で、コンピュータプログラムを作出し、自己又は他者において取得し、売りに出し、保管し、又は他人に譲渡するという方法で、予備をした者は、3年以下の自由刑又は罰金に処する。

§264　補助金詐欺

(1)　5年以下の自由刑又は罰金に処されるのは次の者である。

1.　補助金を承認する管轄官庁又は他の補助金手続に関与する官署又は人（補助金授与者）に対し、補助に重要な事実について、自己又は他の者において、自己又は他の者に分配するように、正しくない又は不完全な申告をした者

2.　その使用を法の規定又は補助金授与者が補助金であることを考慮して制限している、目的物又は金銭給付を、使用制限に反して使用した者

3.　補助金授与者に、法の規定に反して、補助金授与について、補助に重要な事実について、知らせずにおいた者、又は、

4.　補助金手続において、正しくない又は不完全な申告によって入手した、補助金資格又は補助に重要な事実に関する証明書を使用した者

　　＊2項3項略

(4)　第1項1号から3号までの場合に、軽率により実行した者は、3年以下の自由刑又は罰金に処する。

(5)　所為のために補助金が認められることを任意に阻止した者は、第1項及び4項によっては処罰されない。行為者が補助金の承認を阻止しようと任意かつ真摯に努力した場合は、行為者と無関係に補助金が認められなくなっても、不可

●資料　ドイツ刑法典関連条文抄訳

罰となる。
　＊6～8項略
§264a　投資詐欺
(1)　次のことに関して、
1.　有価証券、新株引受権、又は、企業の出資の成果と認められるべき株式の売買、又は
2.　そうした株式に昇格する出資の申出
　説明又は財産の状態についての見通し、描写の際、広範囲の人に対し、取得の判断にとって又は昇格にとって重大な事情について、正しくない、有利な言明をするか、又は、不都合な事実を秘匿した者は、3年以下の自由刑又は罰金に処する。
　＊2項略
(3)　所為のために取得又は昇格による給付がもたらされることを任意に阻止した者は、第1項及び2項によっては処罰されない。行為者が給付がもたらされるのを阻止しようと任意かつ真摯に努力した場合は、行為者と無関係に給付がもたらされなくなっても、不可罰となる。
§265　保険悪用
(1)　沈没、損傷、有用性の毀滅、喪失又は窃盗に対する保険に付されている物を、損壊し、破壊し、その有用性を減少させ、持ち去り又は他の者に引渡し、自己又は第三者に保険給付を得させた者は、263条の刑の脅威がその所為に及ばないときは、3年以下の自由刑又は罰金に処する。
(2)　未遂は罰する。
§265a　給付の不正取得
(1)　自動機械又は公の目的に奉仕するテレコミュニケーションネットの給付、交通手段による輸送、又は、催し物又は施設への入場を、対価を支払わない意図で取得した者は、他の条文のより重い刑の脅威がその所為に及ばないときは、1年以下の自由刑又は罰金に処する。
　＊2項3項略
§265b　クレジット詐欺
(1)　会社又は企業との、会社又は企業又は仮装会社又は仮装企業に対するクレジットの条件の維持又は変更、許可の申請に関して、
1.　経済的状況について
　　a）正しくない又は不完全な資料、とくにバランスシート、損益及び決算計算

381

● 資料　ドイツ刑法典関連条文抄訳

　　　　書、財産目録又は鑑定書を、提出した者、又は、
　　　b）文書により、正しくない又は不完全な、クレジット受供者に有利でそうした申請について判断するのに重要な、申立をした者、又は、
2.　そうした申請について判断するのに重要な、資料又は申立の中に表した経済状況が悪化していることを、提出の際に知らせなかった者は、3年以下の自由刑又は罰金に処する。
(2)　所為のためにクレジット受供者が申請された給付を提供するのを任意に阻止した者は、第1項によっては処罰されない。行為者が給付の提供を阻止しようと任意かつ真摯に努力した場合は、行為者と無関係に給付が提供されなくなっても、不可罰となる。
＊3項略

　　　　　　　　　　　　　　　　　　　　　　　　　　　　［設楽裕文］

著者略歴

<第Ⅰ部　法哲学部門>

長尾龍一（ながお　りゅういち）
　1938年生まれ。日本大学法学部教授。東京大学名誉教授。専門分野：法哲学、政治哲学史。ハンス・ケルゼン研究所通信員（Rapporteur des Hans Kelsen-Instituts）。主たる問題関心：トマス・ホッブス、ハンス・ケルゼン、カール・シュミット、日本憲法史、古代中国の思想家たち（特に韓非子）。

ロットロイトナー，フーベルト
Rottleuthner, Hubert
　1944年生まれ。哲学博士。1975年以降ベルリン自由大学法学部教授。専門分野：法社会学。2001年－2002年法学部長。主たる問題関心：法、特に司法の経験科学的研究、法とナチズム、東独法、法の理論的基礎、正義と不正義の法哲学的理論。

マールマン，マティーアス
Mahlmann, Matthias
　1966年生まれ。法学博士。ベルリン自由大学法学部私講師。現在中央ヨーロッパ大学（ブダペスト）客員教授。主たる問題関心：公法、ヨーロッパ法、法哲学、法社会学。

松島雪江（まつしま　ゆきえ）
　1971年生まれ。2006年以降日本大学法学部助教授。専門分野：法哲学。主たる問題関心：法化、市民社会、および女性をめぐる法。

<第Ⅱ部　法史学部門>

佐々木有司（ささき　ゆうし）
　1940年生まれ。1980年以降日本大学法学部教授。専門分野：ヨーロッパ法史。1995年以降大学史研究国際委員会（Commission Internationale pour l'Historie des Universités）委員（国際大学史学会理事）。主たる問題関心：16世紀法学の諸傾向－伝統と革新、ヨーロッパ私法（とくに債務法）についての学説史的研究、比較研究の視点からする大学史。

メラー，コージマ
Möller, Cosima
　1962年生まれ。法学博士。2003年以降ベルリン自由大学法学部教授。専門分野：民法、ローマ法。主たる問題関心：ローマ私法、特には契約法と物権法、普通（継受されたローマ）法によるライヒ裁判所の判例（1879年－1900年）、法律行為論、消費者私法、現代契約類型、物権法。

ヘーンヒェン，ズザンネ
Hähnchen, Susanne
　1969年生まれ。法学博士。2001年以降ベルリン自由大学法学部助手。ローマ法の分野で博士請求論文を書き、エルンスト・ロイター賞を授与される（2002年）。現在、民法・保険法の教授資格取得論文を作成中。主たる問題関心：法制史、法情報学（電子取引）。

山田卓生（やまだ　たかお）
　1937年生まれ。東京大学法学修士。ハーバード大学法学修士。横浜国立大学名誉教授。日本大学大学院法務研究科教授。専門分野：民法。主たる問題関心：契約法、プライヴァシー法、生命倫理。

<第Ⅲ部　公法部門>

甲斐素直（かい　すなお）
　1948年生まれ。2002年以降日本大学法学部教授。2004年以降日本大学大学院法務研究科教授を兼ねる。専門分野：国家学、公的財政法。1973年－1993年会計検査院公務員、最終歴司法検査課長。主たる問題関心：法治国家、民主主義、および比

較法的観点から見た財政制度。
クーニヒ，フィーリプ
　Kunig, Philip
　1951年生まれ。法学博士。1988年以降ベルリン自由大学法学部教授。専門分野：国家学、行政法、国際法、2005年以降大学評議委員。2002年－2004年法学部長。1992年－2000年ベルリン州憲法裁判所裁判官。主たる問題関心：比較法的見地からする法治国家と民主主義、国際連合、国際法、環境法。
フォン・アルノー，アンドレーアス
　von Arnauld, Andreas
　1970年まれ。法学博士。ベルリン自由大学法学部私講師（2005年教授資格取得）。2006年4月よりハンブルク在のヘルムート・シュミット大学／連邦国防軍大学教授代講。専門分野：公法、特に国際法、ヨーロッパ法。主たる問題関心：法と文化、法の継受とそれが定着する過程、比較憲法、国際法。
小林宏晨（こばやし　ひろあき）
　1937年生まれ。法学博士。1986年以降日本大学法学部教授。専門分野：外国の公法及び国際法、比較憲法。主たる問題関心：補完原理、平和に対する罪、集団防衛についての法。
槇　裕輔（まき　ゆうすけ）
　1971年生まれ。2000年－2006年日本大学法学部助手、2006年以降日本大学法学部非常勤講師。主たる問題関心：ハプスブルク君主国およびオーストリアの国制史、ヨーロッパにおける王位継承権、ハプスブルク君主国における啓蒙絶対主義、オーストリア憲法の特徴とその基本原則
天野聖悦（あまの　せいえつ）
　1976年生まれ。日本大学大学院法学研究科博士後期課程退学。2004年以降東横学園女子短期大学非常勤講師。小沢一郎政治塾修了。専門分野：公法（憲法専攻）。

主たる問題関心：防衛、警察、政治。

＜第Ⅳ部　私法部門＞
永田　誠（ながた　まこと）
　1935年生まれ。1985年－2005年日本大学法学部教授。専門分野：民法、国際私法。2004年以降日本大学大学院法務研究科教授、民法担当。1975年以降弁護士、弁理士（弁理士は1999年まで）。主たる問題関心：国際婚姻における氏、離婚・別居後の親の共同監護権、外国判決の承認執行、重国籍、譲渡担保、私法の分野における比較法。
アルムブリュスター，クリスティアン
　Armbrüster, Christian
　1964年生まれ。法学博士。2004年以降ベルリン自由大学法学部教授。専門分野：民法、商法、会社法、私的契約法、国際私法。主たる問題関心：法律行為論、私的保険契約法、会社法、知的財産保護。
レーネン，デートレフ
　Leenen, Detlef
　1942年生まれ。法学博士。ベルリン自由大学法学部教授。専門分野：民法、商法、法哲学、方法論。1998年－1999年法学部長。1990年マイアミ大学、2000年チューレン大学、2004年－2005年コネティカット大学招聘教授。主たる問題関心：私法のドグマーティク、方法論。
益井公司（ますい　こうじ）
　1956年生まれ。2005年以降日本大学法学部助教授。専門分野：民法。主たる問題関心：不法行為および債務不履行における損害賠償法。
ホイプライン，マルティーン
　Häublein, Martin
　1970年生まれ。法学博士。2004年以降ベルリン自由大学準教授。それまでは数年間弁護士。専門分野：民法およびその付属法。主たる問題関心：住居所有権法お

よび賃貸借法の影響下における私的不動産取引法、契約法、商法、経済法、民事訴訟法。

遠藤　功（えんどう　こう）
1939年生まれ。法学博士。2002年以降日本大学法学部教授、2004年以降日本大学大学院法務研究科教授。専門分野：民事手続法、国際私法、倒産法。2002年以降金沢大学名誉教授。主たる問題関心：ADR、比較民事手続法、民事手続制度における法的救済、民事手続制度へのアクセス、倒産手続における否認権。

山下　良（やました　りょう）
1976年生まれ。法学修士（日本大学）、現在日本大学大学院法学研究科博士後期過程在籍、ベルリン自由大学留学中（2006年4月－2007年3月）。主たる問題関心：民法特に担保物権法、譲渡担保法および経済法。

＜第Ⅴ部　刑事法部門＞

板倉　宏（いたくら　ひろし）
1934年生まれ。法学博士。2004年以降日本大学大学院法務研究科教授。それまでは日本大学法学部教授。専門分野：刑法。1990年以降弁護士。主たる問題関心：現代の社会経済構造と生活関係の実態に即した、市民の人権と生活の安全のために機能する刑法理論の構築（とくに企業犯罪、過失犯に対する関心が高い）。

ゲッペルト，クラウス
　Geppert, Klaus
1941年生まれ。法学博士。1976年以降ベルリン自由大学法学部教授。専門分野：刑法、刑事手続法、刑事執行法。1992年－1993年学部長。その後数回学部長代理。1980年－2002年ベルリン高等裁判所裁判官。2003年以降ベルリン法律家協会理事長。主たる問題関心：刑事手続法、国内的、国際的道路交通刑法、法曹教育問題。

設楽裕文（したら　ひろぶみ）
1955年生まれ。2002年以降日本大学法学部教授、専門分野：刑法。1988年以降弁護士。主たる問題関心：正犯および共犯の理論、特に組織犯罪に対する関心が高い。

南部　篤（なんぶ　あつし）
1954年生まれ。2003年以降日本大学法学部助教授。専門分野：刑法、刑事政策および情報法学。主たる問題関心：情報テクノロジーと刑法、経済刑法の領域における犯罪の組織化・国際化・情報化、犯罪報道のあり方とその法的側面。

岡西賢治（おかにし　けんじ）
1961年生まれ。2006年以降日本大学法学部助教授。専門分野：刑法、経済刑法。主たる問題関心：刑事責任だけでなく、民事・行政責任を含めた法的責任全体という観点から、企業の不正な行為を効果的に抑止するための制裁（Sanction）のあり方を検討している。

杉山和之（すぎやま　かずゆき）
1979年生まれ。法学修士（一橋大学）。現在日本大学大学院法学研究科博士後期課程2年次生。主たる問題関心：刑事政策論の現代的課題と刑事制裁二元論、犯罪論と刑罰論との調和、特に、積極的一般予防論に対する批判的考察。

ベルリン自由大学・日本大学共同シンポジウム
法律学的対話におけるドイツと日本

2006（平成18）年12月20日　第1版第1刷発行　9165-0101

編者　永田　誠
　　　フィーリプ・クーニヒ
発行者　今井　貴
発行所　株式会社 信山社
〒113-0033 東京都文京区本郷6-2-9-102
Tel 03-3818-1019　Fax 03-3818-0344
henshu@shinzansha.co.jp

Printed in Japan

©永田誠 フィーリプ・クーニヒ 2006.
印刷・製本／松澤印刷・大三製本
ISBN4-7972-8536-2 C3332　分類329.401
8536-01010-012-050-010

広中俊雄編著
日本民法典資料集成（6部編成/全15巻）
第1巻 民法典編纂の新方針

B5変上製箱入り／約1200頁／定価20万円（本体20万円）

目次

『日本民法典資料集成』(全15巻)への序／全巻凡例／日本民法典編纂史略年表
全巻総目次／第1巻目次（第1部細目次）

「民法典編纂の新方針」総説
　Ⅰ　新方針(=民法修正)の基礎
　Ⅱ　法典調査会の作業方針
　Ⅲ　甲号議案審議前に提出された乙号議案とその審議
　Ⅳ　民法目次案とその審議
　Ⅴ　甲号議案審議以後に提出された乙号議案
あとがき (研究ノート)

日本民法典の編纂は、明治23年公布民法（いわゆる旧民法）の編纂の時期（前期）とそれの施行を延期して旧民法修正という新方針のもとに編纂のしなおしをした時期（後期）とに分かれ、後期に関する資料については、①福島正夫編『穂積陳重立法関係文書の研究』があるが、同書には誤りも少なくないし、後期に関する資料としては別に、②梅謙次郎関係、③箕作麟祥関係および、④田部芳関係の各文書に含まれている資料にも重要なものがかなりある。

本書刊行の目的は、上述4文書中の新方針に関する文書を複製により体系的かつ網羅的に集成のうえ所要の解説を付して、日本民法典編纂史研究のための初期史料集の決定版を学界に提供することにある。初期史料集に続く史料集も逐次準備していく予定である。

最初に、旧民法修正という新方針を基礎づけた立法資料について説明したうえ、関係文書を収録する。ここには第三回帝国議会で審議された「民法商法施行延期法律案」の「原稿」およびその提出を受けた貴族院が配付した「議案書」（ともに全容は今回はじめて公刊のかたちで学界に提供される）や、勅令「法典調査会規則」の明治27年改正のための「穂積書込み草稿」および「梅書込み草稿」などが含まれる。

つぎに、法典調査会の作業方針の策定に関する諸資料を収録するが、ここには穂積文書に含まれない（福島正夫編『穂積陳重立法関係文書の研究』で触れられていない）修正「法典調査規程」案および「法典調査委員会議事規則」案も含まれる。また、穂積文書でばらばらになっている『法典調査会規則／法典調査規程／法典調査ノ方針』という表題の綴りの復元や「議事に関する申合規則」の形成過程に関係があると考えられる文書（福島・前掲書では「法典調査会運営についての箇条書」と名づけられているが、正確には「法典調査会の運営に関する提案」と名づけられるべきもの）の位置付けを試みる。

以上のあと、民法本文の修正に取り掛かる準備の段階の諸資料（いわゆる予決議案など）を収録する。それぞれの場所で穂積文書、梅文書、箕作文書、田部文書に含まれる貴重な諸資料を収録し（複製にあたっては書込みを捕捉しやすくなるためカラー写真を用いる）、日本民法典編纂史を把握するための初期史料を集大成する。

信山社　20周年記念　全巻予約販売